科研论文写作与发表
Writing and Publishing of Research Papers

梁福军 著

清华大学出版社
北京

内 容 简 介

本书以提供科研论文写作与发表的一站式全流程指导为目标，通过深入分析科研论文质量体系的构成内容，全面阐述了科研论文写作准备、写作进行和投稿发表的主要流程和关键环节。全书共分9章，包括导论、科研选题、科研类型与方法、文献检索、论文谋篇布局、论文主体写作、论文辅体写作、论文规范表达、论文投稿发表。书中有大量的论文实例评析，并引用了相关标准规范，能够深入浅出地讲清科研选题与文献检索、科研方法与论文写作、定体立题与构思赋形、投稿退修与排版刊发等重要主题。随书附赠丰富实用的课件PPT、教学大纲、教学视频和思考题等，可以为开展课堂教学奠定良好基础。

本书可用作普通高等院校各类本专科生、硕博士研究生的科研论文写作、学位论文写作等课程的教材，也可作为各类科研人员、科技工作者的论文写作的参考用书和培训教材。

版权所有，侵权必究。举报：010-62782989，beiqinquan@tup.tsinghua.edu.cn。

图书在版编目（CIP）数据

科研论文写作与发表/梁福军著.—北京：清华大学出版社，2024.2（2024.12重印）
ISBN 978-7-302-65368-4

Ⅰ.①科… Ⅱ.①梁… Ⅲ.①科学技术–论文–写作 Ⅳ.①G301

中国国家版本馆CIP数据核字(2024)第039444号

责任编辑：冯　昕　赵从棉
封面设计：傅瑞学
责任校对：赵丽敏
责任印制：刘海龙

出版发行：清华大学出版社
　　　　　网　　址：https://www.tup.com.cn，https://www.wqxuetang.com
　　　　　地　　址：北京清华大学学研大厦A座　　邮　编：100084
　　　　　社 总 机：010-83470000　　邮　购：010-62786544
　　　　　投稿与读者服务：010-62776969，c-service@tup.tsinghua.edu.cn
　　　　　质量反馈：010-62772015，zhiliang@tup.tsinghua.edu.cn
印 装 者：三河市人民印务有限公司
经　　销：全国新华书店
开　　本：185mm×260mm　　印　张：18.25　　字　数：443千字
版　　次：2024年3月第1版　　印　次：2024年12月第2次印刷
印　　数：1501～2500
定　　价：58.00元

产品编号：103696-01

在书店能够看到自己撰写的图书是我 15 年前的一个大梦想。彼时，觉得自己既有 10 余年的期刊编辑工作经验，又天天与各类科技论文打交道，只要能够将这些心得体会和思考钻研问题的方法整理编纂，应该是能够实现这个梦想的。于是，鼓起勇气，付诸行动，随着 2010 年 6 月《科技论文规范写作与编辑》的问世，也算是圆了自己的作家梦。

令人欣喜甚或感到意外的是，《科技论文规范写作与编辑》这本著作颇受欢迎。越来越多的科技工作者以该书为论文写作的参考书，越来越多的书刊编辑也把该书用作案头必备的工具，还有为数众多的高校把该书作为科研写作课程的教材。有读者对该书的评价是，"……不论是内容、结构体例，还是文本、语言表达，均颇有考究，真是一本难得的实用性好书……"。这些鼓励让笔者不敢懈怠，适时修订，不断创作，10 年间又先后出版了一系列的著作和教材，包括《科技论文规范写作与编辑》的第 2~4 版，《英文科技论文规范写作与编辑》、《科技语体语法、规范与修辞》（上、下册）、《SCI 论文写作与投稿》、《英语科技论文语法、词汇与修辞：SCI 论文实例解析和语病润色 248 例》、《科技书刊语病剖析：修辞 818 例》等 10 余本著作。

这些著作中的绝大多数是专著。作为专著，内容上虽然能够全面系统并注重论文写作的各类细节，但要直接用作大学课堂教材仍有不少需要修改的地方。例如，如何编写主题丰富、内容聚焦的系列教材以便能够为师生提供更多选择，如何取舍提炼专著中过于详实的思想内容以便安排课时，如何调整优化专著中过于缜密的结构体例以便有效教学，又该如何利用二维码和范文评析等进行知识拓展，都须仔细推敲和修订。

我对不少高校教师、编辑同行和企业员工的走访调研，也再次印证了我的推断。一方面，经过对书中内容体系的认真思考和重新定位，编写的思路和框架结构才算逐渐明朗起来。另一方面，从紧要程度上看，科研论文的写作与发表显然是要排在首位的。这是因为：一是许多读者特别是学生，不理解写作和科研的关系，而难以写出第一篇高水平的科研论文；二是不了解期刊的投稿刊发流程，而难以知晓写作良好的论文却屡遭拒稿的原委；三是不知道期刊影响力和作者发表论文的不同视角，而难以解释审稿意见很好却仍遭退稿的困惑。此外，论文数字优先发表与其最终刊发版本之间亦有诸多不同，这更是鲜为人知的事实。

诸如此类的问题既有写作科研的问题，也有投稿发表流程范畴的概念。为此，本书从语言修辞、内容结构和价值意义三个方面来定义科研论文的质量体系，并从写作准备、写作进行和投稿发表三个阶段来阐释科研论文的过程体系，以期让学生懂得科研、写作和发表是统一而不可拆分的整体，并为学生开启科研、撰写论文、投稿发表提供一站式的全流程指导。

本书共分 9 章：

第 1 章 导论，讲述科研论文的相关术语、质量体系、形成过程，以及高质量科研论文的主要特点。

第 2 章 科研选题，包括选题原则、途径和模式、方法等。

第 3 章 科研类型与方法，包括科研类型、科研过程和研究方法三个方面的内容。

第 4 章 文献检索，涉及文献信息、检索需求、检索方案、检索工具或机构（数据库）等。

第 5 章 论文谋篇布局，包括定体、立题、选材，以及综述和原创论文的谋篇布局等。

第 6 章 论文主体写作，包括论文各组成部分的内容与结构、写作要求、常见问题及实例评析等。

第 7 章 论文辅体写作，涵盖署名、摘要、关键词的写作，参考文献的引用，以及基金项目、致谢、作者简介等的写作。

第 8 章 论文规范表达，包括量和单位、图表、数学式、数字、字母、术语和参考文献的规范要求。

第 9 章 论文投稿发表，重点介绍期刊选择、投审稿、退修、刊发等发表流程，也顺带介绍了投稿、修返、发表策略等方面的技巧。

为便于师生开课和学习，本书还配备了丰富实用的课件 PPT、教学大纲和教学视频，读者通过扫描书内二维码即可观看教学视频。每章还给出了一定量的思考题，以供学生对章节内的相关知识和观点做深入理解。

本书还选取了不少优秀期刊中的文章内容（或段落）作为评析/评改实例，在此对原作者和期刊编辑表示衷心感谢！西北农林科技大学闫锋欣老师、北京理工大学出版社曾仙编辑、天津理工大学张磊老师（《机械设计》编委/副主编）等对本书定稿提出了许多高水平建设性意见，特向他们表示崇高的敬意和诚挚的谢意！同时，感谢清华大学出版社冯昕编辑长期以来的支持，并对我的家人一直给予的默默支持表示由衷的谢意！

鉴于笔者的水平和能力有限，书中难免会有疏漏和不妥之处，诚请广大读者批评指正！

梁福军

2023 年 7 月于北京

目 录

第1章 导论 ... 1
- 1.1 科研论文相关术语 ... 1
- 1.2 科研论文质量体系 ... 2
  - 1.2.1 语言修辞体系 ... 2
  - 1.2.2 内容结构体系 ... 4
  - 1.2.3 价值意义体系 ... 5
  - 1.2.4 论文全面质量观 ... 6
- 1.3 高质量科研论文的特点 ... 6
- 1.4 科研论文形成过程 ... 9
- 思考题 ... 11

第2章 科研选题 ... 12
- 2.1 科研选题概述 ... 12
- 2.2 科研选题原则 ... 14
- 2.3 科研选题途径 ... 15
- 2.4 毕业论文选题模式 ... 15
- 2.5 毕业论文选题方法 ... 17
- 思考题 ... 19

第3章 科研类型与方法 ... 20
- 3.1 科研类型 ... 20
- 3.2 科研过程 ... 21
- 3.3 前期研究方法 ... 22
  - 3.3.1 检索与阅读 ... 22
  - 3.3.2 理论与建模 ... 22
  - 3.3.3 观察与测量 ... 23
    - 3.3.3.1 观察 ... 23
    - 3.3.3.2 测量 ... 24
  - 3.3.4 实验与试验 ... 25
    - 3.3.4.1 实验 ... 25
    - 3.3.4.2 实验与试验的差异 ... 26

3.3.5 模拟与仿真 ·· 27
　　　　3.3.5.1 模拟 ··· 27
　　　　3.3.5.2 模拟与仿真的差异 ·· 28
　　3.3.6 调查与实验 ·· 28
　　　　3.3.6.1 调查 ··· 28
　　　　3.3.6.2 调查与实验的差异 ·· 30
　　3.3.7 设计与制造 ·· 31
　　　　3.3.7.1 设计 ··· 31
　　　　3.3.7.2 工业设计 ··· 32
　　　　3.3.7.3 设计与制造的差异 ·· 32
　　3.3.8 回忆与经验 ·· 33
　　3.3.9 想象与灵感 ·· 34
3.4 中期研究方法 ·· 34
　　3.4.1 一般处理 ··· 34
　　3.4.2 模型运算 ··· 35
　　3.4.3 统计处理 ··· 35
　　　　3.4.3.1 统计 ··· 35
　　　　3.4.3.2 统计分析 ··· 36
　　　　3.4.3.3 统计检验 ··· 38
　　　　3.4.3.4 统计与基础研究 ·· 38
　　3.4.4 数据模拟 ··· 39
3.5 后期研究方法 ·· 39
　　3.5.1 具体与抽象 ·· 39
　　3.5.2 分析与综合 ·· 40
　　3.5.3 比较与分类 ·· 41
　　3.5.4 归纳与演绎 ·· 43
　　3.5.5 其他论证方法 ··· 44
思考题 ··· 44

第 4 章 文献检索 ··· **45**

4.1 文献检索需求 ·· 45
4.2 文献信息基本知识 ·· 47
　　4.2.1 文献相关概念 ··· 47
　　4.2.2 文献的类型 ·· 49
　　4.2.3 网络信息资源 ··· 54
4.3 文献信息检索 ·· 54
　　4.3.1 检索的概念 ·· 54
　　4.3.2 检索语言 ··· 55
　　4.3.3 检索工具 ··· 56

　　　　　　　　　　　　　　　　　　　　　　　　　　　　　　　目　录

　　4.3.4　检索途径 ·· 58
　　4.3.5　检索方法 ·· 59
4.4　文献检索方案 ·· 60
4.5　常见检索工具或机构 ··· 64
　　4.5.1　综合性索引刊 ·· 64
　　4.5.2　特种性索引刊 ·· 67
　　　　4.5.2.1　会议文献索引刊 ··· 67
　　　　4.5.2.2　学位论文索引刊 ··· 68
　　　　4.5.2.3　专利文献索引刊 ··· 69
　　　　4.5.2.4　标准文献索引刊 ··· 70
　　　　4.5.2.5　科技报告索引刊 ··· 70
　　4.5.3　国内数据库平台 ·· 71
　　4.5.4　国外数据库平台 ·· 75
　　4.5.5　搜索引擎 ·· 81
思考题 ··· 83

第5章　论文谋篇布局 ··· **84**

5.1　定体 ··· 84
5.2　立题 ··· 85
　　5.2.1　立题基本逻辑 ·· 85
　　5.2.2　题名立题评析 ·· 86
5.3　选材 ··· 88
5.4　综述论文谋篇布局 ··· 89
　　5.4.1　理解综述论文 ·· 89
　　5.4.2　综述论文定体 ·· 90
　　5.4.3　安排综述论文主体 ·· 91
　　5.4.4　综述论文谋篇布局实例评析 ·· 92
5.5　原创论文谋篇布局 ··· 97
　　5.5.1　理解原创论文 ·· 97
　　5.5.2　原创论文定体 ·· 97
　　5.5.3　安排原创论文主体 ·· 100
　　5.5.4　原创论文谋篇布局实例评析 ·· 101
　　　　5.5.4.1　理论型论文实例 ··· 101
　　　　5.5.4.2　调查型论文实例 ··· 107
　　　　5.5.4.3　实验型论文实例 ··· 111
　　　　5.5.4.4　设计型论文实例 ··· 115
　　　　5.5.4.5　经验型论文实例 ··· 119
5.6　短文型论文 ·· 120
思考题 ··· 121

第6章 论文主体写作 …… 122

6.1 题名 …… 122
- 6.1.1 题名写作要求 …… 122
- 6.1.2 题名内容表达 …… 123
- 6.1.3 题名结构表达 …… 126
- 6.1.4 题名语言表达 …… 127

6.2 引言 …… 128
- 6.2.1 引言的内容及结构 …… 128
- 6.2.2 引言写作要求及常见问题 …… 130
- 6.2.3 引言实例评析 …… 131
  - 6.2.3.1 引言实例1 …… 131
  - 6.2.3.2 引言实例2 …… 133
  - 6.2.3.3 引言实例3 …… 135
  - 6.2.3.4 引言实例4 …… 137
  - 6.2.3.5 引言实例5 …… 138
  - 6.2.3.6 引言实例6 …… 140

6.3 材料与方法 …… 141
- 6.3.1 材料与方法的内容及结构 …… 141
  - 6.3.1.1 材料与方法的内容 …… 141
  - 6.3.1.2 材料与方法的结构 …… 142
- 6.3.2 材料与方法写作要求及常见问题 …… 144
- 6.3.3 材料与方法实例评析 …… 145
  - 6.3.3.1 材料及方法实例1 …… 145
  - 6.3.3.2 材料及方法实例2 …… 145
  - 6.3.3.3 材料及方法实例3 …… 146
  - 6.3.3.4 方法及过程实例1 …… 147
  - 6.3.3.5 方法及过程实例2 …… 148
  - 6.3.3.6 方法及过程实例3 …… 149
  - 6.3.3.7 数据处理实例1 …… 149
  - 6.3.3.8 数据处理实例2 …… 149
  - 6.3.3.9 数据处理实例3 …… 150
- 6.3.4 材料与方法的文体差异 …… 150

6.4 结果与讨论 …… 151
- 6.4.1 结果的内容及结构 …… 151
- 6.4.2 结果写作要求及常见问题 …… 152
- 6.4.3 结果实例评析 …… 154
  - 6.4.3.1 结果实例1 …… 154
  - 6.4.3.2 结果实例2 …… 156
- 6.4.4 讨论的内容及结构 …… 159

- 6.4.5 讨论的写作要求及常见问题 ……………………………… 161
- 6.4.6 讨论实例评析 …………………………………………… 163
  - 6.4.6.1 讨论实例 1 …………………………………… 163
  - 6.4.6.2 讨论实例 2 …………………………………… 163
- 6.4.7 结果与讨论实例评析 …………………………………… 165
  - 6.4.7.1 结果与讨论实例 1 …………………………… 165
  - 6.4.7.2 结果与讨论实例 2 …………………………… 171
- 6.4.8 讨论与分析的区别 ……………………………………… 177
- 6.5 结论 …………………………………………………………… 177
  - 6.5.1 结论的内容及结构 ……………………………………… 177
  - 6.5.2 结论写作要求及常见问题 ……………………………… 179
  - 6.5.3 结论实例评析 …………………………………………… 180
    - 6.5.3.1 结论实例 1 …………………………………… 180
    - 6.5.3.2 结论实例 2 …………………………………… 181
    - 6.5.3.3 结论实例 3 …………………………………… 182
    - 6.5.3.4 结论实例 4 …………………………………… 184
    - 6.5.3.5 结论实例 5 …………………………………… 185
    - 6.5.3.6 结论实例 6 …………………………………… 186
- 思考题 ……………………………………………………………… 187

第7章 论文辅体写作 …………………………………………… **188**

- 7.1 署名 …………………………………………………………… 188
- 7.2 摘要 …………………………………………………………… 191
  - 7.2.1 摘要的内容与结构 ……………………………………… 191
  - 7.2.2 摘要的类型 ……………………………………………… 192
  - 7.2.3 摘要写作要求及常见问题 ……………………………… 193
  - 7.2.4 摘要实例评析 …………………………………………… 195
    - 7.2.4.1 摘要实例 1 …………………………………… 195
    - 7.2.4.2 摘要实例 2 …………………………………… 195
    - 7.2.4.3 摘要实例 3 …………………………………… 196
    - 7.2.4.4 摘要实例 4 …………………………………… 196
    - 7.2.4.5 摘要实例 5 …………………………………… 197
    - 7.2.4.6 摘要实例 6 …………………………………… 197
  - 7.2.5 摘要与结论的区别 ……………………………………… 198
- 7.3 关键词 ………………………………………………………… 199
- 7.4 参考文献 ……………………………………………………… 201
  - 7.4.1 参考文献引用要求 ……………………………………… 201
  - 7.4.2 参考文献引用方式 ……………………………………… 201
- 7.5 其他（基金项目、致谢、作者简介等） ……………………… 203
- 思考题 ……………………………………………………………… 206

第8章　论文规范表达 ... **207**

8.1　量和单位 ... 207
- 8.1.1　量及其符号 ... 207
- 8.1.2　单位名称及其中文符号 ... 208
- 8.1.3　单位符号 ... 209
- 8.1.4　词头 ... 211

8.2　插图 ... 212
- 8.2.1　插图的构成与表达 ... 212
- 8.2.2　插图使用一般规则 ... 215
- 8.2.3　插图设计内容要求 ... 216
- 8.2.4　插图设计形式要求 ... 217
- 8.2.5　插图设计制作技巧 ... 218

8.3　表格 ... 219
- 8.3.1　表格的构成与表达 ... 219
- 8.3.2　表格使用一般规则 ... 222
- 8.3.3　表格设计内容要求 ... 223
- 8.3.4　表格设计形式要求 ... 223
- 8.3.5　表格设计处理技巧 ... 225

8.4　数学式 ... 226

8.5　数字 ... 229
- 8.5.1　阿拉伯数字使用 ... 229
- 8.5.2　汉字数字使用 ... 232
- 8.5.3　罗马数字使用 ... 233

8.6　字母 ... 233
- 8.6.1　大写字母使用场合 ... 233
- 8.6.2　小写字母使用场合 ... 234
- 8.6.3　正体字母使用场合 ... 234
- 8.6.4　斜体字母使用场合 ... 235

8.7　术语 ... 236

8.8　参考文献 ... 237
- 8.8.1　参考文献标注 ... 237
- 8.8.2　参考文献著录 ... 237

思考题 ... 241

第9章　论文投稿发表 ... **242**

9.1　投稿发表全流程 ... 242

9.2　期刊选择 ... 242
- 9.2.1　客观评估论文 ... 243
- 9.2.2　综合匹配期刊 ... 245

9.3 投稿准备 ··· 248
9.3.1 阅读投稿须知 ··· 248
9.3.2 继续修改论文 ··· 249
9.3.3 撰写投稿信 ··· 251
9.4 投稿 ··· 252
9.5 审稿 ··· 253
9.5.1 编辑初审 ··· 253
9.5.2 专家选择 ··· 255
9.5.3 专家审稿 ··· 255
9.5.4 编辑决定 ··· 257
9.6 退修 ··· 259
9.7 修稿 ··· 261
9.7.1 作者修改论文 ··· 261
9.7.2 运用修稿技巧 ··· 262
9.7.3 进行语言润色 ··· 264
9.7.4 撰写修稿信 ··· 265
9.7.5 提交修改稿 ··· 267
9.8 定稿 ··· 268
9.9 排版 ··· 269
9.10 刊发 ·· 274
9.11 论文处理时间与质量 ·· 275
思考题 ··· 277

参考文献 ··· **278**

第 1 章　导　论

学生在其中学甚至小学时代就开始写文章了，那时写文章是为完成作业，或为语文考试取得好成绩而实战历练。在高考语文试卷上所写的那篇应试文可能是学生上大学前所写的规格较高的文章了。当学生步入大学殿堂时，才开启了为交流、发表而撰写文章的新征程，可以说学生撰写科研论文是从成为一名大学生开始的。一位学生如果求知欲望强，爱学习，好钻研，那么后来还可能会读研究生。一路走来，不断写论文，从毕业设计（论文初级形态），到期刊论文、会议论文，再到毕业论文（学位论文），一个轮回后可以接着再来一个新轮回（本科、硕士、博士、博士后），与论文结下了缘分。本章始于科研论文相关术语差异的简单对比，描述科研论文的质量体系，总结高质量科研论文的特点，梳理科研论文形成过程，建立全书构架。

1.1　科研论文相关术语

科学是知识体系，人们对任何领域的任何事物均可探究而形成学问及知识体系，广义上这是一个庞大无穷的体系，包括自然、社会和思维的各个领域。技术泛指根据自然科学原理和生产实践经验，为实现某一实际目的（目标）而协同组成的各类工具、设备、技术和工艺体系，广义上与社会科学相应的技术也可包括在内。科学与技术并列组成"科学技术"（简称科技）这一术语时，其中科学的范围就缩小了，通常仅指研究自然现象及其规律的自然科学，因此科技论文中的"科"一般指自然科学。

论文是分析、探讨某话题（或问题）的文章。任何领域都可以有要分析、探讨的话题，因此论文的概念很广，覆盖自然、社会和思维各个领域。总体上，论文可分为专业问题分析、研究（科研论文）和大众话题探讨、评论（一般议论文）两个层面。议论文用于专业问题分析、研究时就是科研论文，称为科研议论文，即一种特殊类别的科研论文。一般议论文和科研议论文合称议论文。

科研论文是科研活动、成果的记录，也称科学论文，目标是探求科学，讨论或研究某种问题，有学术（学术论文）和技术（技术论文）两个层面。与科技论文侧重自然科学和专业技术不同，科研论文还包括社会和思维科学，由不同领域的人来看，科研论文的范围往往不同。比如，从事自然科学或专业技术研究的人员通常不会将社会、思维领域纳入科研论文，而从事社会科学的人一般不会将自然领域纳入科研论文。其实这种区分并无多大意义，为表述方便，在无须区分的情况下，本书将科研论文、科学论文和科技论文视作一个概念。

一般议论文是一种论说文章，对事物、现象或问题进行分析、评论，表明作者的观点、立场、态度，多以短文出现，"论"占据文章较多部分。科研论文也离不开"论"，但表达方式更加宽泛，多以长文出现，除了"论"，"说""叙"也往往占据文章较多篇幅。

论文不管是什么类别，总体上由引论、本论和结论组成。引论亮出问题或论点、论题，提出是什么；本论分析、讨论问题，由论证来证明文章观点，回答为什么；结论解决问题，对全文进行概括、总结，拔高、深化，使全文点题、呼应，相接、圆合，回答怎么做。

科研论文的引言属于引论，材料与方法、结果与讨论属于本论。其中与"论"密切相关的是"讨论"（引言中的"论"侧重立题），本质上是"议论文"，篇幅相对较短；而其他部分对背景、材料、方法及成果进行描述、说明和总结，本质上是"说明文""记叙文"，篇幅往往较长。

一般议论文在结构上遵循"是什么→为什么→怎么做"的逻辑顺序，内容上包含论点、论据和论证三要素，写作上侧重分析与评论，重在以理服人。它一般没有科研背景（如项目、基金、课题、团队），更多在社会、生活领域，作者对感兴趣的任何事物或关心的任何问题均可发表议论，发表的观点、见解和认识相对随意，一般不用上升至科学、学术或技术层面，常由非专业人士如新闻记者、通讯员、编辑来撰写，甚至中小学生、普通大众都可以写。

1.2 科研论文质量体系

科研论文的质量至少涉及语言修辞、内容结构、价值意义三个方面，由这三个方面的质量要素相互作用而形成一个科研论文质量体系。

1.2.1 语言修辞体系

科研论文是一堆语言文字，以词为基本单元，有规律地按各种规则组合起来，构成一个有组织的语言修辞体系，如图1-1所示。

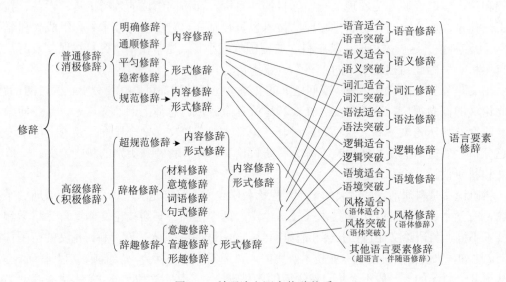

图1-1 科研论文语言修辞体系

1）语言要素修辞

选词造句通过调整语言要素使其"适合"而符合语言要求即语言要素适合，或"突破"而达到语用艺术即语言要素突破，这就是语言要素修辞。

几个词语并列，当其语法结构相近、字数相同时读起来就顺畅；几个句子先后出现，当其末尾的词语押韵时读起来就上口。语音的这种关联使语言表达呈现出带有某种语言色彩的生动、和谐性。利用语音的这种特点所进行的修辞为语音修辞。

选词造句的基础是表义（表意），当语义未得到准确表达时，即使用尽了华丽的辞藻及语言的一切可能形式，也难以收到好的效果。利用语义的这种特点所进行的修辞为语义修辞。

同一语义表达可有多个选词方案，涉及义项、词类、色彩等多个方面，词汇选用合适并锤炼，能使语言表达准确贴切、鲜明生动。利用词汇的这种特点所进行的修辞为词汇修辞。

语法是选词造句的基本规则，语言的表义、组织、意蕴、气势、力量、情感、色彩等的实现依靠语法。利用语法的这种特点所进行的修辞为语法修辞。

语言表达应有基本的可读性，符合逻辑（事理、思维规律或语境），让人看得清楚、明白。利用逻辑的这种特点所进行的修辞为逻辑修辞。

语言表达离不开自身（内部）环境，如词语间是否搭配、上下文是否衔接、语气是否顺畅等，也离不开外部环境，如社会、历史、文化、时间、地点、场合、身份、学识、心情等。利用语境的这种特点所进行的修辞为语境修辞。

语言表达总是在特定交际领域，为特定目的，向特定对象，传递特定内容，受语体制约，为语体服务，适合语体是表达的重要原则。利用语体的这种特点所进行的修辞为语体修辞。

语言表达还有风格，指文章整体所表现出的主要思想、表述特点及气氛、格调，如语体、民族、时代、地域、流派和个人等风格。一定的风格要求一定的语言表达方式，同一文章应有一致的风格。利用风格的这种特点所进行的修辞为风格修辞。

2）普通修辞

语言适合的功用在于消除语病，使语言表达及格或达标，属于普通修辞（消极修辞）。这是写作的基本素养，关注语义的准确表达与传递，达到明确、通顺、平匀、稳密、规范。

微课2

明确是从表义准确性来说的，用准确、明白的语言把意思分明地表达出来，表义准确而不含混。通顺是从行文逻辑来说的，语言表达的条理次序能顺序衔接、关联照应、稳定统一，没有逻辑、语法毛病。平匀是从句子结构来说的，一句话用一种句法结构表达，而不混用几种结构，达到语句平易而匀称，平易是浅显易懂，匀称是均匀协调或比例和谐。稳密是准确用词，恰当安排语句结构，稳当组织语言文字，使内容情状同语句贴切；稳指行文稳当，同内容相贴切；密指用词数量恰到好处，不多了而造成冗余，也不少了而造成苟简。

规范是从出版规范来说的，语言表达和文章结构体例受有关标准与规范的制约，涉及标点符号、数字、量和单位、参考文献、插图、表格、式子等诸多方面。

明确、通顺只与内容有关，平匀、稳密只与形式有关，而规范与内容、形式均有关。

3）高级修辞

语言突破的功用是使表达效果上档次，提效果，甚至达到语用艺术，是一种高级修辞（积极修辞）。"一句话，百样说"，但其中有一两句是最好的，使用最佳的语句，就属高级修辞。

辞格修辞（修辞格）是高级修辞的重要方面，是在人类漫长语用实践中形成的，有某种稳固结构、一定规律和鲜明生动表义功能的各种修辞方式。辞格是语言要素的综合运用，既同语言的内容比较贴切，又同语言的形式紧密相关，能将内容和形式完美地结合起来，达到一种特殊的语言表达效果。

高级修辞还有超规范修辞和辞趣修辞。超规范修辞指语言表达在特殊情况下可突破有关标准、规范的规定。辞趣修辞是通过调整字词的音、形、意的外在感观形式而达到某种意境和情趣。

辞趣修辞只与形式有关，而超规范修辞、辞格修辞与内容和形式都有关。

4）内容和形式修辞

内容是表义的实质，在于将意思清楚表达出来；形式是呈现意思的一种外在感观，将意思以某种式样呈现出来（句法结构、字体字号、行间距、正斜体、行文体例、排版格式等均属形式范畴），语义是蕴含在语句形式里面的内容。修辞为语言内容服务，为准确表达所做的内容上的修辞称为内容修辞，为提升表达效果所做的形式上的修辞称为形式修辞。

内容修辞是基础，处于主要地位，形式修辞是构架，处于次要地位。内容修辞决定形式修辞，形式修辞服务于内容修辞，内容修辞实现时形式修辞才有意义。二者完美结合便创造出丰富璀璨的语言。

普通修辞、高级修辞的内容、形式与语言要素修辞相对应，形成语言修辞体系。

1.2.2　内容结构体系

科研论文也是一个内容结构体系，如图 1-2 所示。不同类型的论文（文体）有不同的结构，同类论文一般有相同、相近的结构，但由于研究领域、内容、方法、过程、成果等的不同，其结构不可能完全相同，甚至差别较大。一篇科研论文按其内容、结构在整体上可分为主体和辅体两部分。

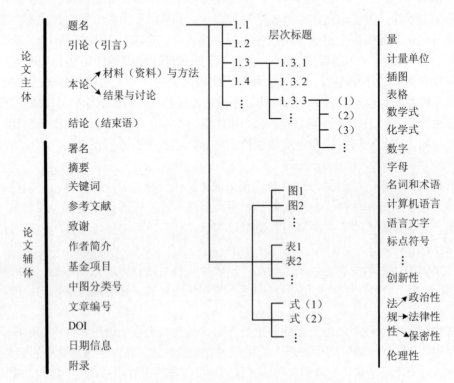

图 1-2　科研论文内容结构体系

论文主体是论文的核心部分，总体上由引论（引言）、本论和结论（结束语）三部分组成。本论的结构与文体（如综述论文、理论型论文、实验型论文等）相关，包括题名、材料（资料）与方法、结果与讨论，以及内含的层次标题、量、计量单位、插图、表格、式子（数学式、化学式）等。一般将论文主体中引言后面的部分（本论、结论）称为论文的正文（也有人将引言也列入正文）。

论文辅体是围绕论文主体的辅助信息部分，包括署名、摘要、关键词、参考文献等。题名、署名、摘要和关键词通常有英文部分。论文还可有附录，可视作论文主体的附件。

1.2.3 价值意义体系

科研论文也应是一个以原创性为核心，各价值要素相互作用和影响的价值意义体系，如图 1-3 所示。其发表的意义在于对人们认识、改造世界产生影响：发前人所未发，在科学理论、方法或实践上获得新的进展、突破，富有创造性、科学性，有很大价值；或在前人基础上有所发现、发明，富有一定创造性，有较大价值；或为人类知识和技术宝库增添库藏，有一点创新就有价值。

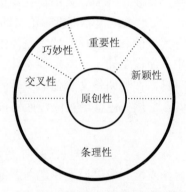

图 1-3　科研论文价值意义体系

原创性即首创性，是创新的高级形态，指论文的成果是作者个人或团队独立工作的结果，其核心部分的任何内容未曾发表过，（他人也未发表过），也没有正在投稿。原创性强调时间上的首次报道，重在首次创作、创造，而非抄袭或模仿，是科研论文价值体系的核心要素，对人类认识和改造世界发挥着相当重要的作用。

新颖性即有新意，属于创新的常规形态，指论文报道的内容是鲜为人知、非公知公用或模仿抄袭的，虽无原创性，却有值得借鉴之处。报道的内容若是模仿，则应仿中有变，若是老问题，也应老中有新，均从"新"的角度阐明问题（如古方今用、老药新用、旧法改进等）。新颖性要求论文的内容至少包含某种新鲜的成分、结果，可以是对以前人们未知的某种现象的描述，或向以前被人们广为接受的某个假设提出质疑，或其他什么新的方法、技术等。

重要性指论文的内容至少对同一领域的研究人员有重要参考价值。实际中很多投稿未经审稿就被退稿，究其原因，并非学术论点错误，而是其关键内容还未达到最终应有的研究结果，往往只是一个新概念或新成果形成的中间步骤，果子还未成熟就要推出，即论文发表过急，产生不了实际作用，谈不上什么重要性。重要性与原创性不在一个层面，有重要性不一定有原创性，而有原创性则往往有重要性。

巧妙性指论文研究方法的新奇、别致、技巧，由简单路径、巧妙改进等而得到可靠、可信的结果，或将一个领域的知识巧妙应用于另一领域。巧妙性包含一种"新"，可体现在参数设置、算法改进、路线优化、理论提炼、结构设计、技术应用或场景模拟等诸多方面，但不一定创新，更侧重巧妙、特别、艺术。论文写作用好巧妙性，可带给读者一种愉悦和创作灵感，也即一种"新"意。巧妙性通常含新颖性，但新颖性未必有巧妙性。巧妙性用好了，是一种艺术（写作在某种程度上是一门艺术），多是从方法的局部调整、节点改进来说的，原创性、新颖性多是从理论、方法、产品整体或局部功能来说的。巧妙性无须以创新为前提，原创性可以有也可以没有巧妙性，没有原创性的论文也可以有巧妙性。

交叉性指论文的内容能让本领域和其他领域的读者感兴趣，都能看懂（不少读者会对自己领域以外的研究工作有浓厚兴趣）。交叉性要求论文写作考虑学科覆盖面及读者专业背景、层次等要素，对影响广泛的重大科学进展的报道，应按文体需求写出能让非专业人员容易看懂的文本，如物理学进展可让生物学研究者看懂，生物学进展也能让物理学研究者看懂。

条理性指论文表述所具有的有规矩、有逻辑、不混乱的性质，思路清晰，主次分明，句句是理，段段是道，可理解性强，易读、易懂、易消化、易接受。再好的内容也是由语言表达的，条理性差就不能准确、全面地表达内容，影响论文的价值。条理性涉及因素较多，与论文语言、内容和结构等都有关，但其中的核心要素是思维的逻辑。逻辑不通时，其他要素用得再好也起不了本质作用，而逻辑通了，其他要素才会派上用场。写作中思维的条理性胜过语言本身及其风格。可见，在科研论文价值意义体系中，占权重最大的要素应是条理性，条理性差时其他要素就会黯然失色甚至被淹没而与读者无缘。

微课3

1.2.4 论文全面质量观

科研论文的全面质量包括写作质量、成果质量和选题质量。

论文的语言修辞质量、内容结构质量可大体归为写作质量，价值意义质量归为成果质量，写作质量与成果质量构成论文的内在质量。论文还有一个外在质量，这就是选题质量。一篇论文的选题好，不见得其写作、成果就好；一篇论文的写作、成果好，不见得其选题就好。可见，论文的写作质量、成果质量与选题质量之间没有内在的必然相关性。然而，若没有好的写作质量，成果、选题再好也难以体现出来，可以说写作质量在论文质量体系中处于基础地位。

1.3 高质量科研论文的特点

科研论文的质量是其语言修辞、内容结构和价值意义的融合，高质量科研论文应该明显具有一些基本特点，如创新性、科学性、学术性（技术性）、规范性、法规性和伦理性等。衡量一篇科研论文的质量高低要考察其是否具有这些特点、具有这些特点的数量，以及达到这些特点的程度，具有的这些特点越多，达到这些特点的程度越高，论文的质量就越高。

1）创新性

创新性是科研论文的灵魂和价值，是体现其水平的重要标志。创新是指突破或做出了前人没有突破或做出的发现、发明或创造，在理论、方法或实践上获得新的进展或突破，体现出与前人不同的新成果，其理论水平、实践成果或学术见解达到某区域、某时段的最高水平。一篇论文如果在其研究领域内提出新观点、新理论或新方法，有独到的见解，或理论上有发展，或方法上有突破，或技术上有发明，或产品上有提升，那么就具有创新性。

创新性要求论文所揭示的事物本质、属性、特点及运动所遵循的规律或规律的运用是前所未有、首创或部分首创的，是有所发现、发明、创造和前进的，而不是对前人工作的复述、模仿或解释，不同程度的创新对应于人类对客观对象掌握的相应知识或所具有的认知水平。原创（首创）属于创新程度最高的，对某一点有发展属于一定程度的创新（新颖性），而重复或基本重复他人工作就不是创新。实际中有很多课题是通过引进、消化、移植国内外已有先进科技、理论来解决本地区、行业、系统的实际问题的，只要对丰富理论、促进生产发展、推动科技进步等有积极效果，报道这类成果的论文就应视为有一定程度的创新。

创新性使得科研论文与教科书（讲义）、实验报告、工作总结等有较大差异。教科书的主要任务是介绍和传授已有知识，是否提出新的成果并不重要，其主要读者是外行人、初学者，强调系统性、完整性和连续性，常采用深入浅出、由浅入深和循序渐进的写法。实验报告、工作总结等则要求把实验过程、操作内容和数据，所做工作、所用方法，所得成绩、存在的缺点，工作经验、实践体会等详细写出来，也可把与别人重复的工作写进去（并不否认实验报告或工作总结在某一点或某些方面也可以有新意）。科研论文却不同，要求报道的内容应有作者自己的最新研究成果，而基础性知识，与他人重复性研究内容，常规的具体实验过程、操作或方法，详细的数学推导，浅显的分析等通常不写或略写。

2）科学性

科学性是科研论文的基本要求。科研论文的科学性表现为：内容客观、真实、准确，未弄虚作假，能经得起他人的重复和实践检验；论点鲜明、论据充分、论证严谨，能反映出作者的科学思维过程和所取得的科研成果；以精确可靠的数据资料为论据，经过严密的逻辑推理进行论证，理论、观点清楚明白，有说服力，经得起推敲和验证。应尽可能基于实验、调查数据，相关文献及现有知识，以最充分、确凿有力的论据作为立论依据，不带个人偏见，不主观臆造，切实从客观实际出发，得出符合实际的结论。

科研论文无论所涉及的主题大小如何，应有自己的前提或假说、论证素材和推断结论；通过推理、分析有关主题或内容而提升到科学的高度，不要出现无中生有的数据和经不起推敲的结论，而要巧妙、科学地揭示论点和论据之间的内在逻辑关系，达到论据充分，论证有力。

科研论文的科学性体现在内容、形式和过程三个方面：

（1）科研论文的内容是科学研究的基础，既是前提又是结果，其科学性是客观存在及规律的反映，是生产、实验的依据。主要体现：观点、论据和方法经得起实践检验，不能凭主观臆断或个人好恶随意地取舍素材或得出结论，必须将足够、可靠的实验、观察或调查数据或现象作为立论基础，论据真实充分，方法准确可靠（整个实验过程能经得起复核和验证），观点正确无误。

（2）科研论文的形式是其内容的结构呈现，其科学性体现在结构清晰、行文严谨、符合思维规律、通顺严密、格式规范等方面。主要体现：表达概念、判断清楚明白且准确恰当；修饰、限定使用明确的修饰语；描述、表义不用华丽词藻和感情色彩句；准确使用术语、量名称及法定计量单位，插图、表格、式子、数字、符号等的表达准确、简洁，符合有关标准和规范。

（3）科研论文的过程是其形成的整个过程，其科学性是作者在研究和写作中要有科学态度、精神。主要体现：在从选题、搜集材料、论证问题，到研究结束、形成正式论文的一系列节点和过程中，用实事求是的态度对待任何问题，踏踏实实，精益求精，避免不准备就写论文、不经历过程就想要结果，不草率马虎、武断轻言，杜绝伪造数据、谎报成果甚至抄袭剽窃。

3）学术性（技术性）

学术性对应科研论文中的学术论文，技术性对应科研论文中的技术论文。

学术性也称理论性，是学术论文的主要特征，即学术论文具有学术价值。学术论文在总体研究目标支配下，在科研活动前提下阐述学术见解、成果，揭示事物发展、变化的客观规律，探索科技领域的客观真理，推动科学技术的发展。有无学术性以及学术性是否强，是衡量科研论文学术水准的重要方面。

学术不是一般的认识和议论，而是思维反复活动和深化的结果，是系统化、专门化的学问，是具有较为深厚实践基础和一定理论体系的知识。学术性至少包括两方面含义：从一定理论高度分析和总结由观察、实验、调查或其他方式所得到的结果，形成一定的科学见解，提出并解决某种具有科学价值的问题；用事实和理论对自己所提出的科学见解或问题进行符合逻辑的说明、分析或论证，将实践上升为理论。

一篇论文若只是讲述了某一具体技术和方法，或说明解决了某一实际问题，那么在学术上还不够，因此不是学术论文，但在技术上价值较大，因此是技术论文。科研人员，特别是工程技术研发人员，应善于从理论上总结与提高，不仅写出技术论文，还要写出学术论文。

4）规范性

规范性是科研论文的标准化特性和结构特点。科研论文要求结构严谨、脉络清晰、前提完备、演算正确、推断合理、前后呼应、自成系统、符号规范、语言通顺、图表清晰，这些均属规范性，决定了科研论文行文具有简洁平易性，用准确的专业术语或通俗易懂的语言表述科学道理，语句通顺、协调，表达准确、严谨，语言自然而优美，内容深刻而完备。

科研论文须按一定体例格式来撰写，有较好的可理解性和可读性：文字表达上，语言简明准确、详略得当，层次分明、条理清楚，论述严谨、推理恰当；技术表达上，术语、量和单位使用正确，数字、符号、式子表达规范，插图、表格设计科学，参考文献引用（标注、著录）规范。不规范会影响甚至降低论文的发表价值，使读者对论文内容的真实性和可靠性产生怀疑，甚至产生厌烦情绪。

5）法规性

科研论文有广泛的宣传性、指引性，须以遵纪守法、不损害国家和民族利益为前提，这就是其法规性，包括政治性、法律性、保密性。

科研论文有时也会涉及政治问题。比如，讲述科技发展方向和服务对象时，可能涉及国家经济、科技政策；提到某些国家和地区时，可能涉及国家领土主权和对外关系问题；翻译国外科技论著时，可能遇到其中某些提法与国家法律、方针、政策相抵触甚至不合国情之处。论文在这些方面表述或处理不当就属政治性错误。

科研论文如同私人财产一样,一经发表就受到国家法律的保护,作者在拥有版权的同时也负有多方面的责任(国家宪法、民法典、著作权法、专利法、商标法等对知识产权有明确的规定,著作权是知识产权的一种重要类别)。论文内容不符合国家法律法规、经不起实践检验就属法律性错误。

科研论文发表须保守国家机密,遵守国家法律,有的内容在某时间和范围内施行保密,有的不在保密范围却受专利法保护。不能引用秘密资料和未经授权的内部文件,不能发表尚未公布的国家和地区计划。引用全国性统计数字应以国家政府和权威部门公布的为准。未经公布的国家特有资源和尚未公开的工艺、秘方,国外还没有的新发明、重大科技成果和关键技术,各项专利,与国防和国家安全有关或涉及国家重大经济利益的项目,以及医疗秘方、疫情、发病率、死亡率等,均属保密范围,应谨慎对待,妥善处理,避免泄密而犯保密性错误。

6)伦理性

科研论文还要注意避免抄袭剽窃、一稿多投等伦理问题。期刊出版单位通常在其《作者须知》或相关文档中发布有关声明,规定作者对其论文研究工作的完整性应承担的伦理责任。

1.4 科研论文形成过程

论文是人(作者)借助语言工具将其认知以一定文体形式组织起来而呈现的一堆语言文字(文章),以便发表让别人(读者)阅读而收获认知。读者通过阅读文字就可分享他人认知,不出家门,无须亲历客观事物,也能获得如同亲历甚至亲历也无法获得的知识和体验。

1)论文写作机理

作者在写作中是一个枢纽,把客观事物映射到自己的脑海里,与自己的主观世界相碰撞、融合,形成用思维语描绘的意态文;选词造句,把意态文转换成用书面语表达的书面文。前一过程是由客观事物到人的主观认识的意化过程,后一过程则是从人的主观认识到书面语表达的物化过程。意化的对象是工作实践和科研结果,物化的结果是语言文字和科研论文。

写作实现了对客观事物认知的传递,要求达到一致性,即作者由其文章所表达出来的意思(表义)与其原本要表达的认知(本义)一致,本义明确时,写作质量越好,表义与本义就越接近。文章语言表达的效果直接体现作者表达思想的准确性,也影响读者理解的准确性,语句表义越准确,读者理解就越易达到准确,传递偏差就越小。意化中常出现意不符物的情形,即主观认识未全面正确反映客观事物,而物化中又言不达意,即不能完整准确地反映本义,结果是因为这两次偏差,文章或多或少地偏离了客观事物。这往往由意化、物化中缺少正确逻辑造成。意化中使用思维语,物化中使用书面语,均讲求表达的逻辑性,写作中若能将此两层面的逻辑性把握好,就能达到对事物的准确、有条理的表述,获得理想的可读性。

2)论文写作过程

科研论文的形成大致分为准备、写作和发表三个阶段,如图 1-4 所示。

微课4

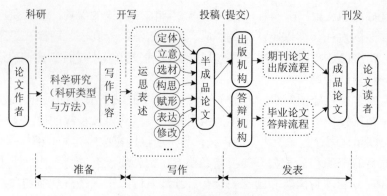

图 1-4 科研论文形成过程

作者在论文写作前须做准备工作，准备工作做好了方可动手写作，才能写成、写好论文，这个过程就是准备阶段。在此阶段，作者的主要工作是科研选题和科学研究，获得科研结果，形成写作内容。科研通过写作上升到论文，而论文须以科研结果为写作材料（写作素材）。科研和论文写作是两种密切相关的不同科研活动，科研不属于论文写作，却是论文写作的前提，论文写作是科研的后续，成品论文又是后续别的科研的参考资料（写作素材）。从动作行为来看，一定先进行"研究"这个动作行为，然后才有另一动作行为"写"，科研是论文写作的基础或前提。

常有作者想写论文，但不知做准备工作，不知如何开始，即使动手写也很难下笔，不知写什么、怎么写，常常郁闷苦恼。其实，这种困境多是由准备工作缺少或不到位所致。写文章好比盖房，盖房需要各种材料，若不把所需材料准备到位，则工人的技艺再高恐怕也无从下手；写文章也需要材料，若未将材料备好，则作者的水平再高恐怕也是望洋兴叹。也许有人会问，"我准备了，资料也查了，文献也读了，可还是没有思路，那怎么办呢？"笔者的答复是，"你的准备工作还是不够，不到位，不信的话，你回头再试试，反复试试，奇迹一定会出现的！"。准备工作是一个量的积累过程，如果积累够了，那么由量变引起质变才是必然的。

在写作阶段，作者基于科研结果进行运思表述，包括内部运思和外部表述。

内部运思是作者通过大脑思维，依写作目的、内容和要求，对论文主题、内容、框架、结构等进行全方位思考，打腹稿，大体上分为定体、立意（立题）、选材、构思和赋形几个环节（笔者将这几个环节统称谋篇布局）。这个过程中论文虽未开写，较为完整的意态文却已在作者脑海中形成，相当于产品虽未造出来但其设计图样已经形成。

外部表述是作者将自己脑海里所形成的意态文用语言文字表达出来，形成初稿（容许粗糙），再对初稿不断修改，使其达到规范，形成质量较好的成稿。即使名家名著，也不是一次就能完成成稿或初稿不经修改就能成为名著，而是要花费巨大工夫去修改才能完成成稿或初稿经过多次修改才能成为名著。比如《红楼梦》，曹雪芹曾批阅十载，增删五次，即修改了十次，大刀阔斧地整改达五次。初稿和成稿是投稿前的论文，还不是成品，不具有社会属性，相对发表后的成品论文来说属于半成品。

作者在内部运思时是画图员、设计者（白领），外部表述时则是加工员、实现者（蓝领）。

发表阶段就是从半成品论文投稿到成品论文刊发的出版过程。在此阶段，对于期刊论文，投稿后期刊编辑部启动论文出版流程，包括审稿、修稿、定稿、排版、校对等；对于毕业论文，提交后有关机构启动论文答辩流程，包括预答辩、外审、修改、答辩等。不管哪种论文，均少不了修改，作者均应按有关评审及处理意见对论文进行修改，进一步完善论文内容、调整结构、修改语言，提升写作质量。最后则是刊发，将成品论文推出与读者见面。

思考题

1-1 科研论文是议论文吗？简述二者的异同。

1-2 简述科研论文与学术论文的关系。学术的本质是什么？与学术论文相对的另一类科研论文是什么？

1-3 科研论文的质量体现在哪几个层面？概述每个层面的主要内容。

1-4 谈谈你对科研论文选题质量、成果质量、写作质量之间关系的认识。

1-5 一篇论文语言优美，内容和结构合理，是否一定就是好论文？谈谈个人认识。

1-6 写作中通过修改来消除语病，对应的修辞是消极修辞还是积极修辞？消极修辞和积极修辞的主要区别是什么？"消极"和"积极"的含义是什么？

1-7 科研论文的基本特点（创新性、科学性、学术性等）可否代表其质量水平？为什么？

1-8 对于名著《红楼梦》，曹雪芹曾批阅十载，增删五次。这从某种程度上说明，写作定稿过程中必不可少的是哪个环节？为什么？

第 2 章　科研选题

科研是从科研选题开始的，可以说科研选题是科研的起点。客观世界如此复杂多样、丰富多彩，科研领域、研究对象自然五花八门、数不胜数，若要开展科研，则必须选题先行。选题后自然才是为完成选题而进行相应的科研工作，获得研究结果、结论和成果，再将研究结果、结论和成果变成语言文字，以论文的形式记录、沉淀下来，最后以出版物或文献的形式传播、交流。可以说，选题树立了一个目标，科研是为目标实现而进行的某种劳动（社会实践活动），论文则是科研及科研成果的记录。本章概述科研选题，讲述科研选题的原则、途径，总结毕业论文的选题模式、方法。

2.1　科研选题概述

科研首先须解决的问题是选择一个课题，即确定所要研究、论证或解决的问题，这个过程就是科研选题（动词），所确定的课题名称也是科研选题（名词）。科研选题是一种严肃的创造性研究工作，是在丰富的知识储备、大量的社会实践和积极细致的思索中形成的，发现一个有价值的课题是一种创造性的思维过程，也是一种灵活的研究技术。可以说，一个合适的科研选题是科研取得成功的一半，是科研的战略起点。

研究领域很多，每个领域的研究层面、对象和内容也多种多样，科研选题就是对研究领域及研究层面、对象、内容的选定。从高一层次看，它是研究人员所选择的科研主攻方向（研究方向），从低一层次看，它是在科研主攻方向的基础上所选定将要攻关的研究课题，主攻方向或研究课题的名称即为科研选题，研究课题实施所用的研究方案（涉及过程、方法等）也属科研选题的范畴。

研究方向确定和研究课题选择互为前提、相互转化。研究方向是研究人员在一个较长时期内从事科研的领域，往往是研究人员在某一具体研究课题取得成功的基础上延伸开拓出来的，也可以是其未从事或涉入不深的新领域。研究课题是在研究方向统领下的一个针对性较强或目标明确的科研项目，是研究人员从自己所探索的科技领域中发现、提出和形成的一个有科学意义的问题，本身就是一个了不起的成就。一个研究方向确立了，就预示了多个具体研究课题的开展和实现；一个具体研究课题取得成功，就展示了一个研究方向。

科研本身是一个不断提出问题和解决问题的过程，由已知向未知进发是提出问题，从未知向已知转化是解决问题。提出问题意味着在科学前沿发出进军令，酝酿着科学上的新突破、新生长、新分支和新起点，因此须要勇于摆脱旧学说和传统观念，有超前的想象力和创造性。提出问题确定了研究的主攻方向、制高点和突破口，在一定程度上确定了解决问题的行动方案、方法和步骤。提出问题通常包含较多原始、粗浅、现象的问题，因此往往比解决问题更容易使人感兴趣，解决问题则是进一步构成成熟、深刻、本质的问题。提出问题是解决问题的基础，解决问题是提出问题的深化，而提出一个问题往往比解决一个问题更重要。

对于职业研究者（如高校研究生导师、研究院所研究人员等），选题意味着立项（科研选题），获得一个项目（课题）或子项目（子课题），组建项目团队（课题组，常由老师和学生组成）并分工，从项目启动、进行研究到最终完成会经过一个或长或短的项目周期，其间会获得一些阶段性研究成果，再从中选择适当的题目写成论文进行发表。那么，论文选题等同于科研选题吗？论文选题属于选题，但与科研选题不是一个概念，因为论文选题只是科研选题的阶段或局部成果总结。在科研选题实施过程中，所收获的每个成果均可单独以某一题目成文而发表。科研选题决定了研究什么，而论文选题是论文写作的起点，决定了写什么，如果说论文选题是其科研选题的子集，那么各个相关论文选题相加便构成科研选题这一全集。可见，选题有科研选题与论文选题之分，二者既相关又有区别。

对于高校学生来讲，还没有职业，其主要目标是通过学习而顺利完成学业，但须要做一些科研工作，获得素材或内容去写毕业论文，以保证如期毕业。因此，其选题意味着开题，"题"就是毕业论文的题目，学生从开题报告撰写、获得通过开始，才真正开始了科研工作，在导师或有关老师的指导下开展科研，其间会有阶段性的研究成果，以论文的形式发表，最后汇总，写成毕业论文。例如，笔者博士论文的选题是"快速重组制造系统（RRMS）理论和方法"[后调整为"可重构制造系统（RMS）理论与方法研究"]，在攻读博士期间发表的论文有《可重构制造系统理论研究》《可重构制造系统成本模型》《可重构制造系统中基于相似性理论的虚拟制造单元生成方法》《RMS 中工件路径网络生成方法》《可重构制造系统（RMS）构建原理》《面向快速变批量生产的生产线重构技术》等。毕业论文题目和开题的选题往往是相同的。

实际中也有这样的情况，最终的毕业论文题目与开题的选题相比有一些调整或变化。不过，这种调整或变化往往是形式或表达上的，不会涉及论文的核心内容或关键主题。学生选题分为学术和技术两类（如学硕、专硕论文选题）。学术类是研究项目，事先通常有一个目标或方向，对于最终的结果通常不大可能精确预计，甚至出现违反初衷即不可行的结果也是容许的，这时毕业论文题目有调整或变化自然是需要的。技术类是一般工程项目，项目完成的结果通常事先可以计划得非常明确、完整和可行，这时毕业论文的题目往往就是开题的选题，无须调整或变化。实际中，在论文规划或开题时，题目可定义得相对宽泛一些，以保证在这一范围可以出一篇毕业论文，而最终的论文题目应当是一个比较具体、能反映论文具体特征的标题。

选题合适与否直接影响论文的质量。美国哈佛大学教授威尔逊曾经说过："所谓优秀科学家，主要在于选择课题时的明智，而不在于解决问题的能力。"科学选题，当事人会满怀热情、充满希望地搜集资料、开展研究并动手写作；而盲目选题，研究常难以开展，会导致整个研究工作无意义或长期得不到结果，论文也写不下去。选题不要过大，否则就会超过当事人自己的水平能力，结果是"老虎吃天，没处下爪"。

科研和论文写作是学生运用所学理论知识来解决实际问题的过程，学生如果对一个好选题研究得比较透彻，就会为其毕业后从事该项或相关工作带来很大方便，且容易获得成功。从长远看，学生在以选题为目标的科研中不仅历练了研究能力，而且为日后参加工作打下了基础。

2.2 科研选题原则

科研选题的完成要投入人力、物力和财力，选题层次、难易程度决定了投入的多少。选题应从实际出发，追求理论价值，注重现实意义，勤于思考，刻意求新，遵循以下基本原则。

（1）重要性原则。重要性即需要性、有用性、价值性或目标性。重要性原则是选题的首要原则，核心思想是，选题是要解决某一实际问题，即一个选题针对一个实际问题，是以解决问题为目标的，脱离问题的选题没有用途、意义和价值。从大的方面讲，选题应与社会或科技发展需要相对应。社会需要主要是生产、建设及人民生活，如关系国计民生的重大课题，迫切需要解决的社会实际问题；科技发展需要是科技自身发展的需要，如某科学领域或学科分支亟待解决的理论问题，某工程应用须解决的关键技术问题。科学上的新发现、新发明、新创造均有重大科学价值，必将对科技发展起到推动作用。因此，选题应勇于创新，选择处于前沿位置并有重大科学价值的选题，经过辛勤研究，取得创新性成果，为人类科技事业发展做出贡献。也有较小或相对较小的选题，如日常工作、生活中须解决的某些实际问题。

（2）合理性原则。合理性也称科学性、理论性或方案性。选题不但要考虑重要性原则，适应解决实际问题的需要，具有实用价值，还要考虑选题本身是否科学、合理，是否具有理论可行性。如果一个选题在表面上非常高大上，然而与客观事理和科学规律相违背，若投入科研，就是一种徒劳、空想，如永动机、水变油之类的选题根本不具备合理性。提出一个新的选题设想，并非已选定一个合理的选题，还要利用现有知识来考察其合理性，但仅从知识的角度来考察还不够，还要考察课题的研究或实现方案。一个选题若无配套的合理性研究或实现方案，就只能停留在设想或概念阶段，其合理性就难以得到保障。所谓合理性研究方案，是指选题所用的研究方法是已有的可行方法，或经过研究者努力可以实现的方法。按合理性研究方案来实施选题，选题一般是有望成功的。

（3）可行性原则。可行性是可能性、现实性、条件性。可行性原则是从课题实施和完成条件来说的，体现了科研的前提和可能。研究者须从所具有的主观、客观条件出发，选择有利于实现的选题，若不具备选题完成的必要条件，自身知识储备、技术水平不够，受自然、社会环境等限制，则相应选题无论如何重要和合理也无实现可能。从广义上讲，研究者个人爱好、兴趣，所在领域、所学专业，研究方向、专业特长，研究经历、积淀，职业规划、意向，课题需要、团队角色，所在机构或院系的政策、规定，领导或导师的想法和安排，选题与前后或上下游课题的关联度、衔接性等，均可成为选题的可行性条件。因此选题并不是随心所欲想选什么就选什么，往往受到这样那样的限制，最终的选题可能不怎么理想、完美。可见，选题并不是越高大上越好，而应实事求是，能落地，不仅开出花，还要结果，而且是好结果。不具可行性的选题就是白搭，相应的科研就是徒劳，"竹篮打水一场空"，选题归零。

在有多个课题可供选择时，应从重要性、合理性、可行性综合考虑。重要课题的价值意义较大，其完成难度再大也值得去做，选题者应制定一个可行的实施方案，最大限度地组织力量，尽最大努力去完成。对意义不大、简便易行的课题，可安排适当力量去做。

2.3 科研选题途径

科研选题途径是指课题的来源、渠道或方式，如纵向课题、横向课题或自选课题。

（1）纵向课题。由国家级、省部级（省、直辖市、自治区、部委）、校级课题等科研主管部门发布或招标，个人或集体申报，有关部门及专家审查批准的项目。通常由某种基金资助，如国家高技术研究发展计划（863计划）、国家科技支撑计划重大项目、国家自然科学基金、国家社会科学基金、高等学校博士点专项科研基金、科技部科技型中小企业创新基金，等等，项目执行中由有关管理部门和基金组织共同实施监督、检查，结题时也由这些部门组织专家验收、鉴定。研究人员可以自己申请基金项目或者参与别人的基金项目。

（2）横向课题。外单位委托本单位实施的课题。本单位是课题申请者所在单位；外单位是本单位以外的单位，包括非直接的上级部门或非上级部门，如各级政府及其职能部门、企事业单位、社会团体（已确认为纵向课题的除外）。本单位和外单位之间是平等合作的合同关系。横向课题范围较广，包括科学研究类、技术攻关类、决策论证类、设计策划类、软件开发类等，通常是高校扩大对外联系、服务地方经济建设、提高科研水平和知名度的重要途径。

（3）自选课题。研究者根据个人的研究背景、实施条件等所选定的自主类研究课题。其来源十分广泛，如科学未解难题、学科发展前沿、所获启示启发、社会生产实践、日常生活问题、专业心得体会、文献综述进展、已有认识怀疑、学术争论问题、前人成果讨论、已有成果改进、工作反常现象、工程项目设计、导师意见建议、自己爱好兴趣，等等。这类课题可能涉及较多具体或现实的问题，通常也很重要，也可获得价值较大的成果。学生平时应多积累文献资料，如果发现某一课题报道较少，且有一定的深度，可预见其发展前景较好，说明在此领域的研究很少或刚刚起步，这时就可以考虑将其作为自己的研究课题。必要时可深入实地、现场，接触当事人及相关人员，了解实际情况和需求，最终确定课题。当然同时还得考虑自己所学专业、研究能力、兴趣爱好及导师的研究方向、关联课题等其他因素。

2.4 毕业论文选题模式

毕业论文选题不是由学生自己就能决定的，往往受现实情况的制约，比如导师有无课题及有什么样的课题，情况和条件不同，选题往往就不同。毕业论文选题大体有课题、自选、命题和成果四种模式，模式不同，选题的途径、步骤、问题的确定、提出方式，研究的方案、方法自然就不同，但对最终论文的要求基本一致。

1) 课题模式

有的学生较为"幸运"，在完成课程学习前后，就有机会跟着导师做课题，积累了研究结果及经验。导师的科研选题的目标和时限很明确，学生在完成课题任务的前提下，自然可从中选取合适的内容进行归纳总结，毕业论文选题自然就不用愁了。出于论文在逻辑上的完备性，导师还可能对学生们的成果在学生之间进行调剂，即把一学生的成果调剂给另一学生。这种模式其实就是学生跟着导师先做项目，在项目完成或完成过程中的某个阶段从项目中提取一部分内容，以此为基础进行论文选题，称为课题或项目模式，也称课题作文。

课题模式通常包含以下四步：

（1）由导师以学生所做研究工作为基础来分配、调整课题成果。

（2）学生基于所分配到的课题成果，提出研究问题，并与导师协商，若选题方案逻辑完备，则确定选题；否则，返回（2）。

（3）搜集文献资料，回顾国内外研究现状，即进行文献综述。

（4）撰写、修正、补充并完成开题报告。

课题模式下，一个课题通常由多位学生和老师完成，可形成多个论文选题。这是目前较广泛的一种毕业论文选题模式。

2）自选模式

有的学生不那么"幸运"，导师也没有什么课题，因此没有机会跟着导师做课题，或导师忙于别的事，对学生选题关注不够，导致学生在完成课程学习后，其论文选题处于缺乏指导、停滞不动的状态。有的导师可能会给予学生一定的指导，给出较为概略的选题范围，有的导师连选题范围都不给，而是让学生自己先开始选题，待有问题时再来与导师沟通。这种模式是导师不怎么管或管得不多，要求学生自行选择题目，称为自选模式。

自选模式通常包含以下四步：

（1）导师给出一个概略的选题方向或狭小的选题范围，或学生自己提出在生活、学习中发现的或感兴趣的某一问题，学生与导师商定一个概略的选题方向。

（2）学生大量搜集和阅读有关资料，撰写读书笔记，将资料加以筛选、分类、归纳，发现可以作为论文选题的不足之处，形成初步的学术问题。

（3）对比分析问题的必要性与可行性，征求导师意见。若该问题别人已解决或难成行，则返回（1），换题重选；若存在缺陷，则返回（2），补充资料，扩展阅读，加强预研，更深入全面地了解研究现状，修正对问题的片面或错误认识；若没有问题，则确定论文选题。

（4）撰写、修正、补充并完成开题报告。

自选模式下，学生发现、抽象问题的能力得到充分锻炼和提高，就培养学生而言，这是一种较为理想的选题模式。中间两步是一个循环往复的过程，直到选题最终确定。

3）命题模式

有的学生可能更"不幸运"，在自选模式下发现的问题不足以成为毕业论文选题，或根本就没有发现什么学术问题。有的学生能力弱一些，无法完成自选课题；有的学生能力虽不差，但投入不够，不能在规定时间内完成任务。现实中也有这样的学生，虽然阅读了较多文献，对国内外研究现状了解较多，但就是抽象不出与毕业论文匹配的问题。为了能让这类学生按时毕业，导师只好给其安排或布置一个毕业论文选题，称为命题模式，也称命题作文。

命题模式通常包含以下三步：

（1）由导师给出一个能够满足相应毕业论文要求的初步问题。

（2）由学生针对此问题的研究现状进行调研，不断与导师沟通，消化、修正问题。

（3）同自选模式第三、四步。

命题模式下，学生不必为选题发愁，可直接进入问题，减少了工作量，自我感觉方便了不少，但发现、抽象问题的锻炼机会失去了，对自己科研能力的锻炼及科研素养的积累不利。从长远看，这种模式不利于学生的发展，因此是不提倡的。

4) 成果模式

现实中有这种情况，一些同等学力研究生已有研究成果，是带着成果来学习的，目标就是拿学位。这种成果在前、论文在后的选题模式称为成果模式，本质上就是学生在已有研究成果的基础上稍加改进而确定其毕业论文选题。该模式的前提是，成果主体已经或基本完成，相对来说后期的研究意味较弱，而写作意味较强。

成果模式与课题模式相比，均有课题背景支持，学生不用为选题而发愁，但成果模式比课题模式的实现难度可能要大。课题模式下的选题基本成形，对问题的抽象较容易；而成果模式下的成果较零散，不够系统和理论化，须对其进行抽象，以明确一个学术问题，这对学生来讲有一定难度。况且，一个问题被抽象出来就意味着一个新选题诞生，新选题是为毕业论文而产生的，原有的一些成果可能并不适于作毕业论文内容，也可能存在某种缺陷，须补充、完善，这样就需要学生做一些补缺工作，如相关成果的国内外研究现状调研。

2.5 毕业论文选题方法

毕业论文选题是较为细致、艰苦并充满挑战的一项工作，下面总结完成它的常规方法。

1) 文献搜集预研

文献搜集预研指先搜集文献，再对文献进行预研（文献回顾）。毕业论文不管用哪种选题模式，均不能缺少对研究现状的预研，而且往往须要反复进行，轮回对比，较为费时。选题前搜集的文献通常较为宽泛，其中与选题密切相关的只占较小部分。选题是在研究问题与研究现状的不断对比研究中产生的，选题设想需要准备的文献很多，开题报告对文献的需要大为收缩，后期论文（期刊论文、毕业论文）对文献将更加集中，与论文研究主题关联不大的文献进一步被舍弃，但往往应有新的文献补充进来，因为研究、写作与选题不在一个时间段，其间可能经历了较长一段时间，研究思想也有可能会调整、变化，新的研究成果也会涌现，进而须要补充一些新的文献。

导师也可推荐文献，这样针对性较强，对学生很有帮助，可减少学生阅读较多文献之苦，但学生会失去文献搜集检索的锻炼机会，因为文献检索本身就是一个阅读、理解、分析、对比和取舍的预研过程，失去这个机会将对学生科研能力的锻炼和提升造成负面影响。

2) 用好选题方法

毕业论文选题，按文献搜集与选题产生的先后关系，有游览捕捉法和追溯验证法两种选题方法，浏览捕捉法是先文献搜集后选题，追溯验证法是先选题（选题设想）后资料搜集；按选题与文献的内容关系，还有思辨选题法、逆向选题法和延伸选题法等。

(1) 游览捕捉法。对搜集的文献进行阅览，获得多方相关内容，再进行分析、对比、分类、排列、组合，从中寻找、发现问题。一般过程是，将自己的认识与各主要文献进行对比，找出哪些认识在文献中没有或部分有；哪些认识在文献中有，但自己对其有不同看法；哪些认识和文献基本一致；哪些认识是在文献基础上的深化和发挥。经过多轮认真思考，就会萌生自己新的想法，并及时捕捉这种想法，再做进一步思考，选题的目标就会渐渐明朗起来。

（2）追溯验证法。先有论文选题设想，再阅读文献来验证，将设想落地。一个选题设想产生时，先做好开题前的理论准备，为搜集文献提供向导，为论点和论据形成创造条件，还要考虑该选题是否与现有知识或成果相矛盾。这就要查阅文献，看类似的结果前人是否报道过，是否与前人已有结论相矛盾。与前人结果矛盾不是坏事，因为纠正前人错误也是一种创新。选题不能保证一定正确，一个新选题可能正确或错误，可能得到预期或负面结果。有些选题无论什么结果都有意义，但通常只有一种结果是重要的，而另一种结果可能没有意义。可见，选题时应统筹考虑其重要性、现实性及获得有意义结果的可能性。

（3）思辨选题法。通过思辨分析来求变、求异，从老、旧论题中多角度地开发选题，从不同侧面、用不同方法来考查、分析选题，力求有所发现或突破。

（4）逆向选题法。摆脱思维定式禁锢，打破常规式思维影响，转到方向相背或相去甚远的方面来选题，有逆向、发散的思维和求异、求变的意识，积极寻找那些被忽视的问题。

（5）延伸选题法。对已有选题进行延续和扩展，通过借鉴、参考他人研究思路及成果，进一步开拓选题的内涵与外延，在已有选题基础上有所补充、完善或创新。

3）把握选题口子

选题口子就是选题的宽度和深度，其大小应适当，范围应恰当，挖掘深度应合适。选题时，应在宽度和深度之间权衡，口子不能太大或太小：口子太大，涉及领域太宽，既受时间限制，也受自身研究经验和学术能力限制；口子太小，弹性空间有限，研究难以展开。选题时，还要有正确的态度，量力而行、尽力而为，注意难易程度要适宜，不是越高深越好、越前沿越好，而是适合的才是好的，最适合的才是最好的。

4）写好开题报告

毕业论文选题以开题报告作为标志。开题报告是一种说明式文体，是学生进入课题研究的科研热身及对答辩资格审核的重要依据。开题报告是课题研究的方案和毕业论文的整体框架，毕业论文是开题报告的补充和实现。开题报告是科研预案，毕业论文是科研预案的完成。开题报告在正式科研前，仅记录研究方案而无研究结果，其篇幅比毕业论文小得多。

开题报告的主体部分应包括以下内容：

（1）题目，即选题名称。概括课题核心内容，体现研究对象（目标）或提出问题。注意毕业论文名称与选题名称的差异：选题研究的最终结果通常无法准确预计，因此在毕业论文规划或开题时，题目可以定义得相对宽泛一些，保证在此范围内写出一篇毕业论文就可以，而最终的毕业论文题目到毕业论文开写时再准确确定，应当是一个能反映具体研究内容及论文特征的题目。

（2）选题的目的和意义，即选题缘由或研究背景。交待选题的重要性，通过文献综述突出选题的理论价值或现实意义。文献综述在于通过对大量文献的阅读、思考、提炼、归纳，了解研究现状，发表议论、评价，指出存在的不足，提出要解决的问题（与题目相扣）。

（3）研究的理论基础，即课题研究理论依据。交待选题的合理性，给出支持课题的原理、观点、认识或见解等。科学、扎实的理论构成研究工作的坚实基础，能让课题研究更合理，是课题研究的重要保证，也是创造、创新的前提条件。

（4）研究的主要内容，即所做研究工作及成果。描述学生自己的研究内容，并对其进行适当解释。涉及面不能太宽、太散，也不能太窄、太集中，而且要和后面的毕业论文（研究内容及工作量）匹配，主要内容应相对集中，为后来撰写毕业论文作好铺垫。

（5）研究的思路和方法，即问题解决或选题实现方法。有了问题自然要解决，给出相应的解决办法。大致交待研究的思路（设想、规划、计划等），阐述所用的研究方法，如文献（理论）分析、实验研究、社会调查、技术应用等。即使对于已研究过的课题，只要换一个角度或采取一种新的或改进的方法，也常能得出不一样的创新结论。

（6）研究的步骤，即研究思路实现步骤和研究方法完成过程。表述各相关研究阶段，并以一定顺序关联起来，组成研究的实施方案。这是选题从思考预研，到研究完成，再到论文撰写的行动纲领和实现蓝图，各阶段做什么（目的）、做出什么（预期结果）及相应分工均应明确，涉及人员、起止时间、研究内容、计划、进度、阶段间连续性等较多因素。

思 考 题

2-1 分析"科研选题"中的"选题"一词的词性。
2-2 简述科研选题与论文选题，以及毕业论文选题与期刊论文选题之间的关系。
2-3 简述科研选题应该遵循的基本原则。
2-4 简述科研选题的常见途径（来源、渠道）。
2-5 毕业论文选题大体有哪几种模式？描述每种模式的主要流程及特征。
2-6 简述毕业论文选题的常规方法及每种方法的主要步骤。
2-7 毕业论文开题报告的主体部分主要包括哪些内容？描述其大体结构组成，以及与期刊论文主体部分的结构组成的主要差别。

第 3 章　科研类型与方法

科研论文是用书面语言对科研的记录、描述、总结、报道和传播。"科研"在前,"写作"在后,"科研"在于行动上的"做"(做科研,进行科研),"写作"是将"做"的过程和结果变成语言文字,在于行动上的"写"(写文章,进行写作)。"科研"是论文的"源",有了这个源,写作才能得以进行;缺少这个源,写作就成无米之炊。科研类型不同,研究资料、素材的获得途径,研究结果、数据的产生方式,以及适用、需要的研究方法就不同。研究方法的选择取决于不同的客观情况、现实条件以及对原始结果进行处理所需要的具体方法。本章讲述科研类型,描绘科研过程,梳理科研过程各阶段的研究方法。

3.1 科研类型

人类生存的意义在于拥有或达到更好的生存生活方式、状态,须要不断认识和改造客观世界。认识和改造客观世界是科研的使命,但客观世界丰富多样、复杂多变,对不同事物(现象)的认识和改造需要不同的科研实践形式,这样便产生了不同的科研类型(科研类)。

理论型科研是一种主要通过公式推导、数学建模、模型运算等方式获得原始结果再进行研究,或直接以文献资料、个人认知为原始结果,通过辩证是非、争论、讲理等方式而获得研究果的科研实践形式。它一般以某课题(论题)的纯粹抽象理论问题为研究对象,基于对相关结果的严密数学推导和理论分析,概括和总结已有理论,探讨客观对象的内在规律,提出正面思想、主张、观点和见解,建构新理论。

调查型科研是一种主要通过观察或了解情况来获得原始材料再进行处理、研究的科研实践形式。它通常在一定思想或理论指导下进行,根据对事物的现状、运行机制或存在的问题等进行科学分析、总结而提出新的认识、观点、借鉴或建议。调查适于研究现实问题或描述一个总体性质、倾向和态度。

实验型科研是一种依据一定研究目的并运用一定材料手段,在人为控制下有计划地变革或模拟研究对象,使目标事物(或过程)发生或再现,进而观察、研究所得客观现象、性质及规律的科研实践形式。实验目的多种多样,如检验某一科学理论、假说,或发明创造某一新事物、新方法,或解决某一实际问题;实验中须如实记述所用材料与方法,严格记录实验过程,准确呈现实验结果;实验的核心在于对实验结果进行某种论证而得出创新结果、结论。实验适于自然事物,通常不适于人文历史、政治文化、社会现象等社会事物。

设计型科研也称创作型科研、造物型科研,是一种将已有研究成果应用于设计研发新事物或解决实际问题的科研实践形式,包括对象设计、软件开发、技术研究、系统集成、算法改进、工艺完善、结果优化、技术改良、产品研制、材料改性等,以及相应的检测、验证、应用等工作,工业设计特别是产品设计以及艺术、环境设计均包括在内。

经验型科研是一种将个人或组织机构的工作方案、实践成果或个人经验、体会等进行总结而上升为研究成果的科研实践形式。

从不同角度来分还可以有其他科研类型。不同科研选题的研究领域、主题、对象、层面、内容及研究的复杂程度等不尽相同,几种科研类型混用也是常见的,称为混合型科研。

3.2 科研过程

科研以科研选题为起点,经过研究者的一定科研过程,最终收获科研成果,如图3-1所示。科研过程大体分为前期研究、中期研究和后期研究三个阶段[①]。

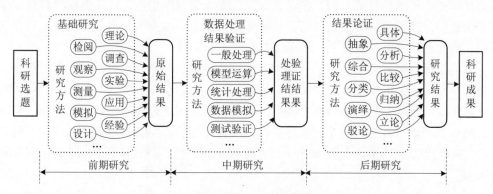

图 3-1 科研过程简图

前期研究为基础研究,获得科研原始结果。中期研究为数据处理和结果验证,数据处理是对原始结果进行处理而使数据规范化、规律化,结果验证是对原始结果(如设计结果)进行验证,涉及一般处理、模型运算、统计处理、数据模拟或测试验证等研究方法,获得科研处理、验证结果。后期研究为结果论证,是对处理、验证结果进行某种逻辑研究,涉及各种论证研究方法,如分析、综合、归纳、演绎等,获得研究结果。研究结果的创新部分即为科研成果。

上述科研过程是从科研整体来说的,侧重科研的共性。其实科研选题多样,不同选题从开始研究到最终完成,所经过的流程存在差异,所用研究方法也不太可能相同,简单课题可归为某类科研,所用方法也较少,而复杂课题往往是混合型科研,所用方法较多。但不管何种科研选题,其研究过程及方法通常就是上述科研过程图中的一个或大或小的子集。

在科研选题阶段也有过研究,不过那时的研究是为选题的确定而研究,搞清研究现状、提出所要研究的问题是关键;开题后进入研究阶段所做的正式研究,是为选题的实现而研究,解决所提出的问题是关键。选题阶段的研究可不算正式研究,却是正式研究启动不可缺少的重要前提、预研。从科研全过程看,这两个环节的研究一脉相承,组成科研的统一体。

---

① 这里对科研过程的"前期""中期""后期"之分,是按本书表达需要来划分的,实际科研过程远非如此简单分明。

3.3 前期研究方法

前期研究与科研类相对应，所用方法多样，如检阅、观察、调查、实验、设计，等等。

3.3.1 检索与阅读

检索和阅读合称检阅，对象是各类文献资料（统称文献）。

检索是文献检索，简单说就是找书，按领域、主题和关键词等查询、搜索相关文献，包括公开出版物、非出版物及各类电子资源等，查询结果应充分、全面而具有代表性。

阅读是文献阅读，简单说就是看书，了解、领会其内容。阅读能学习文化知识，了解相关研究现状，借鉴已有研究成果，丰富研究内容和素材，形成广征博引的科研特色；还能获得文体范本和写作格式范例，向经典文章、文本学习写作技巧；还能提升自身科学素养和文化底蕴，改变精神气质及科研、写作修养。爱读书的人不一定都会科研、写作，但会科研、写作的人没有不爱读书、不多读书的。

文献的记述可能经过了他人的剪裁删节或修改完善，可能比不上作者个人的观察、调查结果那样准确、直接和具体，甚至偏离原始形貌而变成另一样子。因此检阅更需用经验、学问来修正，其特点是从字里行间来推求真相，如同从历史记载中探寻历史正误，从众多证据材料中推断案情真假。历史记载可正看、反看、侧看，文献不见得完全相信，究竟怎么"看"和"用"，要视现实情况来定，只有这样才会研究、形成和写出作者自己所拥有的独特内容。

任何创造创新是建立在前人成果基础上的，科研离不开文献检阅。研究者应正确对待检索到的内容，不能人云亦云，盲目轻信文献中的所有结论（对错误或不当结论纠偏、纠正也属创新），或在类似条件下盲目科研而重复他人劳动，也不能动辄就怀疑，对文献中的真理或科学结论不予认可。应坚持辩证法，在现有成果基础上吸取经验，超越前人，创造新东西。

3.3.2 理论与建模

理论与建模通常是应用理论来建立数学模型，即系统学习建模所依附的相关理论、方法，如相似性理论、光学衍射理论、新制度经济学理论、生命周期分析法、神经网络法、层次分析法等，用其建立所需的数学模型（这里指正演数学模型）。若需从定量的角度分析、研究一个实际问题，则应在了解对象、简化假设、分析规律等的基础上，用数学语言将问题表述为数学模型，用此模型进行计算，用计算结果即模型结果来解释、解决问题，并接受实际检验。

数学模型是针对或参照某一事物系统的内在特征或数量关系，采用数学语言概括或近似地表述的一种纯数学关系结构。它在广义上可包括数学的各种概念、公式和理论，可以说整个数学是一门关于数学模型的科学，但在狭义上只指那些反映了特定问题或具体事物系统的数学关系结构，即联系某一系统中各变量间内在关系的数学表达。它分正演类和反演类：正演类数学模型是按变量间某种关系建立方程或方程组，通过求解方程或方程组得到数学模型；反演类数学模型是按实际数据，通过某种方法寻求能符合或基本符合这些数据的某种数学式，进而得到数学模型。

数学模型在形式上是数学表达式，清晰简捷、易于操作，明确表达出变量间的关系，实际上是人们对现实世界的一种模拟或反映形式，与现实世界的原型有一定相似性。它所表达的内容可以是定量的、定性的，但一定是以定量方式体现出来的。它是关联实际问题与数学工具的纽带，已广泛应用于科研各个领域，并发挥着极其重要的作用。

3.3.3 观察与测量

3.3.3.1 观察

观察是依课题研究需要或为了亲眼认识客观事物，利用感官并借助辅助仪器及其他科学手段，对处于自然或某种控制状态下的事物进行系统察看并做好记录，形成对事物的某种认知、理解。观察是自然科研获得第一手资料和感性认识的重要环节。仔细适时的观察能培养学者的科研素养和情操，为科研写作的准确和严谨表述奠定基础，可以说观察也是一种修养。

1) 观察的特点

（1）真实性。观察通过感官直接感知，无需其他中间环节就可得到客观真实材料。

（2）自然性。观察通常在自然状态下进行，不受人为主观因素的影响或影响较小。

（3）及时性。观察是随时察看，可以及时看到正在发生的现象或发现存在的问题。

（4）便捷性。观察是按既定方案和流程进行的，操作简便，处理容易，勘误及时。

（5）局限性。观察受限于客观条件、观察时间及观察者主观因素等，有以下不足：

① 客观局限性。观察受观察对象不可控客观条件的制约，未体现出观察的适时、实地性，容易产生观察对象不能被随时跟踪或观察到的不足和遗憾。

② 时间限制性。观察受观察时间的限制，在必要的时间未能观察而坐失良机，未获得所需结果。时间不可逆，一旦过去了，相应的结果通常就没有了。

③ 主观局限性。观察受观察者个人主观因素如知识、经验、阅历、水平等的限制，未体现出观察本应有的全面、深入性，易发生视而不见的错误。

2) 观察的类型

观察分为基础观察和派生观察。

基础观察分为直接观察、间接观察以及质的观察、量的观察。直接观察、间接观察是从观察手段来分的，质的观察、量的观察质是从观察性质来分的。

（1）直接观察。观察者由感官直接感知感悟事物（肉眼观察和亲身体验），有直观、生动、具体和方便等优点，可免除由中间环节的误差所引起对观察对象认知的错误。但也有局限，主要受感官生理阈值制约（超过阈值的观察不靠谱或难以进行），容易得到较为粗糙的感性材料，难以精确把握研究对象的属性，且观察者个人的感觉能力又同其个人素质有关，观察结果会因人而异。对难以施以变革、改造、控制的研究对象的感性材料宜通过直接观察获得。

（2）间接观察。观察者利用科学仪器或其他手段来考察研究对象，有准确、快速和范围广等优点。科学仪器扩大了人的感知范围，提供了准确的观察手段，使感性材料的获得更加客观和准确。但间接观察也有局限，它在很大程度上依赖于仪器，而仪器的精确度会影响观察的结果，可能不如直接观察的结果直接明了。

直接观察是间接观察的基础，间接观察是直接观察的发展。间接观察借助仪器延长和提升了人的感官，而用仪器所能观察到的现象还须通过感官而进入大脑。例如，通过直接观察可如实观看和了解山川、地貌、江河、植被、气候等自然现象，而通过间接观察对采集到的样本（标本、样品）进行分析、化验，探讨直接观察结果形成的原因、机理或特点，再进行综合便可得出一个更加全面、客观的结论。

（3）质的观察。侧重对事物性质、特征及其与其他事物之间关系的定性描述，广泛运用于自然地理学、古生物学、临床医学和动植物分类学中。

（4）量的观察。又叫测量，是从量的方面对事物进行考察，在于精确把握事物的特征及数量关系，广泛运用于天文学、物理学、气象学、医学和工程技术等领域。

派生观察是基本观察的派生和综合，有分类观察、比较观察、自然观察、实验观察等。

3）观察的规模

这是从观察花费时间来说的，取决于课题或研究对象的大小，大、长的观察可能需要漫长岁月，如一年、几年、几十年，小、短的则在较短时间内完成，如几小时、几天、几个月。观察不论规模，都应客观真实、严谨深刻、敏锐细致，避免因观察者的个人因素（如生理、心理、个性、习惯、爱好、个性、阅历、水平等）而产生错误，与探求学问在本质上并无多大差异。

4）观察的原则

（1）客观性原则。遵循自然条件和客观规律，防止由先入之见、假象、错觉或仪器误差而导致观察的主观性。

（2）全面性原则。从多个层面、方面观察，把握对象的各种属性、特征，抓住事物的本质。

（3）典型性原则。选择有代表性的观察对象和合适的观察地点，掌握恰当的观察时机，正确对待观察中的意外或特殊现象，使观察的结果既有典型性又不遗漏意外发现。

5）观察的策略

（1）目的明确。在明确的目的（问题）和周密的计划下观察，取得预期观察效果。

（2）理论指导。在专业、理论知识储备充足的条件下观察，获得深刻的观察结果。

（3）安排顺序。安排观察方式，以合适的顺序（近→远、远→近，里→外、外→里，上→下、下→上，整体→部分→整体、部分→整体→部分……），从多个角度、层次观察，获得全面、细致的观察结果。

（4）制定计划。观察前做好充分准备，仔细规划、计划，编写提纲，确定观察步骤。

（5）及时记录。观察时仔细察看，观察中做好记录，观察后认真思考、仔细分析，适时捕捉灵感，抓住本质和规律。

（6）适时调整。观察的结果不达预期时，认真分析原因，适时调整方案，重新观察，可反复调整方案、重新观察，直到观察的结果令人满意或问题得到解决。

3.3.3.2 测量

观察的结果一般是感性、定性的，如大小、长短、高低、轻重、深浅、优劣等，若为这种结果给出度量值，则须借助测量，获得对事物在某个层面、角度或属性的理性、定量认识。

测量是按照一定规则将所观察到的对象的参量、属性等用量值（数值）大小来表达，其实质就是用数据来描述观察的结果，对事物做量化描述。测量在本质上是将被测量与具有计量（测量）单位的标准量在数值上进行比较，测量出来的数值通常加单位。典型的测量方法如下：

（1）组合法。一些被测量（未知量）与某中间量存在一定函数关系，但由于函数式有多个未知量，对中间量做一次测量不可能求得被测量。可通过改变测量条件而获得某些可测量的不同组合，再测出这些组合的数值，解联立方程即可求出被测量。

（2）比较法。比较被测量与同类已知量，获得准确度较高的被测量值。

（3）零位法。比较被测量与已知量，使二者差值为零，如电桥、天平、杆秤、检流计等。

（4）偏位法。将被测量直接作用于测量仪，由测量仪指针偏转或位移量示出被测量。

（5）替代法。将被测量与已知量先后接入同一测量仪器，在不改变测量仪器工作的状态下，使测量仪器两次测量的指示值相同，则认为被测量等于已知量。

3.3.4 实验与试验

3.3.4.1 实验

实验是人为地创造、设置条件，模拟自然事物的状况，并对模拟结果进行研究而获得发现。它在某种程度上是在人为计划和控制下的观察，但比自然状况下的观察可获得更多事实，更有优越性。它是一种感性活动，可直接改变事物，赋予观察更多的主动性，更好地发挥人的主观能动性。它是变革事物的一种社会生产实践，是搜集事实、获得感性材料的基本方法，也是检验假说、形成理论和检验真理的实践基础，是实践和理论研究的桥梁。许多重大科学理论、发明创造是在实验中提出或产生的，如电磁学、量子光学、自由落体运动定律、真空管、集成电路等，可以说没有实验就没有科学和科学的发展。

1）实验的特点

（1）模拟性。实验本质上是一种对研究对象的模拟，研究对象为原型或替代原型的模型。模型通常是数学模型、控制模型等，也可以是与原型有相同物理属性的物理模型。数学模型建立在模型和原型的数学形式相似的基础上，控制模型建立在控制功能相似的基础上。

（2）简化性。实验能简化、纯化研究对象，较容易地揭示客观规律性。研究对象在自然状况下常由多种因素交互作用，呈现出多样化的功能、属性，主次难以直接分清。用模型代替对象，置于严格控制的实验条件下时，就可排除次要、偶然、外界因素的干扰，而突出主要、必然、内在因素，其某些功能、属性就以纯粹的形式呈现出来。

（3）可控性。实验能强化研究对象，保证在各种特殊、控制条件下按计划、意图、预期进行研究。很多事物的本质、规律、过程、状态等在自然或正常条件下难以显现、控制，而只有在实验条件才能被揭示出来或给予控制，实验所具有的普遍科学意义才能得以体现。

（4）重复性。实验最基本的特征或属性是具有可重复性。科研需要重复，只有反复不断地进行才会有最终的科学发现，实验恰好具有可加速或延缓、再现或模拟事物和过程的优点。

2）实验的类型

（1）直接实验、间接实验（按实验手段与研究对象的作用关系）

① 直接实验。实验手段直接作用于研究对象。

② 间接实验。实验手段间接作用于研究对象。

(2) 原型实验、模型实验（按研究对象的类别）

① 原型实验。实验手段作用的研究对象是研究对象自身。

② 模型实验。基于相似性原理用模型代替原型，实验手段的作用对象是模型而非原型。

(3) 比较、定性、定量、析因、判决实验等（按实验的方法）

① 比较实验。对单或多因子进行比较，发现不同研究对象的异同、优劣。

② 定性实验。运用仪器设备干预研究对象，揭示其本质属性，如赫兹检测电磁波的实验，贝克勒尔发现放射性的实验，戴维逊-革末证明实物粒子具有波粒二象性的电子衍射的实验，迈克尔逊-莫雷的以太实验，列别捷夫证明光具有压力的实验等。

定性实验的目的：做出质的区别与鉴定，揭示某种因素是否存在或起作用，因素间是否关联，有何关联，物质有何成分，研究对象的属性、特征、组成及结构。定性实验虽离不开量的测定，但主要不是测定数量，因此对数量测定的要求不太严格。

③ 定量实验。用来深入了解事物的属性、特征，揭示因素间的数量关系。

定量实验的目的：测出对象数值或求出对象数量间的经验公式。定量实验离不开仪器、设备和测量工具，而仪器、设备和测量工具与研究对象间相互作用，观测手段对研究对象有较为重要的作用，特别是在微观领域的实验。

科研中从定性到定量是认识的深化和发展，是从感性上升到理性的需要和标志。

④ 析因实验。用来对某已知结果，其影响因素未知时，找出引起某种变化的原因，即考察某些因素（条件、因子或参数）对目标变量的影响，寻找其中的主要原因或因素。

⑤ 判决实验。用来决定性地判决相互对立的两个假说或理论中一个为真、另一个为假。它在一定历史条件下对相互竞争的理论有相对、暂时、局部的判决作用，但不存在最终、永远宣布证实一个理论而否定另一个理论。

3) 实验的要求

(1) 辩证性。实验是由研究对象、仪器、测量工具和研究者所组成的有机整体系统，研究者应有辩证思维，以唯物主义思想进行实验的设计、观察、数据处理及结果分析、讨论。

(2) 科学性。实验应严格、周密地进行，实验人员应树立科学精神和态度，详细、完整地做好实验记录，保证在相同实验条件下，可以重复出现相同的实验结果。

(3) 准确性。实验中要确保各种仪器、设备、测量工具的准确性，充分认识和认真思考仪器、设备、测量工具对研究对象的影响。

(4) 观察性。实验是在人为计划和控制条件下的观察，应遵循观察的基本原则和要求。

3.3.4.2 实验与试验的差异

平常人们将"实验""试验"混用，一般不作区分，但严格来说，还是有差别的，表现在概念、研究对象、适用范围和使用场景多个方面。

实验是对某一理论或假设所做的一种检验或验证性操作，以证明其正确或推出新结论。试验也称测验、测试，是对某一已知对象、未知事物或别人已知而自己未知事物进行的一种检测或探索性操作，以了解其性能、参数、运行或相关结果。能得到结论或得到的结果可上升为结论的是实验，只能得到结果而不能上升为结论的是试验。例如，掷硬币随机试验只有正反两种结果，不能说明什么问题，因此是试验；但若扔多次，对每次结果汇总分析，探索正、反面出现不同次数的概率，得到二项分布的规律，则此系列独立随机试验可统称实验。

实验的研究对象是某种理论、科学猜想、特殊现象或新的发现等，如斜面滚球实验、纳米材料摩擦力实验、太阳光色散实验、温水煮青蛙实验、波尔共振实验、曹冲称象实验、核聚变点火实验等。试验的研究对象主要是具体事物，如钢筋力学试验、高温抗弯强度试验、系统运行试验、汽车碰撞试验、航空轮胎动态模拟试验等。

实验的适用范围较广，探寻未知、验证理论和已知、获得某种规律等均可包括在内。试验的适用范围相对较小，仅适用于某一已知对象或具体事物。试验属于实验，即实验包含试验，换句话说，试验是实验的一个子集，试验以外的实验就不是试验。例如，无人驾驶实验，可以包含无人驾驶理论验证实验，也可以包含无人驾驶性能测试试验。

实验常用于科研机构、实验室、教学单位等，偏向基础和理论科研，常出现在学术论文中，实验结果常以实验报告的形式发表，包括实验目的、环境、条件、操作等。试验常用于产品生产、加工、制作，设备调试、运行、检修，材料或设备理化检验、检测、分析等单位。

3.3.5 模拟与仿真

3.3.5.1 模拟

模拟即模拟实验，是根据对象客体（原型）的本质和特性，人为地建立或选择一种与其相似的模型，对模型进行实验研究，再将研究结果类推到原型中，达到对原型认识及技术开发的目的。实际中不少对象（如地震、海啸、泥石流、宇宙天体、大气环流、截流造坝等）值得人类去了解、认识，但对其做原型实验不仅技术上无法实现，而且花费开销大得让人无法承受。这就须要引入模拟，通过非原型实验的模拟做出对象的模型，用来模拟对象的实况，即用模拟实验代替原型实验。

以航天飞机、卫星、战略导弹、高速飞机等为例，它们进入大气层时，工作环境极其恶劣，面临的情况相当复杂。这种复杂性主要体现在以下方面：运动速度过高，马赫数（运动速度与声速比）达到10甚至20，导致和空气摩擦产生高热；受到诸如冰雹、尘埃等高速粒子的冲击；突然进入大气层时速度增快而产生高过载，并在很短时间内产生高热密度（极高的温度）；发生高应变率的变化。对于这种价值极高，重大、复杂的设备，以及这么多复杂的问题，用原型实验是不可能做的，这就须在地面先做模拟实验去研究，从复杂问题中抓住突出的主要问题（如高温、高速粒子冲击），通过地面模拟，将模拟结果再推广到实际环境中。

模拟的范围较广，取决于研究目标，对于一个研究对象，既可整体模拟，也可局部模拟。

1）模拟的特点

（1）直观性。通过模型可直接观察模拟过程中所发生的现象以及所经历的过程。

（2）综合性。通过模型可全面、综合地再现和反映原型在模拟中的现象及过程。

（3）灵活性。通过模型可在模型系统接入或配置实际系统的部件、装置来试验。

（4）间接性。通过模型可获得价值较高的间接结果，再用此结果反映直接结果。

2）模拟的分类

（1）物理模拟。基于与原型间的物理相同或相似为基础来模拟，在早期科研中采用较多。

（2）数学模拟。基于所建数学模型及其参数的确定来求解而获得不同条件下的计算结果。

（3）计算机模拟。借助计算机以数字方式模拟而获得如同原型实验的效果，通常称仿真。

物理模拟是基础模拟，但并非所有对象适合物理模拟。例如，对飞行器地面动力学特性进行研究，不适于物理模拟，而适于仿真，故须建立对象的数学模型，再转换成仿真模型，这样才能编写计算机程序上机运行。数学模拟是一次近似模拟，仿真是二次近似模拟。

3）模拟的原则

（1）建模性。模拟的基础是建模，可以说模拟就是建模，因此模拟的原则就是建模的原则，所建模型的优劣直接影响模拟结果的客观性。

（2）代表性。建模应以对客观事物的观察和实验为基础，对事物进行深入细致的观察和实验，掌握支配事物的基本知识和规律，进而用模型来反映、模拟事物。

（3）相似性。模型应与原型相似，是原型本质特征的抽象和反映。

4）模拟的要求

（1）简明。模型应简洁明确，比原型简单，至少不与原型相同，保证建模有实际意义。

（2）切题。模型与研究目的应吻合，只包括与研究目的相关的方面和属性，避免大而全，对同一研究对象，研究目的不同时，其模型也应有所不同。

（3）精密。模型和研究课题在精密度上应匹配，对同一研究对象的模型，其精密度可分成不同等级，课题不同对精密度的要求自然不会相同。

3.3.5.2 模拟与仿真的差异

"仿"是模仿，"真"是"仿"的对象，即真实事物（系统），仿真就是对真实事物进行模仿。仿真属于模拟，是一种特殊的模拟，但模拟不一定是仿真，二者有显著区别。若把真实系统比作一个人，模拟则是要画出这个人，仿真却是要克隆出这个人。

模拟是由模型拟合来为某一原型仿照出一个不具真实系统功能的抽象模型（模拟器），是仿照真实的硬件、软件、环境、条件，在某种程度上是再现这些硬件、软件、环境、条件的装置或程序。模拟器没有真实系统的功能，不能做真实系统能做的事，当其某一功能执行时，无须输出相应的执行结果，只要由其记录好相应的状态变化就好。模拟侧重抽象、建模，没有真实的过程发生，但能给出反馈，常用于研究领域或设计初期的模型验证。

仿真是由功能效仿来为某一原型创作出一个具有真实系统功能的抽象模型（仿真器），是几乎能模拟某硬件或软件全部特性、行为的装置或程序。仿真器可以做真实系统所能做的事，只不过做的"过程"不同而已。仿真常用于处理兼容性问题以及在资源有限的条件下完成系统原型的实现。

3.3.6 调查与实验

3.3.6.1 调查

观察能获得第一手材料，但须亲临现场。现实中，不可能事事跑现场；有时事已发生，但现场不复存在；或现场虽在，但事已过去；或有的事没有或不可能有现场；或即使有现场，但不便、不能或没有必要去。实验讲求实事求是、客观真实，但也得去现场，更少不了观察。观察、实验均有"事必躬亲"的特点，不过这种遗憾可以由调查来弥补。

调查是通过一定调查方式（如实地考察、交流访谈、问卷填写、意见征询、民意测验、个案了解、统计数据使用等）来了解情况或查明事实而获得原始结果。现场调查结果与观察结果在本质上相同，非现场调查结果虽不是调查者亲临现场直接获得的，但可能源自他人观察、考察的结果，在某种程度上等同于该调查者自己的观察、考察结果。读书本质上是一种非现场调查，即以书本为对象进行调查，向书和书的作者学习。

调查可以从多个角度、层面来分类，以下列举一些常见的分类。

1）按调查方式分类

（1）实地调查。调查者亲临现场通过观察和问询而获得调查结果。这种结果一般较为直接、具体，准确率、可靠性高，适于对那些不能、无须或不愿进行语言交流的情况进行调查；可能带有一定偶然或片面性，受调查者主观因素影响较大，因此不适于大样本观察。

（2）问卷调查。将调查事项编制成问卷分发给调查对象填写后收回而获得原始结果。这是一种间接的书面访问，受时空限制小，成本低，适于对现实问题、大样本、短时期、较简单的调查，且存留时间可以较长，容许核对、分析和反复进行。但问卷设计可能较复杂、麻烦，回收率、有效性也难保证；缺少沟通、调查深度不高；结果较笼统、固定，不如实地观察的结果具体、灵活。

（3）访谈调查。通过访问或座谈与调查对象沟通、交流而获得原始结果，分个别访谈、集体访谈、电话访谈等。其优点是：可面对面谈话、了解情况和讨论问题；可变换话题、适时交换看法而相互启发；可方便获取信息及信息反馈。其缺点是：访谈标准不一，较难对结果定量研究，且耗时，成本大，易受周围环境影响，规模易受限制。访谈调查在层次上高于实地观察，适于个案研究，适于调查问题较深入、调查对象差别较大、调查样本较小及调查场所不易接近的情况，也适于了解历史（历史是不可观察的）。

访谈调查又有具体形态之分，如以会议形式进行是会议调查，以专家为调查对象是专家调查。会议调查效率高，可快速了解和获取详细、可靠的信息，省力省时，但结果难以全面反映真实情况，且易受调查对象自身因素影响及时空限制，访谈深度不够，调查质量难以保证。专家调查可依据专家知识和经验对问题较为简便直观地做出判断和评估，适于缺少信息资料和历史数据，而又较多受到社会、政治、人为因素影响的信息分析与预测。

（4）抽样调查。按一定方式从调查总体对象中抽取部分样本进行调查，用所得结果说明总体情况。其优点是成本低，时效性强，能在短时间内取得相对准确的调查结果；不足是抽样数目不足时会影响调查结果的准确性。范围广、耗时长、难度大的全面检查和验证常用抽样调查，比如开展某地区近三年新冠病毒传染状况、某河流大型底栖动物群落结构和空间格局调查等。抽样调查和统计处理结合形成统计调查，适于分析事物的发展轨迹和未来走势。

（5）文献调查。通过文献搜集、汇总、选取以及对文献的处理、分析、讨论来获得原始结果。适于研究调查对象在一段时期内的发展变化，研究角度一般是探寻一种发展趋势或弄清一个演变过程。其优点是：受时空限制小，适于大范围调查；便于文献资料汇总整理、分析和讨论；方便获得可靠资料，用较小成本可取得良好效果。文献调查通常是一种先行的调查方法，一般只能作为实地调查、访谈调查等的先导，而不宜作为调查结论的现实依据。

以上调查方法可配合使用，相互弥补各自的不足，共同发力而收获优质调查结果。

2）按调查目的分类

（1）常模调查。了解和掌握调查对象的一般状况、情势或数据，调查范围较大。

（2）比较调查。比较不同对象的状况，发现问题，寻找解决问题的模式及办法。

3）按调查范围分类

（1）综合调查。也称一般调查，对较多事项进行调查，调查范围较大。

（2）专题调查。仅就某一问题、方面或层面进行调查，调查事项较少。

4）按调查性质分类

（1）事实调查。要求调查对象或相关人员提供事实或数据，但无须提出主张。

（2）征询调查。要求调查对象或相关人员提出自己对问题的看法、意见或认识。

5）按调查对象分类

（1）全面调查。全方位了解调查对象，获得较为全面的情况，也称普遍调查。

（2）样本调查。选取调查对象样本来调查，分随机抽样、重点、典型等类调查。

3.3.6.2 调查与实验的差异

"调查实验"是"调查"还是"实验"，"调查"是"实验"吗？

调查是去知晓、了解，对象是自然状态下的事或事物，不论充当调查对象的是过去的还是现在的事或事物，调查者和调查对象之间是并行、独立存在的，其间并没有什么关联，调查者是否将某事或事物作为调查对象，取决于调查目的和需要，与调查对象自身没有关系。调查者可直接对调查对象进行某种形式的调查（如实地调查、问卷调查、文献调查等）而获得结果，但无须专门去搭建、构造调查对象及其相关系统。

实验是去验证、证明，对象是实验环境下的事物，是出于某种目的人为仿制实验对象所搭建的一个包含实验对象在内的临时性实验系统或环境，再通过一定方法和过程对在某种人为控制条件下的实验对象及其系统状态和情况进行观察、测量等实践活动而获得结果。

对于社会之事（人文、历史、文化等），不论是过去的，还是目前存在或正在发生的，均不可能通过实验对其重演或构建而获得新的结果与认知。

对于自然事物，有过去和现在两类。对于过去类，即使留存或延续到现在则也属现在的事物，不可能选取出当时的样本进行实验研究，但可以使用某种调查法（如文献调查法、问卷调查法、访谈调查法等）进行调查来研究，本质上是向先辈、历史或他人取经。然而对于现在类，选取出当下的样本是没有问题的，但进行调查还是实验研究，取决于研究内容的性质、特点、类别，以及研究素材、资料、创新内容等的可获得方式，如果研究事物的自然状况、既成事实，如属性、结构、组成、分类等，则对样本直接处理、观察，这就是调查；如果研究事物在某种控制、条件下的机理或参量间的变化关系，如随温度、压力、摩擦因数等参量的函数式、某条件作用时相应指标的变化，以及机理或影响规律的量化解释等，则对样本进行相应控制条件下的处理、观测等实践活动，这就是实验。

对样本进行的是调查还是实验，主要看是否对样本及有关参数给予控制，对自然状态下的对象进行研究列为调查，对于某种控制条件下的对象进行研究则为实验。以某新型冠状病毒传染研究为例，选取若干病例样本：对临床医生来说，对这些患者住院前的基础数据、资料（如基础病史、疫苗接种史、入院检查结果、临床症状及分型、行动轨迹、用药情况等，包括治疗前的核酸检测结果）的搜集，是对情况的摸底、查明，属于调查；对于住院后、治疗前的一些数据、资料（如查体结果、常规检查结果、特殊检查结果）的获得，也可列入调查；但对于住院后按某种方案治疗后的数据、资料（如核酸检测结果、抗体检测结果、基因组核苷酸突变位点、氨基酸突变位点等）的获得，则属于实验。然而换个角度，从这些患者整个治疗过程看，到其最后出院时，已有由以上各阶段的数据、资料汇合成的完整成套的数据、资料，研究者（如临床医生、医院研究者或其他研究人员）若对这种完整成套的数据、资料进行研究，则须先取得这些数据、资料，这就属于调查了。实际中某一问题研究按取材及参量控制需要可以调查、实验并举，甚至使用更多的研究方法。

3.3.7 设计与制造

3.3.7.1 设计

设计在广义上可以包括人类所有生物性和社会性的原创活动，但在狭义上指以成品为目的，具有功能性、艺术性、一定科技含量和确定经济意义的原创活动。人类通过劳动改造世界，其中最基础的改造活动是造物，设计则是造物活动进行的一种合理的规划、周密的计划及相应的流程、实现方案，既是造物的萌芽、开始，又是造物的保障、实现。

设计分功能性设计和非功能性设计两类，前者包括产品设计、平面设计、环境设计，后者主要指用于装饰的艺术设计，包括从手工艺、摄影到绘画等各种以审美为目的的设计行为。美术学专业设置中已几乎涵盖全部非功能性设计，因此非功能性设计应划归美术学专业，即从设计学中分离出来，这样设计应只针对功能性设计来进一步分类，通常分为平面设计、立体设计、空间设计，或一次元、二次元、三次元、四次元设计（一次元指线型空间，二次元指动漫虚拟空间，三次元指生活空间，四次元可理解为包含时间轴的时空），或建筑设计、工业设计、商业设计，或软件设计、系统设计、网站设计等。也有人将设计分为视觉、产品、空间、时间、时装五个设计领域，把建筑、城市规划、室内装饰、工业、工艺美术、服装、电影电视、包装、陈列展示、室外装潢等众多设计领域系统地划分到这五个领域之中。

在科技高速发展和设计领域不断拓展的当下，设计也可按设计目的大体分为视觉设计（为了传达）、产品设计（为了使用）、环境设计（为了居住），划分原理是将构成人类世界的人、社会、自然三大要素作为设计类型划分的坐标点，按其对应关系来分类。

视觉设计是利用视觉符号进行信息传达的设计，设计者是信息的发送者，传达对象是信息的接收者，二者应有部分相同的信息知识背景。其主要功能是传达信息，而不是被使用，主要构成要素有文字、标志和插图。文字、标志、插图、编排、广告、包装、展示、影视等设计通常可列入视觉设计。

产品设计是对产品的造型、结构和功能等多个方面进行的综合性设计，以生产制造出符合人们需要的实用、经济、美观的产品。一般将建筑、城市、大坝等规模巨大的人造物设计列入环境设计，其他人造物的设计列入产品设计。产品设计须满足功能性、审美性、经济性、创造性、适应性等基本要求，而且与生产方式直接相关。按生产方式可分为手工艺设计、工业设计两大类，前者以手工制作为主，后者以机器批量化生产为前提。

环境设计是对人类的生存空间进行的设计，以创造人类的生存空间（产品设计创造的是生存空间的组成要素），分为城市规划、建筑、室内、室外、公共艺术等设计。

设计是一种技术，也是一种文化；设计是一种创造行为，创造一种更合理的生存或生活方式，包括更美观、更舒适、更方便、更快捷、更环保、更经济、更有益等，含义极广。

设计依靠设计方法来实现，随着科技飞速发展和不断创新，逐渐形成多元、交叉性的现代设计方法，其中以产品设计方法为主要类型。常见的设计方法有优化设计、可靠性设计、计算机辅助设计、工业造型设计、虚拟设计、疲劳设计、三次设计、相似性设计、模块化设计、反求工程、动态设计、有限元法、并行工程、人工神经网络等。

3.3.7.2 工业设计

工业设计是产品设计的一个类别，也称工业产品设计，涉及技术、艺术及其交叉领域，研究、设计内容包括产品的功能、结构、材料、制造工艺，产品的形态、色彩、表面处理、装饰工艺等，与产品有关的社会、经济及人的生理、心理等多方面因素。它综合运用现代设计的基本理论与方法，使工业产品在施展、发挥正常功能的基础上，尽可能地给人们带来舒适、美感，并最充分地满足其物质、精神需要。

工业设计不同于传统的工程设计，不仅考虑提高产品结构的性能指标，还考虑产品与社会，与市场，与人的生理、心理相关的种种要素；也不同于一般的艺术设计，不仅强调现代工业产品形态的艺术性，还强调产品形态与功能、与生产相统一的经济价值。可以说，工业设计是科学技术、美学艺术、市场经济有机统一的创造性活动。

目前人们对工业设计的思考更为深刻，工业设计的对象不只是具体的产品，其范围更加扩大和延伸，对工业社会中任何具体或抽象、大或小的对象的设计和规划均可列入。

工业设计的创新水平直接影响技术创新水平，优秀的设计创意能极大推动技术创新的发展；工业技术是设计的功能基础，工业设计须依托工业技术来实现。工业设计是制造业的龙头，在制造业中占有核心地位，如果缺少发达的制造业，就不会有优秀的工业设计。世界各国均通过加速工业设计的发展来带动整个制造业的发展。

3.3.7.3 设计与制造的差异

设计在广义上应包括制造在内，既然一种产品设计出来了，那么还得将其做（制造）出来。没有制造，设计便是概念、想象，有了制造，设计就是将概念、想象变为成品。没有设计，制造就是不太可能，而没有制造，设计就是纸上谈兵。但从狭义上讲，设计是设计，制造是制造，二者是两个环节，虽然相关，却不在一个层次。设计侧重计划、规划，其结果还不是成品，仅是产品的一个概念、样子，充其量不过是一种实物或物理模型，要将其变成成品，就必须按设计要求将其制造出来。制造就是按设计要求将原材料转化加工成已计划、规划好的产品，侧重工艺、做法或实现技术、方案，做出真实有用的东西。随着网络和数字技术的高速发展，信息在制造中起着越来越重要的作用，制造不仅需要转化原料，还需要转化信息，在某种程度上信息也是一种原料。

现在制造企业设计产品时，须对制造产品所需工艺流程一并设计。传统设计中，产品、工艺流程设计相对独立，其间有效关联不够，常会导致生产制造出现问题。现代设计的趋势是，产品、工艺流程设计有效集成，充分融合，设计产品不仅要考虑市场、顾客、需求，还要考虑生产、加工、制造，一个设计产品若在生产制造中难以实现，那么就是不成功的，即使最终能制造出来，也会增加过多制造成本，或者不能很好地满足顾客需求。产品、工艺设计只有有效结合，才能使一个优秀的设计通过某种可行的制造方法变成一种令人期待的产品。

3.3.8 回忆与经验

回忆就是回想，研究者挖掘自己经历过的难忘之事和值得铭记借鉴的体验，回顾过去所做工作的成就与得失，想想已进行科研、发表论文的经历与情况，值得参考或分享的其他所有蕴含价值的点滴记忆。科研中引入回忆，能增添一点历史素材，关联过去，展现阅历与文化素养，活跃研究成果的表现氛围，最终提升科研的表现和传播力。观察、调查是向"当前"要研究素材，表现为取材的现在时，回忆则是向"过去"要素材，表现为取材的过去时。

经验作为名词，是指在实践活动中获得的知识与技能，通常是在特定条件和机遇下获得的，具有偶然性和特殊性，但对其进行整理、分析、归纳和总结，使其理论化、规律化、系统化，可能会获得具有一定甚至较高科研参考价值的新认识。经验就是对个人或团体在实践活动中所收获或积累的事实和体会进行总结而形成的新认识（观点、见解、主张、建议等）。

经验作为动词是指经历或体验，是研究者通过亲身感受来认识周围或相关事物，是其思想、情感与客观生活相关联所形成的独特心理感受。无论是记述一个细微事件，还是表现一个壮阔场面，无论是刻画独特的事物，还是描绘形形色色的大自然，或复杂多变的人类社会，或严密深奥的思维逻辑，或精巧独特的人体器官，或严密抽象的世界观、方法论，只要投射进研究者的某种心灵体验，就能见其形、传其神。科研中若能巧妙地加进（融入）人的某种情感和体验，则会使严谨深奥、平淡无味的科研变得简单、形象、生动和有趣。

使用经验要以科学理论为指导，分清现象与本质、必然与偶然，对涉及的相关因素辨别真假、正误。经验总结后所得出的新认识必须真实可信、准确可靠，既有先进性、科学性，又有代表性、普遍性，能够补充、完善人类的科学认知及实践水平。具体有以下规则：

（1）选择典型对象。总结对象本身相关内容，看其共性基础的广泛性，能否对实际问题给予较为全面的回答和说明；分析其现实意义，看其示范作用的典型性，能否发挥以点带面、推动全局的作用；检查其实践性，看其典型经验的代表性，能否为实践活动提供规律性指导。

（2）整体全面考察。注重全面考察和系统了解，从事物发展的整体出发，既要了解事物的外部联系，又要把握事物的内部结构。

（3）结合定量分析。经验应按实践活动所提供的事实来总结，避免先入为主、怀有偏见和受他人暗示。应特别重视定量分析，尽可能用数据和事实说话，提高总结的可信度。

（4）总结出规律性。经验总结要基于事实，做出客观、公正的评价，分清主流，抓住本质，克服主观片面性、随意性，总结出规律性的结论。

（5）秉持创新态度。经验总结应适应、转变思想观念，克服束缚，大胆探索，以创新态度和精神发现问题，总结出创新结论。

3.3.9 想象与灵感

想象是指对于不在眼前的事物想出其具体形象，还可指设想，在心理学上也指基于知觉材料，经过新的配合而创造出新形象的心理过程。想象一般有象形想象（抽象—具象）、象征想象（具象—抽象）、类比想象（具象—具象）、推测想象（已知—未知）。想象属于形象思维，讲究思维的多向与拓展，在丰富科研材料的内涵、发掘材料的价值方面相当重要。想象对经验的重组应适度，应在打破经验秩序的同时把握事物的内在逻辑关系，特别要符合情感、事理逻辑（即使出乎意料也合乎情理）。研究者可通过想象来拓宽题材，深化意蕴。

灵感也叫灵感思维，指一个人在其脑海里瞬间产生出富有创造性的突发思维，或在无意识中突然兴起某种奇妙的能力，简言之就是突发奇想而豁然开朗。灵感也可看作想象的结果，属于想象的特殊形态。历史上不少科学发现和技术发明是研究者或发明家在最后的苦思冥想中突发灵感的一刹那中搞定的，这是想象的极高境界。但天上不会掉馅饼，灵感常从苦思冥想中来，而苦思冥想是要有前期工作基础的，只有在前期巨大付出和深厚科研积累的基础上苦思冥想，才会获得必然的真理性结果，否则就是空想、白想，做白日梦而已。

科研讲求准确、严谨，符合事理、规律，追求客观性、真理性，但人类因自身或条件所限，对事物的研究、认识总是处于不断深化、向真理进军的过程中，加上事物本身也在不断变化，故该过程可能较长，人们对事物的认识，在有的方面较为准确，而在别的方面还可能较为模糊。研究者对事物的感知、分析、判断、推理、描述和认识，不可能总能基于客观的数据和恰当的语句来准确表达且符合事理，有时加进一点个人合乎情理的想象和某种弥足珍贵的灵感，有助于人们对事物从另一种境界来认识。因此，想象和灵感在科研中的作用不容小觑。

3.4 中期研究方法

微课6

原始结果可能量大、杂乱，可读、可理解性差些，中期研究则是对其进行某种处理，生成更为集中、有序和使用价值得到提升的各类数据集，以便从不同角度、层面对其说明（理解）、分析和论证而得出新的结果、结论。以下介绍几类较为常见的数据处理。

3.4.1 一般处理

一般处理是对数据作常规整理、处理，如分类、排序、筛选、合并、计算、求和、求平均值、求极值、函数运算、增补、查错、排除、优化等，操作较容易，用软件如 Excel、Access 等即可完成，处理结果可用某种数据视图或列表法、作图法、图解法等方式进行呈现。

数据优化方法较多，典型的有逐差法，它是针对自变量等量变化、因变量也做等量变化时，所测得有序数据等间隔相减后取其逐差平均值得到的结果。此法可充分利用原始数据，具有对数据取平均的效果，可以及时发现、纠正差错，并总结数据分布规律。

列表法是将一组数据及其计算的中间数据按一定形式和顺序列成表格，可简明表示量间的对应关系，便于分析和发现数据的规律性，也有助于检查和发现前期研究中的问题。作图法是用插图的形式表示物理规律、揭示量间关联，具有简明、形象、直观、便于比较等优点。图解法是在作图法的基础上，利用已经做好的图线，定量求出待测量或某些参数或经验公式，一般用于求解仅含两个变量的线性规划问题，由约束条件确定的可行域在二维平面上表示出来，按一定规则在可行域上移动目标函数的等值线，便可得到最优解。

3.4.2 模型运算

模型运算是使用某种模型（已有数学模型或研究者在前期研究阶段所建的数学模型）来获得数据，就是将原始数据代入模型进行计算而获得新的数据，本质上是模型的应用。模型运算结果（简称模型结果）应予以验证，比如与仿真、实验结果进行比较，根据偏差大小判别模型与实际过程（结果）的差别，这就是模型实用性检验。如果模型能基本反映实际过程的规律，则可扩大实验，如改变一些条件、参数或指标，将模型的适用性扩大。

模型运算中能够排除实际操作中难以避免的各种外界干扰因素，因此模型结果与仿真、实验结果存在一定误差也是正常的。然而，若存在规律性偏差或较大误差，则应对偏差或误差产生的原因进行分析，进而筛查、确定原因。模型运算可多次反复迭代，直到达到要求的误差范围，进而表明模型的适用性。

3.4.3 统计处理

3.4.3.1 统计

统计是研究数据的取样、收集、组织、总结、分析和表达等的数据分析方法，本质上是消化数据，产生有价值的结果信息。统计用于分析、总结数据，帮助揭示事物规律和关系，更好地实现研究目的、构思和设想。统计用到大量数学知识，数学为统计理论和方法的发展提供基础，但统计不等同于数学。数学研究抽象的数量规律，统计研究具体、实际现象的数量规律；数学研究无计量单位或抽象的数据，统计研究有具体实物或单位的数据；二者所用逻辑方法不同，数学主要用演绎法，统计是演绎法与归纳法相结合，但以归纳法为主。

1）统计的特点

（1）清晰性。可用来对事物提供清晰的定量、定性或者定性与定量相结合的描述。

（2）预测性。可用来寻找变量间的关系和类型，有助于科学预测和发现客观规律。

（3）科学性。可用来辅助对数据进行科学处理，实现科学推理，并训练科学思维。

（4）多样性。可用来针对不同的研究目的、方案及数据类别提供适合的统计方法。

2）统计的种类

（1）描述性统计。对相关数据进行整理、分类和简化，使大量零散、杂乱、纷繁的数据清晰化，直观显示研究对象的性质、特征，描述其全貌和整体性状，方便进一步分析，如数据集中趋势、相关系数等的度量等。

（2）推断性统计。基于描述性统计，从不同研究对象全体（未知数）中抽取部分（样本）进行研究，以部分研究结果（已知）推断全体情况（未知），找出研究对象的基本趋势、规律。

（3）实验性统计。与实验相结合，制定实验计划，实现实验的科学性、经济性、有效性，涉及抽样方式选择、样本容量计算、实验要素安排、无关因素控制等，以揭示量与量间的关系。

描述性统计是推断性统计的基础，推断性统计可通过样本信息来估计、推测总体，由已知情况来推测、估计未知情况。实验性统计能获得真实有效、价值较大的数据，对其进行统计处理会得出价值较大的结果、结论，但前提条件是实验的设计必须与统计相结合。

3.4.3.2 统计分析

统计的任务或目的不同，所用统计分析方法就不同。常见的统计分析方法有下面几种。

1）统计推断

统计推断是由一个或一系列样本的结果来推断其总体特征，任务是分析误差产生的原因及性质，排除误差干扰，对总体特征做出正确判断。分为假设检验和参数估计。假设检验是基于总体理论分布和小概率原理，通过提出假设、确定显著水平、计算统计数、做出推断等来完成一定概率意义上的推断，按检验对象分为参数检验和非参数检验。参数检验有一个、两个样本的方差、平均数、频率检验，按条件不同可选用不同的假设检验方法，如 u 检验、t 检验、χ^2 检验、F 检验等。参数估计和假设检验在本质上相同，只是表示结果的形式不同。

（1）方差检验。指方差同质性检验（homogeneity test），由各样本的方差推断其总体方差是否相同（相同时方差同质性，又称方差齐性），是平均数、频率检验的前提。

（2）平均数检验。包括大样本平均数检验（u 检验，u-test）和小样本平均数检验（t 检验，t-test）。总体方差 σ^2 已知，或 σ^2 未知但样本为大样本（$n \geq 30$）时，样本平均数服从正态分布，标准化后服从标准正态分布（u 分布），用 u 检验；σ^2 未知但样本为小样本（$n < 30$）时，样本平均数无法用 u 检验，这时须检验样本平均数 $\bar{x}$ 与指定总体平均数 μ_0 的差异显著性，用 t 检验。在特殊领域如生物医学，因实验条件和研究对象所限，不少研究的样本容量难以达到 30，此时用 t 检验也是有意义的。

（3）频率检验。指样本频率（百分数、成数）检验。总体由非此即彼两种对立性状（如死与活、发芽与不发芽、雌与雄等）组成时称为二项总体，通常服从二项分布。有些总体的个体有多个属性，可按研究目的分为目标性状和非目标性状两种属性，也可看成二项总体。在二项总体中抽样，样本中的"此"性状出现的情况可用频数（次数）表示，此频率检验可按二项分布进行，即从二项式 $(p=q)^n$ 的展开式中求出"此"性状频率 p 的概率，再做出统计推断。但是，样本容量 n 较大、$0.1 \leq p \leq 0.9$ 时，np 和 nq 又均不小于 5，$(p+q)^n$ 的分布就趋于正态分布，可将频率数据做正态分布处理，从而做出近似检验。

（4）χ^2 检验。又称卡方检验（chi-square test），用来检验多个样本率（构成比）间差异是否具有显著性及两个分类变量的关联性分析，基本思想是比较理论、实际频数的吻合程度或拟合优度问题。这是一种非参数检验，常作为计数或属性资料的假设检验方法，原理是由理论值（E）与实际值即观测值（O）间的偏差决定 χ^2 值的大小：偏差越大，χ^2 值就越大，越不符合；偏差越小，χ^2 值就越小，越趋于符合；偏差为 0，χ^2 值就为 0，理论值完全符合。

（5）参数估计。建立在一定理论分布基础上，由样本结果对总体参数在一定概率显著

水平 α 下做出估计,分区间估计和点估计。α 越小,相应的置信区间越大,即样本平均数对总体平均数估计的可靠性程度越高,但估计的精确度反而降低了。在实际应用中,应合理选取 α 值,不是 α 取值越小越好。

2)方差分析

方差分析(analysis of variance,ANOVA)又称变异量(数)分析或 F 检验,是对多个样本平均数差异进行分析的显著性检验。它是科学实验设计和分析中的一个重要工具,可将总变异分解成各个因素的相应变异,发现各个因素在变异中的贡献(所占的重要程度),得到不同来源的变异信息,提供更为准确的实验误差设计。分为单因素、二因素、多因素方差分析。

3)回归分析

回归分析是确定若干变量间定量关系的统计方法。按涉及自变量的多少,分一元、多元回归分析;按自变量和因变量间的关系,分线性、非线性回归分析。回归分析中,若只包括一个自变量和一个因变量,且两者关系可用一条直线近似表示,即为一元线性回归分析;若包括两个或两个以上自变量,且因变量和自变量间是线性关系,则为多元线性回归分析。

4)协方差分析

协方差分析(analysis of covariance,ANCOVA)是将方差、回归分析相结合的一种统计方法,主要引入辅助变量(协变量)来降低实验误差。无论进行何种实验,除了按实验目的设置各种不同处理外,其他实验条件应尽可能一致,使实际处理效果体现出来;但受客观条件限制而无法获得足够数量条件一致的样本成员时,可用协方差分析方法将此影响降到最低。

5)相关分析

相关分析是研究若干处于同等地位的随机变量间相关关系的统计分析方法,是研究二元、多元总体的重要方法。它是对总体中确实具有某种联系的标志(因素标志、结果标志,对应自变量、因变量)进行分析,其主体是对总体中具有因果关系的标志进行分析,因为因果关系是客观事物普遍联系和相互制约的重要表现形式。

事物变量间在总体数量上的依存关系可按结果标志对因素标志的反映性质分为函数关系和相关关系。函数关系是严格、精确的依存关系,即有完全确定的数量关系,对一个变量的每一个值,总有另一个变量的唯一确定值与之相对应,其间可用具体函数式确切表示出来。相关关系是非函数关系,是一种不稳定、不精确的依存关系,即不存在完全确定的函数关系,一个或几个相互联系的变量取一定值时,与之对应的另一变量的值不确定,但按某种规律在一定范围内变化,即知道其中一个变量,并不能精确求出另一变量。

相关关系因素标志的每一数值可能有若干结果标志的数值。事物在数量上受各种因素的影响,其中错综复杂的关系有些是人们暂时未认识到的,有些虽被认识但无法控制,而计量的任何可能误差均会造成变量关系的不确定性,不过这种变量关系是有规律可循的,经大量观察会发现许多事物的变量间确实存在某种规律性,大数法则的作用是把那些影响结果标志数值的其他一些次要、偶然因素给抵消、抽象了,使得相关关系通过平均值明显地表现出来。

相关关系按相关程度分为完全、不完全、无相关,按相关变量值变动方向趋势分为正、负相关，按相关形式分为线性、非线性相关，按相关研究变量多少分为单、复相关。

6）聚类分析

聚类分析是研究物以类聚的一种多元统计方法，主要是将事物按其相似程度进行分类，将属性较为接近的事物归为同一类。它将相似对象归为不同的组或聚类，并用类属分明的树状或层次图来表示。这些类无须事先给定，其数目和结构无须做任何假定，而应根据类的数据特征来确定，同一类的对象在某种意义上倾向于彼此相似，而不同类的倾向于不相似。

7）主成分分析

主成分分析是将多个变量化为少数几个综合变量的多元统计方法。在多变量研究中，变量间往往存在一定的相关性，所观察的数据在一定程度上有重叠，主成分分析就是采用降维方法，找出几个综合因子代表原来众多的变量，将复杂数据集简化，达到数据分析的简化。

统计分析须借助统计软件进行，如 SAS（Statistical Analysis System）、SPSS（Statistical Product and Service Solutions）、EpiData、RevMan（ReviewManager）、Primer 等。

3.4.3.3 统计检验

统计检验即假设检验，是根据抽样结果在一定可靠性程度上对一个或若干总体分布的原假设做出拒绝与否的决定，取决于样本统计量的数值与所假设的总体参数是否有某种水平的显著差异，故也称差异显著性检验。统计学中有多种多样的统计检验方法，不同的统计检验方法适于不同的情况，实际中应根据具体情况来选用合适的方法。例如：

（1）对配对设计的计量资料，宜用 t 检验；

（2）对正态分布的数据，宜用 t 检验和方差检验；

（3）对方差不齐的情况，宜用近似 t 检验；

（4）对大样本（≥30）情况，可用 u 检验；

（5）对多组间均数进行比较，数据呈正态分布、方差呈齐性，宜用方差分析；

（6）对若干总体数是否相等，用 q（Newman-Keuls、Student-Newman-Keuls、SNK）检验；

（7）对多个观察组与一个对照组进行均数间比较，宜用 Dunnett t 检验；

（8）对变量间简单或偏相关系数的指标比较，可用 KMO（Kaiser-Meyer-Olkin）检验；

（9）对相关矩阵中各变量间的相关性，宜用 Bartlett 检验。

3.4.3.4 统计与基础研究

统计有诸多优势，侧重对数据进行处理，是科研的一种工具，但不是科研，更不能替代科研，与各类基础研究（如实验、调查等）不在一个层面。但统计可按需用于基础研究，助力和提升科研，如用于实验形成统计实验，用于调查形成统计调查，这样就是对"基础研究"加上"统计"这一方式、方法限定，使得对研究类的区分更加鲜明。

统计应以定性分析为基础，在科学理论指导下揭示数据的特征和规律性，定量分析的方向、范围应由定性分析来规定，而不是由观察者随意确定。统计本身是一门学问，非常专业，使用较多计算方法和数学式，统计处理者应具备一定专业理论和知识素养，统计结果也应借助专业理论和知识来解释。统计可通过辅助研究来显示统计的价值和科学性，但这种辅助建立在高质量研究基础上，对不到位、低质量研究，所用统计方法再好，统计的价值和科学性也不能体现。

研究设计（实验设计、调查设计等）和统计分析是科研的主要内容，实验设计和统计分析是实验型科研的主要内容。实验设计就是设计实验方案，使实验所得原始数据适于做统计分析而得出可靠、有效和客观的结论，若缺少合理的实验设计，即使实验花费了大量资源，统计占用了宝贵时间，所得结果也很难说明问题。统计学家与科研人员的合作应在实验设计阶段，而不是在需要数据处理的时候，正如有人说："实验完成后再找统计学家，无异于请统计学家为实验进行'尸体解剖'，统计学家或许只能告诉你实验失败的原因。"

实验结果需要统计处理，统计处理依赖于实验设计。科研中为达到预期的目的，往往须要不断地做实验，科学合理的实验设计可以避免、减少系统误差，控制、降低实验误差，无偏评判、估计处理效应，从而对样本所在总体做出可靠、正确的推断。

3.4.4 数据模拟

数据模拟是把对事物的一组实测数据作为准确数据看待，做出一种函数表达式即反演数学模型，本质上属于数值分析。数值分析分为计算方法和数据模拟：前者是应用已有模型获得数据（模型运算、方程求解、函数作图等）；后者是基于已有数据来寻求、获得某种数学模型，如插值、样条、逼近、有限元等类方法和模拟。获得数学模型后，再应用模型，由模型运算获得模型结果，进而验证模型，最后解决问题。

数据模拟与统计处理存在显著差异，主要特点有：数据模拟要求的数据可多可少，特别当数据少于独立方程个数时，不能用统计处理，却可以用数据模拟；数据模拟的函数不受限制，不像统计回归那样原则上只限于"线性"函数；数据模拟函数也是数据越多越好，其模拟程度即逼近程度随着数据集的增大而增大。

中期研究阶段还有一类研究方法是测试验证，主要采用实验和仿真手段对设计结果（如机构、算法、模型、软件等）进行测试、验证，这就回到了前期研究阶段的有关研究方法。

3.5 后期研究方法

原始结果及处理、验证结果不是最终结果，后期还要对其论证研究而得出新结果——研究结果[①]，即以概念、判断、推理等逻辑思维方式进行分析、讨论或推理、证明，提出立场、观点，亮明赞成或反对、肯定或否定什么，侧重以理服人。论证方法多种多样，如下所述。

3.5.1 具体与抽象

具体与抽象是同一思维中两种不同方法，思维从感性具体出发，经过科学抽象，上升到思维具体，组成一个完整的思维过程。

---

① 这里的"研究结果"是偏正词组，动词"研究"修饰名词"结果"，意思是"研究性结果"，即研究出来的结果。

1) 具体

具体是对事物的整体认识，包括感性具体和思维具体两个层面。感性具体是感官能直接感觉到的对事物外部特征、联系的具体反映和笼统认识。思维具体也叫理性具体，是对感官不能直接感觉到的事物本质及其内在联系的认识。

2) 抽象

抽象是对事物进行分析，舍弃个别、偶然、非本质，掌握其共同、必然、本质，从某个侧面揭示事物的本质属性及规律。其功用在于，把事物各方面的属性、特点、关系分解开来，予以单独考察，形成有关概念、判断、推理，将认识的层面由具体上升到抽象。

3) 具体与抽象的关系

具体与抽象相统一。具体在抽象的基础上形成，是对抽象的综合和统一，没有抽象无法形成具体。抽象在具体的基础上形成，是对感性认识所获材料进行分析加工，舍弃非物质方面、抽取物质方面所产生的结果。感性具体只有上升为思维抽象才能克服其片面性和表面性。

具体与抽象相对立。具体反映对象的整体，是事物多样性统一或事物间关联的整体认识，是一种变化的发展性认识。抽象是从认识对象的整体中抽象出来的部分认识，反映对象的本质，为同类事物共有。二者差异明显，功能及结果的性质不同。

具体与抽象相互作用、融合，具体中有抽象，抽象中有具体。抽象是从感性具体的材料中抽取出来的；思维具体是多个思维抽象的综合，实际上更加接近具体。二者在一定条件下可相互转化，在一个场合下表现为抽象的东西，在另一场合可表现为具体的东西。

4) 具体与抽象的原则

（1）反复原则。科研中无论是从具体到抽象，还是抽象到具体，都不可能一次完成，而要经过多次反复，是一个反复发展的循环过程。

（2）实践原则。具体到抽象要求实践第一，从实际出发，先获取第一手材料，再进行分析和研究，形成思维抽象，是一个实践→认识→再实践→再认识的规律性实践过程。

（3）实质原则。寻找抽象到具体的出发点，即能反映事物中最为普遍、基本的规定性，掌握从具体到抽象，再从抽象到具体的实质，获得对事物本质和规律的正确认识。

3.5.2 分析与综合

分析与综合也是同一思维中不可分割的两种方法，用来抓住事物的主要矛盾和矛盾的主要方面，把握事物的运动规律，使研究过程更加符合实际。

1) 分析

分析与综合相对，是将事物分解成各个组成部分，找出各部分的本质属性及其间关系。这是化一为多的思维过程，把属于整体的组成部分如方面、层次、阶段、特征、属性、因素等分离出来分别描述、阐释，突显整体的个别特征、属性，逐渐加深认识，形成对事物的比较鉴别，把握事物的特征，最终认识事物的本质。

研究对象不同，分析方法也不同，如定性、定量、因果分析等。定性分析用于确定事物有无某种属性，侧重有没有、是不是；定量分析用于确定事物各因素之间的数量关系，侧重有多少、是多少；因果分析找出引起变化的原因或推出由变化所产生的结果，侧重起因、机理。

2）综合

综合与分析相对，是一种将不同个体集成化的思维过程，即把分析过的事物的各个部分联合成一个统一整体，或把不同种类、性质的对象组合在一起，动态地考察研究对象，在分析的各层次含义之间寻找聚合点，对各种含义做出深层或本质意义的归纳，产生"总体大于部分之和"或"整体意义小于、精于各个部分意义"的效果。

综合不是简单地把单个对象进行叠加或把各因素堆砌起来，而是基于分析的结果，继续深入研究对象的本质及各个方面、因素之间的辩证关系。科学理论体系的形成和发展往往是综合的结果，可以说现代科技均是在理论和技术方面进行的巨大综合。

3）分析与综合的关系

分析与综合是辩证统一体，过程上彼此相反，相互对立，但互为前提，相互转化。

分析与综合互相关联，分析中有综合，综合中有分析。分析是在综合指导下的分析，综合是在分析基础上的综合。分析结束时，应有综合；综合结束时，应有新的分析。通过分析，从对象的整体中分解出各个部分，推演出多样性的统一，综合的结果又可通过分析来验证。

对事物整体分析，也是对事物整体综合，分析出整体的各个部分、方面，综合出整体中各个部分间的联系、统一。分析应全面，若仅着眼于对事物的局部进行分析，就会以偏概全、以点带面，割裂事物间的关联，进而不能有效综合，不能正确认识事物。

4）分析与综合的原则

（1）全面原则。在目标支配下对事物进行全面分析与综合，从正面、反面、肯定、否定，主要、次要等诸多方面展开，不要重视一方或忽视另一方，避免分析与综合的片面性。

（2）历史原则。将事物放在过去、现在和将来整个时间链条中来考察、分析、综合，从事物产生、发展、变化和灭亡的过程中找出其变化规律，揭示本质，预测发展趋势。

（3）具体原则。按照研究领域及研究对象的性质而区别对待，对不同领域、不同目的、不同对象采用不同的分析和综合方法，具体问题具体分析、综合。

（4）实际原则。在对事物进行认真调查、实验及对数据科学处理、结果有效验证等的基础上，掌握真实、丰富、创新的材料，获得充足的相关理论和知识。

（5）统一原则。按初始综合、接着分析、再综合的思维过程进行，初始综合提出对事物的整体认识，接着分析是对事物的组成、方面、特征等进行分解而得出对事物的分项或局部认识，再综合是对分项认识进行总结而得出更为深入的整体认识。

3.5.3 比较与分类

比较与分类是逻辑思维中又一对不可分割的方法，由比较来分类，由分类再来比较。

1）比较

比较也称对比，是将两种不同事物或情况加以对照，通过确定事物间的异同而更深入细致地认识事物，得出结论或证明论点。确定异同是同中求异或异中求同，同中求异是从看似相同或相似的事物中找出差别，异中求同是从不同事物中找出共性。比较时通常是根据一定标准，把某（些）类事物的个别部分、特征加以对比，确定其间异同及关系。

类比是一种特殊的对比，是从已知事物是否有某种属性推出相类似的另一种事物是否也有此属性，即用已知事物的某种属性的真假来证明另一种类似事物的某种属性的真假。

其特点是从个别到个别来推理，始终伴随着具体事物，具有其他方法所不具备的形象具体、内容生动之特点，使得从形象的感受中获得道理，而且推理内容明确、逻辑性较强。

有比较才有鉴别、区分，才会有新的发明、发现。比较促使人们对特定范围的事物进行定性、定量分析，加深对事物的认识；揭示事物运动及其发展顺序，判别理论与实践是否相符；启发对问题的思考，分析问题间的因果关系，探索和揭示事物的本质和必然联系。比较具有启发思维、拓宽思路，助于提出科学假设、结论的优点。分析与综合是比较的基础，比较又是抽象概括的前提。

比较主要有以下几类：

（1）纵向比较。也称历史比较，对同一事物在不同历史时期的特征、性状进行比较，可追溯事物发展的历史顺序。

（2）横向比较。对同时期或时间内的不同事物的特征、性状进行比较。

（3）同类比较。对性质相同的事物进行比较，从一事物具有的特征、性状推知另一事物也有此特征、性状，进而将一事物中所发现的原则和方法应用到其他事物中。

（4）相异比较。对性质相同的事物或一事物的正反两个方面进行差异比较，具有结果鲜明、是非清楚、利于鉴别、便于分析等特点。

（5）定性比较。对不同事物所具有的属性进行性质比较，发现事物的特征、性状。

（6）定量比较。对事物所具有的属性进行数量分析，准确判定事物的变化规模、规律。质是事物内部固有的一种规定性，认识事物始于对其定性比较，然后才可能是定量比较。

2）分类

分类是按事物属性的异同将事物分为不同类别。常由比较发现事物间的异同，按共同点将事物归为一个较大的类，按差异将一个较大的类划分为若干较小的类，结果就将不同事物分为有一定从属关系的大小类别，形成有上下位或种属关系的概念体系，形成知识层次结构。

分类是将复杂事物弄明白的重要方法。科研中把问题和说明对象按照一定标准划分成不同类别，即把相同相近的问题和对象放在一起，一类一类地加以说明，或将事物的特征、本质分成几点或几个方面来说明，属于典型的分类。

分类能使对事物的说明达到清楚、明了及条理性、系统化，还能方便研究和加强记忆，有助于形成对事物的完整、全面认识。

3）比较与分类的关系

比较与分类是对感性材料进行初步加工的常用方法。比较用来确定研究对象间的异同；分类则是基于比较，按对象的异同将对象区分为不同类别，形成某种上下或种属关系的不同等级。比较是分类的前提，分类是比较的结果。

4）比较与分类的原则

（1）侧重原则。抓住事物的本质，对本质上有关联的事物进行比较，得出正确的结论。

（2）标准原则。按一定标准进行比较和分类，根据对象本身的某种属性或关系来进行。

（3）可比原则。按范畴、标准确定事物间是否具有可比性，有可比性时才可进行比较。

（4）全面原则。从多个条件出发做全面比较，达到比较的广泛性，避免比较的片面性。

（5）科学原则。按从现象到本质的比较线路，与其他方法相结合，避免比较的绝对化。

（6）层次原则。按一定层次逐级分类，由层次的高低来形成科学的上下位或种属关系。

3.5.4 归纳与演绎

归纳与演绎是较为常见的两种逻辑思维方法，归纳是从个别到一般，演绎是从一般到个别，二者过程相反，但交互作用，循环进行，使人对事物的认识不断深化。

1）归纳

归纳是通过对若干个别对象的分析和综合，总结其共同属性（本质），概括出一个普遍性结论（论点），反映客观事物中个别中含有一般、一般依靠个别来表现的逻辑关系。归纳的对象可以为若干独立的事实、事物的若干方面或事物发展的不同阶段；归纳的过程是从特殊到普遍，由小范围到大范围；归纳的结果是认识的凝练、深化。归纳有完全归纳和不完全归纳两类。

完全归纳是按某类事物中每一事物具有的共同属性推出该类事物全体具有这种共同属性的一般性结论，通常真实可靠，如数学证明中的穷举法。不完全归纳是按某类事物中部分事物具有的某一属性推出一般性结论，又分为简单枚举和科学归纳两类。

简单枚举是按对某类事物部分对象的考察，发现某一属性在同类对象上不断重复，又有与此属性相矛盾的情况，而对该类所有对象推出一般性结论。此结论有或然性，不能用于证明，但用在科研中可形成探索性观点，对进一步实验、验证和研究有一定启发作用。

科学归纳是简单枚举的发展，是按对某类事物中部分对象及其属性之间必然联系的认识，推出此类所有对象具有某种属性的一般性结论。此法除了有简单枚举从部分到一般的推理外，还可按事物间的因果关系，推出某类事物所有对象具有某一属性。

2）演绎

演绎与归纳正好相反，是由已知的一般原理推导关于个别事物的新结论，依据的是理论论据，如科学原理、定理以及名言警句等，与所要证明的论点之间有必然的联系。演绎用在科研中，就是由某一科学原理或公理推出一个新结论，反映由一般到特殊的认识过程。

演绎在逻辑学中常为三段论式——大前提、小前提、结论，其中，大前提是一般性的原理原则，小前提是论证的个别特殊事物，结论是推导出的有关特殊事物的结论。

3）归纳与演绎的关系

（1）归纳是演绎的基础。演绎的大前提是一般，一般来自归纳，归纳后接着演绎。无个别就无一般，无归纳就无演绎，许多定理、公理、原则是归纳的结果，常又是演绎的出发点。

（2）演绎是归纳的指导。归纳有内在规律，应在一定指导思想下进行，而此思想往往是演绎的结论，没有演绎来指导归纳，就不可能归纳出成果。归纳本身弄不清结论的性质和意义时，则应由演绎来补充。

（3）归纳、演绎相互转化。二者紧密关联，相互补充、转化，不管哪方缺失，均不能获得正确结论。归纳所得结论并非一定正确，归纳须转化为演绎；演绎所得结论并非一定妥当全面，演绎须转化为归纳。一个来回未能达到正确认识时，可按需多次轮回转化。

4）归纳与演绎的原则

（1）归纳所基于的材料（结果）必须真实、可靠，有足够的代表性，避免材料罗列堆砌。对于完全归纳，必须确知研究对象的全部数目，但数量不宜过大，同时必须确知所概括的某一属性是该类每一研究对象所固有的属性，这是归纳的前提。

（2）演绎的大前提必须正确，符合客观实际，避免推理错误。

（3）把握归纳、演绎关系：归纳的结论转化为演绎的前提，归纳就转化成演绎；演绎的结论作为归纳的指导思想，演绎又转化为归纳；演绎补充、论证归纳，归纳丰富、检验演绎。

3.5.5 其他论证方法

论证方法还有很多。例如：按事物间的某种因果关联，由一结果论证其产生的原因，或论证它是产生另一结果的原因，则为因果论证；用实例、事实作为论据进行论证是例证法；引用经典名言、科学原理、专业知识、常识等作为论据来证明论点是引证法；通过打比方来证明论点，达到论证的形象、通俗化，助于表述、理解，则为比喻法，等等。

例证法、引证法、对比法、类比法、比喻法一般从正面论证观点，进而把论点建立起来，属于证明的范畴，可统称为证明法。由证明法得出的不一定是必然的结论，因此证明法常作为一种辅助论证方法，或用来委婉规劝，给人以某种启示。

论证方法还可以分为立论和驳论。立论是从正面视角证明论点，可以先提论点后论证，或先论证后得出论点。驳论即反驳（驳斥），与立论相对，由反驳别人错误的论点、论据或论证来证明自己论点正确。反驳有直接反驳、反证法、归谬法。直接反驳是运用充分的论据或有力的推理来直接证明对方论点错误。反证法是证明与对方论点相矛盾的另一论点正确而证明对方论点错误。归谬法是先假定对方论点正确，以其为前提推出错误结论，进而证明对方论点错误。

论证方法常混合使用，一篇论文中按需可以使用多种论证方法。

思 考 题

3-1 从人们对不同事物认识和改造所进行的不同科研实践形式的角度，可以将科研大体分为哪几类？总结每一科研类型的主要特征。

3-2 本章描述的科研过程大体分为哪三个阶段？梳理这一分类的内在逻辑或科学依据，描述每个阶段的主要研究对象和研究内容。

3-3 列举前期研究常用的一些方法。试论"设计"与"研究"之间的关系，明确"设计"是否属于研究方法范畴。

3-4 将回忆、经验、想象、灵感列为研究方法是否合理？谈谈自己的看法。

3-5 对原始结果进行研究之前，为何通常先要对其进行处理即数据处理？列举一些常见的数据处理类型。

3-6 简述模型运算和数据模拟的主要区别，以及数据模拟与统计处理的显著差异。

3-7 试论原始结果、处理结果（或验证结果）、研究结果三者之间的关系。

3-8 总结"调查"与"实验"的本质区别。

3-9 谈谈仿真、模拟、实验三者间的关系。仿真是否属于模拟？仿真是否属于实验？

第 4 章　文献检索

人类已进入信息社会，生活、学习和工作离不开信息。科研更离不开信息，从选题、立项，到研究、撰写论文，再到鉴定成果、申报奖项，各环节均不能缺少信息及信息检索。科研人员通过大量搜集、整理、分析与利用文献，了解前人成果和今人研究课题，弄清课题研究现状，确定存在或待解决的问题，保证课题的前沿性，借鉴前人成果，避免重复劳动，缩短研究周期，有效传播知识，推动社会进步。论文中总是要引用一些文献，说明相关科研工作是在前人工作基础之上进行的，符合人类社会及科研发展规律。一项研究完全脱离过去，想从无到有创造出与以往所有研究成果完全不相干的全新研究成果，是绝对不可能的。另外，引用文献还能体现对知识产权的尊重及对基本科研伦理的遵守，也有助于增强论文的科学性、可读性。文献检索已成为科研及论文写作的基础环节和重要组成部分。本章介绍文献检索相关知识，涉及检索需求、方案、工具和机构（数据库、平台）等。

4.1　文献检索需求

1) 课题需求

检索就是搜寻，用某种检索工具查找满足某种需求的特定信息，相应的检索叫信息检索，检索结果是有关文献的信息时，相应的检索就叫文献检索。信息检索的起因是，利用查到的信息实现某种检索目标，对应某一检索需求。检索目标多样：学生在求学过程的不同节点实现不同目标，如选题、撰写开题报告、研究、撰写期刊论文、撰写毕业论文等；老师在科研中也有不同目标，如项目申报准备、撰写基金申请书、撰写论文、项目结题、申报奖项等；一个课题常由指导老师带领的由多位学生和老师组成的课题组进行，师生工作常有交集，论文、基金申请书等的撰写可能由师生共同完成。不同节点对应不同的文献检索需求。

选题检索是为确立选题而查找文献，撰写开题报告检索是为所确立的某一选题撰写开题报告而查找文献，研究检索是为科研实施、进展而查找文献，撰写期刊论文检索是为撰写某题目的论文而查找文献，毕业论文检索是为撰写毕业论文而查找文献。通过阅读文献，了解相关领域研究背景，在撰文时调整和引用文献，阐述研究主题的重要性，总结前人研究存在的问题，提出研究主题的必要性、可行性。注意，检索目标不同，文献检索的侧重是不同的。

对于选题，文献检索主要是为产生选题做准备。在此阶段，选题还未搞定或最终确定，查找文献主要是为了验证或补充选题设想，侧重先了解情况，再进行对比，最后确定选题，本质上是用文献来印证选题的重要性和合理性。

对于撰写开题报告，文献检索主要是为完成开题报告。在此阶段，选题已定，围绕选题来查找文献，实际上是对选题检索阶段所查到的文献进行调整，即按主题挑选文献，从已有文献中抽取出一个主题更加收缩、集中的子集，通常还应重新查找、补充一些新文献。

对于研究，文献检索主要是为解决科研进行中遇到的实际问题，或为比对某研究点已有相关数据、结果或成果，或为参照已有相关研究的操作方法、步骤等而查找文献，所需文献的主题已收缩为一个具体的研究点。在此阶段，主要从选题和开题报告阶段收获的文献中选出属于此研究点的那些文献，必要时可试着重新检索，看看能否补充一些手头没有的其他文献。

对于撰写期刊论文，文献检索主要是为弄清选题的阶段性成果的研究背景，总结与所选论文题目相关的领域知识和研究现状，为论文研究范围和主题确定提供事实和论据。既要从选题和开题报告阶段收获的文献中选出一部分文献，还应补充新文献，因为此阶段往往处于科研阶段的中后期，距开题已过去较长一段时间，可能一些新的相关文献已发表出来。

对于撰写毕业论文，文献检索主要是为阐述学业阶段总的研究成果（本科、硕士、博士毕业论文选题）的研究背景（领域知识、研究现状），为毕业选题完成、毕业论文撰写准备充足的文献。在此阶段，学生应从其已发表相关期刊论文或其他论文所引文献中筛选部分文献，同时补充一些新文献，因为从开题到选题完成，时间跨度更长，会有新的相关文献陆续发表出来。

选题设想和选题准备需要准备较多的文献，开题报告对文献的需要相对减少，期刊论文对文献大为收缩，毕业论文对文献的需要介于期刊论文和开题报告对文献的需要，文献的需要与检索目标直接相关，关联不大的文献就要舍弃掉。然而，各阶段的研究主题不同，研究思想可能有调整、变化，而且新的研究成果也会随时间延续而不断涌现，因此研究人员应及时查找、了解新成果，适时补充新文献，同时去掉一些前期收获的过时文献。

2）检索对象

检索需求决定了检索目标，形成检索缘由或动机，而被查找的事物是检索对象。检索对象本质上是检索信息，包括文献检索、数据检索、事实检索。

（1）文献检索。也称书目或全文检索，是以文献线索或文献原文为检索对象所做的一种相关而非确定性检索。检索项目有文献题目、著者、来源（出处）、文摘等，检索过程是文献需求与文献集合的匹配，检索结果是特定文献（文献线索、原文），只提供与检索问题相关的文献或文献的属性信息与来源提示（若是全文数据库，可直接得到文献的原文），供用户参考、取舍后再从中进一步查找具体的所需信息，通常不能直接回答检索问题。例如，检索关于"新型冠状病毒感染的治疗方法""珠穆朗玛峰的演变""智能汽车"分别有哪些文献就是文献检索。此类检索的常用工具有书目、索引等，如国家图书馆目录检索系统、超星电子书全文数据库等。

（2）数据检索。是以数据（含式子、图表等，式子包括化学式）为检索对象所做的一种查找特定数据的确定性检索。检索结果是数据信息，包含确切的数据或式子、图表信息，直接供用户参考或使用。例如，检索"近三年我国新型冠状病毒感染患者确诊数量""珠穆朗玛峰的高度""智能汽车的典型结构图"分别是多少或是什么就是数据检索。此类检索的常用工具有词典、年鉴、手册、指南、百科全书、名录等，如《中国大百科全书》《中国机械工业年鉴》等。

（3）事实检索。是以事实或事项为检索对象所做的一种确定性检索。检索结果是有关某一事实或事项的具体答案。例如，检索"近年我国新型冠状病毒感染预防策略和措施""智能机器人是哪个国家最先开发的""制约电动汽车发展的瓶颈"分别是什么就是事实检索。这类检索的常用工具大体同数据检索。

有一类检索是专门检索有关概念或定义的，如查找某一特定概念的含义、作用、原理、适用范围及有关解释性内容、说明，可称为概念检索。因为概念往往具有科学性，其内含的本质属性、规律性很强，事实特征非常明显，因此笔者将概念检索归为事实检索。

这几类检索相互关联，本质上无差异，共同构成信息检索。文献检索是要检索出包含所需信息的文献的线索，检索结果是与课题或研究主题相关的一些文章、书刊等的来源及收藏地点，属相关性检索。文献本身虽不是查找的直接目标，却刊载了有关直接目标的信息。如果说文献检索是初级目标，那么在查找到的文献基础上进一步查找所需信息才是高级目标。数据、事实检索结果是确切回答问题的信息，或是包含在文献中的具体信息（通过从检索到的文献中抽取而获得）。可见，文献检索本质上也是数据或事实检索，可与信息检索等同，即文献检索就是信息检索。

4.2 文献信息基本知识

4.2.1 文献相关概念

文献检索的核心是文献，检索人员为了获得所需文献而检索，而检索的结果其实不是文献本身，而是文献的线索信息（来源或出处），再按线索信息去查找方可获得文献。文献是信息的载体，信息是文献的内容，文献其实是间接需要，文献上刊载的信息才是直接需要。可见，文献同信息密切相关，把握文献应先从信息谈起。

1）信息

信息是客观世界中各种事物的存在状态、方式及运行规律、特征的反映。信息是使人们增加知识和认识事物的客观存在，包括消息、信号、数据及经验、知识、资料等。信息是事物的一种普遍属性，从微观世界到宏观世界，从物质世界到人类社会，都会产生相关的信息，表现形式多样，如语言、文字、数字、声音、光、符号、图形和报表等。信息具有客观性、传递性、时效性、有用性、共享性、可处理性六个显著特征。

客观性即真实性，是从信息的内容来说的，指信息对事物的反映是客观、真实的。传递性是从信息的传播来说的，指信息必须借助于一定的载体（媒介）方可实现。时效性是从信息的时间属性来说的，指信息的功用会随时间的延续而发生变化，某信息在此时的价值大，而在彼时的价值就可能小甚至没有价值。有用性也称目的性，是从信息的价值来说的，指信息的产生和存在是为人类认识和改造世界服务的。共享性是从信息的可复制来说的，指信息可为大众所共用，某信息不会因为被一方利用而另一方就不能再利用，即同时可为多方利用而互不影响。可处理性是从信息的加工来说的，指信息须通过拓展、引申、浓缩等来增值，变成便于传递、利用的信息资源。

2）信息源

信息不能独立存在，总要依附于某种载体，载体是信息产生的源泉或母体，形成信息的出处，即信息源。信息源非常广泛，自然界、人类社会都可以是信息源，有多个层面或类别，包括从事科研、生产、经营的组织和个人，各类图书馆、信息中心、信息资源系统（数据库、平台），以及各类文献资料。信息源可分为口头、实物和文献三类。

口头信息源是指信息以人的声音为载体，信息提供或发布者直接用口头谈话的方式传送信息，如演讲、讲座、报告会、新闻发布会、个别交谈等。其优点是，传递快、选择性强、反馈迅速；其缺点是，信息容易遗失，有效监督、监管较难。

实物信息源是指信息依附于某种实物，如各种展览、展会上展示的产品、设备和设施等，用户通过参观、考察或观看即可得到有用信息。其优点是，直观、真实，易检验或仿制；其缺点是，所得信息可能较为混杂，通常须对其进行分析而将其中的有用信息分离出来。

文献信息源是指将信息记录在某种物质载体上，用户通过阅读文本、倾听语音、观看视频等方式理解载体上的信息而获取有用信息。其优点是，传播广，便于系统积累和长期保存，在时空上积累和传递非常有效；其缺点是，用户缺少真听亲见，信息的真实性必要时还要给予辨别、验证或勘正。

口头、实物信息源是真正的信息源，文献信息源是文献上记载的信息，严格上说不是信息源，称为信息流可能更合适。不过，通常人们一般不作区分，也没有必要作这样的区分。

3）文献

文献即文献信息源，是记录知识、信息的各种载体。它将信息以文字、图形、符号、声音、视频等技术手段记录在纸张、感光材料或磁性材料等载体上，以纸质、光盘等载体形式传递出去，明显具有知识性、记录性和物质性三个基本属性。知识性是指文献记录的内容对象，记录性是指将对象记录在某种载体上，物质性是指用某种载体来记录对象。

文献是记录、积累、传播和继承知识最为有效的手段，是人类社会用来获取信息的最基本的来源，也是科研人员获取研究信息的最重要的来源。但应注意，文献虽然从规模、重要性来说远远超过口头、实物信息源，但有时可能存在缺陷，这种缺陷可以由口头、实物信息源来补充。因此，口头、实物信息源有时也可成为重要的信息源，其作用不容忽视。例如，和行业权威交谈、沟通，到现场实地参观、考察，听线上、线下直播学术讲座等，往往可以获得阅读文献所没有的意外收获。

4）信息资源

信息最终为人类认识和改造世界而被开发、建设和利用，信息本身或内容很重要，处于基本层，但如何利用、用好信息也很重要，处于实现层。基本层属信息自身范畴（如经过加工处理后的数据），其优劣（数据是否全面、真实、可靠，信息结构是否科学、合理、优化等）直接决定了其可用性的优劣，而实现层属信息自身之外的范畴，涉及开发、建设和利用信息所需的外部条件（方法、技术、设施及投入资金等外部要素）。基本层侧重信息这一核心要素，但忽略了信息的系统性。事实上，若只有核心要素，而无外部支撑要素，就不能对信息内外各层面、类别的要素做有机配置，不能发挥信息作为资源所应产生的最大效用。可见，信息虽普遍存在，但并非都可成为资源，只有经过一定的开发、建设才能成为资源，即信息资源。

信息资源是信息自身及信息活动中各种相关要素的总称，包括信息、信息技术以及相应的设备、资金、人员等。狭义上，它是人类社会活动中大量积累，并经过选择、组织、有序化的有用信息的集合，如印刷品、电子信息和数据库等。广义上，它是信息及与操作信息有关的设备、资金、技术、人员、运行机制的大汇总和深度交融。它是一种动态的可再生资源，是社会进步和发展的产物，是人类在生产、科研、生活中不断产生和积累的知识集合，并随时间的推移呈现出不断丰富和增长的态势。开发信息资源就是为了充分发挥信息的效用，最大限度地实现信息的价值。

归纳起来，信息资源基本由信息生产者、信息、信息技术三大要素组成。信息生产者即信息加工者，是为了某种目的的生产加工信息的劳动者，包括原始信息生产者、信息加工者或信息再生产者。信息是信息生产的原料，是信息生产后所形成的信息产品，也是信息生产者的劳动成果，对社会生产、科研需求直接产生效用，是信息资源的目标要素。信息技术是能延长或扩展人的信息加工能力的有关技术的总称，本质上是信息加工者对信息进行加工而使用的生产工具，包括对各类信息（如文字、图像、声音、视频等）进行搜集、加工、存储、传递和利用提供支持与保障的技术。

信息资源与自然资源、物质资源相比，除了有客观性、传递性、时效性、有用性、共享性、可处理性外，还有复用性、导向性、整合性、商品性、动态性等显著特征。复用性指信息资源能被重复使用，其价值在使用中得到体现；导向性指不同类别的信息资源在不同的用户中体现出不同的价值；整合性指对信息资源的开发、检索和利用较为广泛，通常不受时空、语言、地域和行业的制约；商品性指信息资源可作为商品进行销售、贸易，但任何个人无权全部或永久购买其使用权；动态性指信息资源呈现出不断丰富、增长的态势。

4.2.2 文献的类型

1）按载体形式分类

（1）印刷型文献。印刷型文献是将信息通过铅印、油印、胶印等手段存储在纸介质上的一类文献，如图书、期刊、会议录、标准、报纸以及各类印刷资料。其优点是，便于流传阅读，不受时间、地点和使用条件等的限制；其缺点是，较为笨重，较难保存。

（2）缩微型文献。缩微型文献是以感光材料为存储介质，采用光学摄影技术，将纸张文献的影像缩微固化在介质上的一类文献，包括缩微胶卷、胶片。其优点是，体积小、重量轻、占地小、存储密度高，便于保存和自动化检索；其缺点是，无法直接阅读，须借助缩微阅读机来阅读，适于在大型文献机构使用。

（3）声像型文献。声像型文献又称直感型、视听型文献或视听资料，是以磁性或感光材料为载体，通过录音、录像或摄影技术将声音或图像信息直接记录在存储介质上，包括唱片、录音带、录像带、光盘、幻灯片、电影片等。其优点是，原汁原味，声情并茂，形象直观，给人以直观感受，易被接受和理解，在某些方面如语音教学有独特作用；其缺点是，须借助专门设备才能使用，须仔细、耐心倾听或观看，信息较为原始、冗长，核心意思和观点需要用户分析、总结。

（4）电子型文献。电子型文献曾称机读型文献，是通过编码、程序设计及计算机输入等方式，将信息变为数字和机器语言并存储在光盘、磁盘和硬盘等介质上而形成的一类文献，主要包括单行版电子出版物和网络信息资源，如电子图书、电子期刊、电子报、联机信息库、光盘数据库、网络文献数据库等。它是计算机信息检索的主要对象，有存储密度高、传输速度快、检索便捷，原有记录可改变、更新等优点；其缺点是，须借助计算机来完成，且容易丢失，须保存完好。

(5）多媒体型文献。多媒体文献是采用计算机、通信、数字、超文本或超媒体方式，将声音、图像、文字和数据库等多种媒体信息综合起来的一类文献。它有多样性、直观性的内容表达形式及人机交互的友好界面，本质上是以上各类载体形式的混合型，是一种立体式信息源。

2）按加工程度分类

（1）零次文献。零次文献是未经公开的原始记录或未经正式出版的各种资料。它未经过加工，以原貌的形式出现，属于"标准"的原始文献，在原始文献保存、原始数据核对、原始思想核定等方面有重要作用。它主要有书信、手稿、笔记、演讲、会议纪要、个人通信、口头言论、实验记录、工作日志、阶段性总结、经验交流、谈话记录、原始录音或录像等。其优点是，内容真实、新颖、客观，有一定参考价值，传播直接、快速、周期短，无须投稿和出版；其缺点是，较零散，不成熟，不定型。科研人员一般通过口头交流、参加学术会议、参观展览展会、访问科研院所等途径获取零次文献。

（2）一次文献。一次文献是首次正式出版的文献，从出版角度也称原始文献，是作者以其个人研究成果为素材而创作或撰写的原始文献。它不要求内容全部原创，但要求部分原创，是创造发明成果的原始资料，是对知识的第一次加工（含创造性加工）。它主要有期刊论文、会议论文、专著、研究报告、学位论文和专利说明书等。其优点是，出版类型、载体形式多样，数量较大，内容丰富，学术性强，价值较大；其缺点是，出版周期较长，检索和利用不太方便。它所记载的知识信息较为详细、系统，在科研中有较大参考和借鉴作用，是科技文献的主体。

（3）二次文献。二次文献是文献工作者将大量分散无序的一次文献进行搜集、整理、提炼，并按一定逻辑顺序和科学体系加以编排、存储，形成有序化、可供检索的一种文献形式。它是一次文献集约化的再出版，是对知识信息进行有序化加工的二次加工，从不同深度揭示和报道一次文献，是检索一次文献的主要工具。它主要包括期刊、会议文献，各种目录、题录、文摘、索引，以及各类检索工具书、书目数据库、网上搜索引擎等。其优点是，内容全面、系统，检索快速、便捷，可较容易地帮助科研人员查找一次文献的线索，快速弄清课题研究背景，借鉴别人研究成果。

（4）三次文献。三次文献是专家、学者根据特定需求，利用二次文献检索搜集大量相关的一次文献，运用科学研究方法对一次文献的内容进行深度加工（知识再加工），经过分析、综合、述评而整理编写出的文献。它主要包括动态综述、进展报告、述评、评论、字典、辞典、手册、年鉴、统计报表、百科全书、电子百科等。其优点是，综合性强，系统性好，知识面广，有的还有检索功能，参考和实用价值较大。它侧重揭示某种规律性认识，在研究方向确定、选题开题、科研进展、产品开发、技术引进等方面具有重要指引和指导作用。

从零次文献到一次文献，到二次文献，再到三次文献，是一个将文献由分散到集中、无序到有序、广博到精深的加工整理过程，实际上是对知识信息做了不同层次的加工，每一层次上的知识信息的质和量有差异，对改善人的知识结构所起的作用也不同。人们查找文献，通常先查找三次文献（如综述论文），掌握有关信息后，再通过二次文献查找一次文献，最后从一次文献中学习、掌握自己所需要的相关知识与信息。

零次文献很珍贵，但搜集、利用较难；一次文献是最基本的信息源，是文献检索和利用的重要对象；二次文献是对一次文献的集中提炼和有序化，是文献检索的工具；三次文献是把分散的零次、一次、二次文献按照专题或知识门类进行分析、综合、加工成的成果，是高度浓缩的信息源，内容非常综合，极具参考性。科学、合理利用二次、三次文献，对一次文献的形成、再生产以及提高文献信息资源的利用效率有重要意义。

3）按出版形式分类

（1）图书。图书是由出版社（商）出版的，通常由一定页装订在一起并用封面保护，有特定书名和著者名，编有 ISBN（国际标准书号），有定价并得到版权保护的出版物。它介绍或论述某一领域知识，对研究成果、生产技术或经验进行概括和总结，主要包括专著、文集、教科书、科普读物、生产技术书和工具性书（如辞典、手册和百科全书）等。其优点是，内容系统全面、成熟可靠，理论性较强；其缺点是，编辑出版周期较长，时效性较差。

对某一图书来说，按其被参考的范围或对象分为图书文献和图书析出文献。

科技图书不太适合用来了解最新学术动态，但适合想对某一问题有较为全面系统的学习或对不熟悉的问题有粗略概括的了解。

（2）期刊。期刊又称杂志，是定期或不定期出版的连续出版物。它有固定的名称、相对一致的开本、统一的版式和外观，有连续的序号（卷、期号或年、月顺序号），每期汇集一些由不同作者或团队分别撰写的多篇文章，并由专门的编辑出版机构出版。其优点是，出版和信息量大，学科多，内容新，报道速度快，是及时了解科技动态，掌握科研进展和现状，拓宽视野和汲取知识的有力工具，是传播科技信息、交流学术思想最常见的文献类。正式期刊有 ISSN（国际标准连续出版物号），我国正式期刊还有 CN（国内统一连续出版物号），二者共同组成"中国标准连续出版物号"。

科技期刊按其所刊载文章的信息密度分为核心和非核心两类。某学科的核心期刊是该学科所涉及的载文量大、学术水平高、参考价值大、利用率高的那些期刊。这类期刊水平高、影响大，能反映本学科最新研究成果、前沿现状和发展趋势，受相关学科领域读者的重视程度高。核心期刊以外的期刊则为非核心期刊。

对某一期刊来说，按其被参考的范围或对象分为期刊文献和期刊中的析出文献。

科技期刊出版周期较短，报道速度快，内容新颖，新的研究成果及问题讨论等通常首先在期刊上发表。科研人员经常阅读期刊来了解科研动态、吸取成果、开阔思路。

（3）会议文献。会议文献是在各类学术或专业会议上形成的资料和出版物，如会议论文（论文集）、会议文件、会议报告、会议记录、讨论稿等，其中会议论文是最主要的一类，不少学科的重大发现往往有不少是在学术会议上首次提出和发表的。它代表某一学科领域的最新研究成果，反映该学科当时的发展水平、动态和趋势，具有信息传播及时、论题相对集中、内容新颖丰富、学术水平高、专业性强、出版发行灵活等特点。它是了解国内外科技发展水平、动态和趋势的重要文献，其利用率仅次于科技期刊。按出版发行时间先后分为以下三类：

① 会前文献。在会议前预先印发、出版的会议资料，如会议论文预印本、摘要或论文目录、会议预告等。预印本是会上即将宣读的论文全文，常赶在会前出版，于会前分发给参会者，内容上可能不够精确、成熟。摘要或论文目录是会议论文文摘的汇集或论文目录清单。会议预告是预告即将召开的会议，包括会名、会址、会期、会用语言、截稿日期等。

② 会间文献。开会期间发给参会者的会议资料，如开幕词、讲演词、闭幕词、讨论记录、会议决议、行政事务及有关情况等，甚至一些论文预印本和论文摘要也在会间分发。

③ 会后文献。会议后正式出版或发布的会议论文集，也称会议录、学术讲座论文集、会议论文汇编、会议记录、会议报告集、会议文集、会议出版物、会议辑要等。它经过了会议讨论和作者修改，在内容上往往较为准确、成熟。

会议文献主要以图书（如专题论文集）和期刊（如期刊特号、专题、专栏、专辑或连续会议录）的方式出版，有时也可被编入科技报告。以图书出版时，应有明确的会议时间、地点、会议、会议录名、出版时间、出版地、出版单位、论文所在页码等；以期刊出版时，应有明确的刊名、年、卷、期、论文所在页码等；以科技报告报道时，应有明确的报告类型和报告号。

对某一会议文献来说，按其被参考的范围或对象分会议文献和会议文献中的析出文献。

（4）学位论文。学位论文是高校、科研机构的毕业生或其他人员为获得某类学位进行公开答辩而撰写的研究论文。它是作者就某一专题研究所做的较为详细、系统的总结，具有一定的独创性，科研价值较大。分为博士学位论文、硕士学位论文和学士学位论文，其中博士学位论文是较为重要的文献资源，通常附有较多的参考文献，这些文献几乎就是某个专题的书目索引，能反映出有关专题的发展过程和方向，对获取相关文献资料也有较大帮助。

学位论文通常是作者在其导师或相关老师指导下完成的。早期的学位论文一般不公开发表，仅由学位授予单位和国家指定单位收藏，但现在的公开发表了，在有关学位论文数据库往往能查到。

（5）科技报告。科技报告也称研究报告、技术报告，是研究者以书面形式向有关部门（如项目资助或管理部门）汇报其研究成果的总结报告，或研究过程中阶段性进展情况的实际记录，简言之就是关于某项科研工作成果的正式报告或记录。一份报告在形式上单独成册，通常应统一编号，由主管机构连续出版，在出版时间上通常早于科技期刊。

科技报告是一种较为特殊和重要的信息源。其特殊性在于：产生于"二战"期间；出版形式不是普通书刊；带有某种程度的保密性，是世界各国竞相搜索猎取的目标；获取难度较大。其重要性在于：内容专深新颖，通常涉及尖端科学或世界最新研究课题；内容丰富、信息量大，对问题的论述较为系统完整，技术难点及研究有较完整的实验过程，有各种数据和图表，甚至还有对实验失败原因的分析；形式多样，数量巨大，详尽可靠。

发达国家都有其科技报告，如美国的 PB 报告（PB：Publication Board，出版局）、AD 报告（AD：原称 Armed Document，国防报告，现可理解为 Accession Document，入藏报告）、NASA 报告（NASA：National Aeronautics & Space Administration，国家航空航天局）、DOE 报告（DOE：Department of Energy，能源部），英国航空航天委员会的报告，法国原子能委员会的报告等。

（6）专利文献。专利文献是专利申请者撰写、递交的专利申请文件，经国家专利主管机关（如国家知识产权局）依法受理、审查合格后，定期出版的各种官方出版物的总称。其内容广泛，几乎涉及任何技术领域，能帮助科研人员了解世界技术与发展动态，借鉴国内外先进工艺与技术，避免重复性研究工作，是了解、掌握发明创造和新技术的最佳信息源。各国对专利的分类不同，如美国分为发明专利、外观设计专利、植物专利，中国、日本、德国等分为发明专利、实用新型专利和外观设计专利。

专利文献包括专利说明书、专利公告、专利分类表、专利检索工具以及与专利有关的法律文件、诉讼资料等，其主体是专利说明书。专利说明书是有关该发明专利的详尽技术文件（含说明书摘要、摘要附图、说明书附图），写明了发明的目的、构成、用途、特点、效果及采用的原理、方法等，具有内容新颖、具体及技术可靠、实用等特点。

（7）标准文献。标准文献是按规定程序制定，经权威机构或主管机关批准的一整套在特定范围或领域应或推荐执行的规格、规则、技术要求等规范性文献，是人们在从事科学实验、工程设计、生产建设、技术转让、国际贸易、商品检验中对工农业产品和工程建设质量、规格及检验方法等方面所做的技术规定。它在形式上是具有法律约束性的技术文件，广义上包括与标准化工作有关的一切文献，如标准形成中的各种档案，标准宣传推广的手册及出版物，以及用来揭示报道标准文献信息的目录、索引等。它有明确的适用范围和用途，统一编号，内容准确可靠，编排格式严谨。通过标准可了解有关国家的工业发展情况、生产工艺水平和技术经济政策，也可为新产品研制、老产品改进和技术操作水平提升提供借鉴。

标准可以从不同角度和属性进行分类，如按标准的适用范围或审批级别分为国际标准、国家标准、行业标准、地方标准、团体标准、企业标准等，按标准的内容分为基础标准、产品标准、零部件标准、原材料标准、方法标准，按标准的约束力分为强制性标准和推荐性标准。

（8）报纸。报纸是有固定名称，以刊载新闻和时事评论为主的、定期向公众发行的、出版周期较短的连续出版物。它是大众传播的重要载体，能反映和引导社会舆论，具有内容新颖、时效性强、发行量大和影响面宽等特点。报纸对信息传递较为及时，是大众获得最新科技信息和动态的一种主要媒体来源。

（9）产品资料。产品资料也称产品技术资料，是企业或经销商为推销产品而印发的以介绍产品为主的宣传性材料或出版物，如产品目录、说明书、数据手册、样本及厂商介绍等，内容涉及产品的品种、规格、重量、结构、性能、特点、用途、线路图、结构原理、操作规程、使用方法等，通常附有较多的外观照片和结构、流程图，图文并茂，具有形象直观、内容成熟、数据可靠、参考方便等特点，对新产品造型设计、技术改造、设备引进等有较大参考价值。

（10）科技档案。科技档案是科研部门、生产建设机构或企事业单位针对具体科研项目或工程所形成的技术文件、图样、图片、表格和原始记录，包括任务书、协议书、技术（经济）指标、审批文件、研究计划、方案大纲、技术措施、调查材料、设计资料、试验和工艺记录以及其他归档材料，是科研和生产建设工作中积累经验、吸取教训和提高质量的重要参考文献。它一般内部使用，不公开发行，有保密限制，借阅手续严格。

（11）政府出版物。政府出版物即官方出版物，是由政府部门及其所属专门机构发表、出版的文件。大致分为行政性文件和科技文献，行政性文件包括会议记录，政府法令、法规和条约，方针政策，规章制度，统计资料等，科技文献包括科技报告、技术政策、科普资料等。其特点是权威性和正式性，集中反映了政府及其部门对有关工作的观点、方针、政策，对了解国家科技水平、经济状况和相关政策等具有十分重要的参考价值。

除期刊、图书、报纸外，其他文献（如会议文献、学位论文、科技报告、专利文献、标准文献等）有特定的内容、用途、范围及出版发行方式，常统称特种文献，其特点是文献特色鲜明、内容广泛、数量庞大、参考价值较高，成为重要的文献信息源。

4.2.3 网络信息资源

网络信息资源是随着计算机、信息及网络技术的发展而产生的以数字形式发布、存取、利用信息的一种新型文献信息源或产品。其范围广泛、类型多样、发展迅猛，使原有的文献载体更加多样化。按资源的生产途径和发布范围，网络信息资源大体有以下三类。

（1）正式电子出版物。正式电子出版物是由正式出版机构、出版商或数据库商出版发行的电子（数字、数字化）信息资源。它在网络信息资源中所占比例最大，包括各类数据库、电子图书、电子期刊、电子报纸、多媒体资源及电子出版形式的特种文献。其优点是，学术信息含量高，提供检索系统，便于查找利用，但缺点是，出版成本高，一般不向公众免费开放，用户须付费购买使用权方可使用（通常，图书馆、文献情报中心等机构购买后让其用户免费使用）。

（2）网络免费学术资源。网络免费学术资源完全面向公众开放使用，包括各种政府机构、商业部门、学术团体、行业协会、教育机构等在网上正式发布的网页及其信息，用于揭示图书馆馆藏资源的联机公共目录查询系统（OPAC）及开放获取（OA）资源等。其特点是，发布及时，传递快捷，成本较低，检索方便，便于传递和刊载大量数据、图片和视频，使研究成果更容易被理解、利用。这类资源主要依靠搜索引擎、分类指南、网络资源学科导航等工具来查找。

（3）特色内部资源。特色内部资源主要是教育机构、政府机关、图书馆、学术团体、研究机构等基于自身特色收藏或围绕地方特色及学科优势搜集相关资源所制作的信息数据库。它在一定范围内分不同层次发行，不完全向公众开放，通常须通过特别申请方可使用，如高校自建的学位论文数据库、学术成果数据库等通常只限于在校园网内使用。

4.3 文献信息检索

4.3.1 检索的概念

检索即文献检索，是根据特定需要并用一定方法，从已组织好的大量有关文献信息集合（数据库或检索系统）中查找出所需的文献信息。广义的检索包括两个方面：文献组织者将文献信息按照一定原则和方式组织、存储起来，所建立起的文献信息集合；文献使用者（信息用户）根据自己的文献信息需求，在已建立起的文献信息集合中查找出特定的文献信息。

检索的全过程是文献信息存储与检索，原理如图 4-1 所示。存储是对一定数量的能揭示文献特征的信息（或从文献摘出的知识、信息）进行组织、加工和排序，将其存储在某种载体上，建立起文献信息集合。检索是把所需要的文献线索（或文献本身即全文）或知识信息从检索系统中查找出来。存储是进行检索的前提和基础，检索是存储的逆过程，二者思路和方法相同，只是过程相反，即怎么放进去，就怎么取出来。

检索的本质是代表用户需求的提问词（检索词、检索表达式）与文献信息集合中的标引词的比较、选择与匹配。当提问词与标引词匹配一致时，即为命中，检索成功。

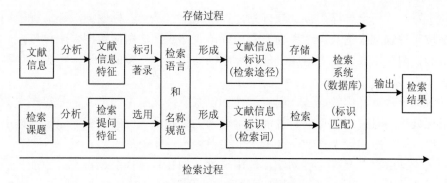

图 4-1　广义文献检索原理（参见文献 [19]）

每一检索信息可包含多种不同特征，这些特征用作检索的出发点和匹配的依据，称为检索途径（检索点、检索字段、检索入口），如文献的分类、主题、题名、著者、代码等。

4.3.2　检索语言

检索的本质是匹配，通过检索语言的匹配来完成。文献在存储（组织）时，其内容特征（如书名、刊名、篇名、号码、著者等）按一定语言来描述，在检索时，对其提问也按一定语言来表达，这种在文献的存储与检索中共同使用、理解的语言就是检索语言，在文献存储、索引中分别称标引、索引语言。这是为检索提供一种统一、基准、用于信息交流的符号和语词化专门语言，用于检索工具的编制和使用，是将信息存储和检索相沟通的桥梁。

检索语言按文献内容特征分分类语言、主题语言；按文献外表特征分题号语言、著者语言、引文语言、序号语言；按文献标识组合方法分先组式语言（文献标识在编表时就组配好）和后组式语言（文献标识在检索时才加以组配）；按学科范围分综合性语言、专业性语言。

1）分类语言

分类语言也称分类法，基本原理是用一定的分类标记（分类号或类目）表达主题概念的标识，以知识分类为基础，将主题概念按学科性质和逻辑层次进行分类和排列，集中体现学科的系统性及事物的从属、派生关系。其主要特点是，以学科与专业为中心集中文献，具有良好的系统性，对于检索者，便于按学科门类进行族类检索，随时放宽或缩小检索范围。

分类语言大体由编制说明、大纲、简表、详表（分类表）、辅助表、索引、附录等组成，其中详表是整个分类语言的一个体系，是分类语言的直观反映形式。分类语言目前主要有《中国图书馆分类法》《国际十进分类法》《美国国会图书馆图书分类法》等。

2）主题语言

主题语言又称主题法，是用自然语言中的名词、名词性词组或句子描述文献所论述或研究的事物概念即主题。文献主题是文献研究、讨论、阐述的具体对象或问题，包括自然、社会各个学科和各类事物。其特点是直接用语词来表达概念，检索者不必从知识体系的角度去判断所需文献属于什么学科，只要按课题研究的对象，直接用能表达、描述文献内容的主题词去检索即可。主题语言可分为以下几类：

（1）标题词语言。又称标题词法，用经过规范处理的术语作为标识来表达文献所论述或涉及的主题，并将全部标识按字顺排列，在形式上就是一本标题词汇编或标题词典。规范处理是按某种规则来选取表达事物概念的词语。标题词法由标题词表来体现，一个标题词表由编制说明、主表、副表组成。任一标题词均是一个完整的标识，可独立地标引一个文献主题。

（2）叙词语言。又称叙词法，用叙词作标识来表达文献主题。叙词是以概念为基础，经过规范化处理后具有组配功能，且能显示词间关系和动态性的词或词组。叙词语言由叙词表来实现，此表结构较为复杂，常由一个主表和若干辅表组成。

（3）关键词语言。又称关键词法，选用文献（如题目、摘要、正文）中能揭示文献主题概念或具有实质意义的自然语词即关键词作为主题词。它是将文献原来所用的关键词抽取出来，稍加或不作规范处理，按字顺排列，以提供检索途径。此类语言应用广泛，有多种索引形式，如题内关键词、题外关键词、单纯关键词、词对式关键词、简单关键词索引等。

4.3.3 检索工具

检索工具是对某一范围的文献经过组织而形成的有序化文献信息集合，即用来存储、报道和查找文献信息的工具书或系统（平台、数据库）。不同检索工具揭示文献的角度、广度和深度不同。按信息存储介质和技术，检索工具有手检和机检。手检以工具书刊作检索工具，由人脑思考、比较和选择来匹配，与手工操作配合完成检索。机检以计算机、终端、通信设施和应用软件等作检索工具，从大量数据库中分拣信息，由机器匹配，在人机协同作用下完成检索，人是整个检索方案的设计者和操作者。机检与手检相比，检索的本质未变化，变化的只是信息的存储媒介及匹配方法。以下介绍常见的检索工具类别。

1）书目

书目又称目录或文献目录[①]，用来揭示、报道一批相关文献外表特征，是有序化文献清单，按一定次序编排，如 OPAC 系统的馆藏书目。其著录项目有题名、著者/编者、文献出处（出版单位、时间、地点等）、编号（期刊卷期号、科技报告号、专利号等）、收藏情况、描述性注释（原文文种，译文来源，会议名称、届次、地址，文献页数、价格，参考文献数）等。

书目按编制目的和功能分登记书目、通报书目、推荐书目、书目之书目、出版发行书目等；按收录文献内容范围分综合书目、专科（专题、主题）书目、地方文献书目、个人著述书目等；按文献收藏处，分馆藏书目、联合书目、私藏书目；按收录文献出版时间与书目编制时间关系，分现行书目、回溯书目、预告书目；按收录文献类型分图书书目、期刊书目、地图书目、专利书目、标准书目等；按收录文献的编排方式分分类书目、字顺书目。

2）题录

题录是在书目基础上发展起来的，将文献（书刊文章）题名（篇名）按某种排检方法编排，供用户查找题名出处，如《全国报刊索引》《中国专利文献题录》和 *Chemical Title*

[①] 注意"目录"和"目次"的区别。目次是在出版物正文前或后，将正文中的篇、章、节按顺序或类别排列并注明其在正文中开始页码的一览表，是正文内容的提纲或缩影，为利用正文提供途径。目录有目次的含义，但期刊中此概念常用目次而不用目录。在英文中，目次为 (table of) contents，目录为 bibliography 或 catalogue，两者有严格的区别。

（美国《化学题录》）等。它是将文献按一定顺序排列，按"题名"来收录、报道，不论是否收藏原文，对已出版发行的文献均可收录，具有收录广泛、全面、快捷等特点，但不提供文章的内容摘要。其著录项目主要包括题名、著者（可含单位）、来源出处（出版物名称、卷期、页数、出版年等）等。从揭示和报道的程度讲，题录比目录更深入一层。

3) 文摘

文摘又称摘要、概要或内容提要，基于题录以简明文字来摘述文献主要内容和原始数据，并按一定方式编排，如 EI、SA、CA、BA，《新华文摘》《中国学术期刊文摘》《高等学校文科学术文摘》《中国社会科学文摘》等。它是以提供文献内容梗概为目的，不加评论和补充解释，简明、确切地记述文献的重要内容，并按一定著录规则与排列方式编排。它是文献的浓缩或简介，查阅它就能获得文献的必要信息并判别文献的价值取向。

文摘按编写者分为著者和文摘员文摘，按内容性质分为报道性、指示性和复合性文摘，按出版形式分为期刊式、单卷式、附录式和卡片式文摘等。著者文摘由一次文献的作者撰写，文摘员文摘由一次文献作者以外的专门人员编写。报道性文摘也称信息性、资料性文摘，包含研究主题、目的、方法、结果、结论等，全面而简要地反映主要内容，提供较多定性定量信息，相当于文献的简介。指示性文摘也称说明性、描述性或论点文摘，一般用较短语句概括主题，罗列作者研究工作过程，无具体实质信息，起指导阅读作用。复合性文摘即报道-指示性文摘，同时以报道性、指示性文摘的要领表述研究成果中价值较高的内容。

4) 索引

索引通常有检索工具和检索途径两个意思，这里指检索工具，是将文献中有价值的知识单元，如题名、著者、学科主题、重要人名、地名、术语、分子式等项目分别摘录，按某种排检方法编制，并注明出处。其著录项目包括标目（标识）/索引词（索引项目）、说明语（编排方法）、存储地址（出处）等。其种类较多，如题名、分类、主题、著者、号码、语词、引文、专用索引（型号、功能、分子索引等），常用的有题名、分类、主题索引。

索引是对文献内容较深入的揭示，能弥补书目只对文献作整体宏观著录的不足，满足用户对文献内容单元的微观揭示和深度检索的需求。

5) 工具书

工具书是供随时查阅，获取线索、知识，从而满足多样需求的必备参考图书。查找对象较广泛，包括各类数据、公式、图表、解释、名称（人名、地名、事件名、术语）等。工具书主要分三类：检索文献类（如书目、索引、文摘等）；语言类（如字典、词典等）；参考类（如年鉴、手册、指南、名录、图册、百科全书等）。

6) 光盘

光盘是一种高密度光学存储介质，是应用计算机、激光、多媒体等多种技术存取数字信息的检索工具。其存储的信息由计算机来读取，运行速度快、成本低、检索效果好、下载方便、安全性能高，且无机械磨损、持久耐用、携带方便，但使用范围有限、更新周期较长，有时操作不太方便，特别当系统不兼容或版本不匹配时，还须更换系统或光盘。

光盘检索分为单机和联机检索两类。单机检索由硬件设备（如微机、光驱、光盘等）和软件（如驱动程序、操作程序、检索程序）组成，结构简单，但数据量相对较少、利用率较低；联机检索是将光盘上网，通常是局域网，如图书馆网、校园网、信息中心网等，用户终端连接到该局域网，就可以分时共享光盘数据信息。

7）联机

联机是利用计算机终端设备，由通信网络、线路与检索系统联机，通过人机对话，从某局域网（如图书馆网、校园网、信息中心网）的主机检索数据库查找文献信息。联机检索数据库多，文献量大，数据更新及时，检索途径多，组合方式、输出形式多样，具有信息资源共享、专业化，检索速度快、效率高，查全率、准确率高等优势，用户容易得到新颖、准确和全面的检索结果。联机检索常见的有 DIALOG、EI Village、OPAC、OCLC 等。

8）互联网

互联网是利用搜索引擎对互联网（Internet，含局域网）上各服务器站点的信息进行搜索，实现对全球文献资料的快速检索，其基础是 Internet 联机检索。目前网络信息资源的利用率不断提高，信息组织更加有序和高效，世界各大检索系统已接入各种网络，每个系统上的计算机均成为网络的一个节点，各节点可连接多个检索终端，节点间通过通信线路彼此相连，实现了全球文献互联，特别是 DOI 技术的使用更加促进了全球文献互联的蓬勃发展。

4.3.4 检索途径

对同样一条信息，可按不同字段在数据库中查询而获得。文献检索中根据检索的需要或方便，按文献信息的某种内容或外表特征（对应数据库存中的某一字段），从不同角度检索而获得所需信息，这种不同的特征或角度便是检索途径（检索点、检索字段、检索入口）。通常可由文献的任一特征作为检索途径，分为内容特征途径和外表特征途径，前者主要有分类途径和主题途径，后者主要有题名途径、著者途径、编码途径、出版发行者途径。

1）内容特征途径

（1）分类途径。也称分类体系途径，根据文献的内容特征，利用分类目录或索引来检索。检索时应明确课题的学科属性、分类等级，获得相应的分类，然后逐类查找。它便于从学科角度获得较为系统的文献线索，有族性检索功能，检索者应了解分类体系，熟悉分类语言的特点、学科分类的方法及交叉学科课题的分类特征。

（2）主题途径。根据文献的主题特征，利用各类主题目录和主题索引来检索。主题目录和主题索引是将文献按表征其内容特征的主题词组织起来，检索时根据所用主题词的字顺（字母顺序、音序或笔画顺序等）来找到主题词，再查得相关文献。主题途径表征概念较为准确、专指、灵活、直观，不论主题多专多深，均可直接表达和查找，满足多主题课题和交叉学科检索的需要，具有特性检索功能，不用像分类途径那样先考虑课题的学科范畴进而确定分类号等。

2）外表特征途径

（1）题名途径。利用文献自身的名称（如书名、刊名、会议名等）来检索，其特点是直接、方便，使用较为普遍。

（2）著者途径。利用文献的著者（责任者，分个人、团体两类）目录和著者索引来检索。著者索引是按著者姓名的字顺将相关文献排列汇总。同一著者的文章常有某种相关或内在逻辑性，阅读以这种途径获得的文献，能系统、渐近地掌握著者的相关研究水平和方向。它能满足一定的族性检索要求，可用来快速准确地查到一批相关文献。

（3）编码途径。即序号（号码）途径，利用文献的序号索引来检索。文献应有一定或唯一序号，如 DOI、ISBN、专利号、报告号、电子组件型号等。按各种序号编制成不同的文献编码索引,就可由序号来判断文献的种类、出版时间等特征,方便查到所需文献。编码途径满足特性检索需要,常作为一种辅助检索途径,但要求检索者了解序号编码规则和排检方法。

(4)出版发行者途径。利用文献的出版发行者这一固有外表特征来检索。其特点是可以快速地缩小检索范围,有助于所需特定文献的查找。

还有一些其他途径,如引文途径、时序途径、地序途径、化学物质途径等,不再赘述。

4.3.5 检索方法

1)浏览法

浏览法是适时浏览阅读相关专业、学科的一批核心期刊,每出一期就尽早阅读,对其中感兴趣的文章逐一记录、收藏,因通过浏览阅读的方式直接获取所需信息,故也称直接检索法。其优点是,直接阅读原文,检索过程便捷,信息获取快速,对适时获知相关专业、学科发展动态及水平十分有效;其缺点是,易受各种条件限制,检索者须充分准备,事先知道相关专业、学科圈子里有哪些核心期刊。浏览法更适于作辅助性检索方法。

2)工具法

工具法也称常用法,是利用某种检索系统来查找文献,通常先通过合适的检索途径检索出文献线索,再根据线索查出所需要的文献,具有检索结果全面、系统的优点。它不像浏览法那样可以直接获得信息,而是借助某种工具来进行,故也称间接检索法。工具法可按查找时间范围而用不同的查找方式,如顺查法、倒查法和抽查法。

(1)顺查法。对检索课题分析而得出所需文献的时间范围要求,以起始年代为起点由远及近地按年份顺序查找文献。若已知某创造发明或研究成果最初产生的年代,须了解其全面发展情况,则可使用顺查法。其优点是,漏检率低,结果较齐全,能基本反映某学科、专业或课题发展的全貌,且在较长检索过程中可按课题进展情况随时调整检索策略;其缺点是,费时费力,工作量大,检索效率不高,问题发生的起始时间可能不易确定。此法适于须了解事物发展全过程的情况,如开题报告、综述论文的写作及专利申请的查新调查等。

(2)倒查法。也称逆查法,与顺查法对年代的要求相反,以由近及远、新到旧的逆年代顺序查找文献。如果查找最(较)新的文献,且不必逐年查到头,差不多获得所需文献就可结束检索,则可使用倒查法。其优点是,省时省事,查到的信息的新颖性程度高;其缺点是,漏检率可能较高,结果不够全面、系统。此法适于把检索的重点放在近期的文献,且做到对课题有一个基本了解即可的情况。

(3)抽查法。根据学科波浪式发展或课题研究特点,抓住某学科或相关研究发展迅速、发文较多的年代,抽取一段时间或其中几个时间点(如十几年或数年)来查找文献。某一学科处于兴旺发展时期,研究成果和发表文献较多,如果对此期间的相关文献进行抽查,则能获得较多文献。其优点是,针对性强,节省时间,查得文献较多,检索效率较高;其缺点是,检索人员应熟悉相关学科或课题整体、阶段发展情况及特点,存在漏检,有一定局限性。此法适于须查找某一特定时间段内的文献就可解决问题的情况。

3)追溯法

追溯法又称回溯法,是利用现有(手头已有或可查到)文献所附的参考文献逐一追查、检索而获得一批相关文献。现有文献价值较大时,使用追溯法可快速扩大信息源,检索更加有效。其优点是,在检索系统缺少或不全时可快速查到相关文献;其缺点是,受现有文献所引文献的局限性或文献之间的差异,漏检和误检较多,检索效果受到影响。SCI(《科学引文索引》)就是基于追溯法的检索系统,使用追溯法时可借助 SCI 这一工具来进行。

4)综合法

综合法又称分段法、循环法,是将工具法和追溯法相结合,交替、循环用此二法进行检索,不断扩检,直到获得满意结果。比如,先用工具法查出 5 年内的重要文献,再针对这些文献所附参考文献而用追溯法来进一步检索而获得所需文献。此法具有检索速度快、效率高,查出的文献较为系统、全面等优点。

工具法是获得文献的主要方法,能在短时间内获得大量切合课题需要的文献,但检索系统收录的文献种类通常有限,与原始文献的发表时间常有不短的时间差,因此还应借助其他检索方法。检索系统资源较丰富时宜用工具法,若侧重了解相关课题研究较多的年代则用抽查法,要获得针对性强的文献可用追溯法,想适时了解、跟进有关科研动态用浏览法。这几种方法各具特色,应视课题需要和检索条件,灵活选用、科学组合,最终收获满意结果。

4.4 文献检索方案

文献检索实战性强,涉及较多环节,检索人员应积极思考,勇于探索,按需科学制定和执行检索方案,获得花费时间少、成本低及检全率、检准率高的理想效果。检索方案也称检索策略,是根据文献检索需求与可能性制定的一套查询文献的计划、方案和步骤。文献检索是一个系统工程,检索方案涉及文献检索需求、文献信息知识、文献信息检索、文献检索流程的各个层面和环节,通常涉及以下十几项内容,文献检索流程(步骤、过程)见图 4-2。

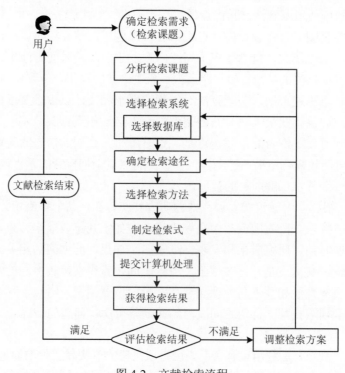

图 4-2 文献检索流程

1）确定检索需求

检索需求多样，如课题产生前的选题、课题产生时的开题、课题产生后的科研、科研中的期刊论文写作、课题完成后的毕业论文写作或项目结题，以及项目申报准备、基金申请书撰写、奖项申报等，这些都离不开文献检索，但各自对文献需求和利用的特点有差别。确定检索方案应首先确定检索需求。为表述方便，以下对各类检索需求不加区分，统称检索课题。

2）分析检索课题

对检索课题进行分析，明确课题检索要求，如课题的主题内容、研究要点、学科或专业范围，文献的类型、文种、时间范围，对文献新颖性程度（新颖性指时间远近）的要求，检索的难易程度等。主题分析是非常重要的一项，是分析课题的主题概念，用一定的概念词来表达主题内容，明确主题概念间的逻辑关系。主题分析是正确选用检索词和逻辑运算符的关键，有助于编制正确的检索式，直接决定检索的质量和效果。主题分析也能挖掘一些潜在、模糊需求。

主题分析原则：抓住课题实质内容，选出准确的主题概念，排除无关、意义较小和重复的概念；主题概念不宜过多，过多会导致漏检甚至检不到，可通过简化概念间逻辑关系来减少概念数；为主题概念选用合适的主题词，使主题词与数据库中标引的专指词匹配，避免漏检及检不到；明确概念间的交叉关系，搞清哪些概念检索范围大，哪些检索范围小。

3）选择检索系统

基于对检索课题的分析，按检索要求选择合适的检索系统（工具）。选择原则：了解各相关检索系统所覆盖的学科、专业范围及功能优势；选择熟悉的、使用成本较低以及与检索主题匹配的检索系统；选择具有量大、报道快、索引全、使用方便等优势的检索系统；选择能满足对文献来源、类型、文种等基本要求的检索系统；选择文献资源信息查出相关度高的搜索引擎类检索系统。

一个检索系统往往包含各种类别的检索数据库，如目录数据库、文摘数据库、全文数据库、多媒体数据库，期刊论文数据库、会议文献数据库、学位论文数据库、专利文献数据库、标准文献数据库等，不同数据库在学科领域、内容特色、文献类别、时间范围等方面对检索需求的覆盖或侧重不同。因此，科学合理地选择检索系统中的数据库非常重要。

4）确定检索途径

明确所选检索系统的某类数据库有多少和怎样的检索字段（途径），根据检索需求选择能方便查获所需文献的合适检索字段或入口。宜选用较为熟悉的检索途径，若已知文献的题名、著者、编码、出版发行者等外部特征，则可直接使用相应的索引查找。课题的专指性较强时，所需文献较为专深，宜选用主题途径；泛指性较高时，所需文献较广，宜选用分类途径。

5）选择检索方法

按课题检索条件、要求及学科、专业特点选择检索效果好的检索方法。检索系统资源较丰富时，可用常用法和综合法；检索系统不足或为获得针对性强的文献时，可用追溯法。研究主题复杂、范围广、时间长或对查全、查准率要求较高时，可用顺查法。对新兴学科，起始年代不长，应以快、准为主，可用顺查法或倒查法；对老旧课题，起始年代早或无从考查，可用倒查法。有的学科在一定年代处于发展期，发文较多，宜针对该时期用抽查法。适时了解、跟进有关科研动态和发展趋势，宜用浏览法。科学计量研究如引文分析，可用引文法。

6）制定检索式

检索式就是布尔逻辑提问式，简称提问词，是向计算机发布的人机对话指令或语言，表达检索意图，有单式和复式两类。单式检索式仅使用一个检索词即单一信息标识，如一个题名、一位著者、一个主题词或关键词、一个分类号等。复式检索式包含若干有关联的检索词，用某种符号如逻辑运算符（布尔逻辑运算符）、位置算符、通配符等连接。检索式组配的质量直接影响检索的效果。检索词应选用与课题直接相关或隐性的主题概念词，宜选用学科通用、国际常用术语及叙词、关键词等规范化的词，注意检索词的缩写、词形变化及英美不同拼法。

（1）逻辑运算符。常见的有 AND（与）、OR（或）、NOT（非），表示检索词间的逻辑关系，组配复式检索式。例如：

可重构制造系统 AND RMS（注：RMS 为"可重构制造系统"的英文缩写）

可重构制造系统 OR 可重组制造系统 OR 可重配置制造系统

可重构制造系统 NOT 工业设计

（2）位置算符。常见的有：SAME（两词邻近，出现在相同子字段）；NEAR/n（两词间可插入 0～n 个词，次序任意）、ONEAR/n（两词间可插入 0～n 个词，次序不可调换）；""或 {}（查询用位置算符标注的词组），用来进行词组检索。例如：

Research SAME Ordnances

occupant NEAR/7 vehicle

occupant ONEAR/7 vehicle

"occupant lower protection device against explosion"

{Reconfigurable manufacturing system}

（3）通配符。常见的有 *、?、#、$ 等，依检索系统不同而有差异。

"*"称截词符，用于截词检索，用词干或不完整词形（截断的词的某局部）检索，满足此局部的所有字符（串）为命中结果，方法是在词干后可能变化的字符处加上截词符。用此符能减少检索词输入量，简化检索步骤，提高查全率。截词有三类：后（右）截词，如 comput*，检索出 computer、computers、computing 等；前（左）截词，如*computer，检索出 minicomputer、microcomputer 等；中截词，如*comput*，检索出 minicomputer、microcomputers 等。

"?""#"为通配符，可在一个单词中或末尾使用。?代表一个字符，??代表两个字符，有几个"?"连用就代表几个字符，如 t??th，检索出 tooth、teech、truth、tenth 等；#代表一个或若干字符，如 behav#r，检索出 behavior、behaviour。

"$"用于词干检索，检索一个词的各种词形变化，如$management，检索出 management、managing、managed、manager、manage、managers 等。

7）提交计算机处理

将检索式以某种检索途径提交给计算机检索系统处理，由系统启动相应算法对检索式所表达的用户对文献的需求用意（提问词）与计算机中相关文献信息资源集合中的标引词进行匹配。当提问词与标引词匹配一致时，即为命中，输出检索结果，本次检索成功。

8）获得检索结果

对检索结果进行辨别、对比，整理、筛选出符合检索要求的相关文献线索，再按此线索获取文献原文。文献线索提供的信息应清晰、易于辨认，主要涉及文献类型、文种、著者、篇名、文摘、出处等记录项。获取原文的途径主要有二次文献检索工具、馆藏目录和联合目录、出版发行者、著者、网络信息资源等。

9）评估检索结果

对某次或某阶段的检索结果进行评估，从检全、检准、有效性等方面判别检索结果是否达到预期，对所获文献初步筛选、鉴别、分类、排序，对重要文献进行研究，判断其使用价值，抽取有价值的内容，作整体综述与评论。若检索结果不理想，则及时调整方案。评估检索结果是获得符合预期结果的重要环节，评估结果是调整检索方案、判断检索能否结束的重要依据。

10）调整检索方案

对未达预期目标或不理想的检索结果，如查全率、查准率不高，存在漏检、误检等，分析问题产生的可能原因，再采用正确的方法，扩大或缩小检索范围，对原方案进行调整，可能涉及某一（些）环节和层面，如检索主题、检索系统、检索途径、检索方法、检索式等。

问题产生的可能原因主要有：

（1）检索词选取不当或其逻辑组配不当。

（2）未用足够的同义词或隐含概念；位置算符使用过严、过多；过多使用逻辑运算"与"；检索系统选择不当；截词符使用不当；单词拼写、文档号、组号错误及括号不匹配等。（产生漏检或检索结果为零）

（3）用一词多义检索词；使用与国际人名、地址、期刊名等相同的检索词；位置算符使用过严；未用逻辑运算"非"；截词符使用不当；组号前没有输入必要指令；逻辑运算符前后未空格；括号使用不正确；主题概念太少。（产生误检）

调整方案所用的方法主要有：

（1）使用检索词下位概念检索；将检索词的范围限制在篇名、叙词和文摘等主要字段；使用逻辑运算"与""非"；使用限制选择功能；使用进阶或高级检索。（提高查准率）

（2）选择全字段检索；减少对文献外表特征的限定；使用逻辑运算"或"；使用截词检索；用检索词上位概念来检索；选择更合适的数据库查找。（提高查全率）

方案调整后若检索结果仍不理想，则继续调整方案，直到获得满意的检索结果。检索方案制定是一个系统工程，涉及检索前的思考、检索中的判断、检索后的分析，在任一阶段或各阶段的任一环节都有可能出现问题，只要发现了问题就应适时调整方案。

11）文献检索结束

取得满意的检索结果标志着所用检索方案执行完毕，文献检索结束。

文献检索收获了文献本身，如书刊或书刊中的文章，属于文献查找和科研预备，而文献里刊载的具体内容才是科研的真正需要，检索者还要阅读、研究文献，属于文献利用和科研进行。

4.5　常见检索工具或机构

检索工具对应的图书馆、信息部门、文献中心或数据公司之类的组织机构为检索机构。检索工具或机构大体分为综合性索引刊、特种性索引刊、数据库平台和搜索引擎。

4.5.1　综合性索引刊

综合性是从文献的多样性来说的，综合性索引刊是摘录多种文献的文摘期刊。

1)《工程索引》(EI)

《工程索引》(Engineering Index，EI)创刊于 1884 年，是由美国工程信息公司(Engineering information Inc.)编辑出版的工程技术领域综合性文献索引刊，主要收录美国工程学会图书馆的各类科技期刊、会议论文集、科技报告、科技图书、标准、学位论文、政府出版物等，涉及工程技术各领域，重点收录化学、电子/电气、机械、冶金、矿业、石油、计算机和软件等工程学科的期刊，选择性收录农业、工业、纺织等工程以及应用化学、应用数学、大气科学、造纸化学和技术等领域的期刊。其特点是综合性强，覆盖面广，文献量大，学科多，摘录质量高，权威性强，参考价值大，文摘按字顺排列，索引简便实用。

EI 索引刊分月刊和年刊，由正文、索引和附录三部分组成，正文是以主、副二级标题（主题）词为标目的文摘，主、副标题词分别按字顺排列，标题词下列出相关文献的摘要和出处。

EI 月刊创刊于 1962 年，每期附有主题、著者索引。报道较迅速，报道日期与原始文献发表日期相差 6～8 周，但不便于追溯检索。EI 年刊 1906 年定名，将月刊文摘依据标题词重新汇集为年卷本和年度索引，每卷按标题词字顺编排，配有主题、著者、著者单位三种索引。

主题索引的著录项目，月刊为非正式标题词（关键词）、正式标题词、副标题词、文摘号，年刊为非正式标题词（关键词）、文献题名、文摘号、正式主标题词、副标题词、非英语文献的语种说明。著者索引是将文摘正文中出现的著者全部收录，包括著者姓名及单位，姓名按著者姓名的字顺排列（姓名相同时，先排名字为首字母缩写的著者，后排名字为全称的著者）。著者单位索引是将文献第一著者所在单位集中，按字顺排列后下列该单位所发文献的全部文摘号，著录项目为著者单位名称、地址及文摘号。

EI 索引刊还有缩微胶卷、计算机磁带等形式。缩微胶卷于 1970 年出版，主要为多年累积索引。另外，还单独出版《工程标题词表》《工程出版物目录》和多种专题文摘。

2)《科学引文索引》(SCI)

《科学引文索引》(Science Citation Index，SCI)是由美国费城科学情报所于 1961 年创办的综合性科技引文索引刊，创刊时为年刊。它涉及生命科学、临床医学、数理科学、化学、农业、工程技术、行为科学等学科领域，侧重基础学科。其收录的核心内容并不是原始文献，而是原始文献所附的参考文献。它对原始文献只报道题录，参考文献只报道著者和出处。

SCI 索引刊包括引文索引、来源索引和轮排主题索引三个相互关联的索引。

引文索引是由专家姓名查得引用该专家文章的著者姓名，再由这些著者姓名通过来源索引得到原始文献的篇名、出处等信息。根据文献间相互引证关系来组织，即根据期刊或丛书中发表的文章（引文文献）所附参考文献（被引文献）的著者（被引著者）的姓名组织编排文献。著录内容包括被引著者姓名，被引文献（发表年份、刊物简称、卷页数等），引用著者姓名及来源文献名称（刊名缩写）、卷数、起始页数、发表年份、类型代码。

来源索引相当于作者索引，由已知著者姓名查找其所发表的文章，或由著者单位名称查找该单位著者发表的文献。根据被选用出版物上刊登的论文著者的姓名字顺而排列，可用于由已知著者（引用著者）的姓名查找其发表的文献（来源文献）的篇名、出处及单位地址。

轮排主题索引相当于主题索引，由主题词（关键词）查找使用这些词的著者姓名，再由这些姓名转查由来源索引得到的原始文献。将著者论文题目中的关键词抽出作为主题词，按一定规则轮流排列。注意，应按课题内容和要求，基于概念分析，充分搜集与课题相关的主题词；把同一著者的所有相配词找出来，以帮助确定该著者的此论文是否符合要求。该索引特别适于已掌握文献标题词而需要查找文献著者和出处的场合。

3）《科学文摘》（SA）

《科学文摘》（Science Abstracts，SA）创刊于 1898 年，是由英国电气工程师学会（IEE）出版的综合性索引刊。它涉及物理、电气工程、电子、通信、计算机与控制工程、计算科学、信息技术等学科领域，主要报道期刊、会议文献、科技报告、学位论文、专利、图书和标准资料等。创刊时为年刊，叫《科学文摘：物理与电工》（PEE），1903 年改用现名。在清华大学、北京大学图书馆设有 SA 镜像服务器（与美国 OVID 信息公司合作），提供 INSPEC（科学文摘数据库）检索服务。

SA 出版《物理文摘》（PA）、《电气与电子学文摘》（EEA）、《计算机与控制文摘》（CCA）、《情报技术》（IT）四个分辑，以及网络版、缩微胶卷版和磁带版。还出版半年度和多（四）年度累积索引，后者不定期出版。

SA《情报技术》有主题索引、产品索引和引用期刊目录，其他辑有多种索引，包括主题指南、著者索引、专用索引（参考书目、图书、会议、集体著者索引）。半年度累积索引包括主题索引、著者索引、引用期刊目录索引，多年度累积索引包括主题索引、著者索引。

SA 由分类目次表、主题指南、文摘正文、著者索引、小索引和主题索引等组成。

（1）分类目次表。以学科为基础（A 辑用 SA 与美国、欧洲物理学会等联合编制的物理分类表，B、C 辑用 SA 自编的分类表），包括类号、类名、页码（分类原则与《中国图书馆分类法》相似）。各辑在每年首期刊物的前面刊有本学科分类详表，每期有本期的分类简表、目次和类目。

（2）主题指南。把分类目次表中的类名关键词按字顺排列，在其后注明相应的分类号。这是从主题角度查找类号，相当于分类目次表的分类索引，著录项目含类名、关键词、类号。

（3）文摘正文。依分类编排，在每页页眉线中部有类号、类名，著录项目有分类号、类名、文摘号、文献题名、著者姓名和单位、刊名、文献出处、文摘、本文参考文献数。

（4）著者索引。每期文摘反映本期报道文献的全部著者及其文摘号，半年和多年累积索引中的著者索引分别反映相应时间段报道文献的著者姓名、文献篇名及文摘号，著录内容包括著者姓名、文摘号、累积著者索引、文献题名。

（5）小索引。SA 各辑最后和半年累积著者索引后面附有四种索引，分别是参考书目索引、图书索引、会议索引、团体著者索引。

（6）主题索引。出现在半年累积著者索引中，按主题词字顺编排，著录项目有标目（主题词）、主题说明语、文摘出处（文摘号）、非正式主题词、相关主题词，按主题词字顺排列。

4)《化学文摘》（CA）

《化学文摘》（Chemical Abstracts，CA）创刊于 1907 年，是由美国化学学会化学文摘社编辑出版的以化工化学为主体的综合性索引刊。它涉及化学（无机化学、有机化学、分析化学、物理化学、高分子化学）、化工，以及冶金学、地球化学、药物学、毒物学、环境化学、生物学、物理学等学科领域，收录文献有专利说明书、评论、技术报告、专题论文、会议录等。CA 收藏量大，收录范围广，收录周期短，报道及时。

CA 为周刊，每年两卷，每卷 26 期，每期包括期结构、卷索引、累积索引、辅助索引等。

（1）期结构。包括分类目录、文摘正文、期索引。分类目录位于每期首页，文摘正文按此分类编排。各分类目录下的文摘正文按文献类型分为若干部分，编排次序依次为期刊论文（综述位于最前面）、会议录和资料汇编、技术报告、学位论文、电子文献、新书及视听资料、专利文献。期索引位于正文之后，每期附有关键词、专利和著者三种索引。

（2）卷索引。每卷有关键词、化学物质、分子式、专利、著者五种索引。

（3）累积索引。1957 年后每 5 年出版一次。

（4）辅助索引。包括索引指南以及杂原子、环系、登记号、资料来源等索引。

CA 还有缩微版、光盘版、联机版和网络版等出版形式，检索方法从书目信息检索到物质结构、反应式检索，从提供文摘信息到提供结构、三维立体结构、商贸、全文等各类信息，从单库到跨库检索。检索途径包括化学物质或反应、研究主题、著者姓名、文献标识、单位／组织机构名称等。

CA 网络版的功能和特色代表了当前世界文摘型数据库在网络环境下的最新发展趋势。其最具代表性的是 SciFinder 工具，由此工具可进入世界最大的化学信息数据库 CAPLUS，获取相关最新技术、信息以及诸如引用文献、核心化合物等额外资讯，可查询到当天最新记录。

5)《生物学文摘》（BA）

《生物学文摘》（Biology Abstracts，BA）创刊于 1926 年，是原由美国生物学会联合会编辑、生物学文摘公司出版，1964 年起由美国生物科学信息服务社（BIOSIS）编辑出版的综合性索引刊。它包括生物学、生物医学、农学、兽医学、古生物学、食品科技、心理保健和环境等领域的理论研究，以及来自实验室、临床与各类操作现场的原始数据资料，涉及研究报告、评论、会议文献、专利文献和图书、报道文摘或题录，以及印刷本、缩微品、计算机磁盘等多种形式。其特点是收录广、内容多、信息量大、质量高、报道快、回溯性强。

BA 现为半月刊，每年两卷，每卷 12 期。每期文摘按类目字顺编排，附有著者、生物系统、生物种属和主题等几种期索引和卷索引。

BA 著录项目主要有：一级类目（主要概念词）；参见（针对一级类目）；二级类目（概念词）；参见（针对二级类目）；文摘号（同卷自行连续排号）；著者（超过十名时著录第一

著者，其他用 et al.）；带"*"著者的单位和地址；刊名（缩写）；卷／期／页码／年份；文献题目。

1980 年起 BA 与创刊于 1964 年的《生物研究索引》结为姐妹刊，后者改名《生物学文摘／报告·评述·会议录》（BA／RRM）。BA／RRM 现为半月刊，每年两卷，收录 BA 未收录的生物学文献，包括编辑部文章、综述、评论文章、翻译的俄文期刊文献、生物命名资料，新书及其某些章节，会议及其资料等，编排方式与检索方法与 BA 相同。

6）《数学评论》（MR）

《数学评论》（Mathematical Reviews，MR）创刊于 1940 年，是由以美国数学学会（AMS）为首的 20 多个国家的数学学会联合主办，美国数学协会（MAA）出版的一套专门报道数学基础理论和应用数学的索引刊。其领域为数学，但收录文献类别多样。

MR 是月刊，每期附有作者和关键词索引。它还有年度索引，每年出版本年度所评文献的作者索引及按主题分类编排的主题索引；出版多年累积索引，分为作者索引、主题索引；还把 1940—1979 年所评文献按主题分类重新编制成累积主题索引。

MR 依照主题分类表实行主题分类法，即把评论和摘要按其主题分类进行排列。其文摘条目按其自编数学主题分类表编排 60 个大类，每期前页有类目次表，大类下再分一级和二级小类，各级类目下的文摘按文摘号编排。

4.5.2 特种性索引刊

特种性是从特种文献来说的，特种性索引刊摘录某一类特种文献。综合性检索工具往往包含对特种文献的检索，因此对特种文献可以用综合性、特种性两种工具来检索。

4.5.2.1 会议文献索引刊

会议文献索引刊包括会议信息（会议时间、地点、主办单位等）和会议文献（论文题名、关键词、摘要、作者、出版单位等）两类，前者侧重会议消息，后者侧重会议论文。

1）会议信息索引刊

（1）《国际科技会议和国际展览会》。由中国科技信息研究所编辑，不定期出版。

（2）《世界会议》（World Meetings，WM）。由美国世界会议情报中心公司编辑，英国麦克米伦出版公司出版，1963 年创刊，季刊，主要预报两年内将召开的科学技术会议。它只报道会议信息而不涉及论文，每期有四个分册：《世界会议：美国和加拿大》（1963 年创刊）；《世界会议：美国和加拿大以外地区》（1968 年创刊）；《世界会议：医学》（1978 年创刊）；《世界会议：社会与行为科学，教育与管理》（1971 年创刊）。检索途径主要有关键词、会址、会期、主办机构、论文征集截止日期等。

（3）《科学会议》（Scientific Meeting）。由美国加州科技会议出版公司出版，1957 年创刊，季刊，主要预报未来一年将要召开的科技会议。检索途径主要是会议时间、学术团体名称。

（4）《国际科技会议》（Forthcoming International Scientific Technical Conferences）。由英国专业图书馆协会（ASLIB）编辑出版，1971 年创刊，季刊，主要预报本年内将召开的国际科技会议和英国全国性会议。检索途径主要有主题索引、会址索引、主办机构索引、会议时间。

(5)《世界集会日期》(World Convention Dates)。由美国亨德里克森（Hendrickson）公司出版，月刊，主要预报近一两年内将要举办的各种会议。检索途径主要是会议时间。

(6)《国际学术会议一览表》。日本学术会议信息公司出版，半年刊，预报一年内会议。

(7)《国际科学会议公报》。由俄罗斯国家科委、科学院、全俄科技信息研究所合编，1960年创刊，双月刊，主要预报国际会议。

2) 会议文献索引刊

(1)《中国学术会议文献通报》。由中国科技信息研究所、中国农业大学主办，科学技术文献出版社出版。1982年创刊，季刊，原名为《国内学术会议文献通报》，1984年、1986年分别改为双月刊、月刊，1987年改为现名。它主要报道我国专业学术会议，涉及数理科学和化学、医药卫生、农业科学、工业技术、交通运输、航天航空、环境科学及管理科学。报道方式以题录为主，兼有简介和文摘，论文按会议名称集中排列。自1990年起将每期的主题索引改为年度索引，在每年最后一期报道。每期附有按《中国图书资料分类法》编排的《会议名称分类索引》。检索途径主要有分类索引和主题索引。目前已有《中国学术会议全文数据库》(CACP)，收录全国100多个国家级学会、协会及研究会召开的学术会议及其论文。

(2)《科学技术会议录索引》(ISTP)和《社会科学与人文科学会议录索引》(ISSHP)。由美国科学技术信息（情报）研究所（ISI）编辑出版，1978年创刊，月刊。涉及学科范围广，包括生命科学、物理、化学、农业、生物学、环境科学、医学、工程科学与技术、社会科学、应用科学等学科领域，涵盖世界重要会议录中的大部分文献，收录会议文献全，检索途径多、速度快，是查找会议文献和衡量学术成果的权威工具。ISTP每期包括正文和索引：正文部分报道以图书或期刊形式出版的会议录，按会议录登记号顺序排列；索引部分有类目、会议录目录（正文）、著者/编者、会议主持者、会议地点、轮排主题、团体著者7种索引。

(3)《会议论文索引》(Conference Papers Index，CPI)。于1973年由美国数据快报公司创刊，原名为《近期会议预报》(Current Programs)；1978年改为现名，月刊；1981年改由美国剑桥科学文摘社（CSA）编辑出版；1987年起改为双月刊。它摘录近期召开的科技会议，涉及工程和医学、生物科学等，提供科学、技术和医学方面的最新研究进展。检索途径有会议论文题名关键词、会址、著者、年度等。

(4)《再版会议录》(Proceedings in Print)。创刊于1964年，由美国再版会议录公司（Proceedings in Print, Inc.）出版，双月刊，报道科技会议及其出版的会议录，侧重世界各国宇航会议文献。检索途径主要有会议录编者、会议主题和主办单位等。

(5)《出版会议录指南》。于1964年创刊，由美国英特多克公司（Inter Dok Corp）出版，有科学、工程、医学、技术，社会科学与人文学，污染控制与生态学3个分册，主要收录单行本会议录中的论文，以及期刊、专论、丛书和研究报告中的会议论文，出版形式有预印本、会议录等。检索途径主要有关键词、会议录编者、会址等。

4.5.2.2 学位论文索引刊

(1)《中国学位论文通报》。我国自然科学类学位论文的权威性检索刊，双月刊。文摘和题录按《中国图书资料分类法》分类号的顺序编排，正文前有分类目录。文摘著录项有分类号、论文题目、学位名称、文种、著者、学位授予单位、总页数、发表年月、文摘、图表等。

（2）《国际学位论文文摘》。国外博士学位论文的主要索引刊，主要收录美国、加拿大等国大学的博士论文，文摘较详细，正文前有分类目次表。分 A、B、C 三个分辑，A 辑是人文与社会科学，B 辑是科学与工程，C 辑是欧洲文摘。

我国收藏学位论文的单位有：国家图书馆（主要收藏博士学位论文）；中国科学技术信息研究所（主要收藏自然科学学位论文）；中国社会科学院图书馆（主要收藏社会科学学位论文）；解放军医学图书馆（主要收藏军队博士、硕士学位论文）。

目前各数据库平台提供学位论文检索。学位论文数据库常见的有：《中国学位论文全文数据库》（万方）；《CALIS 学位论文全文数据库》；《中国博士学位论文数据库》《中国优秀硕士学位论文全文数据库》（CNKI）；《中文学位论文》《外文学位论文》（NSTL）；《国家图书馆博士论文库》；《ProQuest 博硕士论文数据库》《ProQuest 学位论文全文数据库》；《NDLTD 学位论文库》（Networked Digital Library of Theses and Dissertations，美国弗吉尼亚大学）。另外，国内不少研究生培养单位自建本单位硕博士学位论文库，如《北京大学学位论文库》《上海交通大学学位论文数据库》，等等，提供学位论文题录和文摘信息查询。

4.5.2.3 专利文献索引刊

1）国内专利索引刊

（1）《中国专利公报》。包括周刊《发明专利公报》《实用新型专利公报》《外观设计专利公报》，前两种按《国际专利分类表》（IPC）分类，第三种采用《国际外观设计分类表》分类、排序，三者编排结构基本一致。

（2）《中国专利索引》。包括年刊《分类年度索引》《申请人·专利权人年度索引》：前者按 IPC 分类、排序，也称 IPC 索引，是《发明专利公报》《实用新型专利公报》《外观设计专利公报》全年各期按 IPC 索引的累积本；后者是发明、实用新型、外观设计三种专利申请人/专利权人索引的年度累积本，按三者依次分列，以申请人/专利权人字顺排列。

（3）《中国专利分类文摘》。包括年刊《中国发明专利分类文摘》《中国实用新型专利分类文摘》。按 IPC 号的顺序排列，前面附有 IPC 三级类号简表，后面附索引。

（4）《申请号/公开（告）号对照表》。为专利公报上申请号/公开（告）号的年度累积本。按发明专利、实用新型专利、外观设计专利分列，按申请号的顺序排列。

（5）符号和代码。包括 INID 码以及申请号、公开（告）号、审定号、授予公告号。

中国专利检索的典型工具是《中国专利数据库》，收录了 1985 年以来的专利文摘，使用《中国专利光盘管理系统》（CPAS）作为检索系统，提供多个检索途径，如公告日、分类号、公告号、申请日、申请人、专利代理机构、设计人、公开号、发明人、全文检索词等。

2）德温特专利索引刊

德温特专利索引刊是《世界专利索引》（WPI），1974 年创刊，由世界最大专利文献出版公司英国德温特出版公司出版，收录多个国家和国际组织的专利文献，报道国家广、专业面全、出版快、检索途径多、文种单一，在世界专利检索工具上占有重要位置。

WPI 的《题录周报》每周出版一次。每期有 4 个分册（P、Q、R、CH），各分册有 5 种索引（专利权人索引、国际专利分类索引、登记号索引、专利号索引、优先案索引）。

P 分册：针对一般技术，包括农业、轻工、医药、一般加工工艺与设备、光学摄影等。Q 分册：针对机械，包括运输、建筑、机械工程、机构零件、动力机械、照明、加热等。R 分册：针对电气，包括仪器仪表、计算机和自动控制、测试技术、电工和电子元器件、电力工程和通信等。CH 分册：针对化工，包括一般化学、化工、聚合物、药品、农药、食品、化妆品、洗涤剂、纺织、造纸、印刷、涂层、石油、燃料、原子能、爆炸物、耐火材料、冶金等。

4.5.2.4 标准文献索引刊

国内标准文献索引刊主要有《中国标准化年鉴》《中国国家标准汇编》等。

国外标准文献索引刊有《国际标准化组织标准目录》(《ISO 标准目录》)、《国际标准草案目录》(FDIS 目录)、《国际电工委员会出版物目录》(IEC 出版物目录)、《国际电工委员会年鉴》(IEC 年鉴)，以及《美国国家标准目录》(ANSI 目录)、《英国国家标准目录》(BS 目录)、《日本工业标准目录》(JIS 目录)、《德国标准目录》(DIN 目录)、《法国标准目录》(NF 目录)等。

《ISO 标准目录》为年刊，以英、法文字出版，收录国际标准化组织（ISO）现行标准。由主题分类目录、字顺索引、标准序号目录、技术委员会（TC）代码索引 4 部分组成。主题分类目录是正文部分，按 ICS 标准分类编排，著录有标准号、版次、页数、TC 代码和标准题目。字顺索引按文中关键词编排。标准序号目录著录有标准号、TC 代码和标准在分类目录中的页码。TC 代码索引著录有标准号和在分类目录中的页码。

《IEC 出版物目录》是国际电工委员会（IEC）编制的电工和电子技术类标准。以英、法文字出版（我国出版中英文对照本）。分为出版物序号目录和主题索引，编号形式为 IEC＋年代号（制定／修订年份）。正文前是目录表，按 TC 号顺序编排，TC 号后列出标准名称和页码，页码指引到正文的相关标准。正文部分是 IEC 出版物序号表。条目著录有 IEC 标准号、标准名称、所属 TC 代码和文摘简介。正文后是主题索引，著录有 IEC 标准号和说明语。利用主题索引可由主题词先查出 IEC 标准号，再由 IEC 出版物序号表查出标准名称及内容。

4.5.2.5 科技报告索引刊

（1）GRA & I（Government Report Announcements & Index,《政府报告通报及索引》）。美国 PB、AD 报告的主要检索工具，由 NTIS 编辑出版。现为双周刊，由《政府报告通报》和《政府报告索引》两部分组成，前者是文摘，后者是索引，相互配合使用。

（2）STAR（Scientific and Technical Aerospace Reports,《宇航科技报告》）。美国国家航空航天局（National Aeronautics and Space Administration，NASA）编辑出版的专业性检索刊，航空航天科技报告检索的重要工具。主要收录有关国际宇航方面的科技报告，同美国另一检索工具 IAA（International Aerospace Abstracts,《国际宇航文摘》）成为国际宇航文献检索的姊妹篇，二者均报道选自世界各国有关航空航天方面的技术文献，但收录范围不太一致。IAA 由美国航空航天学会（American Institute of Aeronautics and Astronautics，AIAA）主办，主要收录期刊论文。

（3）ERA（Energy Research Abstract,《能源研究文摘》）。美国能源部（Department of

Energy，DOE）编辑出版的检索刊。半月刊，收录相关科研机构和大学等以科技报告为主的能源类科技文献。按能源主题分类编排，在每期文摘卷首以数字和字顺两种形式列出两级类目。

4.5.3　国内数据库平台

1）联机公共目录查询系统

联机公共目录查询系统（OPAC）是一种通过网络查询图书馆馆藏信息资源的联机检索系统。OPAC 发端于 20 世纪 70 年代初美国大学和公共图书馆开放的公共查询目录（Open Public Access Catalogue），随着技术的发展而演化为联机公共查询目录（On-line Public Access Catalogue），其宗旨是用户对目录查询的自动化，不受空间限制方便地查询馆藏资源。

OPAC 在网络书目检索常用方法（如书名、作者、ISBN、年份、出版社等检索）的基础上，还提供不常用但较重要的检索方法，如分类法、导出词、丛书、套书等检索。

OPAC 提供简单、多字段、组合三种检索方式，用户按检索需求，选择题名、责任者、出版者等检索字段，采取前方一致、绝对一致或包含等方式，输入检索词即启动检索，系统则在书目数据库中寻找与之匹配的图书线索信息，输出线索类检索结果。用户便获得相关图书的详细书目、馆藏数量及地址、借阅状态等信息，凭借线索信息中的索书号及馆藏位置，再到相应书架上找书，便可获得整本图书。

在图书馆主页一站式检索系统中选择"我的图书馆"，或在 OPAC 主页单击"读者登录"，输入"一卡通号"和密码即可进入 OPAC 系统，查询个人资料、书刊借阅情况等信息。

利用地区高校图书馆文献资源保障体系，如北京地区高校图书馆文献资源保障体系（BALIS）能实现馆际互借服务查找其成员馆的馆藏图书。利用中国高等教育文献保障系统（CALIS）能实现联盟图书馆的馆藏图书资源共享。利用联机计算机图书馆中心（OCLC）的联机书目数据库（WorldCat）可查找世界范围图书馆的馆藏图书。

2）北京文献服务处检索系统

北京文献服务处检索系统是国内主要的联机检索系统之一，是由北京文献服务处（中国国防科技信息中心与北京市科协联合组建）使用自行设计、研制的信息检索软件 BDSIRS 开发的计算机情报系统。该系统始于 1981 年，检索操作简单，系统运行稳定，可向全国 100 多个终端提供联机检索服务。

该系统具有中英文两类数据库。中文数据库包括世界国防科技工业数据库、中国国防科技信息中心中文馆藏库、国防科技成果综合推广库、国内成果交流库、中国国防科技中文文摘库、中国科技期刊题录库、中国专利文摘库等。英文数据库包括中国国防科技信息中心外文馆藏库、国外期刊论文文摘库、国外专利文摘库、电子书库等。

3）万方数据

万方数据（万方数据知识服务平台）成立于 1993 年，是北京万方数据股份有限公司推出，以中国科技信息研究所（中信所）信息服务资源为依托所建的品质资源出版和增值服务平台。它涉及自然科学、社会科学各学科门类，集高品质信息资源、先进检索算法技术、多元化增值服务、人性化设计等于一体，提供检索、多维知识浏览等多种信息揭示方式，以及知识脉络、查新咨询、论文相似性检测、引用通知等多元化增值服务，提供从数据、信息到知识的全面解决方案，服务国民经济信息化建设，推动全民信息素质成长。

万方数据整合全球优质知识资源，集成期刊、学位论文、会议文献、科技报告、专利文献、标准文献、科技成果、法规、地方志、视频等十余种知识资源类型，覆盖多个语种，实现海量学术文献统一发现及分析，支持多维度组合检索，面向不同用户群。万方智搜是全新学术资源发现平台，致力于"感知用户学术背景，智慧你的搜索"，帮助用户精准发现、获取与沉淀知识精华，打造知识服务基石，创建学术生态。

万方数据提供一站式检索、高级检索和检索历史。一站式检索即直接检索，提供联库检索和单库检索；高级检索还设置专业检索和作者发文检索。

4）中国知网

中国知网（CNKI）是全文信息量规模巨大的数字图书馆，由清华大学、清华同方发起，始建于1999年6月。它通过与期刊出版及各家内容提供商合作，成为集国内外文献资源为一体且有国际领先水平的网络出版平台，涵盖自然科学、工程技术、人文社科（历史、文化、政治、经济、教育、哲学、法律等）各学科门类，涉及学术期刊、学位论文、会议文献、报纸、年鉴、专利文献、标准文献、图书、科技报告和成果等文献类别，可为知识资源高效共享提供全社会知识信息资源及最有效的知识传播与数字化学习平台。

CNKI具有强大的检索功能，提供文献检索、知识元检索和引文检索三个检索入口：

文献检索提供源数据库及外文类、工业类、农业类、医药卫生类、经济类、教育类等多种数据库。综合性数据库有中国期刊、中国博士学位论文、中国优秀硕士学位论文、中国重要报纸和中国重要会议论文等全文数据库，提供初级、高级和专业三类检索功能。

知识元检索提供单库及多库联检式跨库检索，单库检索可选数据库类有学术期刊、学位论文、会议、报纸、年鉴、专利、标准、成果、图书，以及法律法规、政府文件、企业标准、科技报告、政府采购，多库联检式跨库检索可选数据库类有知识问答、百科、词典、手册、工具书、图片、统计数据、指数、方法、概念。

引文检索提供对《中国引文数据库》的检索，可用检索途径有被引主题、被引题名、被引关键词、被引摘要、被引作者、被引单位、被引文献来源。

5）维普资讯中文期刊服务平台

维普资讯中文期刊服务平台是维普资讯（重庆维普资讯有限公司）推出的大型期刊资源型产品及大数据服务平台。它提供学术资源数字化加工、数字出版与传播、数据服务整体解决方案、论文检测、优先出版等多元化业务，提供学术论文、范文、中小学课件、教学资料、论文选题、在线分享等的下载功能。已拥有近万家机构客户，覆盖近千万个人用户，涉及教育、文化、科技等众多领域，其核心产品是《中文科技期刊数据库》。

该平台的前身为中国科技情报所重庆分所数据库研究中心（下称研究中心）。研究中心成立于1989年，自主研发推出中国首个自建也即最大中文期刊文献数据库——《中文科技期刊篇名数据库》，标志着我国中文期刊检索自动化达到一个领先水平，结束了我国中文科技期刊检索难的状况，研究中心也成为中国学术数据库产业的开拓者和奠基人。

1995年基于研究中心成立维普资讯，研发出《中文科技期刊数据库》《中国科技经济新闻数据库》《中文科技期刊数据库（引文版）》《外文科技期刊数据库》《中国科学指标数据库》，以及中文科技期刊评价报告、中国基础教育信息服务平台、维普-google学术搜索平台、维普考试资源系统、图书馆学科服务平台、文献共享服务平台、维普期刊资源整合服务平台、维普机构知识服务管理系统、文献共享平台、维普论文检测系统等系列数据库或产品。

《中文科技期刊数据库》是中国最早、最大的中文科技期刊全文数据库，收录历年中文期刊、论文全文及其引文，分全文版、文摘版、引文版三个版本和社会科学、自然科学、工程技术、农业科学、医药卫生、经济管理、教育科学、图书情报八个专辑。它是科技工作者科技查新查证的必备数据库，也是国内最重要的学术、科研、人力资源评价数据库，被纳入国家长期保存数字战略计划，成为中国科技文献资源保障体系的重要组成部分。

维普资讯于2000年建立维普资讯网（现名为维普网），将系列数据库产品搬到互联网，成为全球知名中文专业信息服务网站、中国最大综合性文献服务网站、中国典型中文科技期刊论文搜索及信息检测咨询服务平台。2005年，它和全球最大搜索引擎提供商Google公司战略合作，成为Google学术搜索频道在中国的重要合作伙伴和最大的中文内容提供商。

该平台提供快速检索、传统检索、高级检索、分类检索、期刊导航，提供一站式及高级检索，还提供"在结果中检索""在结果中去除"功能对"检索结果"进一步筛选。

6）中国高等教育文献保障系统

中国高等教育文献保障系统（China Academic Library & Information System，CALIS）是我国高等教育"211工程""九五""十五"总体规划中的三个公共服务体系之一，是国内学术文献资源的集成搜索引擎。其宗旨是把国家投资、现代图书馆理念、先进技术手段与高校丰富的文献、人力资源整合起来，建设以中国高等教育数字图书馆为核心的教育文献联合保障体系，实现信息资源共建、共知、共享，获得最大社会、经济效益，为中国高等教育服务。其管理中心设在北京大学，下设文理、工程、农学、医学四个全国文献信息服务中心，华东北、华东南、华中、华南、西北、西南、东北七个地区文献信息服务中心和一个东北地区国防文献信息服务中心。

该系统提供多种资源检索方式，实现按学科分类、首字母A~Z、"我的学科"等方式进行分类查找及按资源名称检索；提供四级资源分类导航，在每个级别上有相应的整合检索和个性化检索；提供简单、高级检索。检索支持多种检索运算符的组合检索、截词检索（截词符检索）、全文检索；提供可扩展的词典和知识库，为专业用户提供特别检索服务。

7）中国国家图书馆数字资源

中国国家图书馆数字资源由中国国家图书馆建设，涵盖图书、期刊、报纸、论文、古籍、工具书、音乐、影视和缩微等多种类型的数字资源在线服务，始建于20世纪80年代，1987年开始中文书目数据库建设。中国国家图书馆还联合国内多家公共图书馆推出数字图书馆移动阅读平台，集合数万余册电子图书资源、上千种电子期刊及各地图书馆分站的优质特色数字资源，为用户提供随时随地随身的阅读体验。

中国国家图书馆是国家总书库、国家书目中心、国家古籍保护中心，是世界最大、最先进的国家图书馆之一。其前身是筹建于1909年的京师图书馆。1931年文津街馆舍落成（现为国家图书馆古籍馆）。新中国成立后更名为北京图书馆，1987年新馆落成，1998年更名为国家图书馆，对外称中国国家图书馆。

8）国家科技图书文献中心系统

国家科技图书文献中心（National Science and Technology Library，NSTL）系统是由NSTL推出的基于网络环境的大型文献资源数据平台，可检索成员单位联合馆藏的期刊论文、会议文献、学位论文、科技报告、专利文献、标准文献和计量检定规程。NSTL是一家在2000年组建的网络型虚拟科技文献信息服务机构，成员单位有中国科学院文献情报中心、中国科学技术信息研究所、机械工业信息研究院、冶金工业信息标准研究院、中国化工信息中心、中国农业科学院农业信息研究所、中国医学科学院医学信息研究所、中国标准化研究院标准馆、中国计量科学研究院文献馆9个文献信息机构，其中中国科学技术信息研究所、机械工业信息研究院、冶金工业信息标准研究院和中国化工信息中心的文献资源部门合称国家工程技术图书馆。

NSTL以构建数字时代的国家科技文献资源战略保障服务体系为宗旨，按照"统一采购、规范加工、联合上网、资源共享"的机制，采集、收藏和开发理、工、农、医各学科领域的科技文献资源，面向全国提供公益、普惠的科技文献信息服务。已成为国家科技文献资源的战略保障基地，对全国科技、产业界的文献服务能力大幅提升，多样化、个性化、专业化服务得到创新和开拓，成为文献服务共建共享的国家枢纽，引领国家科技文献事业的发展，被誉为我国科技服务业服务科技创新和社会发展的重要典范。

NSTL系统有普通、高级、期刊和分类等多种检索方式。还提供文献类型、查询范围和查询年份设定功能，并在检索结果基础上按新设定条件进行二次查询。

9）读秀学术搜索

读秀学术搜索（简称读秀）是由海量知识、图书、期刊、报纸、会议论文、学位论文、音频、视频和文档等文献资源组成的庞大知识系统。它融文献搜索、试读和传递于一体，对文献资源及全文内容实现深度检索，提供图书封面页、目录页及部分正文内容试读，还可与其他图书馆或平台资源对接，提供原文传递服务。所需全文在本馆（读秀）获取不到时可通过文献传递、按需印制等方式由其他馆藏、途径来获取，能找到就能得到。

读秀的特色功能或服务主要包括：

（1）提供简单检索、高级检索、专业检索三个入口，满足不同层次人群的需要。

（2）在图书检索结果页面有图书详细信息，提供原文试读，方便用户确定图书。

（3）与OPAC链接，展示图书在本馆的馆藏地点、册数、当前流通状态等信息。

（4）提供多种全文获取方式：包库全文；阅读部分、图书馆文献传递；馆藏纸本、本馆馆藏纸书借阅；文献互助、按需印制；随书光盘。

文献传递服务是为读者提供所需内容页码范围的局部原文，即读者选定所需页数，提交需求信息，工作人员将原文以数字版的形式发送到读者信箱，每次发送的原文可以有一定期限的有效期（如20天），有效期内读者可随时浏览，不受时空的限制。

（5）提供知识频道实现深入图书内容的全文检索，书中每一词句均可作为检索词。

（6）提供用户互助模式的海量文档下载及各类精品课程在线学习等多种资源服务。

（7）在当前检索词搜索结果页面，可快速跳转至其他页面，以搜索到更多的图书。

（8）链接海量报纸的全文阅读，支持多种报纸的当日更新。

读秀有普通检索、高级检索。对于普通检索，输入检索词，选定数据库、选择字段，单击"中文搜索""外文搜索"即可检索，还可"在结果中搜索"缩小范围继续搜索。对于高级检索，设定好检索项再进行检索。以图书为例，可由书名、作者、主题词、出版社、ISBN、分类、中图分类号、年代等检索项限定检索结果；在搜索结果界面单击"书名""封面"即可获得图书详细信息，如封面、题名、作者、出版社、出版时间、页数和主题词等。

10）汇雅书世界

汇雅书世界是由超星（北京超星公司）推出的纯文本电子图书（Electronic Publication，

ePub），也称超星电子书或超星数字图书馆。它涵盖经典名著、哲学宗教、文学艺术、生活保健等多个领域，包括中图法 22 个大类，涉及来自全国千家以上专业图书馆的大量珍本、善本、民国图书等稀缺文献资源。它支持互联网内容云同步，让收藏的电子图书随时随地被获取且永不丢失，支持多终端阅读高清晰、高质量的文本图书及共享评论、读书笔记，让用户享受畅快的、高质量的社会化阅读体验。

汇雅书世界采用其自主开发的 PDG 文件格式，能最大限度地保证图书的原文原貌，让图书完整整洁、无歪斜或黑边等问题；在网络传输中采用单页而非整本传送技术，能极大地节约读者看书等待时间，提高图书的利用效率；读者可按自己所需来选择阅读图书的个别页码；可通过网页、超星阅读器和文本多种方式进行图书的在线阅读和下载；能实现基于图书阅览量、推荐程度的排行；能搜集读者图书阅读的反馈信息。

汇雅书世界提供分类检索、快速检索、高级检索三种检索方式及书名、作者、目录、全文四种检索途径，还可对查找图书的分类进行限制。

4.5.4 国外数据库平台

1）DIALOG

DIALOG 是世界最大的国际联机情报检索系统。创建于 1963 年，总部在美国加利福尼亚州帕洛·阿尔托（Palo Alto）市。原为美国洛克希德公司下属的情报科学实验室，后因研制 DIALOG 人机对话情报检索软件而得名。1966 年开展文献检索，1972 年开始商业性经营。它有题录、文摘、全文、事实及数据等多类数据库，有图书、期刊、会议录、学位论文、专利、科技报告、标准、产品手册、政府文件、经济预测、公司行业名录、私人文档、统计数据等多种文献，主题内容覆盖知识产权、新闻和媒体、政府和地区、商业和金融、医学、食品和农业、化学、工程、科学、技术等领域。

DIALOG 提供光盘、联机和网络版检索，包含近 600 个系统（数据库、平台）。例如：

（1）SPIN（《物理科学文摘数据库》）；
（2）INSPEC（《科学文摘数据库》）；
（3）MEDLINE（《医学文献数据库》）；
（4）MathSciNet（《数学评论数据库》）；
（5）Computer Database（《计算机数据库》）；
（6）Aerospace Database（《宇航数据库》）；
（7）CA（《化学文摘》）；
（8）BA（《生物学文摘》）；
（9）Fluid Engineering Abstracts（《流体工程文摘》）；
（10）Engineered Materials Abstracts（《工程材料文摘》）；
（11）Environmental Bibliography（《环境文摘》）；
（12）Energy Science and Technology（《能源科学与技术》）；
（13）METADEX（《金属文摘》）；
（14）ISMEC: Mechanical Engineering Abstract（《ISMEC：机械工程文摘》）；
（15）SCI（《科学引文索引》）；
（16）EI（《工程索引》）；

（17）Dissertation Abstracts Online（《学位论文文摘》）；
（18）ERIC（《教育学文摘数据库》）；
（19）CPI（《会议论文索引》）；
（20）ISTP（《科技会议录索引》）；
（21）SSCI（《社会科学引文索引》）；
（22）AHCI（《艺术与人文科学引文索引》）；
（23）WPI（《世界专利索引》）；
（24）U. S. Patents（《美国专利》）；
（25）European Patents（《欧洲专利》）；
（26）JAPIO（《日本专利》）；
（27）NTIS（《美国政府报告》）；
（28）IAC Computer（《IAC 计算机全文库》）（IAC——美国高级计算研究所）；
（29）The New York Times（《纽约时报》全文库）；
（30）The Washington Post（《华盛顿邮报》全文库）。

2）OCLC

OCLC 是联机计算机图书馆中心（Online Computer Library Center），是一家基于成员合作机制的非营利、全球性计算机网络信息服务组织。创建于1967年，总部在美国俄亥俄州都柏林，由各成员所有并管理。它覆盖各学科和领域，有图书、期刊、报纸、胶片、计算机软件、音频、视频、乐谱等文献类型。其宗旨是通过网络将各成员连接到一个强大的、基于云的基础架构，提高元数据创建、馆际互借、数字化、检索、交付的操作效率，管理和共享知识，促进合作创新，建立合作、资源共享和普遍访问的全球性图书馆和合作平台。

OCLC 提供 EPIC 和 FirstSearch 检索，前者是联机检索，后者是网络检索。其数据库多由美国国家机构、联合会、研究院、图书馆和大公司等提供，并快速更新。其重要数据库如下：

（1）ArticleFirst（《期刊文章数据库》）；
（2）ClasePeriodica（《拉美学术期刊文摘数据库》）；
（3）ContentsFirst（《期刊目录数据库》）；
（4）EBooks（《电子书书目数据库》）；
（5）ECO-Index（《学术期刊索引数据库》）；
（6）ERIC（《教育学文摘数据库》）；
（7）GPO（《美国政府出版物数据库》）；
（8）MEDLINE（《医学期刊文摘数据库》）；
（9）NetFirst（《OCLC 的 Internet 资源数据库》）；
（10）OAIster（《全球联合机构知识库》）；
（11）PapersFirst（《国际会议论文索引数据库》）；
（12）Proceedings（《国际会议录索引数据库》）；
（13）SCIPIO（《艺术品和珍本拍卖目录数据库》）；
（14）UnionLists（《OCLC 成员馆藏期刊列表库》）；
（15）WilsonSelectPlus（《H.W. Wilson 公司全文库》）；

（16）WorldAlmanac（《世界年鉴》）；

（17）WorldCat（《全球联机联合目录数据库》）。

3）WOS

WOS（Web of Science）是世界权威科学引文索引数据库和获取全球学术信息的重要科研数据库平台。它涵盖自然科学、工程技术、社会科学、艺术与人文等诸多领域，用来既可从文献引证的角度评估文章的学术价值，又可迅速方便地组建研究课题的参考文献网络。2016年WOS改换东家，由汤森路透（Thomson Reuters）易主为科睿唯安（Clarivate）。

WOS基于文献计量学的布拉德福定律，具有严格的文献筛选机制，只收录各领域重要的学术期刊及论文所引用的参考文献。WOS提供独特的引文索引机制，用一篇文章、一个专利号、一篇会议文献、一本期刊或一本书等作为检索词，就能方便地获得其被引用情况，进而回溯某一研究文献的起源与历史，或追踪其最新研究进展，既可越查越广越新，也可越查越窄越旧，超越学科与时间局限，快速发现在不同学科、年代所有与研究课题相关的重要文献。

WOS有以下特点：使用Internet浏览器，无须安装任何其他软件；使用全新WWW超文本，方便相关信息之间的链接；数据每周更新，更新迅速；通过引文索引可查找相关研究课题早期、当时和最近的学术论文，获取论文摘要；检索所有被收录、引用的作者，而不仅仅是第一作者；提供被引次数（Times Cited）检索并链接到相应论文；提供相关记录检索，获得共同引用相同的一份或几份文献的论文；可选择检索范围，一次检索全部年份、特定年份或最近一期资料；可对论文的语言、文体作特定范围的限定检索；检索结果可按其相关性、作者、日期、期刊等项目排序；对所得资料及检索步骤可保存、打印、发送邮件。

WOS由MEDLINE（医学文献库）、BIOSIS引文索引、Zoological动物学记录、世界专利索引（德温特专利）及世界各地有重要内容的数据库组成，其核心合集包括以下数据库及享誉全球科技和教育界的JCR（Journal Citation Reports，期刊引证报告）和ESI（Essential Science Indicators，基本科学指标）：

（1）Science Citation Index Expanded（SCI-EXPANDED或SCIE，科学引文索引扩展版）；

（2）Social Sciences Citation Index（SSCI，社会科学引文索引）；

（3）Arts & Humanities Citation Index（A&HCI，艺术人文引文索引）；

（4）Conference Proceeding Citation Index-Science（CPCI，会议论文引文索引）；

（5）Book Citation Index（BCI，图书引文索引）；

（6）Emerging Sources Citation Index（ESCI，新兴资源引文索引）；

（7）Current Chemical Reactions（CCR，最新化学反应）和Index Chemicus（IC，化合物索引）。

WOS提供便捷检索（easy search）和全面检索（full search）。便捷检索可通过主题、作者、作者识别号、单位、国别等来检索；全面检索可通过主题、刊名、论文标题、作者、单位或地址、DOI、出版年或引文著者（cited author）、引文文献（cited reference）来检索。还可对文献类型、语种、时间范围等进行限定，提供运用逻辑运算符、字段标识符、括号构建检索式或对检索历史进行逻辑运算的高级检索功能。

4）EI

EI 数据库主要有 EI Compendex 光盘、EI Compendex Web、Engineering Village 2 三个产品，其核心数据库是 EI Compendex Web。

EI Compendex 光盘数据库有 Compendex Plus 数据库、生物工程与技术数据库、书目型数据库等多类只读光盘产品（CD-ROM）。Compendex Plus 数据库由 Compendex 和 EI Engineering Meeting 两个数据库合并而成，其 CD-ROM 创建于 1986 年，每季度更新一次；生物工程与技术数据库 CD-ROM 属专题性工程信息光盘产品；书目型数据库 CD-ROM 每张光盘存储两年的期刊论文和会议文献的题录，每月更新一次。

EI Compendex Web 是网络版文摘数据库。由 EI Compendex 和 EI Page One 合并而成，收录 1970 年以来的 5000 多种工程类期刊、会议录和技术报告，其中一部分有文摘，另一部分只有题录（大多来自 EI Page One），工程类期刊和会议录每周更新一次。

Engineering Village（EI Village）即工程索引村，是于 1995 年开发的一个基于因特网的工程信息联机服务检索平台，将全球重要工程信息汇集在一起，实现一步到位的桌面服务。1998 年，在清华大学图书馆建立了 EI Village 中国镜像站点，并正式开通服务。

Engineering Village 2（EI Village 2）是于 2000 年基于 EI Village 开发的第二代产品，可以检索美国工程索引、美国专利等信息资源（如 1976 年以来美国专利与商标局的专利全文数据库，2000 个行业规格及标准），以及 CRC 出版社出版的 80 种工程手册和 1 万个网站信息文摘数据库，还与多家出版社，如 Elsevier Science、Institute of Physics、American Institute of Physics、Springer-Verlag、John Wiley & Sons 和 Academic Press 等，建有全文链接关系，用户只要购买了这些出版社的电子期刊使用权，即可通过 EI Compendex Web 检索到的文献直接链接相应的电子版全文。EI Village 2 还与 OPAC 建有链接关系。

2009 年前 EI 收录中国期刊论文有核心和非核心数据之分，但从 2009 年不再有这种区分。

（1）核心数据。EI Compendex 标引文摘，收录论文的题录、文摘，对主题词、分类号标引做深加工。有无主题词和分类号是判断论文是否被 EI 正式收录的唯一标志。

（2）非核心数据。EI Page One 题录，以题录形式收录论文，收录的论文有的带文摘，但未深加工，无主题词、分类号。是否带文摘不能作为论文是否被 EI 正式收录的标志。

EI Compendex 检索方式主要有 Easy Search（简单检索）、Quick Search（快速检索）、Expert Search（专家检索）、Thesaurus（主题词表）、eBook Search（电子书检索）。

5）IEL

IEL 数据库（IEEE / IET Electronic Library）是 IEEE（美国电气电子工程师学会）和 IET（英国工程技术学会）旗下最为完整、有价值的在线数字资源，提供世界在电气工程、通信工程和计算机科学领域中近三成的文献，并在多个学科领域的引用量名列前茅。其内容涵盖电气电子、航空航天、计算机、软件工程、控制理论、通信工程、生物医学工程、机器人自动化、人工智能、半导体、纳米技术、机械工程、工业设计、石油化工、水利水电、能源与核科学、管理科学与工程、地球科学、遥感学、核科学等领域，文献类型有期刊、图书、会刊、会议录、标准等。其文献可以回溯到 1988 年，部分回溯到 1893 年。

IEEE / IET Electronic Library 的旧称是 IEEE / IEE Electronic Library，因原来的英国电气工程师学会（IEE）于 2006 年 3 月与英国企业工程师学会（IIE）合并组成 IET。

IEL 通过智能检索平台 IEEEXplore 提供创新文献信息，提供基本检索、高级检索，可全方位聚类检索结果，实现个性化服务，还提供学科主题、热点浏览及在线帮助等功能。

6）ASME

ASME 数据库（ASME Digital Collection）收录美国机械工程师学会（American Society of Mechanical Engineers，ASME）的绝大多数出版物，包括来自全球机械工程领域学者和从业者的研究论文、评述、会议报告及行业标准，涵盖力学、热力学、机械工程、制造工程、电气工程、生物医学工程、海洋工程、材料科学、能源燃料等学科。提供基本、高级检索等多样化检索方式，检索结果便于收藏管理，可带来资源整合度更高、检索更便捷的使用体验。

7）ScienceDirect

ScienceDirect 又称 Elsevier Science，简称 SD，是世界知名出版商荷兰爱思唯尔（Elsevier）出版集团推出的科学、技术、医学（STM）全文与书目电子资源全文数据库平台。它包含 Elsevier 出版的学术期刊，部分期刊是 SCI、SSCI、EI 等国际公认的权威大型检索数据库收录的核心期刊，一些知名期刊如 *The Lancet*、*Cell*、*Tetrahedron Letters*、*The Handbooks in Economics Series*、*International Encyclopedia of the Social and Behavioral Sciences* 等包括在内。其资源涵盖科学与工程、生命科学、医学/健康科学、社会与人文科学，涉及众多学科，例如，数学、物理学与天文学、化学、地球与行星学、工程技术与能源科学、计算机科学、通信科学、材料科学、农业与生物科学、生物化学、遗传学与分子生物学、免疫学和微生物学、神经系统科学、毒理学和药物学、兽医科学、艺术与人文科学、医学与口腔学、护理与健康、药理学、环境科学、经济学、决策科学、计量经济学和金融、心理学以及商业、管理和财会等。

SD 的检索和浏览功能十分强大，有简单检索和高级检索，浏览可按字顺和分类进行。

8）Springer

Springer 数据库是世界著名科技出版集团 Springer-Verlag（德国施普林格，Springer）推出的居全球领先地位的高质量科学、技术、医学（STM）全文数据库。其学科众多，如行为科学、生物医学和生命科学、商业和经济、化学和材料科学、计算机科学、地球和环境科学、工程学、人文、社会科学和法律、数学和统计学、医学、物理和天文学、计算机职业技术与专业计算机应用等，文献多样，如期刊、专著、教科书、手册、地图集、参考工具书、丛书、实验室指南及回溯文档等。它提供参考文献链接、社群书签及最新语义链接等功能，让用户在更短时间内获得更精确的搜索结果及所需的相关内容。（Springer 成立于 1842 年，2015 年与 Nature 合并成立 Springer Nature。）

SpringerLink 于 2006 年 8 月上线，是 Springer 数据库的重要学术资源平台，具有弹性的订阅模式、可靠的网络基础和便捷的管理系统，深受大众欢迎。其功能优势主要有：

（1）统一平台。把不同学科和出版形式的文献资源整合在一起，提供 HTML 浏览、PDF 全文预览与下载，用户可快速浏览书刊各个章节，下载真正所需的文章。

（2）数字优先。在线发布经过同行评议但仍未印刷出版的文章，帮助图书馆为读者提供最新信息，研究人员尽早获得研究成果，并通过 DOI 来检索和引用，加快研究成果传播。

（3）开放选择。作者自行选择出版模式，设置文章出版模式是否为 OA（Open Access），任何用户在任何时间、任何地点均可通过互联网免费获取 OA 出版模式的文章。

（4）提醒服务。用户自行设定所需免费的提醒服务，根据文章的作者、主题、关键词或出版标准来选择有关提醒服务。

（5）管理功能。提供管理成员、建立外部链接、增加机构标志及查看统计报告等功能，使采购和馆藏管理更加轻松便捷，改善客户服务品质，并降低成本。

（6）统计报告。提供符合 COUNTER 标准的使用报告，有助于用户了解平台中各产品使用状况，图书馆人员了解读者需求，进而满足用户需求，优化提升馆藏。

（7）订购模式。为不同学术机构、政府部门和企业客户提供订阅服务，以研究程度和读者人数为基础量身定制，提供符合成本效益的弹性服务和综合管理，适应图书馆管理要求。

（8）检索方式。提供导航、搜索、缩检和精确搜索等多种检索方式，以及强大、全新的 Google 式搜索引擎工具，使搜索结果更加全面系统，分类结果更加清楚明晰。

（9）语种可选。提供中文（简体、繁体）、英文、德文、韩文多语种界面，用户按需选择。

（10）个性功能。提供诸如速报、个人爱好、使用全文记录、书签 / RSS 等个性化功能。

9）Ebook Central

Ebook Central（EBC）是由美国 ProQuest 公司提供并由 Ebrary 电子书升级扩充后的综合类电子书数据库系统。它收录当代学术类电子书，涵盖科技、艺术、社会科学、历史、商业经济、教育、语言文学、法律、宗教哲学、医学等多个学科，涉及包括专业出版社、大学出版社、学协会出版社、研究机构、商业机构、国际组织在内的众多出版社或组织。例如，Elsevier、Springer、Wiley、Taylor & Francis、Sage、Emerald、Artech House、O'Reilly、牛津大学出版社、剑桥大学出版社、麻省理工学院出版社、普林斯顿大学出版社、耶鲁大学出版社、哈佛大学出版社、爱丁堡大学出版社、帝国理工大学出版社、SPIE（美国光学工程师学会）、AMS（美国数学学会）、IET（英国工程技术学会）、AIAA（美国航空航天学会）、ASCE（美国土木工程师学会）、AIChE（美国化学工程师协会）、皇家化学协会（Royal Society of Chemistry）、世界银行、微软出版社、布鲁斯金斯学会和胡佛研究所，等等。

10）Emerald

Emerald（爱墨瑞得）是于 1967 年由来自世界著名百强商学院之一的布拉德福商学院（Bradford University Management Center）的 50 位学者建立的数据库平台。它由 Emerald 出版社（世界管理学期刊领域规模最大、影响较大的国际化出版机构，总部在英国，在多国设有代表处）运营，致力于管理学、图书馆学、工程学领域的期刊以及人文社会科学图书的出版（人文社科为主，工程学为辅）。它秉承理论联系实际并应用于实践的出版理念，坚持独立主编出版模式，搭起学术界与实践人士之间的桥梁。它拥有 100%的世界百强商学院的作者及用户、100%的世界 200 强综合性大学的作者及用户，以及 60%的世界 500 强企业用户。

Emerald 期刊学科领域涉及会计、金融与法律、人力资源、管理科学与政策、图书馆情报学、工程学等，其中工程学涵盖材料科学与工程、计算机工程计算、先进自动化、电子制造与封装、机械工程、航空航天工程等，一些知名期刊，如 *European Journal of Marketing*（《欧洲营销杂志》）、*Management Decision*（《管理决策》）、*Personnel Review*（《人事评论》）、*Internet Research*（因特网研究）、*Aslib Journal of Information Management*（《信息管理协会会报》）、*Online Information Review*（《在线信息评论》）等，皆包括在内。

Emerald 平台提供快速、高级检索，支持词根检索，检索结果显示所检词根的派生词。

11）EBSCOhost

EBSCOhost 是 EBSCO 公司的一个全文数据库检索系统。它提供多个数据库资源的检索，涉及科学、技术、医疗、商业等领域，用户来自学术研究机构、企业、医院、医学院与政府单位。其最重要的两个全文数据库资源是商业资源数据库（Business Source Premier，BSP）和学术研究数据库（Academic Search Premier，ASP）：前者是专门针对商业院校和图书馆设计的数据库，主要报道经济学、市场、管理、金融、会计及国际商务等领域的信息，部分全文可回溯到 1936 年；后者是专门为学术机构设计的多学科数据库，主要报道社会科学、人文科学、教育、计算机科学、工程学、物理学、化学、语言学、艺术和文学、医学、种族研究等学科的信息，部分全文可回溯到 1975 年。

EBSCO 公司于 1944 年由美国 Elton B. Stephens 先生创立，公司名称来源于 Elton Bryson Stephens Company 的字母缩写。它已成为全球最大的资讯内容集成商之一，全球资源发现服务的领导者，企业研究/学习资源的主要提供者。

EBSCOhost 主要提供以下检索方式：

（1）简单检索。常规检索，直接将某主题词（关键词）作为检索词进行检索。

（2）高级检索。适合多种需求的复杂检索，提供更多检索方式和选项，提供三组关键词输入框和数十个检索字段，可为每组主题词限定检索字段，指定各组关键词间的逻辑运算关系，获得查全率、查准率及查询效率更高的检索结果。

（3）出版物检索。直接对相关出版物进行查询，可按首字母顺序、任意词、词组匹配三种方式对出版物名称进行检索，检索结果可按字母顺序或相关性排列。

（4）图片检索。这是一般数据库没有的功能，提供人物、自然科学、地点、历史、地图、国旗等各类图片的检索选项，若不作选择，则在全部图片库中检索，检索结果为图片及图片的版权、描述信息。

4.5.5 搜索引擎

搜索引擎是一种具有高技术含量的特别搜索方式或技术，按用户需求与一定计算机程序或算法，运用特定策略在互联网上搜索信息，并对信息进行组织、处理和反馈，为用户快速提供其所需或高相关性的信息。它基于网络爬虫、检索排序、网页处理、大数据处理、自然语言处理等多种技术，核心模块包括爬虫、索引、检索和排序等，还可包括（添加进）其他系列辅助模块，以便为用户创造更好的网络使用环境。搜索引擎主要有以下类别：

（1）全文搜索引擎。利用爬虫程序抓取互联网上所有相关文章或网页文字，建立起数据库，检索与用户查询条件相匹配的记录，并按一定顺序返回搜索结果，如百度和 Google 等。其优点是简捷方便，容易获得相关信息，但结果信息过于庞杂，用户须要甄别。它适于一般网络用户或没有明确搜索意图的检索。

（2）元搜索引擎。一种二次搜索方式，即接受用户查询请求后在多个搜索引擎上搜索，对搜索结果进行整合处理并返回，如 InfoSpace、Dogpile、Vivisimo、搜星等。它能消除不同搜索引擎在性能及信息反馈能力上的差异，加强对各搜索引擎的全局控制和优势互补，引导搜索引擎持续改善。它适用于广泛、准确搜集信息的检索。

（3）垂直搜索引擎。行业内专用搜索引擎，专注特定搜索领域及搜索需求，对特定行业的数据信息进行快速检索,如交通(如购买机票、火车票)、生活、旅游、文艺、视频、购物、招聘等。它适于有明确搜索意图的检索。

(4) 目录搜索引擎。在网站内常用,依赖人工搜集处理整合数据,将结果置于分类目录下的网站链接列表,用户通过此分类目录可较为方便地查找所需信息,而无须用关键词来查询,如 Yahoo、新浪等。其优点是以目录形式呈现网站信息,但用户须了解网站内容及其主要模块构成,且人工维护成本较高。它的适用范围较为有限。

(5) 集合式搜索引擎。与元搜索引擎相类似,但并不同时调用多个搜索引擎进行搜索,而是由用户从提供的若干搜索引擎中来选择而进行搜索。

(6) 门户搜索引擎。自身没有分类目录和网页数据库,搜索结果完全来自其他搜索引擎。

目前影响较大的搜索引擎主要有百度和 Google。

1) 百度

百度是全球最大的中文搜索引擎,于 2000 年 1 月由李彦宏、徐勇创建于北京中关村,致力于提供简单、可依赖的信息获取方式。"百度"二字源于南宋诗人辛弃疾的《青玉案》诗句"众里寻他千百度",象征百度对中文信息检索技术的执着追求。百度使用高性能的网络蜘蛛程序,可自动在互联网中搜索信息,定制高扩展性的调度算法,具有可在极短时间内搜集到最大数量网络信息的搜索性能。

百度的愿景是成为最懂用户并能帮助用户成长的全球顶级高科技公司。它拥有中国乃至全球顶尖的技术团队,有数万名研发工程师,掌握着世界最先进的搜索引擎技术,成为掌握世界尖端科学核心技术的中国高科技企业。它在中国和美国设有服务器,搜索范围涵盖中国、新加坡等华语地区以及北美、欧洲的部分站点。

2) Google

Google 是斯坦福大学博士生 Larry Page 和 Sergey Brin 于 1998 年 9 月发明的搜索引擎。其搜索内容和范围很广,包括网页、图片、音乐、视频、地图、新闻、学术等。它有以下特点:支持百余种语言,含简体、繁体中文;网站只提供搜索引擎功能;使用专利网页级别技术 PageRank,搜索命中率高;搜索结果摘录所查询网页含有关键词的内容,而不仅仅是网站简介;提供智能化的"手气不错"功能,可能提供最符合要求的网站;具有网页快照功能,可从 Google 服务器里直接取出缓存的网页。

Google 公司于 1999 年创立,2000 年 7 月替代 Inktomi 成为 Yahoo 公司的搜索引擎,9 月成为中国网易公司的搜索引擎。2004 年推出 Google 学术搜索,是除 WOS 外另一个可检索英文文献被引情况的检索工具。它可从一个位置搜索众多学科和资料来源,搜索范围很广,可供查找学术著作出版商、专业性社团、预印本、各大学及其他学术组织的经同行评论的期刊论文,以及学位论文、图书、摘要、科技报告、引用内容等学术文献,可通过图书馆和互联网查找完整论文。它涉及医学、物理、经济、计算机等众多学科,并有业内专家评审机制,具有一定权威性,还通过知识链接功能提供文章的引用次数和链接。2006 年推出 Google 中文学术搜索 Beta 版,用于搜索网上中文学术文献以及中文文献的被引情况,为科学研究与学术共同体学术评价工作的展开提供了新的工具。

Google 学术搜索提供基本、高级检索,有关键词、题名、作者、出版物等检索途径。有较强的逻辑组配检索功能,还提供被引次数链接、引文检索及各种链接功能,方便扩展检索。

思 考 题

4-1 选题、撰写开题报告、研究、撰写期刊论文、撰写毕业论文这五个阶段的文献检索侧重有何不同,其间又有何关联?

4-2 文献从哪个角度可分为零次文献、一次文献、二次文献、三次文献?对这四类文献分别列举其下的一些具体文献类别。

4-3 在什么情况下使用分类检索(或主题检索)?

4-4 在图书馆文献阅览区,观察书架上图书的排列顺序,总结图书的排列规则。

4-5 如何获取某一期刊最新发表的论文?

4-6 如何查找某一主题在近五年的文献?

4-7 如何获得数据库里没有收录的博士、硕士学位论文?

4-8 简述文献检索的主要方法及各类方法的主要特点。

4-9 针对某毕业论文选题或期刊论文题名制定一个文献检索方案,画出方案的大体流程。

第 5 章　论文谋篇布局

从论文写作的角度看，科研选题、科研类型与方法、文献检索属于写作准备工作，准备就绪后才进入写作阶段。论文写作大体分为谋篇布局和书面写作两个阶段。谋篇布局就是逻辑运思，作者通过大脑思维，依据写作目的和准备工作而定体、立题、选材、构思、赋形，相当于打腹稿，其中定体、立题、选材可大体归为谋篇，构思、赋形归为布局。此阶段论文虽未开写，但写作逻辑大体确立，可深可浅的意态文已在脑海形成，好比产品虽未制造出来，其设计图样却已形成。书面写作则是语言表述，将意态文用书面语言表达出来。本章讲述期刊论文的谋篇布局，并给予实例评析，后面两章（第6、7章）讲述其书面写作。

5.1　定　体

定体就是确定文体。不同文体的论文在内容和结构上有较大差别，谋篇布局时必须先定体。笔者给出期刊论文常见文体的一种简略分类，如图5-1所示。

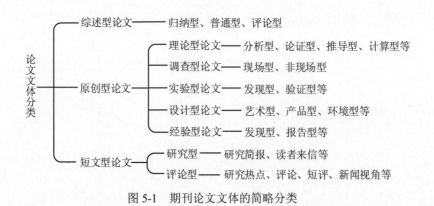

图 5-1　期刊论文文体的简略分类

对于综述型论文（综述论文），主要针对现有相关文献资料进行述评，阐述研究现状，总结问题，进行展望，提出可指导某领域（行业）或某研究点发展方向的新认识。进行一般性归纳整理采用归纳型综述，进行归纳整理并给予评论采用普通型综述，进行归纳整理、综合分析、讨论议论并提出指导性结论和展望采用评论型综述。

对于原创型论文（原创论文），主要针对作者所获得的某种科研原始结果再进行相应的研究，获得新结果，提出新成果。原创论文可继续分类：理论型论文（分为分析型、论证型、推导型、计算型等），原始结果主要通过理论研究来获得；调查型论文（分为现场型、非现场型），原始结果主要通过调查研究来获得；实验型论文（分为发现型、验证型等），原始结果主要通过实验研究来获得；设计型论文（分为艺术型、产品型、环境型等），原始结果主要通过设计、创作来获得；经验型论文（分为发现型、报告型等），原始结果主要来自作者个人或团队的经验或体会。

理论、实验型论文重学术，研究价值大，调查、设计、经验型论文重技术，实用价值大。

学生在开启科研生涯时，其论文写作是从综述论文还是原创论文开始？从科研角度，综述论文写作需要搜集、阅读大量文献，梳理、厘清研究现状，述评、总结问题，描绘现状，展望未来，通过综述论文写作实践，能全面系统了解领域（主题）研究现状，明确问题，有针对性地开展研究并撰写论文；从投稿角度，期刊往往对权威人士撰写的综述论文感兴趣，一般人撰写的一般较难录用。笔者认为，对于硕士生，科研基础和实力还往往较弱，宜先开展科研，有了一定科研积累后，先写原创论文，再去扩大主题及文献范围，系统研读，择机撰写综述论文；对于博士生，科研基础和实力往往较强，先写综述论文后写原创论文没有问题。期刊对硕士生的综述论文，通常先考察其是否发表过原创论文，而对博士生的综述论文，通常不会专门考察其是否发表过原创论文。

5.2 立 题

5.2.1 立题基本逻辑

立题就是确立题名，即确定论文的名称（题目、标题、文题或篇名），通常先确立论文的主题（立意），形成价值判断，再为其谋划、构思或酝酿一个名称。题名是论文的总纲，与论文主题密切相关，反映论文最重要的特定内容及研究范围、深度，是体现论文主题范围与研究水平的第一重要信息。

前期的科研选题是课题研究的总题目，论文题名则是准备向目标期刊投稿的某一待写论文的题名，反映科研选题的部分研究成果或研究过程的某一阶段性成果，属于科研选题的子题目。如果科研选题下的研究成果较少或单一，发一篇论文足以反映这一成果，则论文题名可与科研选题相同。毕业论文是学生科研选题的最后汇总，二者题目通常应一致，但也可调整，因为二者产生的时间点不同，开题与毕业论文撰写的间隔并不短，甚至较长。

题名相当于标签，蕴含一种逻辑，反映研究主题，体现研究成果，研究主题常由领域、范围、研究点和研究类构成。研究点大体为研究问题、研究对象或研究成果等，研究成果形态大体为知识、方法和产品中的某一类。研究类是研究方法（如综述、展望、实验、调查、统计、建模、分析、研究等），若不出现并不影响题名表义则可省略。例如：

【1】天山构造带地震各向异性及动力学机制

此题名是偏正结构（"机制"是中心语，"天山构造带地震各向异性及动力学"是修饰语），表出研究主题（领域、范围、研究点），领域为"天山构造带"，范围为"（天山构造带）地震"，研究点为"各向异性及动力学机制"。整个题名的语义关系是对"各向异性及动力学机制"进行"研究"，这一机制既是研究对象，又是研究成果（属于知识）。表研究类的词语"研究"未出现，但不影响题名的表义。

【2】天山构造带地震各向异性及动力学机制研究

此题名是在上一题名末尾加了"研究"，成为主谓结构（"主"是"天山构造带地震各向异性及动力学机制","谓"是"研究")。其领域、范围、研究点(研究对象、成果)与上例相同,直接说对"天山构造带地震各向异性及动力学机制"进行"研究",使得对研究类的表述更加直接,但"研究"去掉是完全可以的。相当多论文题名末尾的"研究"是可以省略的。

【3】天山构造带地震各向异性及动力学机制研究进展

此题名也是偏正结构,整个题名就是研究主题,与上述两个题名相比,研究领域、范围、研究点并未变化,只是在末尾加了表示"综述"这一研究类的标志词语"研究进展"。此类标志词语常见的还有"研究现状与展望""发展现状及趋势""挑战与技术展望""机理及研究现状"等,综述论文题名通常不宜省略这类词语,因为省略后可能让读者误将其当成原创论文。

5.2.2 题名立题评析

以下再考察一些论文的题名,描绘其立题逻辑,为论文谋篇布局提供参考。

【1】高铁接触网悬吊线索疲劳寿命研究进展

此题名为偏正结构,整体为研究主题,修饰语"高铁接触网悬吊线索疲劳寿命"由领域"高铁接触网"、范围"(高铁接触网)悬吊线索"和研究点"疲劳寿命"组成,中心语"研究进展"为研究类。成果形态同研究类,属于知识。

【2】刷式密封高温摩擦磨损行为研究

此题名为偏正结构,整体为研究主题,中心语"研究"(研究类)表出修饰语"刷式密封高温摩擦磨损行为"是研究对象,由领域"刷式密封"、范围"(刷式密封)高温"和研究点"摩擦磨损行为"组成。成果形态形式上没有,暗含的是机制、机理或规律等,属于知识。

【3】2019年从中国肺炎患者分离出的新型冠状病毒

此题名为偏正结构,中心语"新型冠状病毒"是该文新发现的事物,是研究对象,修饰语"2019年从中国肺炎患者分离出"描述研究对象被发现的时间、地点及其来源。成果形态形式上为"新型冠状病毒",暗含"对新型冠状病毒进行研究而获得某种新认识"(此认识虽未写出却很明显)。整个题名兼有研究主题和成果形态两种角色,属于知识。

【4】基于CAPP技术的智能化发展策略

此题名为偏正结构,中心语"智能化发展策略"是成果形态,修饰语"基于CAPP技术"对成果形态作限定,表明该策略建立在CAPP技术基础上,若缺少该限定语,则题名显得笼统,缺少依据或适用范围、条件。整个题名兼有研究主题和成果形态两种角色,属于知识。

【5】搅拌摩擦处理对镁合金电弧增材修复层缺陷调控效果

此题名为偏正结构,中心语为"效果",修饰语"搅拌摩擦处理对镁合金电弧增材修复层缺陷调控"清楚表述两事物"搅拌摩擦处理""镁合金电弧增材修复层缺陷"及其间作用"调控"。调控效果为调控结果的描述,是一种对实验结果进行研究而提出的新认识。整个题名兼有研究主题和成果形态两种角色,属于知识。

【6】高粱根系对乙二胺四乙酸螯合铅的吸收效率较低

此题名为陈述句,"吸收效率"为主语,"较低"为谓语,"高粱根系对乙二胺四乙酸螯合铅"为主语的定语,指明是谁对谁(一事物对另一事物)的吸收效率。整个题名包含研究主题(高粱根系对乙二胺四乙酸螯合铅的吸收效率)及对主题的描述或评价(较低),描述一种现象,交待一个事实,或提出一种观点,成果形态相当于一个论点,属于知识。

【7】新型冠状病毒 2019-nCoV 感染能治愈吗?

此题名是疑问句,通过设问提出"新冠病毒 2019-nCoV 感染能否治愈"这一问题,这是一个现实、热点问题,解决此问题很重要,用疑问句更能引发注意和思考,表达效果比一般陈述句强。整个题名兼有研究主题和成果形态两种角色,均为问题、观点或论点,属于知识。

【8】在 2020 年初检测到的新型冠状病毒 2019-nCoV 对人类造成越来越大的威胁

此题名在形式上以主谓宾齐全的完整句逐点描述"新型冠状病毒 2019-nCoV 对人类造成越来越大的威胁"这一事实或现象,实则提出全新认识,论文中必然对其进行论证。整个题名兼有研究主题和成果形态两种角色,属于知识。

【9】钢水中化学成分快速分析法

【10】整车物流中的委托代理算法

【11】RMS 中基于相似性理论的虚拟制造单元生成方法

题名【9】～【11】均为偏正结构,分别以"法""算法""方法"为中心语,直接点明核心成果是提出一种"方法",前面的修饰语对研究主题(领域、范围为"钢水、整车物流、RMS 中基于相似性理论",研究点为"化学成分快速分析、委托代理、虚拟制造单元生成",研究类均为"研究"但未出现)加以限定,整体上成果明确,成果形态是方法。

【12】应用信息经济学研究整车物流中的委托代理算法

此题名为谓宾结构,谓语为"研究",宾语为"算法","应用信息经济学"充当"研究"的状语,清楚地表述用某种方法研究某种算法,成果形态是"某种算法",属于方法。

【13】基于 EMD 的能量算子调解方法及其在机械故障诊断中的应用

此题名为联合结构,由关联词"及"分为两部分:前面部分为偏正结构,中心语为"方法",成果形态为"方法";后面部分表述方法的"应用",成果形态为"方法的应用"。整体看,研究成果属于方法。若去掉"及"及其后面部分,题名更简洁,但方法的应用情况体现不出来。题名中是否提及应用情况,取决于成果内容的侧重,若侧重方法,其应用情况内容较少、不突出甚至没有,则题名中不宜提及应用;若正文中有较多关于方法应用方面的内容,而且应用效果很好,为了突出方法的有效性,在题名中应将"应用"写出来。

【14】一种新型智能可重构制造系统的研制

【15】纳米轴承:一种新型柔性空气轴承的设计

题名【14】,以及【15】的副题名(冒号后面的部分),均为偏正结构,中心语"研制""设计"表述研究类(谓语),与其前修饰语(谓宾)一起较完整地表述本文工作,分别是"研制出一种新型智能可重构制造系统""设计出一种属于纳米轴承的新型柔性空气轴承",工作成果的侧重是"搞出"(研制、设计、开发)一种"系统"(新型智能可重构制造系统)

和"轴承"(新型柔性空气轴承),成果形态为产品。若成果形态是知识或方法,则应重新立题。例如:
- ✓ 新型智能可重构制造系统研究进展
- ✓ 新型智能可重构制造系统的控制机理
- ✓ 新型智能可重构制造系统的优化设计方法
- ✓ 纳米轴承:新型柔性空气轴承研究现状与挑战
- ✓ 纳米轴承:新型柔性空气轴承的研制与发展策略
- ✓ 纳米轴承:基于神经网络的新型柔性空气轴承设计方法

题名是否用副标题要看表达需要,若题名过短不足以表出论文内容,或反映系列研究内容,或内容层次较多,则可采用主、副题名相结合的形式,副题名对主题名补充说明。

5.3 选　　材

选材就是选择材料,是指按所定题名(或主题)从科研素材中进一步挑选而获得写作素材。前期科研素材通常广而散,可能混杂多个主题,写作素材则是按所定题名从科研素材中寻找、匹配出来的范围有所收缩或调整的材料,作为论文写作中进行论证的论据。写作素材有研究结果和参考文献两类;前者是科研前期、中期研究获得的原始、处理或验证结果(为表述方便,笔者将这几类写作素材统称论文写作的原始结果);后者是科研选题、研究过程中所参考的文献资料。

1) 原始结果选材

原始结果与科研类及方法密切相关,有什么样的科研类、方法就有什么相应的原始结果,如实验型科研的原始结果是实验结果,调查型科研的是调查结果,计算机仿真研究方法的是仿真结果等。对于混合型科研或方法,原始结果是多种结果如调查结果、实验结果、仿真结果等的混合。原始结果选材本质上是从科研前期、中期研究结果总集(对应科研选题)中抽取出来的一个子集(对应论文题名)。

2) 参考文献选材

论文中凡是引用参考文献中的观点、数据和材料等,均应在文中引用处予以标明,并在文末列出参考文献表。参考文献选材就是把与论文题名密切相关的参考文献选出或补充进来(按主题从开题阶段所获得的参考文献中挑选相关文献,再有针对性地在科研开始、进行过程中重新进行文献检索而获得一些新文献,两部分文献汇总起来作为待写论文的参考文献)。涉及文献数量、内容、发表时间等因素,所选文献应有足够的代表性,通常不应缺少近年发表的相关文献及领域权威、研究者发表的相关文献。

引用足够、有代表性、发表时间较均衡的文献是综述论文写作的基本要求。引文除了表示尊重被引证作者及表明所引资料的科学依据外,还能为读者进一步深入探讨论文主题提供查找有关文献的线索。综述论文的引文数与论文主题直接相关:主题较宽泛时,研究的人多,成果也多,发文也多,综述时引用的文献必然也多,超过 200 篇也属正常,即使对某研究点进行综述,可引用的文献也不会少,超过 120 篇也正常;若主题较窄,研究的人少,发文少,综述时引用的文献就不会多,如低于 60 篇。

原创论文的引文数比综述论文相对少多了，如十几篇、几十篇，其不同文体在引文数上也有差异。一般来讲，理论型论文的引文数稍多一些，如 30 篇左右，甚至更多；调查型、实验型、设计型论文次之，如 20 篇左右；经验型论文最少，如 10 篇以下。这里所说的引文数仅是笔者根据工作经验及对论文的理解而想象出来的大概数。

选材必须注意：数量要合适、妥当，不能过少也不能过多。过少了，会形销骨立，苍白无力，空洞无物；过多了，会堆砌，叠床架屋，庞大臃肿，冗长乏味。

定体、立题、选材后，接着进入论文主体布局，分为构思和赋形。构思是在文体意识指导下，用大脑勾画草图，对论文内涵体式全面构想，梳理思路、描绘轮廓、构建框架、策划程序，设计蓝图，即为论文打提纲，构建层次标题式论文框架，形成初级意态文（侧重结构）。立意、选材解决写什么，构思解决怎么写。赋形是为初级意态文勾画形态，对内容、体式、结构、语言、细节大致安排，即为论文打腹稿，虚拟成品雏形，形成高级意态文（侧重内容）。这部分与论文文体密切相关，详细表述放在后面两节（5.4 节、5.5 节）。

5.4　综述论文谋篇布局

微课 9

5.4.1　理解综述论文

以人类已有知识或现有研究成果为研究对象，分析、讨论某主题的研究现状、存在问题及发展规律，做出前景预测和展望，获得科研发展新成果，指导理论或技术发展，这类研究为综述类研究。对此类研究及成果详细报道的论文是综述论文，在文献类型里属于三次文献。

综述论文是将文献资料作为原始素材进行回顾研究而撰写的论文，主要对某主题的历史背景、前人工作、争论焦点、研究现状和发展前景等进行评论。"综"是对大量相关素材归纳、综合分析，使材料更加精练明确，更有层次逻辑性；"述"是对"综"的结果进行全面、系统的评述，提出特定时期内某主题研究的演变规律和发展趋势；"综述"则是从作者自己的视角或观点对主题研究现状与发展前景等进行严谨而系统的评论。

综述论文有显著特点：对某主题的研究历史、现状、进展及趋势（内容）进行综合可靠的分析和详细系统的阐述（过程），得出结构性、趋势性、前瞻性、指导性的结果和结论；资料充分详实，总结系统全面；结论或观点明确，指出存在的问题和发展的方向；篇幅较长，引文较多；有高屋建瓴和权威性的观点，多由领域、行业领军人物或权威人士撰写。

综述论文所做分析和评价是基于已有文献的，作者要博览群书，综合介绍、分析、评述特定学科和专业领域的最新研究成果和发展趋势，表明观点，做出科学预测，提出中肯意见和建设性建议，在"科学"上没有而在"科学学"上有"原创性"。它应提出或介绍某些未曾发表过的新思想，有权威性和指导性，对所讨论学科的进一步发展能起到指导与引领作用。

综述论文反映某主题在一定时期内的研究进展情况，将相关领域及其分支学科的新的进展、发现、趋势、水平、原理和技术等较全面地呈现出来，使读者特别是从事该领域研究的人员受益，因此往往成为教学、科研和生产的重要参考资料。

综述论文谋篇布局总体要求：题名可稍大或笼统一些；文献资料全而新，有足够代表性（内容、数量、时间等）；立足点高、眼光远；问题综合恰当，分析讨论在理，议论评论有说服力，观点、意见、建议中肯；主题相对较大，分主题较多，篇幅较长。

5.4.2 综述论文定体

1）按领域宽窄定体

综述论文按领域或研究点宽窄有大、小之分。大综述领域较为宽泛，对其代表性文献资料进行总结（领域文献总结），引用文献较多；小综述相对窄些，对与研究课题的具体问题（研究点）直接相关的文献资料进行总结（研究点文献总结），引用文献相对少些。论文领域或研究点表述从写作角度应在题名中明确反映或体现出来，从阅读角度应能从题名较容易地找到或判断出来。例如：

"发动机硅油风扇离合器研究现状、讨论与展望"一文，领域为"（发动机硅油风扇）离合器"，较为宽泛，属大综述。"用于加热不燃烧（HnB）卷烟的再造烟叶生产工艺研究进展"一文，领域为"（用于加热不燃烧卷烟的再造烟叶）生产工艺"，较宽泛，也可列为大综述。

"赤霉素介导下植物对重金属的耐性机理"一文，研究点为"（赤霉素介导下植物对重金属的）耐性机理"，范围较小，可研究的其他方面较多，这里仅对小范围的"耐性机理"进行研究，应属小综述。"城市韧性的概念、研究内容与发展趋势"一文，领域为"城市"，"城市"可研究的方面较多，这里仅对其"韧性"（研究点）进行研究，故应属小综述。

以上对综述论文的领域与研究点及"大""小"之分是相对的，仅属定性考量，无量化标准，而且严格区分并无多大意义。然而，综述论文谋篇布局时，适当考虑这种"大""小"之分，选择恰当的限定语对论文题名中的关键中心词语加以限定，使题名大小刚好合适（既不过大而笼统，也不过小而受限），并提前规划文献引用的数量，是很有现实意义的。

2）按文献提炼程度定体

按对所引文献的提炼程度即综述的层次水准，综述论文可有以下不同层次的类别选择。

（1）归纳型综述论文。侧重资料整理，由一般研究人员或科技工作者对搜集到的文献进行归纳、整理，按顺序分类排列，使其互相关联、前后连贯，有一定条理、系统、逻辑性和较强介绍、说明、知识性。它在一定程度上反映出某领域或研究点的研究现状与进展，但较难有作者自己的见解和观点，不过对相关人员、管理者了解领域现状、主题知识具有一定学习和参考意义，对科普也有较重要的参考价值。

（2）普通型综述论文。由有一定学术水平的作者（比如有较高发展潜力的学者），对较多文献进行阅读、归纳、整理和系统分析，按作者的理解或认识来引导对文献的归纳整理，系统、逻辑性强，能表达出作者的观点或对问题的倾向性认识。它以汇集文献资料为主，辅以注释，客观而少评述，对从事某领域、研究点的研究者有一定指导意义和参考价值。

（3）评论型综述论文。侧重综合评述研究，由有较高学术造诣的作者（如领域、行业权威专家、学者），搜集大量文献资料，加以归纳整理、综合分析、讨论议论，反映或总结当前该领域或研究点的研究现状、进展和发展前景，提出合乎逻辑、具有启迪和指导性的结论或建议，逻辑、系统和学术性强，有作者自己较多的评论和见解，对领域、行业发展和同行研究工作有普遍指导意义。学生撰写此类论文应在导师或相关老师严格指导下完成，共同署名。

5.4.3 安排综述论文主体

1) 题名

综述论文题名应表出研究主题,体现领域、范围、研究点,如"残疾人智能移动助行器""氧化还原介体催化强化污染物厌氧降解"等;还体现研究类,加上标志词语,如"综述""研究进展""研究现状""发展现状及趋势""综述与展望""研究现状与展望""挑战与技术展望"等。

有一类综述论文是关于理论、机理、机制、模式、策略等研究的,其题名末尾不带综述的标志词语时,易与原创论文(尤其是理论型论文)题名相混淆,难以辨别文体类型。其实两类论文的价值取向有本质差别,综述论文是做回顾性研究,提出方向性认识;原创论文是做探索性研究,提出原创性成果。例如,"赤霉素介导下植物对重金属的耐性机理""环境绿色修复的地球化学基础与相关理论""刷式密封高温摩擦磨损行为"为综述论文时应加上标志词语。

2) 引言

引言(前言)构成综述论文的序论,主要将读者导入综述主题,概述有关主题的概念、知识,限定主题的领域、范围,表达综述的目的、理由或作用、意义,进行文献回顾,交待所选主题的历史背景、发展过程、研究现状、争论焦点、应用价值或实践意义。这部分重在提出问题(综述的重要性、必要性),同时让读者对本综述论文的主题形成初步印象。

本论内容较多而复杂时,引言中还可对本论作简要介绍,也可提示全文的总结论,为读者阅读、理解本论提供方便,还可提及、交待本论中使用的研究方法及主要贡献,除非必要不宜将有关作者个人感受、体会以及选题、谋篇过程等方面的内容列入引言。

3) 本论

本论无固定结构模式,可自行设计创造。一般应按主题层次(或上下位关系)、内容性质或类别(如目标、问题、原理、方法、论点、年代)等进行主题分解(主题、子主题、子子主题),再为各级主题分别选取恰当标题作为论文的层次标题。本论内容常见的有以下方面:①历史发展(按时间顺序简述主题的来龙去脉、发展概况及各阶段的研究水平)。②现状评述(论述研究现状,评述已、未解决问题,提出解决途径;指出争论焦点,比较各种观点的异同并做出理论解释,亮明作者的观点;详细介绍有创造性和发展前景的理论和假说,引出论据,指出可能的发展趋势)。③前景预测(通过纵横对比,肯定主题的研究水平,指出问题,提出可能的发展趋势,指明研究方向,揭示研究捷径,为行业发展或专题研究提供指导)。

本论构思有三种方式:①直线推论式为递进式结构,提出一个论点,步步深入,层层展开论述,再转到另一论点,论点间按某种逻辑线索直线移动。②并列分论式为并列式结构,把从属于基本论点的几个下位论点并列,一个个加以论述。③混合论述式将以上两种方式相结合,直线推论中包含并列分论,并列分论下有直线推论,直线推论与并列分论是多重结合的。

4) 结论

结论是对本论分析、论证的问题加以综合概括,引出基本论点(问题解决的答案),总结全文，即对引言中的立题通过在本论中给予充分论证而得出的结论，篇幅通常较短。可对本论的主要内容简要概括，提出作者自己的见解，表明作者赞成什么，反对什么（结论）；或按本论的主要论述，提出几条语言简明、含义确切的意见和建议（展望）。对于篇幅较小的综述，可不单独列出结论，而是在本论中各部分内容的后面用简短语句高度概括。

5.4.4 综述论文谋篇布局实例评析

实 例【1】

以"天山构造带地震各向异性及动力学机制研究进展"一文为例，其谋篇布局见图5-2。

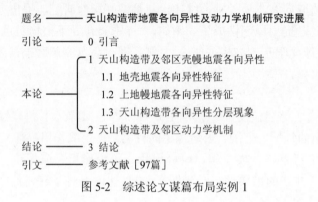

图 5-2 综述论文谋篇布局实例 1

题名表出研究主题，由"及"关联的两部分是主题的分解（一级子主题）。一级标题（1、2）对应这两个子主题。这种对应是语义上的，主题高度概括，可扩散一些，而子主题与具体内容相关，有所收缩。若标题 1、2 与题名在字面上完全对应，则这两个一级标题应为"1 天山构造带地震各向异性""2 天山构造带地震动力学机制"。标题 1 分为 3 个二级标题（1.1～1.3），本论中按这 3 个二级子主题进行综述。标题 2 未分解，3 可调整为"3 结论与展望"。

实 例【2】

以"用于加热不燃烧（HnB）卷烟的再造烟叶生产工艺研究进展"一文为例，其谋篇布局见图5-3。

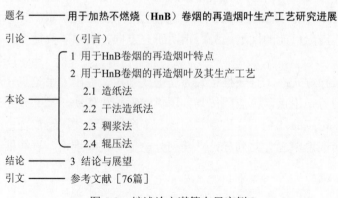

图 5-3 综述论文谋篇布局实例 2

题名表出研究主题，由领域（加热不燃烧卷烟）、范围（加热不燃烧卷烟的再造烟叶）、研究点（生产工艺）和研究类（研究进展）组成。标题 1 与"范围"对应，标题 2 中"及"前面部分与"范围"对应，后面部分与"研究点"对应。标题 2 分解为 4 个二级标题（2.1 造纸法、2.2 干法造纸法、2.3 稠浆法、2.4 辊压法），分别对这 4 种再造烟叶的方法及生产工艺进行综述。标题 2 调整为"用于 HnB 卷烟的再造烟叶制造方法及其生产工艺"更切题。

实 例【3】

以"聚合诱导自组装（PISA）技术的应用研究进展"一文为例，其谋篇布局见图 5-4（a），一种参考修改见图 5-4（b）。

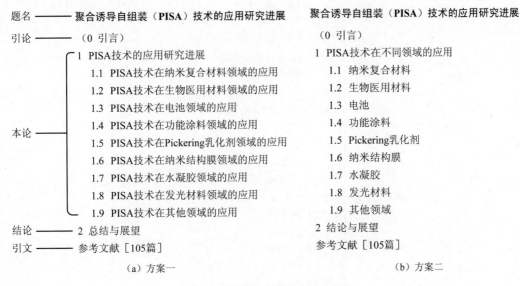

图 5-4 综述论文谋篇布局实例 3

题名表出研究主题，标题"1 PISA 技术的应用研究进展"与题名相同，其下 9 个子标题（子主题）分别综述 PISA 技术在不同领域的应用。因标题 1 与题名重复，且 9 个子标题均包含相同词语"PISA 技术""领域的应用"，故有调整空间，可将"PISA 技术在"去掉，"领域的应用"提出而列入上级标题 1，并相应地修改标题 1。

实 例【4】

以"干热岩钻完井的挑战及技术展望"一文为例，其谋篇布局见图 5-5。

题名表出研究主题，"干热岩钻完井的挑战及技术"为领域、范围、研究点，"展望"是研究类。此主题研究较窄，成果也少，因此引文偏少，仅有 33 篇。

本论从干热岩工程项目钻完井现状（一级标题 1）、干热岩钻完井面临的挑战（一级标题 2）和干热岩钻完井关键技术展望（一级标题 3）三个子主题展开综述。在现状部分，从国外、国内两大范围综述，其中，国外从美国、英国、日本、法国、澳大利亚 5 个国家分别综述，国内从青海共和-贵德地区、福建漳州地区、松辽盆地、山东利津县 4 个地区分别综述。在挑战部分，将面临的关键问题总结为钻井效率低、地层温度高、井壁稳定性差、井漏现象严重 4 个方面。在展望部分，将未来发展或实现的技术总结为高效破岩工具、钻井液技术、高温固井技术、控压钻井技术、膨胀套管技术、定向井技术、液氮钻井技术 7 个方面。

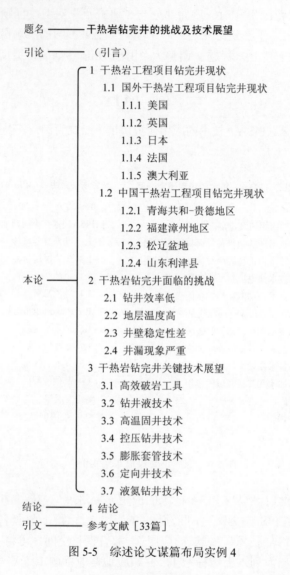

图 5-5　综述论文谋篇布局实例 4

实　例　【5】

以"赤霉素介导下植物对重金属的耐性机理"一文为例，其谋篇布局见图 5-6（a），一种参考修改见图 5-6（b）。

题名表出研究主题，但缺少研究类，容易让读者误将该文理解为原创论文，可按正文内容补出研究类，如"研究现状与展望"或"展望"等。

一级标题 1～5 是题名（研究主题）的分解，即从 5 个方面（提高植物生物量、提高植物抗氧化能力、促进光合系统修复、与重金属区隔化、信号传递与多种激素间交叉反应）综述 GA（赤霉素）介导下植物对重金属的耐性机理（GA 介导作用及机理）。这些一级标题可降为二级标题，共同置于一个一级标题下，另外，基本上是较完整的主谓宾句，但有长有短，参差不齐，也有提升空间。

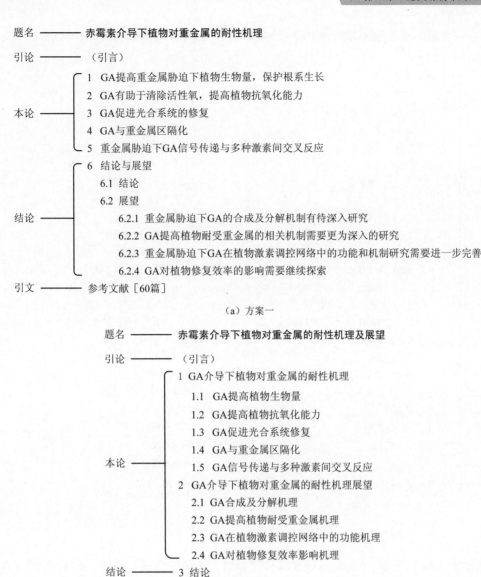

图 5-6　综述论文谋篇布局实例 5

一级标题 6 为结论部分：结论较短，对本论阐述的主要机理作总结性概括描述；展望提出未来对 GA 介导作用及机理进行研究的其他 4 个方向（标题 6.2.1～6.2.4），并有详细论述。结论部分的展望应高度概括，不宜作详细论述，详细的展望性论述应放在本论后面部分。这样，本论就应安排为机理、展望两部分，且两者的标题层级宜一致、句法结构相同或相似。

实　例　【6】

以"发动机硅油风扇离合器研究现状、讨论与展望"一文为例，其谋篇布局见图 5-7(a)，一种参考修改见图 5-7(b)。

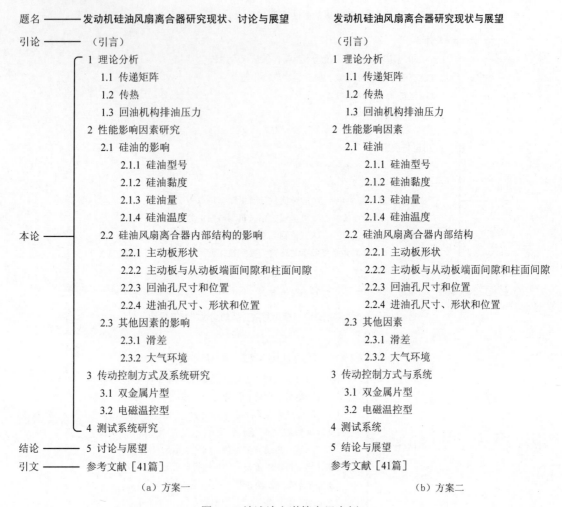

图 5-7 综述论文谋篇布局实例 6

题名表出研究主题,"发动机硅油风扇离合器"为研究领域、范围、研究点。"研究现状、讨论与展望"是研究类,但"讨论"可以不出现,因其语义应是包含于"研究现状"中的。

本论用 4 个一级标题给出具体研究对象,包括发动机硅油风扇离合器的理论、性能影响因素、传动控制方式及系统、测试系统 4 个方面。理论方面,分传递矩阵、传热和回油机构排油压力。性能影响因素方面,分硅油、硅油风扇离合器内部结构及其他因素(硅油下分硅油型号、硅油黏度、硅油量、硅油温度;硅油风扇离合器内部结构下分主动板形状,主动板与从动板端面间隙和柱面间隙,回油孔尺寸和位置,进油孔尺寸、形状和位置;其他因素下分滑差、大气环境)。传动控制方式及系统方面,分双金属片型、电磁温控型。这种结构与内容安排较为系统,可对研究主题进行较为全面的综述。

标题 5 "讨论与展望"可重新布局,有关"讨论"的内容可放在本论中相关部分,也可按表达需要单列一个一级标题"讨论",这样就可以将"讨论与展望"改为"结论与展望"。

另外,标题 2~4 结尾的"研究"也可去掉。

5.5 原创论文谋篇布局

5.5.1 理解原创论文

论文写作素材来源主要有两个层面，一是已有知识或研究成果，二是论文作者通过科研获得的原始结果。原创论文用来对原始结果、研究方法及研究成果进行详细报道，又称原创型论文、研究论文、研究型论文，在文献类型里属于一次文献。

原创论文成果所涉及的理论、方法或产品已由论文作者团队实现，综述论文虽然也提出研究成果，但成果涉及的理论、方法或产品还未被实现，仅是发展方向的描述和展望。两类论文都可描述、揭示事物的本质、特征、机理、存在方式或运行规律等，但原创论文的素材主要来自作者的科研活动，而综述论文的素材主要来自相关文献资料及作者前期的科研活动。

原创论文谋篇布局总体要求：题名体现研究主题和成果形态；论文结构和内容符合文体要求；研究方案报道相对完整，涉及系列方法、材料；原始结果及对其处理（验证）的方法、结果应清楚描述、交待；对结果的分析、论证应科学、合理；成果应总结、提出，成果形态应明晰且突出原创性；参考文献选取妥当，数量、时间上有代表性，而且与研究主题相扣。

原创论文、综述论文的主体均由引论、本论和结论组成，但内容侧重不同：①原创论文的引论重在交待主题研究的重要性，而综述论文的引论重在描述对主题研究方向进行研究的重要性；②原创论文的本论侧重对结果进行分析、讨论，注重方法的科学性与结果的可信性，而综述论文的本论侧重研究主题的详细信息，涉及发展背景、工作意义，作者评论、认识意见诸多方面、层面，不仅写明研究动态、最新进展，还要从多个方面、层面进行评述，并基于评述对研究现状进行展望和前景预测；③原创论文的结论重在对研究成果进行总结，突出成果的价值性，而综述论文的结论重在对现状进行总结和展望，突出成果的指导性。

5.5.2 原创论文定体

1）理论型论文

以某学科范畴中某课题或论题的纯粹抽象理论问题为研究对象，基于对相关成果严密理论推导和分析，概括和总结已有理论，探讨客观对象内在规律，提出正面观点和见解，建构新理论，则采用理论型论文。

理论型论文的成果虽然是在较多文献基础上提出的，但进行的研究是原创研究，提出的成果已经实现（若提出理论，则该理论有成体系的内容，具有理论价值；若提出方法或产品，则该方法或产品已经实现，具有使用价值），是对客观事物认识或改造手段的补充、丰富、完善或创造、发明、改良，属于科学技术范畴。综述论文进行的研究是非原创研究，提出的成果并未实现，只是未来应该实现的，代表未来发展方向（若提出理论，则只是说未来应该有这样的理论；若提出方法、产品，则只是提出一个名称、口号，代表一种发展方向，方法、产品本身在未来实现），是对客观事物发展方向的归纳、总结和预测，属于科学学范畴。另外，理论型论文主要引用对建构相关理论有用的文献资料，而综述论文引用的文献资料特别宽泛，只要对表述某种研究现状和发展趋势有用的均可引用。

按具体研究方式，理论型论文又有不同类别，包括分析型、论证型、推导型、计算型等。

分析型论文的主要特点：分析讨论严谨，数学运算正确，资料数据可靠，结果结论可信，不强求实验验证，但有实验验证或案例更好。论证型论文的主要特点：议论要素完备，论点鲜明，论据充分，论证合理，结果可信，不强求实验验证，但有实验验证或案例更好。推导型论文的主要特点：数学推导严密准确，数学建模科学合理，逻辑推理通顺正确，概念定义准确可靠，所得结论无懈可击。计算型论文的主要特点：数据结构明确，关系表达严密，适于定量分析。

理论型论文谋篇布局侧重：追溯理论发展过程，提炼理论框架，分析已有理论，比较相关理论优劣；考查一个理论的内部与外部的一致性，理论本身是否自相矛盾，理论与实验观察结果是否矛盾；建立数学模型或给出计算方法。

2）调查型论文

通过察看、摸底或了解情况来搜集材料，或从有关个人、组织机构借鉴材料，或从权威部门统计报表、年鉴获取数据等方式而获得调查结果（数据资料），再对调查结果进行研究而提出新的观点、认识、借鉴或建议等，则采用调查型论文。

调查型论文按数据资料来源的性质分为现场型、非现场型两类。现场型指研究人员亲临现场（相关位置、地点或区域等），通过实地观察、测量或与当地相关人员接触（如询问、交谈、沟通）等方式了解情况而获得数据资料。非现场型指研究人员不到现场，而通过向目标人群发放调查问卷、测试题目、进行访谈（如电话、微信、网上会议）等方式了解情况，或直接将有关统计报表、年鉴等作为数据资料。调查应在一定理论指导下进行。

调查型论文谋篇布局侧重：明确一个现实问题，需用调查研究来解决；调查方案的类别恰当、合理，设计科学、可行；明确调查方式，如问卷反馈、访谈、测验、个案了解、获取统计资料等；基于所搜集、获取的数据资料对事物的现状、运行机制或存在的问题等进行分析、总结，提出新的认识、观点，提出问题解决的办法、途径，提出借鉴、建议。

3）实验型论文

按一定研究目的，排除次要或相关性不大的外界因素，突出主要因素并运用一定材料手段（如仪器、设备、软件等），人为地变革、控制或模拟研究对象（原型），使目标事物或过程发生、再现，从而去认识自然事物（现象、性质、原理、机制、规律等），则采用实验型论文。

实验型论文主要为检验某一科学理论或假说，或为发明创造，或为解决实际问题，有计划、目的地进行实验，如实记述实验材料与方法、严格记录实验过程，准确呈现实验结果，并对实验结果进行某种方法的研究，通过分析、讨论、归纳、总结等而得出创新性结果、结论。准确齐备的实验结果及其他相关参考资料是撰写实验型论文的依据与基础。

实验型论文与理论型论文有明显区别。实验与理论有内在联系，实验是搜集科学事实、获得感性材料的基本方法，是检验假说、形成理论的实践基础，理论是实验的升华及科学的至上追求，是将实验成果补充、发展到现有知识体系的新知识。实验与理论又有本质区别，实验可上升到理论而得到提升，理论可借助实验得到验证。然而，理论就是理论，能得到实验验证更好，但不见得非得经过实验验证，如爱因斯坦提出相对论，是通过物理思想加上数学推导出来的，与实验几乎没有关系，即相对论不是从实验中推导出来而是依靠颠覆性思维创建的。同理，实验若能上升到理论，得到理论提升更好，但不见得非得理论提升，通常这种提升有相当难度，有时也无必要，历史上有很多科学发现、发明是通过实验获得的，与理论没有什么关系。因此，撰写实验型论文不必非得搞出一点理论甚至一个高大上的理论来。

实验型论文明显不同于实验报告。实验型论文侧重"研究"（对实验结果进行研究），追求可靠的理论依据、先进的实验方案、创新的实验方法、适用的测试手段、准确的数据处理、严密的分析论证及可信的结果与结论。实验报告是实验方案的介绍、实验过程的记录、实验结果的显示，侧重"介绍"，是实验材料的罗列叠加和实验过程的流水明细，一般没有具体分析论证。因此，撰写实验型论文切记不要写成实验报告。

按具体研究方式，实验型论文分为发现型、验证型两类。

（1）发现型论文。主要记述和总结由实验发现的事物的背景、现象、本质、特性、运动变化规律及新发现对现实问题的意义、前景，则采用发现型论文。即先做实验，由实验结果证明或推出新结果、新结论，进而提出新发现，其中主要的结果、结论可上升到科学理论，补充和丰富现有科学认知。发明型论文是发现型论文的一个类别，阐述所发明、创造的装备、系统、工具、材料、工艺、模型、配方等的功效、性能、特点、原理及使用条件等，突出技术、技术运用及创新性。

（2）验证型论文。主要提出（预先设定）假说并进行验证，通过对由某实验方案而获得的实验结果进行分析、解释、推理，得出新的结果、结论来支持该假说，则采用验证型论文。即先提出某种假说，然后做实验，由实验结果验证假说。任何一种科学理论在得到实验确证前均表现为假说，而一旦被实验验证就可上升到理论。有了假说就能根据其要求有计划地设计和进行实验，假说得到实验支持时就会成为有关科学理论的基础。

实验型论文谋篇布局侧重：将科学实验作为研究的前提，包括实验的设计、实施、研究；介绍实验目的，说明实验的材料、方法和过程，展现实验的结果（记实性），对结果进行分析、讨论，归纳、总结事物本质和科学规律；对根据已知和可靠的科学事实进行推导、猜测而提出的新假说（创见性）进行验证，保证其科学性（确证性）。

4）设计型论文

将已有研究成果应用于研发新事物或解决实际问题，包括产品设计、技术研发、软件开发、系统集成、算法改进、工艺完善、方法优化、产品制造、材料发展等，即运用现有理论、方法、技术改进事物或产生新事物，进行发明和创造，则采用设计型论文。

设计型论文按设计目的可分为艺术型、产品型、环境型三类。

设计型论文谋篇布局侧重：内容有新意、创意；计算结果准确；模型建立和参数选择合理；编制的程序能正常运行；设计思想超前，设计方案先进，设计结果新颖；设计的产品有实验和使用验证；调制配制的材料经过使用考核；有案例支持或实际应用；文献引用可以较少。

5）经验型论文

通过分享作者个人或有关组织机构的实践经验或案例，包括工作和非工作经验，对其中的亮点（成因、机制、规律、效果、优势或局限等）进行分析、讨论，进而提出作者个人的观点、主张、借鉴、建议等，让同行或有共同兴趣者参考受益，则采用经验型论文。

人类由个体实践活动获得对事物的认知及改造方法，补充知识。人只要生存就与客观事物接触，生活、工作包括度假无时不刻在与不同事物接触并有心得涌现，对事物产生新的认知，经验也在不知不觉中积累着。人的一生就是思想不断变化、认识不断成熟的过程，对事物的认识随着年龄的增长越来越深刻细腻。人在非科研实践中，虽未专门做科研，却从未停止过对数据、资料，案例、现象、体会、经验等的积累，以及对感兴趣的现象或问题进行思考、分析，获得新发现，提出新认知、新方法，与专门做科研有着殊途同归的等同效果。

经验型论文谋篇布局侧重：明确研究目的；阐述、回顾或分享案例或案例的一部分；提出问题或亮点；进行分析、讨论，归纳、总结缘由与规律；提出新的观点、见解、主张或建议。

5.5.3 安排原创论文主体

1）题名

原创论文是原创研究、成果的记录和报道，研究主题（领域、范围、研究点、研究类）及成果（理论、方法或产品）是明确、具体的，题名应将研究主题及成果形态明确表述出来。

2）引言

引言（前言）构成原创论文的引论，应围绕研究主题阐明研究背景。大体包括：研究领域、范围，研究意义，侧重领域研究的理论重要性；文献回顾，阐明研究现状，指出问题，引出本文的研究点，侧重研究点确立的现实重要性；交待本文研究目的及预期效果；对本文研究与过去相关研究的异同进行说明。

引言的核心在于立题，对其安排须树立问题意识，明确指出问题，确立本文要解决的问题（目的、目标）。引言若未交待问题，或虽交待了问题但问题模糊、不明晰，则不合格，这样，论文正文的内容就会缺少依据，合理性不足，说服力不强，可信度下降。

引言侧重对某主题的研究现状交待清楚，回顾的文献可能较多，篇幅通常较长，短了就不太容易表述清楚。但有的论文如经验型论文，引文通常很少甚至不引，引言自然很短。

3）本论

本论是体现原创论文工作及成果的核心部分或基础环节，讲述在何目的、目标下，用何材料、方法，经何过程、步骤，做何处理、研究，得到何结果、结论。通常可概括为材料与方法、结果与讨论两部分，涉及因素较多，如研究类、文体、学科、专业，领域、范围、主题及子主题，研究对象、成果形态，表述侧重、思路，出版要求、写作风格等，再加上研究目标、对象多样，所用研究方案、方法广泛，所走研究流程、过程相异，故本论结构无固定模式。

（1）材料与方法。侧重安排用什么做研究和怎样做研究两部分内容。

用什么做研究指研究所用的材料，可以是各类文献、资料、文本、文档、数据、原始结果等，各类工具、设备、设施、仪器等，各类材料、原料、试剂、动植物、样本（标本）等，各种软件、系统、平台、算法、程序等涉及材料来源、型号、功能、参数、性质、数量、环境、用途，以及选取、处置、存放、适用范围、制造时间、有效期，等等。

怎样做研究指研究所用的方法，是研究方案的解决层面。方法分对材料处理、处置及对主题、子主题研究的方法，涉及相关具体技术、方法、操作、步骤，具体条件（如环境、密封、通风、辐射、隔离措施、特殊光线）、参数（如浓度、温度、湿度、压强、电压、流量），以及有关仪器、设备、对象、材料等操作、测试、测定的规程、注意事项、常见问题、解决措施等。

材料与方法部分有时还有"结果统计处理"，属于数据处理层面。对原始结果施用合适的处理方法，分析和解释其定量变化，进行科学分析、推断，以正确辅助制定研究计划。

（2）结果和讨论。侧重安排做出什么"结果"及对其"讨论"而得到什么两部分内容。

"结果"回答发生或得到什么，如由数学模型、调查、实验、计算等得到的数据、图表。理论上讲，在论文各组成部分中，结果可能最短，因为很多数据资料可直接用图表列示而省去冗长的文字表述。另外，结果具有客观性，列示时不宜加进个人主观色彩，除非必要在结果中不必有评论和说明（少量可以），评论和说明应放在"讨论"中。

"讨论"用来对结果进行分析、论证，推出、提出新发现，表述具体观点、认识，给出合理意见和建议，说明研究结果的意义，阐述与前人研究结果的异同，若有些结果不理想，未达到预期目标，则对有关差异及可能出现的意外情况进行解释。最后进行总结，根据研究结果表明作者的见解，指出研究的局限性，提出日后可继续完善、改进的研究方向。

4）结论

结论篇幅较短，对全文进行高度概括性总结，反映对由理论、调查或实验等研究方法得到的结果进行分析、判断、推理、归纳等逻辑或论证方式研究而得到的主要研究成果。通常按如下结构顺序展开：明确交待提出了何成果，简洁描述成果的功能或优势，综合说明成果的科学意义（价值、创新），交待成果的实证、测试效果或应用情况，指出成果的局限及未来研究方向（包括提出建议、研究设想、改进意见、尚待解决的问题等）。

结论是整个论文的最高点，也是体现论文水准的重要依据之一，对其布局非常重要。

5.5.4 原创论文谋篇布局实例评析

5.5.4.1 理论型论文实例

实 例【1】

以"基于 PB-LCA 的湖南省建筑碳足迹测算及其机理分析"一文为例，其谋篇布局见图 5-8（a），一种参考修改见图 5-8（b）。

该文题名修饰语"基于 PB-LCA"指方法，中心语"湖南省建筑碳足迹测算及其机理分析"是主题，"建筑碳足迹"是领域，"湖南省"表述范围，"机理"为研究点，"测算""分析"是研究类。该文属于计算和分析相结合的理论型论文。

引言表述研究主题的重要性。标题 1 "建筑生命周期碳足迹研究概述"表述研究现状，引出研究目标及方法，内容上属于引言范畴，可安排在引言中撰写。

标题 2 "研究方法与数据来源"属原创论文的"材料与方法"，"研究方法"对应"方法"，"数据来源"对应"材料"，按常规顺序应"材料"在前、"方法"在后，因此标题 2 可调整为"数据来源和研究方法"，其中"研究"可去掉。数据来源于一定年份范围的统计年鉴及国家标准等，包括《中国建筑业统计年鉴》（2005—2017），对应年份的《中国能源统计年鉴》《湖南统计年鉴》，《2006 年 IPCC 国家温室气体清单指南目录》，《综合能耗计算通则》(GB/T 2589—2008)。研究方法为核算模型建立和机理模型建立，分别与研究类"测算""机理分析"对应，并安排在三级标题 2.1.1 和 2.1.2 中讲述。

题名 —— **基于PB-LCA的湖南省建筑碳足迹测算及其机理分析**

引论 —— （引言）

本论
- 1 建筑生命周期碳足迹研究概述
- 2 研究方法与数据来源
  - 2.1 研究方法
    - 2.1.1 基于PB-LCA的建筑碳足迹核算模型
    - 2.1.2 基于PB-LCA的建筑碳足迹机理模型
  - 2.2 数据来源
- 3 计算结果分析
  - 3.1 基于PB-LCA的湖南省建筑碳足迹核算分析
    - 3.1.1 建材准备阶段的碳足迹核算
    - 3.1.2 建造施工阶段的碳足迹核算
    - 3.1.3 建筑运行阶段的碳足迹核算
    - 3.1.4 建筑拆除阶段的碳足迹核算
    - 3.1.5 基于PB-LCA的湖南省建筑碳足迹核算
  - 3.2 基于PB-LCA的湖南省建筑碳足迹机理分析
    - 3.2.1 建筑碳足迹各变量之间的相关性分析
    - 3.2.2 基于地理探测器的建筑碳足迹机理分析

结论 —— 4 结论

引文 —— 参考文献 [24篇]

(a) 方案一

题名 —— **基于PB-LCA的湖南省建筑碳足迹核算及其机理分析**

引论 —— （引言）

本论
- 1 数据来源与研究方法
  - 1.1 数据来源
  - 1.2 研究方法
    - 1.2.1 基于PB-LCA的建筑碳足迹核算模型
    - 1.2.2 基于PB-LCA的建筑碳足迹机理模型
- 2 计算结果分析
  - 2.1 基于PB-LCA的湖南省建筑碳足迹核算分析
    - 2.1.1 建材准备阶段的碳足迹核算
    - 2.1.2 建造施工阶段的碳足迹核算
    - 2.1.3 建筑运行阶段的碳足迹核算
    - 2.1.4 建筑拆除阶段的碳足迹核算
    - 2.1.5 湖南省建筑碳足迹核算
  - 2.2 基于PB-LCA的湖南省建筑碳足迹机理分析
    - 2.2.1 建筑碳足迹变量间相关性分析
    - 2.2.2 基于地理探测器的建筑碳足迹机理分析

结论 —— 3 结论

引文 —— 参考文献 [24篇]

(b) 方案二

图 5-8　原创论文谋篇布局实例 1

标题 3 "计算结果分析" 属原创论文的 "结果与讨论"，因侧重 "分析" 而非 "讨论"，故标题中使用 "分析"。这里把按所建模型计算（模型运算）结果分析分解为从两个子主题（标题 3.1、3.2）来阐述，并将子主题一分解为 5 个三级主题（标题 3.1.1~3.1.5），主题二分解为两个三级主题（标题 3.2.1、3.2.2）。

标题 4 为结尾部分，将标题 3 结果分析所得主要结论重新表述，并指出未来工作。

安排标题时，不论是哪级标题，不同标题均不宜同名（重复），如标题 3.1 和 3.1.5 基本重复。题名中 "测算" 与论文各级标题中 "核算" 在用词上应一致。

实 例【2】

以 "稳定器对下部钻具组合的动力学影响规律研究" 一文为例，其谋篇布局见图 5-9（a），一种参考修改见图 5-9（b）。

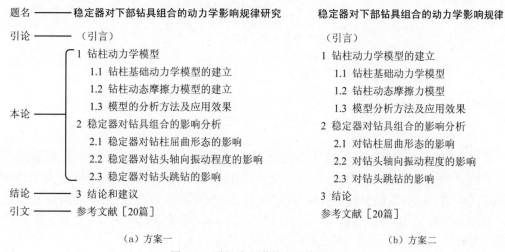

(a) 方案一　　　　　　　　　　　　　(b) 方案二

图 5-9　原创论文谋篇布局实例 2

该文主要工作是基于 Hamilton 原理建立全井钻柱动力学模型，基于此模型运算对稳定器对下部钻具组合的动力学影响进行分析而得出规律性认识，为稳定器在现场的使用提供理论数据支撑。

引言为研究背景，安排三部分内容：介绍稳定器的应用、作用和特殊功能；文献回顾，阐述目前稳定器技术成果的研究现状，给予正反评价；总结现有技术成果的不足——对稳定器下部钻具组合的力学影响研究较少，引出本文研究的理论基础、目标及意义。

标题 1 为建模部分（钻柱动力学模型），安排 3 个二级标题（1.1~1.3），讲述钻柱的基础动力学建模、动态摩擦力建模、模型分析方法及应用效果。

标题 2 为分析部分（稳定器对钻具组合的影响分析），安排 3 个二级标题（2.1~2.3），讲述稳定器对钻头 3 个参数（钻柱屈曲形态、钻头轴向振动程度、钻头跳钻）的影响。

标题 3 为结论部分，总结稳定器安装数量和间距对下部钻具组合屈曲状态、振动特性和跳钻的影响规律，并对未来有关研究方向发展提出建议。

实 例【3】

以 "水间隔装药孔壁爆炸应力分布规律" 一文为例，其谋篇布局见图 5-10。

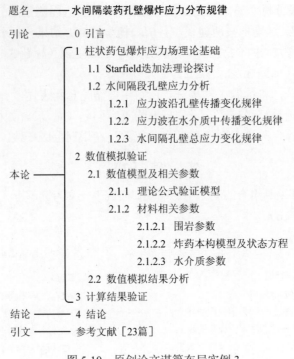

图 5-10 原创论文谋篇布局实例 3

该文主要推导理论模型并用软件模拟验证,属于含计算机模拟验证的推导型论文。

标题 0 为引言,阐述研究背景:由文献回顾指出现有水间隔段孔壁爆炸应力分布研究的不足(未考虑应力波的衰减和迭加);交待本文研究工作及方法(采用 Starfield 迭加法将应力波的衰减和迭加考虑在内,对水封爆破中水间隔段孔壁受到的应力变化情况进行理论推导;利用有限元软件 LS-DYNA 对模型计算结果进行模拟验证)。

标题 1 为理论基础,先对 Starfield 迭加法理论进行探讨,再对水间隔段孔壁应力进行分析(推导应力波沿孔壁传播、应力波在水介质中传播、水间隔孔壁总应力三方面的变化规律)。

标题 2 为数值模拟验证,利用 LS-DYNA 软件对水间隔装药爆破过程进行模拟,将模拟结果和理论计算结果相互印证,验证基于 Starfield 迭加法推导的炸药爆炸应力波在水间隔段孔壁总应力理论计算公式的合理性。标题 2.1 为数值模型(理论公式验证模型)及相关参数(围岩参数、炸药本构模型及状态方程、水介质参数),2.2 为数值模拟结果分析。

标题 3 为计算结果验证,利用 LS-DYNA 软件对球形等效药包间隔起爆和常规柱状药包连续起爆两种方式进行数值模拟,得到作用点等效应力模拟值的变化规律,并与理论值进行比较,验证所推导的理论公式。

标题 4 为结论,总结本文主要工作、结论及研究价值。

实 例【4】

以"中国页岩气开发管理模式探讨"一文为例,其谋篇布局见图 5-11(a),一种参考修改见图 5-11(b)。

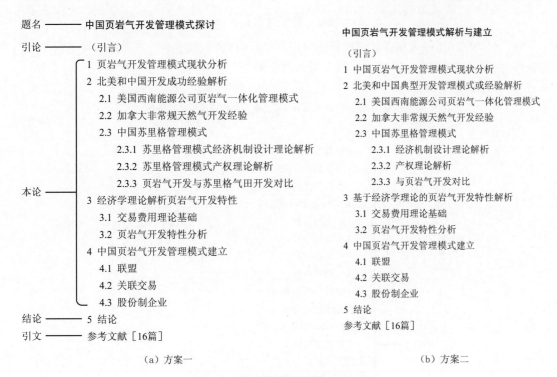

图 5-11 原创论文谋篇布局实例 4

题名整体为研究主题,"探讨"为研究类。模式探讨(研究、分析、解析、讨论)式题名的论文多为理论型论文,该文主体工作是"解析",大体属于分析型论文。

引言交待研究背景,指出研究意义(中国加快开发和利用页岩气意义重大)和研究现状(中国页岩气开发处于起步阶段,与美国相比还有很大差距)。

标题 1 分析中国页岩气开发管理模式现状,作者提出观点。标题偏大,其前应加"中国"。

标题 2 解析北美和中国开发成功经验,分 3 个二级标题分别解析:美国西南能源公司页岩气一体化管理模式(标题 2.1);加拿大非常规天然气开发经验(标题 2.2);中国苏里格管理模式(标题 2.3),标题 2.3 又分 3 个三级标题,分别解析苏里格管理模式的经济机制设计理论、产权理论,并将其与页岩气开发进行比较。标题 2 偏大,可在"北美和中国"后加"典型",使题文相扣。

标题 3 用经济学理论解析页岩气开发特性,分两个二级标题,3.1 阐述交易费用理论,3.2 运用交易费用理论分析页岩气开发特性。

标题 4 针对前文分析结果,提出我国页岩气开发管理模式:联盟、关联交易和股份制企业。

结论总结我国页岩气开发管理机制的现状(问题或不足)、发展方向及根本出路。

该文所用材料主要为事实、文献及有关经济学理论(交易费用理论、产权理论、经济机制设计理论,其中交易费用理论是基础),所用方法主要是理论分析(解析),理论分析涉及有关材料和方法(标题 1~3),没有专门安排标题讲述材料与方法,而是在分析中融入有关材料和方法,对应一般原创论文的"材料与方法""分析"。标题 4 为工作成果,作者提出我国应建立的页岩气开发管理模式,对应原创论文的"结果与讨论"。

实 例【5】

以"织构化动压轴承热流体润滑特性理论与试验研究"一文为例,其谋篇布局见图 5-12。为表述方便,以下将该文用词"试验"改为"实验"。

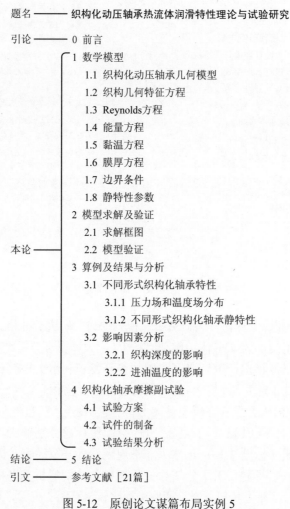

图 5-12　原创论文谋篇布局实例 5

此题名中"织构化动压轴承热流体润滑特性"表研究对象,"理论与实验研究"是研究类,谋篇布局思路是,先以理论方式进行研究,得出结果,再对结果给予实验验证,证明此理论研究的正确性。此类论文的研究成果是先通过理论方式进行研究而得出的,为主要工作,后面的实验是为验证理论成果而进行的,从属于主要工作,属于次要工作(尽管很重要),因此这类论文可确定为理论型论文。注意,对于某一论文,仅从其有实验内容,或题名、层次标题有实验、实验研究、实验验证之类词语,不能断定为实验型论文。

前言为研究背景。介绍织构的作用与机理;对相关研究进行文献回顾;总结现有研究的不足(大多基于等温假设,未深入考虑热效应的影响;织构化轴承温度场分布及热流体特性仅限单一织构形式,缺乏针对不同织构形式的对比分析);交待本文工作(以矩形、三角形、圆形三种织构形式动压轴承为对象,联立 Reynolds、能量、黏温和不同织构几何特征方程,建立织构化轴承热流体耦合模型,计算分析温度场、承载力、摩擦力等变化规律,进行实验验证)。

标题 1 为数学模型,安排 8 个二级标题:织构化动压轴承几何模型、织构几何特征方程、Reynolds 方程、能量方程、黏温方程、膜厚方程、边界条件、静特性参数。

标题 2 为模型求解及验证,安排 2 个二级标题:求解框图、模型验证。

标题 3 为算例及结果与分析,"算例及结果"安排标题 3.1,"分析"安排标题 3.2。

标题 3.1 中,以算例(进油温度 40℃,织构深度 30 μm,织构面积率 28%)研究特定进油温度和织构深度下不同形式织构化轴承特性,安排三级标题 3.1.1、3.1.2 给出计算结果。标题 3.1.1 给出压力场和温度场分布结果(光滑轴承及矩形织构化轴承;光滑轴承和三种不同形式织构化轴承)。标题 3.1.2 给出不同形式织构化轴承静特性结果(光滑轴承及三种织构化轴承的量纲一承载力、摩擦因数、量纲一端泄流量随偏心率的变化)。

标题 3.2 为影响因素分析,即从织构深度和进油温度两个影响因素对 3.1 的结果进行分析,安排两个三级标题 3.2.1、3.2.2 讲述。标题 3.2.1 为织构深度的影响,分析三种织构形式(转速 5000 r/min、偏心率 0.3、进油温度 40℃、面积率 28%)在不同织构深度下对轴承热流体特性的影响。标题 3.2.2 为进油温度的影响,分析矩形织构(转速 5000 r/min,面积率 28%,深度 30 μm)在不同偏心率、进油温度下对织构化轴承热流体特性的影响。

标题 4 为织构化轴承摩擦副实验,对应实验型论文中的实验部分,安排 3 个二级标题 4.1~4.3。

标题 4.1 为实验方案,对应原创论文中的"材料与方法",讲述实验所用设备、试件等(如摩擦磨损实验机、热成像仪,轴瓦、轴)及操作方法(如设置轴颈转速 200 r/min,润滑油初始温度 20℃、30℃,载荷加载范围为 0~400 N,每次加载 50 N,间隔为 50 s,施加载荷时间 15 s,加载后试件运行时间 35 s 等)。

标题 4.2 为试件的制备,属于原创论文中的"方法",讲述上下试件(轴瓦、轴)制备方法,涉及选材、工艺及过程(如选用 42CrMo 材料,磨削加工,加工四组轴瓦试件,一组为光滑轴承,另外三组为圆形织构化轴承和不同深度的矩形织构化轴承)。

标题 4.3 为实验结果分析,分 3 个主题(不同深度矩形织构化轴承摩擦力随承载力变化;不同初始温度下不同形式织构化轴承摩擦力随承载力的变化;润滑油温度随承载力的变化情况)给出实验结果并进行分析,分析结果与前文的理论结果(计算结果)一致。

标题 5 为结论,描述主要研究结果,特别交待本文理论结果的正确性得到实验验证。

5.5.4.2 调查型论文实例

实 例 【6】

以"基于时机理论对 HIV/AIDS 肛瘘手术患者不同阶段疾病体验的质性研究"一文为例,其谋篇布局见图 5-13。

题名表出研究主题"HIV/AIDS 肛瘘手术患者不同阶段疾病体验的质性研究",领域为"HIV/AIDS",范围为"肛瘘手术患者"(研究对象),研究点为"疾病体验的质性",研究类为"(调查)研究"。数据资料来源于对研究对象的访谈。

引言简介领域常识(肛瘘疾病、HIV/AIDS 肛瘘风险)和研究现状(本文主题研究尚不多见,更缺乏对其全程疾病体验的相关报道),再作笼统式特简文献回顾,最后交待本文研究目标(探讨HIV/AIDS肛瘘手术患者不同阶段的疾病体验,为其提供全周期护理指导)及方法(运用时机理论)。

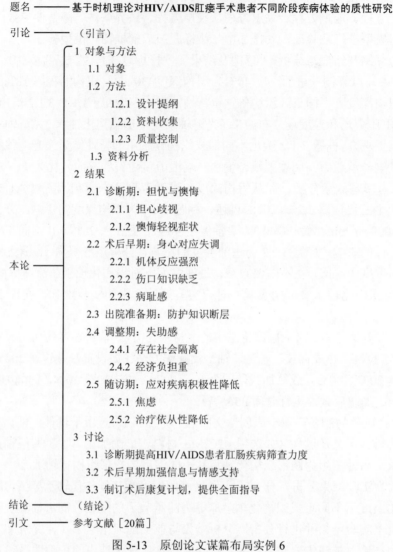

图5-13 原创论文谋篇布局实例6

标题1对应原创论文的"材料与方法",1.1为对象,1.2为方法,1.3为资料分析。

(1)对象。抽样选取2021年4—6月在南京市第二医院行肛瘘切除术的HIV/AIDS患者。

(2)方法。安排设计提纲、资料收集、质量控制3个三级标题。设计提纲是基于预访谈完成访谈项目或内容的确定;资料收集是以现象学研究法为指导运用半结构化访谈形式进行资料收集;质量控制是培训访谈小组成员,进行预访谈,修改访谈提纲,以笔录或录音方式收集资料(不对访谈内容进行任何价值判断,保证访谈公正;访谈中观察、记录受访者的表情动作,保证资料完整)。

(3)资料分析。访谈结束后整理访谈录音、笔记,用统计软件对资料进行转换;采用Colaizzi分析法对资料进行分析和推理,对反复出现的观点进行编码汇总,提炼主题;将整理后的资料返回受访者核实;对分歧部分与第三方讨论共同决定;由导师协助分析。

标题 2 对应原创论文的"结果"。先总体展示受访者（患者）一般情况，包括年龄、婚姻、职业、HIV 感染确诊时间、HIV 感染途径、换药方式、肛瘘病史等。后以 5 个子主题（标题 2.1~2.5）及每个子主题下再细分主题（标题 2.1.1、2.1.2，2.2.1~2.2.3，2.4.1、2.4.2，2.5.1、2.5.2），描述患者在不同阶段的主要访谈结果（生理、心理状态和感受）。

标题 3 对应原创论文的"讨论"。与"结果"的主题对应展开讨论：标题 3.1、3.2、3.3 分别对应 2.1、2.2 及 2.3~2.5（出院准备期、调整期、随访期整合为术后康复计划期一并讨论）。

该文最后一段在内容上属于结论，但在形式上没有出现"结论"这一标题。

实 例【7】

以"粮食水资源利用效率及影响因素分析：基于中国省际面板数据的实证研究"一文为例，其谋篇布局见图 5-14（a），一种参考修改见图 5-14（b）。

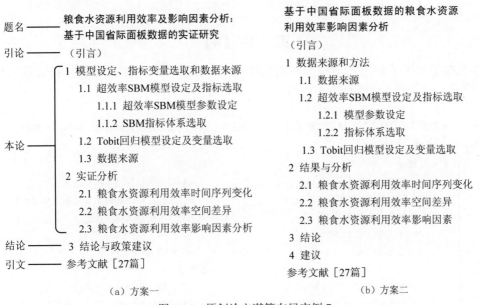

图 5-14　原创论文谋篇布局实例 7

该文题名为研究主题，"粮食水资源"为领域，"基于中国省际面板数据"表示范围，"利用效率及影响因素分析"为研究点，"实证研究"为研究类，数据资料来源于相关资料汇编及统计年鉴。

该文题名为主副题名形式。通常主题名范围较大，而副题名通过对主题名进行限制而使整个题名范围缩小而与正文相扣。该文副题名范围从某种角度上大于主题名，应重新立题，可直接用常规题名，即不用主副题名形式。

引言为背景介绍。陈述本文主题研究的意义；表述本文主题研究的常用方法（DEA：数据包络分析；SFA：随机前沿分析），进行文献回顾；总结现有研究方法的局限［多采用传统 DEA 模型，而未用新的 DEA 方法；对中国水资源利用效率的研究主要集中在工业和农业等整个产业，未细化到对具体行业（如农业中粮食生产）的研究］；提出本文研究对象（中国粮食水资源利用效率）、方法［运用超效率 SBM 模型（SBM：超效率松弛变量）、Tobit 模型］及主要研究工作或目标（中国粮食水资源利用效率的时间变化、空间分布特征及其影响因素分析）。

标题 1 对应原创论文的"材料与方法",安排 3 个标题 1.1~1.3:标题 1.1、1.2 为方法,讲述超效率 SBM 模型设定及指标选取(标题 1.1 安排两个标题 1.1.1、1.1.2 分别讲述模型参数设定、指标选取)、Tobit 回归模型设定及变量选取;标题 1.3 为材料,交待数据来源,可将此"数据来源"部分置于前面,而将标题 1 调整为"数据来源和方法"。

标题 2 对应原创论文的"结果与讨论",内容侧重"分析",分析时先给出主要的相关数据处理结果(图、表、文)。若为突出处理结果,标题 2 可调整为"结果与分析"。"分析"侧重主题分解,按子主题(粮食水资源利用效率的时间序列变化、空间差异、影响因素)分别进行分析,但一般不解释原因,必要时可简略解释,因此标题中用"分析"而非"讨论"。若基于分析还要进行更深层次的原因剖析、推断、解释而得出新的结果、结论,则应增加一个标题"讨论",或将"讨论""分析"合并为"结果与讨论"或"结果分析与讨论"。

标题 3 分"结论"和"政策建议",后一部分类似于展望,并非必需,若有需要,也可将这部分单列标题"建议"。

实 例【8】

以"永定河流域春季大型底栖动物群落结构和空间格局"一文为例,其谋篇布局见图 5-15(a),一种参考修改见图 5-15(b)。

图 5-15 原创论文谋篇布局实例 8

题名表出研究主题,主要工作是于 2017 年春季调查了永定河流域大型底栖动物群落,采集、鉴定出大型底栖动物 77 个分类单元,进行聚类分析和讨论。

引言为研究背景。安排三部分内容：介绍大型底栖动物有关知识，指出研究底栖动物与环境的关系及其地理分布特征具有重要科学意义；介绍永定河流域有关知识及现状，指出人为活动对永定河流域造成越来越大的不良影响，直接导致生境质量下降、单一化及水生生物多样性降低；总结目前相关研究现状——关于河流底栖动物研究较多，但对严重缺水型河流底栖动物研究较少，对本文主题研究鲜有报道。

标题 1 为实验部分，安排 3 个标题 1.1~1.3：标题 1.1 对应原创论文的"材料"，讲述研究区概况及采样点设置；标题 1.2、1.3 对应"方法"，讲述大型底栖动物采集、功能摄食类群划分、统计分析方法；标题 1.3 又分两个标题，给出生物多样性指数计算公式，简略描绘调查数据统计分析、检验方法。

标题 2 为结果，按两个子主题（大型底栖动物的群落结构及空间分布特征）展现、描述和分析调查结果，其中子主题 2.2 又分 4 个层面（群落结构、优势类群、密度与生物量、功能摄食类群 4 个方面的空间差异）。

标题 3 为讨论，与标题 2 的子主题及细分层面相对应展开对有关结果的讨论，得出新的结果、结论，构成本文的研究成果。

标题 4 为结论，对以上讨论所得主要结果、结论进行全局总结性描述。

5.5.4.3　实验型论文实例

实　例　【9】

以"新型生物抑尘剂 γ-聚谷氨酸的抑尘性能及安全性评价"一文为例，其谋篇布局见图 5-16。

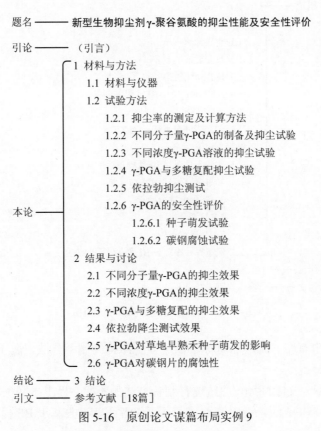

图 5-16　原创论文谋篇布局实例 9

该文主要工作是通过实验研发一种新型生物抑尘剂,即细水雾 γ-PGA(γ-聚谷氨酸)抑尘剂,对其抑尘性能及安全性进行研究、评价,可为环保型抑尘剂的实际应用提供理论基础。

引言为研究背景。介绍 γ-PGA 有关知识,如概念、优势及应用广泛性;介绍抑尘剂类别,总结适用场合及不足之处,回顾文献,指出当前哪些人在研发先进的抑尘剂;总结目前抑尘剂研发存在的问题(缺少环保可降解、适用于城市公共空间的抑尘剂),交待本文研究工作(在实验室水平上研究了抑尘剂的抑尘特性)及目的(为环保型抑尘剂的实际应用提供理论基础)。

标题 1 为材料与方法,安排标题 1.1、1.2 讲述,1.1 为材料与仪器,1.2 为试验方法。标题 1.2 下分 6 个主题(标题 1.2.1~1.2.6),为每个主题给出相应试验方法,其中主题 6 又分两个子主题(标题 1.2.6.1、1.2.6.2)。

标题 2 为结果与讨论,与试验方法中各主题对应,分 6 个子主题(标题 2.1~2.6)进行。

标题 3 为结论,对以上讨论所得主要结果进行总结性描述,并提出有关建议。

实 例【10】

以"有序/无序非对称型多层多孔结构的一步法制备研究"一文为例,其谋篇布局见图 5-17。

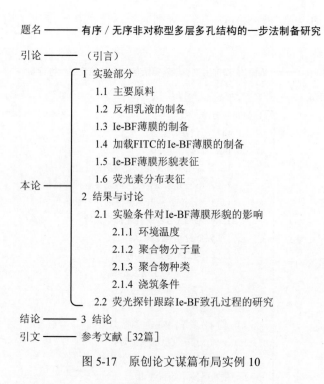

图 5-17 原创论文谋篇布局实例 10

该文实验研究出有序/无序非对称型多层多孔结构的制备方法,属于实验型论文中的发现型论文。

引言为研究背景。文献回顾,总结现有制备方法的不足,提出本文主题研究的重要性;介绍常规水滴模板(BF)法,指出其不足;介绍作者团队过去基于 BF 提出的反相乳液-水滴模板（Ie-BF）法；交待本文研究目标（完善 Ie-BF 法，弄清有关机理，针对特定目标的应用更精准地实现对 Ie-BF 多层多孔结构的调控）。

标题 1（实验部分）对应原创论文的"材料与方法"。1.1 列出实验原料，对应"材料"；1.2~1.6 分别讲述反相乳液、Ie-BF 薄膜、加载 FITC 的 Ie-BF 薄膜的制备方法，以及 Ie-BF 薄膜形貌、荧光素分布的表征方法，对应"方法"。

标题 2（结果与讨论）分两个子主题（2.1、2.2）阐述实验结果及对实验结果的讨论，对子主题（2.1）又从 4 个实验条件（环境温度、聚合物分子量、聚合物种类、浇筑条件）分别讨论（2.1.1~2.1.4）。

标题 3 为结论，对全文工作及成果进行总结。

实　例　【11】

以"基于位错密度理论的喷丸强化诱导 7050 铝合金组织细化数值模拟"一文为例，其谋篇布局见图 5-18。

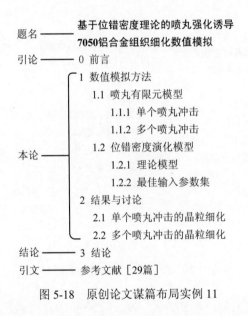

图 5-18　原创论文谋篇布局实例 11

该文主要工作是用"喷丸强化"技术对"7050 铝合金"进行"诱导"，引起铝合金的组织细化（晶粒细化），研究方法为仿真实验及结果模拟，属于实验型论文中的发现型论文。

前言为研究背景。介绍喷丸强化的概念及机理，文献回顾，指出喷丸强化引起晶粒细化的实验和模拟研究较多；交待喷丸强化数值模拟的优势（节省成本和时间，便于优化工艺参数），文献回顾；转向本文主题，指出 7050 铝合金的优势（较好的强度和抗应力腐蚀性能），指出目前对此合金喷丸处理后组织形貌的研究主要是实验，文献回顾，总结现有研究的问题（对喷丸晶粒细化与位错密度演化关系鲜有研究，喷丸工艺参数与合金纳米化表层之间关系不明）。交待本文工作，包括方法、目标及目的（采用有限元模拟和神经网络方法，建立将喷丸冲击的宏观三维有限元模型和微观位错密度演化模型相结合的数值模型，研究喷丸中 7050 铝合金晶粒细化与工艺参数之间的关系，预测合金表层晶粒细化为纳米尺度对应的喷丸工艺参数，揭示喷丸晶粒细化机理，指导喷丸表面纳米化工艺）。

标题 1 为数值模拟方法，对应原创论文的"材料与方法"，数值模拟（仿真）所用材料主要为计算机和软件，一般不用交待（若有必要可简写），故未安排标题"材料"。这部分分别阐述喷丸有限元模型、位错密度演化模型的数值模拟方法，对应二级标题 1.1、1.2，每个二级标题下分两个三级标题（1.1.1、1.1.2 和 1.2.1、1.2.2），分别从单个、多个喷丸冲击，理论模型、最佳输入参数集方面表述。

标题 2 为结果与讨论，从单个、多个喷丸冲击的晶粒细化两个层面分别展示模拟结果，并对此结果进行讨论，得出新的结果、结论。

标题 3 为结论，总结本文主要工作（交待 JC 本构方程、位错密度本构方程、基于位错密度理论的混合数值模型的功能及优势）及喷丸冲击的作用、机理。

实　例　【12】

以"车载方舱手术室颗粒物质量浓度分布仿真与参数优化"一文为例，其谋篇布局见图 5-19（a），参考修改见图 5-19（b）和图 5-19（c）。

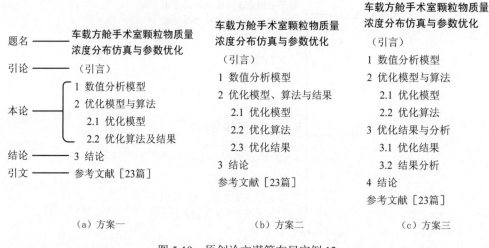

图 5-19　原创论文谋篇布局实例 12

题名完整表达出研究主题：车载方舱（领域）＋手术室（范围）＋颗粒物质量浓度分布（研究点）＋仿真与参数优化（研究类）。该文对某车载方舱手术室内气流组织参数进行优化研究，主要工作是参数优化，研究方法为仿真实验，属于实验型论文中的验证型论文。

引言为研究背景：简单描述车载手术室的重要性；由文献回顾总结现有研究的不足（对车载方舱这种野外环境下工作的手术室的相关研究未见报道），突出本文研究主题的重要性；由文献回顾总结响应面研究方法的不足（不能直接表达手术室内空气颗粒物质量浓度与送风速度、角度等参数之间的函数关系），突出本文方法的现实意义；简要交待本文的研究目标和方法。

计算机仿真的前提是数学建模：标题 1 介绍数值分析模型（采用标准 k-ε 湍流模型）；标题 2 基于所建数值分析模型建立优化模型，描述优化算法及结果（标题 2.1、2.2 分别讲述优化模型、优化算法及结果，并在结果中有简单评论）。

标题 3 为结论，对参数优化结果进行简单讨论，总结有关参数间的定性关系（结论性认识）。

若优化结果较多，研究分量较大，则应将有关研究内容单列标题。

5.5.4.4 设计型论文实例

实　例　【13】

以"一种新型 5-R 柔性并联指向机构的设计与分析"一文为例，其谋篇布局见图 5-20（a），一种参考修改见图 5-20（b）。

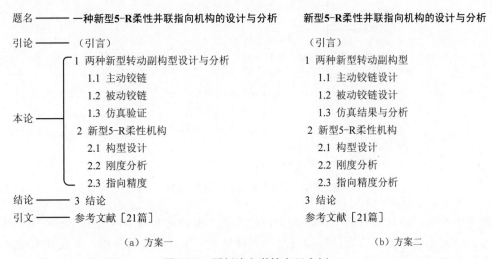

图 5-20　原创论文谋篇布局实例 13

题名中修辞语"一种……指向机构"是研究（设计）对象，中心语"设计与分析"是研究类。该文工作是基于所设计的主动、被动铰链两种新型转动副综合即设计出一种新型柔性并联机构。

引言为设计背景。陈述领域知识（新型柔性机构由刚体替换法得到）。文献回顾，总结刚体替换法的不足（所得柔性机构难以满足运动精度要求）。文献回顾，陈述目前针对此不足所用的优化方法，特别对理想柔性铰链进行文献回顾，指出问题。交待本文工作（设计主动、被动铰链两种新型柔性转运副，替代球面 5-R 并联机构中的刚性运动副，综合出一种新型 5-R 柔性并联指向机构）。

标题 1 讲述两种新型柔性转动副构型的设计与分析，标题 1.1、1.2 分别为主动、被动铰链设计，1.3 为仿真验证（对两种铰链设计进行仿真，给出并讨论仿真结果）。标题 1.3 可调整为"仿真结果与分析"。

标题 2 讲述用上述两种新型柔性转动副综合新型 5-R 柔性机构，分构型设计、刚度分析、指向精度三方面（对应标题 2.1、2.2、2.3），并对刚度分析、指向精度给出 ANSYS 仿真结果。

标题 3 总结本文主要成果（提出一种具有三分支的主动柔性转动副，一种轴漂很小的圆弧形被动柔性转动副，以及一种新型 5-R 柔性并联指向机构），并交待通过仿真对这三项成果的验证结果。

实　例　【14】

以"多分支非圆齿轮无级变速机构设计与分析"一文为例，其谋篇布局见图 5-21。

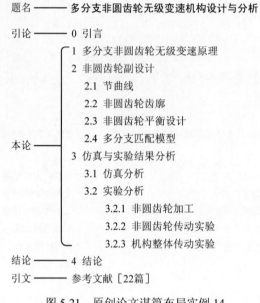

图 5-21　原创论文谋篇布局实例 14

题名中心语"设计与分析"为研究类，修饰语"多分支非圆齿轮无级变速机构"是研究对象。该文主要工作是"设计"以及对"设计结果"仿真、实验分析，属设计型论文。

引言为背景：介绍非圆齿轮，并对其应用和无级变速器进行文献回顾，描述研究现状，点评研究特点及存在的问题。指出研究对象的优势，即研究主题的意义。最后交待本文工作。

本论包括 3 个标题：标题 1 为本文设计工作的理论基础；标题 2 为本文主体工作之一（非圆齿轮副设计，包括节曲线、非圆齿轮齿廓、非圆齿轮平衡、多分支匹配模型）；标题 3 为本文主体工作之二（仿真与实验结果分析，包括仿真分析、实验分析，实验分析包括非圆齿轮加工、传动及机构整体传动）。

结论总结本文工作及主要认识，并强调工作成果得到仿真和实验验证。

实　例　【15】

以"分布式资源环境下基于云服务的设计知识服务资源平台"一文为例，其谋篇布局见图 5-22。

题名中心语"设计知识服务资源平台"是设计对象，也即成果形态（产品），修饰语"分布式资源环境下基于云服务"对产品范围及功能特征进行限定，整个题名描述研究主题。

引言为设计背景，简单描述"设计知识服务"的概念或功能，回顾典型参考文献，得出本文主题研究的现实意义，最后简要交待本文主要工作。

标题 1 属于背景知识，可写到引言中，这里专设标题讲述有关概念和背景知识，为下文的设计开发工作（平台构建）奠定知识基础。

标题 2 与论文题名相扣，表述本文核心工作。两个二级标题 2.1、2.2（其下分别安排

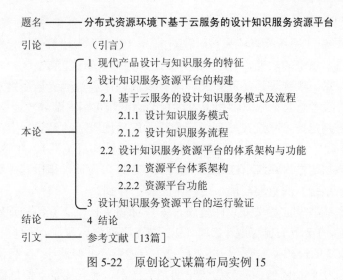

图 5-22　原创论文谋篇布局实例 15

两个三级标题 2.1.1、2.1.2 和 2.2.1、2.2.2）讲述设计知识服务的模式、流程及其资源平台的体系架构、功能。

标题 3 与标题 2 紧密相关，表述产品验证工作，既然设计出一款产品，那么应该有对其运行验证或测试效果方面的内容。如果缺少验证，这类论文的可信度就会大大下降。

标题 4 是结论部分，从全文角度总结本文工作成果及其效果、应用情况。

实　例　【16】

以"基于震例类比的震后趋势早期判定技术系统建设"一文为例，其谋篇布局见图 5-23。

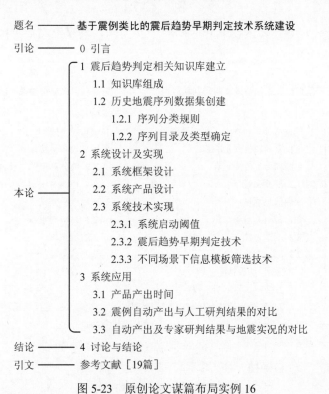

图 5-23　原创论文谋篇布局实例 16

该题名明确表示用何方法建设（设计建造）出一个有何功能的系统：结尾"系统建设"表明建造出一个系统，"系统"表成果（研究对象），"建设"表研究类，修饰语"震后趋势早期判定技术"限定系统的功能，"基于震例类比"为所用研究方法。

引言为研究背景。较详表述研究意义、现状及问题：震后趋势早期判定技术对震后应急部署决策有重要参考意义；分国际和国内进行文献回顾（国内部分较详细），对问题做系统梳理（震后趋势判定技术系统在序列统计分析、震后地震活动趋势判定工作中发挥了作用，但存在许多不足，影响着序列早期趋势判断的时效性和规范性），并对问题分类表述。简要交待震后趋势判定技术系统（CAAF）于 2018 年投入设计，指出其关键子系统（震后趋势早期判定技术系统）的重要功能，交待本文设计计划。

标题 1 讲述系统研发的相关知识库建设，安排标题 1.1、1.2 介绍知识库组成、历史地震序列数据库创建，1.2 下安排标题 1.2.1、1.2.2 讲述序列分类规则、序列目录及类型确定。

标题 2 讲述系统的设计及实现，标题 2.1~2.3 讲述系统框架设计、产品设计、技术实现，2.3.1~2.3.3 讲述系统启动阈值、震后趋势早期判定技术、不同场景下信息模板筛选技术。

标题 3 介绍系统的应用，属于验证、效果、测试类，通常是产品设计不可缺少的内容，若缺少了这部分内容，则产品的可行性、可靠性无法保障。这里安排 3 个子标题（3.1~3.2），从产品产出时间、震例自动产出与人工研判结果对比、自动产出及专家研判结果与地震实况对比讲述系统的应用情况。

标题 4 为结论，总结本文成果的功能、优势、不足及未来改进方向，"讨论"的成分较小，标题中不必安排或出现"讨论"。如确有必要表述作者对系统的一些想法、讨论性观点和认识，则可考虑在标题"结论"前增加一个标题"讨论"。

实　例　【17】

以"垂直料管式加香设备的研制和应用"一文为例，其谋篇布局见图 5-24（a），一种参考修改见图 5-24（b）。

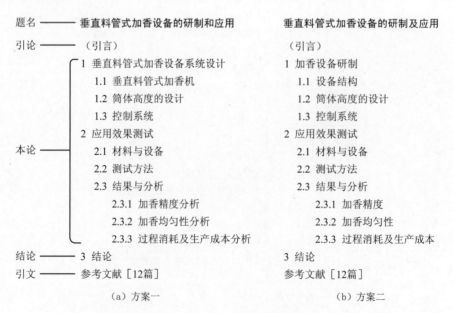

图 5-24　原创论文谋篇布局实例 17

题名为"加香设备"（研究对象、成果、产品）+"研制和应用"（研究类），"垂直料管式"对成果进行限定，整体表出"研制设备并进行应用验证"。产品+验证属设计型论文结构。

引言为设计背景，简单介绍加香设备的功用，指出现有加香设备的类型（滚筒式）及缺点（加工过程时间长、处理强度大、加香均匀性差），并交待本文工作（研制垂直料管式加香设备，点题）及优势（在加香精度、过程造碎、加香均匀性、产品感官质量等方面超过传统加香设备）。

本论包括设计和测试。标题 1 为设计，考虑与题名一致，"设计"用"研制"更好，标题 1.1～1.3 讲述加香机结构（标题 1.1 没有体现"结构"，可调整）、筒体高度设计、控制系统。标题 2 为测试，按一个完整实验要求讲述，标题 2.1～2.3 对应原创论文的"材料与方法"与"结果与讨论"（标题 2.3 分 3 个下级标题 2.3.1～2.3.3）。

结论总结成果的功能、特点、优势及创新，并指出未来工作。

5.5.4.5　经验型论文实例

实　例　【18】

以"1 例 HIV–1 感染诊断的特殊案例"一文为例，其谋篇布局见图 5-25。

题名——— **1例HIV–1感染诊断的特殊案例**
引论———（前言）
本论———{ 1　病例资料
　　　　　　2　讨论
引文———参考文献［9篇］

图 5-25　原创论文谋篇布局实例 18

该文是一个病例（案例）报告，题名为病例名称，也即本文主题。它通过对病例资料进行讨论而得出新认识，病例资料来源于医疗工作经验。其布局本质上没有什么特别，只是缺少单独的结论部分，其实有关结论已在讨论部分讲述了。

前言为研究背景。描述 HIV–1 检测技术的基本知识、优势（能及时处置 HIV 抗体不确定情况，尽早出诊断结果），指出存在的问题（由初筛实验方法的敏感性导致漏检问题），交待本文工作（分享 1 例实际工作中遇到的极易造成漏检的特殊案例）。

标题 1 为病例资料，对应原创论文的"材料与方法"，侧重"材料"。对一个案例进行报道，涉及较详细的案例事实和数据（患者个人信息、HIV–1 检测情况，涉及材料及检测时间、流程、结果，不同检测时间、流程有不同检测结果）。

标题 2 为讨论，对应原创论文的"结果与讨论"，侧重"讨论"。对检测结果进行分析和讨论，分析漏检产生原因，获得避免漏检的方法、步骤。最后提出建议（试剂储备：检测点应储备两种不同厂家的快速检测试剂；检测流程：对不同检测场景应积极探索不同的检测策略）。

实　例　【19】

以"SG-80220SD 数控卧矩平面磨床主轴振动故障分析及处理"一文为例，其谋篇布局见图 5-26。

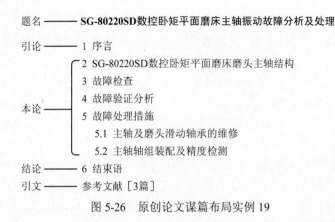

图 5-26　原创论文谋篇布局实例 19

题名为研究主题："SG-80220SD 数控卧矩平面磨床"（下称平面磨床）为领域，"主轴"为范围，"振动故障"为研究点，"分析及处理"为研究类。布局思路：对平面磨床主轴工作时抱死、磨削工件表面有明显振纹及表面粗糙度超差等实际问题，结合日常维修经验，检查并分析主要原因，探讨处理方法，提出修磨主轴轴颈和镀铬、研磨配刮滑动轴承轴瓦及调整轴承间隙等方法。该文以工作实践和维修经验作为写作素材，对这些素材进行分析和处理而发现问题产生的原因，再针对原因提出问题的解决措施。

标题 1 为序言，描述柳州市某企业模具制造加工车间平面磨床在日常运行及维修中暴露的问题，提出本文要解决的问题，属于研究背景。

标题 2 为相关知识介绍，介绍平面磨床磨头主轴结构。

标题 3 为故障检查，陈述平面磨床故障检查情况。检查包括四项：机床水平检测；砂轮及砂轮卡盘平衡检测；磨头主轴前、后滑动轴承的轴向窜动和径向跳动打表检测；主轴箱油液质量分析。检测结果前两项达标，后两项有问题（故障）。

标题 4 为故障验证分析，对以上故障（检测结果数据）进行分析和实机检查（打开主轴箱、拆开磨头主轴，发现故障产生的原因）。

标题 5 为故障处理措施，安排两个标题，分别给出主轴及磨头滑动轴承维修措施、主轴轴组装配及精度检测步骤。

标题 6 为结束语，对全文进行总结，与序言点题，所提问题得到有效解决。

5.6　短文型论文

微课 10

短文型论文篇幅短小，行文简明扼要，但加进了作者个人的观点、认识和评价，对科技发展、科学评价、学术引证等有重要作用，在科技期刊上有增多趋势。短文型论文可分为研究型和评论型两类。

1）研究型短文

研究型短文是将原创成果简化发表，即原创成果的短篇报道，聚焦突出发现，面向领域内外的广大读者。通常是原创论文的简化版，多由背景、原理和结论三部分组成，一般没有专门的讨论部分。可由作者对其未被录用的原创论文进行删减、压缩和修改而成。一般不多于 4 个页码，可有适量的插图和引文。研究简报、读者来信[①]可列入研究型短文。

---

①　有的期刊将评论型短文中的短评作为读者来信。

2）评论型短文

评论型短文快速报道最新科技成果或行业资讯（发布科研信息、共享科研发现、展现技术技巧），同时发表评论，加进个人主观评价及认知，提出能为科研发展提供借鉴和指导的观点、主张、见解或认识等。报道内容极广，各领域、层面都可涉及，常见的有以下类型。

（1）研究热点。也称研究前沿，包括学科进展、研究现状、学术评论等。常由领域专家对其已发表的某一期刊文章进行总体阐述，或对文章中能引起读者兴趣的内容（观点、原理、方法、技术等）进行评论（多为正面评价）。通常1~4页，可有少量插图，适量引文。

（2）评论。对有争议、热门和受到广泛关注的话题进行评价，通常为那些对科学感兴趣但其自身又不是科学家或学术权威的读者开设。

（3）短评。对某期刊已发表文章的阐述及能引起读者兴趣的评论，而且只能发表在该期刊。撰写或投稿前，应先将此短评稿提交给被评论文章的作者，获得其同意许可时才可正式投稿。短评在内容和结构上通常与研究热点相差不多。

（4）新闻视角。向公众交流科学新闻和发表相关评论，是所有媒体就科学研究进行评论的仿效最广，最受尊敬、欢迎的论坛，深受读者喜爱。

思 考 题

5-1 科研论文立题的基本逻辑是什么？立题应该主要放在论文的哪一部分来撰写？

5-2 意态文在科研论文写作中起何作用？意态文的初、高级之分的主要区别是什么？

5-3 总结综述论文与原创论文、理论型论文的区别。综述论文也会提出观点、认识、见解之类的创新成果，与原创论文的这类创新在本质上有何主要区别？综述论文是否属于理论型论文？谈谈个人看法。

5-4 从论文的题名，如"赤霉素介导下植物对重金属的耐性机理""环境绿色修复的地球化学基础与相关理论"，能否直接判断其文体类别是综述论文还是原创论文？为什么？

5-5 总结综述论文和原创论文的引言在写作内容上的主要差异。

5-6 理论型论文是侧重研究成果为理论，即提出了理论，还是侧重研究方式为理论，即以理论的方式进行研究而与研究成果是否为理论没有多大关系？谈谈个人看法。

5-7 简述研究型短文与原创论文的主要区别。有人说研究型短文比原创论文更容易写，你认同吗？谈谈个人看法。

第 6 章　论文主体写作

对论文谋篇布局形成的意态文，本质上是论文主体的一个写作方案（大体的内容和结构），还停留在思考、计划、规划层面。接着才进入论文书面写作阶段（表达、修改），即动手开写，选词造句，将意态文用书面语言文字表达出来形成书面文，本质上是论文主体写作方案的实施、补充、完善、细化和调整。论文在于"论"，在引论、本论、结论的总体框架下，按为何研究、怎么研究、研究结果的顺序逐次铺开，在内容上形成引言、方法、结论部分，形式上呈现各级层次标题。相同文体在结构上相同或相近，不同文体在结构上差别可能较大但也有共性；不同论文的研究领域、内容、主题、对象、目的、方法等不同，其内容和结构必然有差异但也呈现出基本共性。本章从这种基本共性的角度出发，讲述科研论文主体各组成部分的内容与结构、写作要求及常见问题，并给予实例评析。

微课 11

6.1　题　　名

题名是简明确切反映论文研究主题的体现领域、范围、研究点和研究类的不同词语之间的一种逻辑组合，必要时加进适当修饰语以体现研究的深度、方法或成果的属性、功能等。

6.1.1　题名写作要求

题名准确反映或概括研究内容，写作要求准确、清楚、简洁，吸引人，给人以鲜明印象。

准确是从内容表达来说的，指题名明确、充分反映或表达论文的主要内容，恰当反映研究的范围和深度，与论文的内容紧密贴切，别人看了容易判断论文的内容和范围。这就要求，题文相扣，题名不过大或过小，应明确或大体体现研究结果、成果，不要过于华丽或承诺太多，也不宜使用非定量、含义不明的词。

清楚是从结构表达来说的，指题名清晰、明白地反映论文的核心内容、特色及研究工作的独到之处，力求直接明快、重点突出。这就要求，题名中宜将表达核心内容的关键词放在开头或其他恰当位置。若题名反映系列研究内容，或内容层次较多，或过短不足以反映论文内容，则可采用主、副题名相结合的形式，用副题名对主题名补充说明。

简洁是从语言表达来说的，指题名简练、确切、清晰、醒目，以最少的词语和字符概括尽可能多的内容，即在准确、清楚反映特定内容的前提下，用词越少越好。这就要求，题名用词须精选，避免冗长、烦琐而难以给人留下鲜明印象；不要太短，主题表达不清，令人摸不着头脑。简洁应以清楚为前提，即清楚优于简洁，过度简洁会影响清楚表达。

吸引人指题名的综合表达效果好，别人看了有爱不释手而想继续深入阅读全文的愿望和冲动。好题名用词准确、结构合理、详略得当、语序正确、修辞妥当、逻辑通顺、透出美感,有既能概括全文,将某一论文在同类研究中凸显出来,又能引人注目,将读者需求在众多研究中定格下来的特质。

6.1.2 题名内容表达

微课12

题名内容表达应反映研究主题(领域、范围、研究点及研究类),与正文主要内容相扣。

1) 题文相扣

题名应恰当反映研究的范围和深度,与论文内容互相匹配、紧扣,题要扣文,文要扣题。这是题名表达的基本原则。实际中常有不扣文而过于笼统的题名,多由缺少研究点所致。

微课13

【1】<u>可重构制造系统的研究</u>
【2】<u>气动系统内部结露研究</u>
【3】<u>汽车主动安全控制液压执行器</u>

微课14

以上题名缺少研究点,研究对象笼统,范围大而不明,应补出研究点即细化研究对象。

题名【1】参考修改

✓可重构制造系统研究现状与发展趋势
✓可重构制造系统基础理论和方法
✓可重构制造系统生产路径规划及方法
✓可重构车间<u>计算机辅助工艺规程设计</u>(画线部分可用缩写 CAPP)
✓车间级可重构制造系统<u>计算机辅助工艺规程设计</u>(画线部分可用缩写 CAPP)
✓可重构机床<u>计算机辅助工艺规程设计</u>(画线部分可用缩写 CAPP)
✓可重构制造系统:车间生产路径规划及方法

题名【2】参考修改

✓气动系统内部结露机理与实验

题名【3】参考修改

✓汽车主动安全控制液压执行器的性能与原理

【4】<u>35Ni-15Cr型铁基高温合金中铝和钛含量对高温长期性能和组织稳定性能的影响研究</u>

此题名长而含混,35Ni-15Cr 中的数字表义,可有百分含量(质量分数)、质量比、体积比、金属牌号等多种理解。修改方法是站在读者角度,清晰表出领域、范围,这些数字若指百分含量,则不写在题名中(正文中可写),题名中只要反映含 Ni 和 Cr 这一事实即可。

题名【4】参考修改

✓Ni、Cr 合金中 Al、Ti 含量对高温性能和组织稳定性的影响

2) 概念准确

题名中概念表达要充分注意其外延和内涵,使用定量、含义明确的词,力求用词有专

指性，避免概念表达不准确。

【5】对偏远农村地区种植作业中机动力、人、畜组合的现状调查
【6】5自由度大工作空间/支链行程比混联机械手的运动学设计与尺度综合

题名【5】中机动力、人、畜并列不妥，"人"的外延可包括青壮年、婴幼儿和老人，而婴幼儿和老人不具劳动能力，显然不属题名所指；"畜"可包括牛、羊和猪，羊和猪显然不能用作动力。题名【6】中运动学设计与尺度综合并列不妥，因为在外延上前者包含后者。

题名【5】参考修改

✓ 对偏远农村地区种植作业中机动力与劳力、畜力组合的现状调查
✓ 对偏远农村地区种植作业中机动力、劳力、畜力组合的现状调查

题名【6】参考修改

✓ 5自由度大工作空间/支链行程比混联机械手的运动学设计

【7】超音速火焰喷涂 Ni-CeO$_2$ 复合涂层的数值模拟及耐磨耐腐蚀研究

此题名中"耐磨耐腐蚀"是研究点，但与正文相应研究内容的内涵不太相扣，其实研究的是涂层的"耐磨耐腐蚀性能"，而不是其"耐磨耐腐蚀"，即研究点概念表达不完整。

题名【7】参考修改

✓ 超音速火焰喷涂 Ni-CeO$_2$ 复合涂层数值模拟及其耐磨耐腐蚀性能研究

3）术语使用

题名提倡多用术语，加强表达的专业性、严谨性、学术性。该用术语却用了一般词语，或不必要地对术语重新给出定义，或给出与公认定义有出入的解释，均不可取。

【8】基于计算机的工艺设计技术的智能化发展策略
【9】新冠病毒 COVID-19 的起源探索研究

题名【8】中画线术语不准确，应为"计算机辅助工艺规程设计"或其缩写 CAPP。题名【9】中 COVID-19 是新冠肺炎的名称，与修饰语新冠病毒冲突，应为新冠病毒的名称。

题名【8】参考修改

✓ 基于计算机辅助工艺规程设计的智能化发展策略
✓ 基于计算机辅助工艺规程设计（CAPP）的智能化发展策略
✓ 基于 CAPP 的智能化发展策略
✓ 基于 CAPP（计算机辅助工艺规程设计）的智能化发展策略

题名【9】参考修改

✓ 新冠病毒 SARS-CoV-2 的起源探索研究
✓ 新冠病毒 2019-nCoV 的起源探索研究

4）缩略语使用

题名中可直接使用业界公认或合适的缩略语（缩写），但通常不要用自定义缩略语。

【10】空间曲面电火花线切割 CAD/CAM 系统

此题名使用 CAD/CAM 合适，CAD（Computer Aided Design，计算机辅助设计）和 CAM（Computer Aided Manufacturing，计算机辅助制造）为常用缩略语。

【11】基于四元数的台体型 5SPS-1CCS 并联机器人位置正解分析

【12】高精度 STM.IPC-205BJ 型原子力显微镜的设计

此两题名使用缩略语 "5SPS-1CCS" "STM.IPC-205BJ" 合适，分别指台体型并联机器人机构、原子力显微镜的一种型号。

【13】基于 STEP-NC 数控系统的译码模块及坐标问题

此题名使用缩略语 STEP-NC 是可以的，STEP-NC 是 CAD/CAM 和 CNC（计算机数字控制）之间进行数据传递的一个接口标准，题名中若不直接使用此缩略语就不方便表达。

【14】6-DOF 水下机器人动力学分析与运动控制

DOF 是 degree of freedom（自由度）的缩写，在设计和机构学领域使用广泛，中文题名中用其中文名称更好。类似的缩略语还有 MEMS（Micro Electro-Mechanical Systems，微机电系统）和 PDM（Product Data Management，产品数据管理）等。

【15】PDMS 微流控芯片复型模具的新型快速制作方法

此题名使用缩略语 PDMS 不合适，读者看了可能难以明白其所指。这里 PDMS 是一种化学名称 "聚二甲基硅氧烷"（Polydimethylsiloxane，PDMS），可改为 "聚二甲基硅氧烷" "PDMS（聚二甲基硅氧烷）" 或 "聚二甲基硅氧烷（PDMS）"。

【16】HFCVD 衬底三维温度场有限元法模拟

此题名使用 HFCVD 不当。它是 hot filament chemical vapor deposition（热丝化学气相沉积）的缩略语，非公知公用，可改为 "热丝化学气相沉积" 或 "热丝化学气相沉积（HFCVD）"。

【17】面向 JAUMIN 的并行 AFT 四面体网格生成

此题名使用 JAUMIN、AFT 两个缩写式算法（程序）名称，简短好记，若用全写（JAUMIN：J adaptive unstructured mesh applications infrastructure；AFT：advancing front technique）及中文名，不仅难保证中文名的准确性，而且会使题名冗长、难记，给检索也会带来不便。

【18】RMS 中基于 ST 的 VMC 生成方法

此题名用缩略语 RMS、VMC 将就能说得过去，但 ST 就难懂了。RMS、VMC 是 reconfigurable manufacturing system、virtual manufacturing cell 的缩写，在制造自动化领域有一定使用，但 ST 是作者自定义的缩略语，别人无法搞懂，是指 similarity theory、similarity technology，还是其他词语，可用 ST 来充当缩略语的词语实在太多了。

题名【18】参考修改

✓基于相似性理论的虚拟制造单元生成方法
✓基于相似性理论的虚拟制造单元（VMC）生成方法
✓基于相似性理论的 VMC（虚拟制造单元）生成方法
✓可重构制造系统中基于相似性理论的虚拟制造单元生成方法

✓ 可重构制造系统（RMS）中基于相似性理论的虚拟制造单元（VMC）生成方法
✓ RMS（可重构制造系统）中基于相似性理论的 VMC（虚拟制造单元）生成方法

6.1.3 题名结构表达

题名结构表达指对论文研究主题进行表述的句法结构，是基于论文研究主题各组成项的某种逻辑组合的语法架构。

1）结构合理

题名起标签、标示作用，习惯上多用以名词或名词性词组为中心的偏正结构，但中心动词前有状语时用动宾结构，"论……""谈谈……"之类题名也为动宾结构。题名也可用陈述句，直接表达中心论点，但应避免用冗长的主、谓、宾语结构齐全的完整语句逐点描述有关内容。因陈述句有判断式语意，往往不简洁、不醒目，重点不明显、不突出，因此题名一般不用或少用陈述句。题名也可用疑问句，有探讨性语气，征询、探讨意味浓厚，表达显得较为生动，容易引发思考，评论、驳斥类论文题名宜用疑问句。

【1】研究整车物流中的委托代理问题

此题名是动宾结构（研究＋委托代理问题），改为常规的偏正结构更好（整车物流的委托代理问题）。

【2】应用信息经济学研究整车物流中的委托代理问题
【3】利用单吸气储液器改善双缸压缩机的声学特性

此两题名为动宾结构，因中心动词"研究""改善"前有状语"应用信息经济学""利用单吸气储液器"，故不便将这两个动词作为偏正结构中的名词而将题名改为偏正结构。

【4】论整车物流的委托代理问题
【5】谈谈整车物流的委托代理问题

此两题名为"论（谈谈）＋宾语"，属于动宾结构，不必用偏正结构。

【6】在 2020 年初检测到的新型冠状病毒 2019-nCoV 对人类造成越来越大的威胁
【7】新型冠状病毒 2019-nCoV 感染能治愈吗？

题名【6】为陈述句，主、谓、宾齐全，但没有冗词，可直接表达中心论点。题名【7】为疑问句，表达出对新型冠状病毒感染这一重大公共问题既有疑惑、担心而又持关切、期待的疑问语气，容易引起与大众的共鸣。

2）系列题名

系列题名是主题名相同但系列序号、副题名不同的系列论文的题名。无固定格式，主、副题名间常加系列序号，用破折号或冒号分隔，这种分隔号位于系列序号前或后均可。

【8】可重构制造系统——Ⅰ 基础理论
【9】可重构制造系统——Ⅱ 实验和仿真
【10】可重构制造系统——Ⅲ 车间生产路径规划及方法
【11】可重构制造系统——Ⅳ 可重构机床的研制

这 4 个题名为系列题名，其主、副题名间用破折号分隔，副题名前分别冠以罗马数字 Ⅰ~Ⅳ（用阿拉伯数字或其他字符也可以）。

系列论文因主题名相同而有较多重复内容（如引言），而且仅阅读其中部分论文难以了解内容全貌，当它们不能被同一期刊发表时就有失连贯性。

6.1.4 题名语言表达

题名语言表达侧重其用语及语言组织符合语法、逻辑、修辞等要求，给人以美感。

1）简短精练

题名侧重反映主要研究内容或对象，简短精练，但不能太短而影响内容准确表达，对帮助读者理解论文难以发挥作用，也不能过长而不方便读者快速浏览、了解信息。

【1】关于钢水中所含化学成分的快速分析方法的研究

此题名含较多冗词，语言较为烦琐，"关于""所含""研究"等词不出现时并不影响题意表达。冗词去掉后，改为"钢水化学成分的快速分析法"，字数则由原来 21 个减少到 12 个，干净利落、简短明了。

值得注意的是，题名末尾的"研究"在多数情况下可以省略；但有时不能省略，若省略后难以读通而影响题意表达，则不省略。

【2】新型内外组合搅拌桨的开发及其流场特性研究

【3】低压燃油雾化喷嘴流动能量损失特性数值研究

题名【2】末尾的"研究"表研究类，可去掉，去掉后只是形式上的省略而完全不影响题意。题名【3】的"研究"不可去掉，"数值研究"为研究类，去掉"研究"说不通。

【4】织构化动压轴承热流体润滑特性理论与试验研究

【5】黏性流体液滴撞击超疏水壁面奇异射流的试验与模拟研究

题名【4】的"理论与试验研究"表研究类，"研究"不可去掉，去掉时研究类"理论与试验研究"就变成研究点"理论与试验"，而将研究方式表达为研究内容或成果。题名【5】的"试验与模拟研究"表研究点，"研究"可去掉，去掉时研究点表达简洁，不影响题意。

对 6.1.2 节中的题名【7】参考修改（超音速火焰喷涂 Ni-CeO$_2$ 复合涂层数值模拟及其耐磨耐腐蚀性能研究），其末尾的"研究"不可去掉，因为"数值模拟""研究"均为研究类，其间是并列关系，若去掉"研究"，二者就不能并列了。

若题名偏短不足以显示论文内容或反映不出系列研究的性质，则可在主题名后面加副题名，使整个题名既充实、准确，而又不流于笼统、一般化。

【6】有源位错群的动力学特性——用电子计算机模拟有源位错群的滑移特性

此题名用破折号分隔，前面部分为主题名，后面部分为副题名。

2）语序正确

题名语序不当会造成表意混乱，令人费解。题名中"的"字位置不同，题名所表达出来的意思就可能不同。例如：

【7】计算机辅助机床几何精度测试

此题名将"计算机辅助测试"这一术语拆分成两部分，一部分"计算机辅助"位于题名开头，另一部分"测试"位于题名结尾，属于典型的语序不当，改为"机床几何精度的计算机辅助测试"就好了。

【8】基于 EDM 能量算子的调解方法及其在机械故障诊断中的应用

此题名中 EDM 应为介词"基于"的对象,"其"字不是指"算子"而是"调解方法",故第一个"的"字位置不妥;另外,EDM 的语序出错,应为 EMD(empirical mode decomposition,经验模式分解)。

题名【8】参考修改

✓ 基于经验模式分解的能量算子调解方法及其在机械故障诊断中的应用
✓ 基于经验模式分解(EMD)的能量算子调解方法及其在机械故障诊断中的应用
✓ 基于 EMD 的能量算子调解方法及其在机械故障诊断中的应用
✓ 基于 EMD(经验模式分解)的能量算子调解方法及其在机械故障诊断中的应用

3)索引方便

题名中宜使用核心关键词,所用词语符合编制题录、索引和检索的有关原则,便于关键词选定、理解及实用信息提供、文献检索,不宜出现不方便查询的语言要素,如式子、特殊符号、生僻字词、非公知公用缩略语等。

【9】可重构系统基础理论与方法

此题名的"可重构系统"过于笼统,代之以论文主要关键词"可重构制造系统",索引就方便了。

【10】基于关键设备工序紧凑的工序分类分批的 Job-shop 调度算法

Job-shop 来自英文文献,中文题名直接用此英文词语不太合适,一是中英文混用不大协调,二是索引不方便。可将此英文词语改用中文,必要时可在此中文后括注其英文名称。

题名【10】参考修改

✓ 基于关键设备工序紧凑的工序分类分批的车间调度算法
✓ 基于关键设备工序紧凑的工序分类分批的车间(Job-shop)调度算法

6.2 引　　言

引言又称前言、序言、概述或绪论,属论文的引论部分(开始、开场白),有总揽论文全局的重要性,主要描述研究背景,侧重立题,引导读者对论文的内容做好心理和知识准备,自然、有序、有目的地进入论文主题,为后面更加方便、有效、能动地阅读和理解正文做好铺垫。引言很重要,只要引言写好了,论文就差不多成功了一半。因此,必须对引言写作高度重视,下足工夫去完成,避免写出的引言过于简单或不完整,如没有交待研究意义和目的,没有体现前人基础和自我创新,甚至没有提出任何本文要解决的问题。

6.2.1　引言的内容及结构

1)引言的内容

(1)研究主题。表述对何领域中的何事物做何方面的研究,大体按领域、范围、研究点、研究类的顺序展开,即研究主题=领域+范围+研究点+研究类。领域是研究内容所属的领域范围、学科类别或研究方向，通常较为宽泛；范围是对研究领域的进一步限定和收缩，将研究领域描述得更加明确和具体；研究点通常是研究对象，是从研究范围中抽取出来的将对其做某类研究的某一事物，对应需要研究或解决的问题；研究类是针对研究点的核心研究内容或中心思想，往往对应科研类型或研究方式。引言通常先陈述相关知识（科学常识、普遍事实、一般认知等）或最新研究成果，可引用文献，层层收缩，直到提出研究点及对其研究的重要性，还可辅以相关研究甚少或存在不足的表述来凸显此重要性。

（2）文献回顾。即文献综述，是对与研究主题相关的代表性文献进行述评，描述现有研究（包含作者在内的前人研究）的历史、现状，横向比较同类研究（现状描述），总结现有研究的优势和局限（不足、空白），提出存在或有待解决的问题（问题提出），说明本文研究与过去研究的关系。注意不要为文献回顾而回顾即不提出问题，而要有意将重点逐渐转移到与研究主题相关的内容，提出其中有某一现实问题需要进一步研究，如理论空白填补、科学机理解释、工程应用推广、效率效果提升、计算精度提高、技术难点突破，等等。被回顾的文献应全面、新颖，有代表性（时间合适、新旧结合、数量恰当等）。

（3）本文工作。针对提出的问题，聚焦、提出本文将进行的研究工作，可包括研究目的、目标、方法、成果、价值。研究目的是本文要解决的问题，突出本文研究的重要性。研究目标是研究目的的分解，是为实现研究目的而确立的本文要实现的各个目标（只有一个目标时，目标就是目的）或要展开研究的各个子主题（研究主题的分解），各目标或子主题构成研究内容，可能涉及所用理论、方法、模型、技术、数据或材料等的某些或某一方面。研究方法是本文工作所采取的主要方法。研究成果是本文预期将获得的主要研究结果、成果（某种理论、方法或产品）。研究价值是本文研究成果的创新、学术贡献或科学意义。研究目的阐述为什么研究，研究目标确立去研究什么，研究方法指出用什么方法研究，研究成果交待将研究出什么，研究价值总结研究有什么意义。

（4）写作安排。介绍论文章节安排，交待论文各主要部分的内容逻辑、行文顺序，涉及论文内容布局及层次标题安排，旨在通过对论文整体构架的简略介绍而达到对引言的完好收尾，指引、方便读者阅读论文。这部分适于篇幅较长、结构稍复杂的论文，并非每一论文都需要。

2）引言的结构

将引言各部分内容按内在逻辑顺序来行文，便形成引言的大体结构：

研究主题（领域→范围→研究点→研究类）→文献回顾（现状描述→问题提出）→本文工作（研究目的→研究目标→研究方法→研究成果→研究价值）→写作安排

这是引言常规结构，始于研究主题，然后文献回顾，再交待本文工作，最后写作安排。研究主题、文献回顾分别侧重描述研究工作的理论、现实重要性，二者构成研究背景。

实际中因学科领域差异、内容表达需要、文体类型差异以及个人写作风格等因素，引言的结构不是固定的，可与常规结构有或大或小的差异（差异较大时称非常规结构），例如先提出问题后文献回顾，先提出问题后陈述研究主题，文献回顾极简（如一句话带过），甚至缺少（确实现有人研究过），长或复杂论文没有写作安排等，均是可以的。

综述论文的文献回顾较多，动辄可能上百篇，但应主要分布在论文正文各主要组成部分中，其引言是否有文献回顾取决于表达需要。若研究主题非常明确，并在引言开头部分做了充分描述，引言中自然就不必再安排文献回顾，但有必要进一步加强对研究主题重要性的表述，适当安排文献回顾也是可以的，但应侧重点出当前少有相关综述研究或虽有却存在某种不足，行业、领域发展或某问题突破、解决需要综述研究来引领的现状，进而引出对本文主题进行综述研究的重要性。综述论文引言的本文工作应侧重指出主要提出了什么指导性的认识、观点，可以填补行业、领域或某问题突破、解决缺少此类综述论文引领的空白。

引言在形式上是若干段落，通常不设下级层次标题，各个段落均代表引言基本内容的一类或几类。一般来讲，引言若按其正常的内容类别来撰写，并按常规结构来布局，则从内容的角度看是规范的，同时若再能遵循引言写作要求，提升文字效能，则是质量高的。

6.2.2 引言写作要求及常见问题

1）引言写作要求

（1）把握总体要求。布局引言写作大纲，周密计划，合理安排，认真写作，按内容、结构要求逐次展开，不偏离主题、题目，不注释、重复摘要，不涉及、分析和讨论结果，不给出、评价结论，不铺垫太多、绕个大弯才进入主题。

（2）考虑读者层次。科研论文适用的读者通常是领域专家、学者权威或专门研究人员，其专业层次较高，一般有较广泛而扎实的专业基础知识。引言中通常不写一般、基础知识，若有必要写，则用叙述性语言（非描述性语言）简写。

（3）写清研究主题。全面、简练陈述研究主题，讲清主题范围和本质，避免内容过于分散、琐碎，主题不集中，但对重要内容陈述不要过于简略。通常在陈述相关知识或最新研究成果的基础上，层层收缩，点出研究主题，还可辅以相关研究存在不足或甚少来凸显研究主题。

（4）充分回顾文献。回顾（综述）有足够代表性的相关文献，概括总结研究现状。确实查不到可引的文献时也应给予交待。不要刻意回避对一些相关文献特别是对本文有某种重要启示性意义的文献的引用，不要引用不相关文献，或过多引用作者自己的文献。对作者已有相关工作陈述应重在交待本文写作的基础和动机，不要写成工作总结，也不必强调过去工作的成就。

（5）正确引用文献。按需引用文献中的有关内容，如结果、数据和语句。引用的结果必须正确，引用的数据必须准确，避免片面摘录部分结果而不能反映总体结果（以偏概全），对间接引用的数据（二次引用的数据，即不是从原文献中直接查到而是来自其引自别的文献中的数据）更应小心。引用的语句不要完全照搬，而应换用自己的思想和语言来表述。

（6）善于发现问题。文献回顾中努力发现已有研究的局限性，总结存在的问题，阐明本文的创新，逐渐达到整个引言写作的高潮。阐述局限性要客观公正，不要把抬高作者自己的研究价值建立在贬低别人的研究工作之上。阐述创新要紧密围绕过去研究的不足，完整清晰地表述本文的解决方法。局限性的涉及面不宜太大，只要解决一两个问题，有创新就好。

存在的问题有多类，总结时应合理分类，进而采用合适的表述方法。常见的问题类别有：①以前的研究者尚未研究或处理不够完善的重要问题；②过去的研究衍生出的有待深入探讨、优化的新问题；③以前提出的不相容且须进一步研究才能解决的问题；④可扩充到新的研究课题或领域中的过去的研究成果；⑤可扩展到新的应用范围的以前提出过的方法、技术。

（7）合理表述创新。慎重而有余地地表述本文创新及前人工作不足。可使用限于条件、目前研究甚少等谦虚用语，但不必过谦而用才疏学浅、水平有限、恳求指教、抛砖引玉等客套用语，也不自吹自擂，抬高自己，贬低别人。除非事实，一般不用首次发现（提出）、有最高学术价值、填补了国内外空白、达到国际先进水平等评价式用语。还要适当用本文、我们、作者、笔者之类词语，明确作者所做工作，避免与别人工作相混淆而不作区分。

（8）正确使用术语。使用规范的名词、名称、缩略语等术语，不要随意使用甚至滥用非公知公用的术语。非公知公用的术语及作者自定义缩写首次出现时应给出其全称，甚至给予解释、定义，以便能有效阅读和方便理解。

（9）取舍适宜篇幅。按表达需要确定引言篇幅（如 1000 字以内）及段落数（如 2～4 段）①，但不要为篇幅过分纠结。篇幅可长可短，与文体类别、研究领域、问题类型、研究主题是否热点、目标期刊办刊模式等多种因素有关：若研究主题为不少学者研究过或还在研究的问题，则引用、讨论较多文献；若只属近来才兴起的研究方向或只研究别人近期才提出的问题，研究的人较少或很少，则引用、讨论少量文献即可。忌表述空泛，主题不集中，篇幅过长；忌脱离前人，引文太少，篇幅过短。

（10）提升文字效能。引言初稿写完后，虽在写作上暂获一个小成功，但从语言表达效果看，往往还会有一些不足，存在提升空间。因此对引言初稿还要认真琢磨，检查语句表义是否准确、句间关联是否顺畅、语言要素修辞是否妥当，针对问题进行修改和完善，全面提升文字效能，保障引言写作质量。

高质量引言应达到：内容全面、逐次展开，开门见山、不绕圈子，言简意赅、突出重点，尊重科学、实事求是。

2）引言写作常见问题
（1）对内容与结构把握不到位；
（2）对研究现状的层面未区分；
（3）对国内外研究现状欠阐述；
（4）对研究背景意义交待不清；
（5）引文较旧、较少、不全面；
（6）未引用高水平权威性文献；
（7）文献偏罗列，欠评论总结；
（8）创新点缺少或不明确突出；
（9）对论文整体结构未加说明。

微课 16

6.2.3 引言实例评析

6.2.3.1 引言实例 1

微课 17

【1】

立体车库是近些年来国内普及率快速上升的一种产品，在以用户为中心的现阶段，立体车库人机界面（Human Machine Interface, HMI）的可用性质量会影响用户对产品的主观满意度[1]。目前，很多学者在各种产品人机界面的可用性方面展开了研究[2-3]。在 HMI 的

---

① 学位论文的引言通常单写一章，并用足够的文字详细阐述，以反映作者掌握了坚实的基础理论和系统的专门知识，具有开阔的科研视野，对研究方案做了充分论证，有必要详细回顾有关历史、综述前人工作、进行理论分析等。

可用性评价中常用到模糊评价法，模糊评价法中各项因子权重的合理化是影响评价结果客观性的重要因素[4]。权重计算中的一般方法如专家直接给出法、模糊数学法等都难以保证客观性。由于层次分析法（Analytic Hierarchy Process, AHP）的一致性检验步骤解决了由于专家逻辑错误和认识局限导致的判断不一致问题，有学者提出了产品人机界面的模糊层次分析法（Fuzzy Analytic Hierarchy Process, FAHP）[5-7]，但评价的方法并不统一，步骤也较烦琐，且缺乏结合 HMI 具体设计因素方面的深入，并没有充分发挥 AHP 的特点。针对这一点，在对立体车库 HMI 的交互特性进行分析后，结合模糊评价法和 AHP 的优点提出了一种易于操作的可用性评价方法，除客观性外，该方法的另一个特点在于评价完成后，结合 AHP 模型可发现影响可用性的一些主要设计问题。

此例为"基于 FAHP 的立体车库人机界面可用性评价方法"一文的引言，分三部分。

第一部分（立体车库是……主观满意度）。先点出领域（立体车库）；接着用"人机界面（Human Machine Interface, HMI）"对领域进行限定，确定范围（立体车库人机界面）；再进一步指出研究点（可用性质量）。人机界面属于软件设计范畴，其可用性质量与可用性评价方法（研究类）直接相关，这里未明确提到评价方法，但此语义明显（不过在第 2 段第 2 句提到了）。这样，"立体车库人机界面的可用性质量评价方法"就是研究主题。这部分与题名相扣，按领域、范围、研究点展开，描述研究主题。

第二部分（目前……发挥 AHP 的特点）。开头总体描述针对主题的研究情况。接着列举所用的研究方法，如模糊评价法、专家直接给出法、模糊数学法、层次分析法（AHP）、模糊层次分析法（FAHP），还夹有对方法的评价。最后进行总结，指出这些方法的共性问题，如不统一、步骤烦琐、结合 HMI 设计因素不够、未充分发挥 AHP 的特点。这部分为文献回顾，对现有各类相关研究方法进行评述，描述研究现状，指出存在的问题（对应上述研究点）。

第三部分（针对这一点……主要设计问题）。以"针对这一点"开头，与所指出的问题相呼应，引出本文工作——提出一种新方法（研究成果），还交待所用研究方法（分析立体车库 HMI 的交互特性，利用模糊评价法和 AHP）及其优点（易于操作、评价结果客观、能发现一些主要设计问题），这些优点便是研究价值。这部分按研究方法、研究成果、研究价值展开，交待本文工作。

此引言内容和结构：研究主题（领域→范围→研究点）→文献回顾（现状描述→问题提出）→本文工作（研究成果→研究方法→研究价值）。下面给出一种参考修改。

引言【1】参考修改

立体车库是用来最大量存取储放车辆的机械设备控制系统，成为近年来国内普及率快速上升的一种产品。人机界面（human machine interface, HMI）是这种产品的重要组成部分，是用户操作它的窗口，其设计质量直接决定了用户使用的体验好坏。在以用户为中心的现阶段，立体车库 HMI 设计的可用性质量直接影响用户对它的主观满意度[1]，而这一可用性质量又与其设计中使用的可用性评价方法直接相关，研究立体车库 HMI 的可用性评价方法十分重要。

目前，不少学者对各种立体车库人机界面的可用性进行了较多研究，使用了较多的可用性评价方法[2-3]。其中常用方法是模糊评价法，该方法中各项因子权重的合理化是影响评价结果客观性的重要因素[4]。权重计算可用不同的方法，方法不同，评价结果也不同。使用较多的有专家直接给出法、模糊数学法等一般方法，这些方法虽使用较为方便，但评价结果不很理想，往往难以保证评价结果的客观性。也有学者将层次分析法（analytic hierarchy process, AHP）用在立体车库 HMI 的可用性评价中，其最大优势是引进一致性检验步骤，解决了由专家逻辑错误和认知局限导致的判断不一致问题。也有学者提出立体车库 HMI 的模糊层次分析法（fuzzy analytic hierarchy process, FAHP）[5-7]。这些评价方法种类较多，各具特色，但存在的问题也很明显，如方法不统一，步骤较烦琐，特别是缺乏与 HMI 具体设计因素的良好结合，设计深度不够，不能充分发挥 AHP 的优点。因此，研发一种能够胜过现有相关评价方法的评价结果客观、方法统一、步骤简单的可用性评价方法更具现实意义。

针对以上问题，本文在对立体车库 HMI 的交互特性进行分析后，结合模糊评价法和 AHP 的优点，提出一种易于操作的可用性评价方法。该方法操作简单，评价结果客观，而且评价完成后可结合 AHP 模型来发现影响可用性的一些主要设计问题，进而日后进一步改进设计。

修改后的内容和结构基本没有变化，但在第 1 段中补充了研究类，并提升了文字效能。

6.2.3.2 引言实例 2

【2】

微型扰流片作为一种新型二维修正弹的气动执行机构，具有结构简单、执行动作简捷、成本较低、可提供持续控制力等优势，近年来备受关注[1-5]。大量研究结果表明，扰流片控制力作用于弹箭尾端的气动布局在旋转稳定弹上的控制效果，比控制力作用在弹丸前端的鸭式布局优势更加突出[6-10]。Fresconi 等[3]利用六自由度弹道模型验证了用扰流片实现弹道修正的可行性，结果表明，采用扰流片控制力作用于弹箭尾端气动布局的旋转稳定修正弹弹道，其修正范围大于弹道散布且飞行稳定。法国国防部为专门研究旋转稳定弹的二维修正技术，设立了一个名为 MANEGE 的项目，Wey 等[5]将扰流片气动执行机构应用于 155 mm 弹丸，对于不同初速、射角下的修正能力进行研究，发现在一定射击条件（不同初速、不同射角）下在弹道末端激活扰流片即可使修正距离大于无控散布范围。Arnoult 等[11]对该类气动布局的旋转稳定修正弹进行了 3 个马赫数 Ma 点的风洞实验，提出采用多可信度代理模型的 Co-Kriging 模型，将少量风洞数据作为扰流片气动系数的高可信度评估、大量的计算流体力学（CFD）方法数据作为低可信度评估，二者结合可提高修正弹扰流片气动力参数的计算速度和精度。

以上文献表明采用微型扰流片的气动布局能够有效提高旋转稳定修正弹的修正控制能力，但其几何外形依赖性即扰流片气动外形对修正弹修正能力及弹道的影响规律有待深入分析。文献[12-13]提出采用 Kriging 模型和人工神经网络作为气动力系数的代理模型，指出在给定扰流片激活时间后即可确定其最优结构。但文献中定义的优化目标函数较为单一（仅弹道修正量），并没有给出具体的扰流片气动力以及优化后的具体弹道结果，如修正距离、落点速度等诸元。此外，文献[5, 11-13]设计的扰流片都为小段圆形外环，没有具体对扰流片外形形态及其作用机理进行探究。在国内，钱龙等[14]、杨杰等[15-16]针对带扰流片旋转稳定弹初步开展了气动特性分析、外弹道建模仿真以及制导律设计等研究，但并未涉及扰流片外形设计问题。

本文以带微型扰流片的某旋转稳定弹为研究对象，通过研究其弹道修正机理建立以扰流片外形参数为设计变量、以弹道修正量和终点存速为优化目标，并考虑攻角、修正能力及扰流片尺寸约束的多目标优化设计数学模型,通过联立前馈神经网络气动响应模型和有控刚体弹道模型获得设计变量和目标函数之间的关系,并采用遗传算法获得全局最优解。与文献[12-13]相比,本文研究在 3 个方面有所改进:1)除弹道修正量外,增加终点存速这一重要弹道性能为目标函数;2)给出了亚声速、跨声速、超声速等条件下弹丸的升阻比函数形态;3)对扰流片作用下弹丸的姿态变化及升阻特性进行了机理分析。本文研究结果可为该类旋转稳定修正弹的设计与研制提供一定的参考。

此例为"旋转稳定弹扰流片气动外形多目标优化设计"一文的引言,有 3 段。

第 1 段描述领域、范围。首句介绍微型扰流片(范围),指出它因有一些优势而备受关注。句 2 引用文献,指出微型扰流片在旋转稳定弹(领域)上应用,其中气动布局的控制效果更加突出(扰流片控制力作用于弹箭尾端的气动布局在旋转稳定弹上的控制效果,比控制力作用在弹丸前端的鸭式布局优势更加突出)。后面几句通过文献回顾,描述微型扰流片在旋转稳定弹上应用的研究情况,描述和总结相关研究结果,佐证上文所述气动布局的优势。

第 2 段交待研究点和提出问题。首句对上文文献回顾进行总结,先说优势——采用微型扰流片的气动布局能有效提高旋转稳定修正弹的修正控制能力,再说不足——扰流片气动几何外形依赖性(扰流片气动外形对修正弹修正能力及弹道的影响规律)有待深入分析,"气动外形"是研究点,此不足就是提出问题。接着文献回顾,描述问题研究现状,总结存在的问题——没有给出具体扰流片气动力及弹道优化结果,没有对扰流片外形形态及作用机理进行探究,没有涉及扰流片外形设计问题(问题细化),"设计"是研究类。这里文献回顾是针对研究点和研究类展开的,更加收缩、集中、具体,与第 1 段中针对领域、范围的文献回顾的侧重不同。至此,研究主题就完整了(旋转稳定弹+扰流片+气动外形+设计)。

第 3 段交待本文工作。先交待研究对象——带微型扰流片的某旋转稳定弹。再表述研究方法及其目标——通过研究弹道修正机理(方法),建立多目标优化设计数学模型(目标);通过联立前馈神经网络气动响应模型和有控刚体弹道模型(方法),获得设计变量和目标函数关系(目标);采用遗传算法(方法),获得全局最优解(目标)。接着进行对比,较为详细地总结指出本文工作的优势。最后总结本文研究价值。

此例引言内容和结构:范围→领域→文献回顾(现状描述→问题提出)→研究点→文献回顾(现状描述→问题提出)→本文工作(研究方法→研究目标→研究价值)。下面给出一种参考修改。

引言【2】参考修改

微型扰流片是一种新型二维修正弹的气动执行机构,具有结构简单、执行动作简捷、成本较低,以及可提供持续控制力等优势,近年来备受关注[1-5]。大量研究表明,扰流片在旋转稳定弹上的控制效果方面,其控制力作用于弹箭尾端的气动布局,比作用在弹丸前端的鸭式布局的优势更加突出[6-10]。文献[3]利用六自由度弹道模型,对用扰流片实现弹道修正的可行性进行验证,结果表明采用扰流片控制力作用于弹箭尾端气动布局的旋转稳定修正弹弹道的修正范围大于弹道散布且飞行稳定。法国国防部为研究旋转稳定弹的二维修正技术,设立了一个名为 MANEGE 的项目。文献[5]将扰流片气动执行机构应用于 155 mm

弹丸，对于不同初速、射角下的修正能力进行研究，发现在一定射击条件（不同初速、射角）下，在弹道末端激活扰流片即可使修正距离大于无控散布范围。文献[11]对该类气动布局的旋转稳定修正弹进行了三个马赫数 Ma 点的风洞实验，提出采用多可信度代理模型的 Co-Kriging 模型，将少量风洞数据作为扰流片气动系数的高可信度评估、大量的计算流体力学（CFD）方法数据作为低可信度评估，将二者结合可提高修正弹扰流片气动力参数的计算速度和精度。

以上文献表明，采用微型扰流片的气动布局能够有效提高旋转稳定修正弹的修正控制能力，但对其几何外形依赖性研究不足，即扰流片气动外形对修正弹修正能力及弹道的影响规律缺乏深入分析。文献[12–13]提出用 Kriging 模型和人工神经网络作为气动力系数的代理模型，指出在给定扰流片激活时间后即可确定其最优结构；但定义的优化目标函数较为单一(仅弹道修正量)，未给出具体的扰流片气动力及优化后的具体弹道结果，如修正距离、落点速度等诸元。此外，文献[5, 11–13]设计的扰流片均为小段圆形外环，未具体对扰流片外形形态及作用机理进行探究。在国内，文献[14–16]针对带扰流片旋转稳定弹初步开展了气动特性分析、外弹道建模仿真及制导律设计等研究，但并未涉及扰流片外形设计问题。

本文对带微型扰流片的某旋转稳定弹气动外形进行多目标优化设计，通过研究弹道修正机理，建立以扰流片外形参数为设计变量，以弹道修正量和终点存速为优化目标，并考虑攻角、修正能力及扰流片尺寸约束的多目标优化设计数学模型；通过联立前馈神经网络气动响应模型和有控刚体弹道模型，获得设计变量和目标函数之间的关系；通过使用遗传算法，获得全局最优解。本文研究在较多方面有所改进，研究结果可为旋转稳定修正弹的相关设计与研制提供一定理论和方法参考。

修改后的内容和结构有局部调整，去掉了一些冗余表达，文字效能得到提升。

6.2.3.3　引言实例 3

【3】

本文的研究目的在于预估某圆断面扭杆在给定扭角下储存给定年限后的剩余转矩值。由于给定时间很长，应采用理论与试验相结合的方法解决这一问题。但目前没有相关文献。为此，本文引入损伤力学研究这一问题。

首先，以损伤力学作为理论基础，建立以扭角与材料常数为参量的转矩与时间函数关系，即转矩与时间的理论曲线以及转矩门槛值与扭转切应力门槛值的关系式。此函数关系表明：对一定材料，所给定的扭角愈大，则转矩随时间的衰减速度也愈快。

然后，为了缩短试验与研究的周期，在以上理论分析基础上，提出加速试验方案。为此，在大扭角（远大于储存扭角）情况下进行扭转试验，得到转矩的门槛值，并根据损伤力学理论确定扭转切应变门槛值。

最后，利用大扭角情况下得到的切应变门槛值，根据损伤力学的理论公式间接推断小扭角情况下转矩门槛值。

应当指出：在小扭角情况下，初始最大切应力已经接近材料屈服切应力。因此，在大扭角情况下，杆件必然处于弹塑性状态。从而我们需要进行弹塑性试验以及弹塑性常规固体力学与弹塑性损伤力学理论研究。

此例为"扭杆刚度衰减加速试验的损伤力学分析"一文[①]的引言,有5段。

第1段有4句,交待目的、问题、现状、目标、方法。第1句直接指出研究目的,但开头直接说目的,让人有"丈二和尚摸不着头脑"之感,是什么领域和领域的哪个方面(范围),得靠猜想或通过别的办法搞清。第2句试图指出当前研究存在的问题,但问题不明确。第3句用极简语句"但目前没有相关文献"描述研究现状,但如此笼统的表述有夸大嫌疑。第4句极简交待研究目标(研究这一问题),同时指出研究方法(引入损伤力学)。

第2～4段,较详细叙述本文工作,包括研究方法、步骤及相关结果,与该文摘要重复较多。引言应侧重研究背景和本文工作,不必写研究方法,必要时提及研究方法即可,句式用介宾结构(方法名称做介词宾语),充当关键谓语动词的状语。因此,这部分详写方法不妥,况且在第1段已提过方法,这里再提方法造成冗余。有关方法和过程的内容应在正文"材料与方法"中撰写。因此,这3段可删除,或将其中关键内容提炼出来写为研究目标。

最后一段表述随意,混用"应当指出""因此""从而",缺乏逻辑性,使得这部分不知是表述结果、结论,还是表述作者的观点、认识,还是通过论证而推出新的结果、结论(需要进行弹塑性实验以及弹塑性常规固体力学、弹塑性损伤力学理论研究),还是论述相关研究(弹塑性实验以及弹塑性常规固体力学与弹塑性损伤力学理论研究)的必要性。可将其中主要内容提炼为研究成果。

此例引言内容和结构:研究目的→现状描述→研究目标→研究方法→本文工作。有以下问题:研究背景不充分,问题不明确,缺少文献回顾;参考文献未标注且不具代表性(数量、种类少,发表时间早,缺当时的近年文献);未明确交待研究价值。下面给出一种参考修改(但没有标注参考文献)。

引言【3】参考修改

在材料力学领域,有一个现实问题,这就是,当须要预估某圆断面扭杆在给定扭角下、储存给定年限后的剩余转矩值时,此给定年限跨度太长,不便单纯进行实验研究。因此,有必要采用理论与实验相结合的方法,由扭杆刚度衰减加速实验的损伤力学分析来解决这一问题。然而,目前相关研究不多见。

本文引入损伤力学,以其为理论基础,进行弹塑性常规固体力学、损伤力学理论及实验研究,对扭杆刚度衰减加速实验的损伤力学进行分析,建立以扭角与材料常数为参量的转矩与时间函数关系,提出加速实验方案,推断小扭角情况下转矩门槛值。研究结果表明,在小扭角情况下初始最大切应力已经接近材料屈服切应力,在大扭角情况下杆件处于弹塑性状态,本文研究方法具有合理性。研究结果为以上问题的解决提供了方案,对相关研究具有一定的参考价值。

修改后,先点出领域(材料力学),突出了问题即研究点(预估圆断面扭杆在给定扭角下、储存给定年限后的剩余转矩值),补充了研究类(理论与实验研究),提炼出本文工作(研究方法、研究目标、研究成果、研究价值),研究成果就是主要研究结果,文字效能也有较大提升。

---

① 该文发表于2007年,引用4个参考文献:2个为图书(1992、1998年),1个为期刊论文(1998年),1个为会议论文(1994年)。

6.2.3.4　引言实例 4

【4】

虚拟制造单元（VMC）首次由 C. R. McLean 等在对传统制造单元扩展的基础上于 1982 年提出，思路是当生产任务变化时从共享资源库中选择合适的资源生成制造单元[1-2]。它是从已有物理资源中抽取出的某个整体或片段，并未改变原有资源物理布局，而仅是在逻辑上进行重构。本文基于设备模式和集合论给出一种在以下假设成立时的 VMC 生成方法：①重构对象为由有固定物理位置的设备构成的制造资源集合。②生产任务是动态变化的。③某一生产任务（如工件种类、工艺路线及加工量）是确定的。④同一工件可在不同时段内多次"访问"同一设备。⑤工件运送由 AGV 来实现。⑥不考虑重构内因。

此例为"可重构制造系统（RMS）中基于设备模式的虚拟制造单元（VMC）生成方法"一文的引言，仅有一段。

此引言内容和结构：研究主题（研究点）→本文工作（研究方法、研究成果）。句 1 点出研究点"虚拟制造单元（VMC）"，介绍它由何人在何时首次提出及其生成思路；句 2 介绍研究点，描述其含义和特征；句 3 开头（本文基于……VMC 生成方法）交待本文研究方法、研究成果。很明显，此引言对研究主题描述不充分，且缺少文献回顾，存在的具体问题有以下方面：

（1）缺少对领域、范围即 VMC 上位概念 RMS（可重构制造系统）的介绍。VMC 是 RMS 的一种解决方案，对 VMC 描述前应先介绍 RMS（概念及相关知识）及研究意义、现状。

（2）缺少对 VMC 研究现状的文献回顾。应在 RMS 的概念与研究现状的简述中逐渐聚焦其解决方案之一的 VMC 的优势，再详述 VMC 的概念、特点及研究现状，通过文献回顾指出现有 VMC 生成方法的不足。

（3）对本文 VMC 生成方法的 6 点假设多余。假设属方法范畴，详细内容应放在正文"材料与方法"中撰写，引言中可提及或点出"给出 6 点假设"，但不用列出假设的具体条款或内容。

（4）缺少对本文研究价值的总结。应概括总结本文研究方法的意义或创新之处。

下面针对以上问题给出一种参考修改。

引言【4】参考修改

现有制造系统的共同特点是基本不具有可重构性，当市场需求发生变化时会导致大量设备闲置、报废，造成资源、能源浪费。可重构制造系统（reconfigurable manufacturing system，RMS）的实施是解决这一问题的根本途径，可重构的本质是在制造系统全生命周期内通过逻辑或物理构形变化而获得最大生产柔性[1-2]。发达国家从 20 世纪 90 年代中期开展了有关研究，但目前还没有较成熟完善的 RMS 实现（生成）方法，研究 RMS 的实现方法有重要意义。

RMS 的实现可通过改变可重构机床的模块化构件，或通过移动、更换或添加可移动设备，或以逻辑重构方式生成虚拟制造单元（virtual manufacturing cell，VMC）来进行。目前可重构机床的研制正处于初级阶段，而且现有制造系统的设备一般为普通设备，设备物理位置大部分被永久固定，因此用改变物理构形的方式实现 RMS 还有困难。然而以生成

VMC 的方式实现 RMS 的逻辑重构，最终能起到物理重构的效果。这是因为 VMC 的设备在物理位置上可以不相邻而且不可移动，在逻辑和概念上却可以相互关联构成虚拟动态实体，这种关联可通过物流系统如自动导引小车（automated guided vehicle，AGV）的路径网络来实现，而无须改变现有系统的物理布局。

制造单元生成方法多是基于成组技术，VMC 生成方法多未考虑多工件族间单元共享和单元间设备共享的问题，而且在单元生成前还须预先设置一些参数。例如，BABU 等[3]基于不同秩聚类（rank order clustering，ROC）提出可生成多种单元构形的单元生成算法，但没有考虑系统的单元共享，而且还须主观设置一些参数；SARKER 等[4]开发出基于工艺路线和调度而不是单元共享的 VMC 生成方法，用以在多工件和多机床调度系统中寻找最短生产路线；RATCHEV[5]提出基于"资源元"的类能力模式的制造单元生成方法，将工艺需求动态地与制造系统加工能力相匹配；KO 等[6-7]基于"机床模式"的概念给出可实现机床共享的 VMC 生成算法。目前对制造单元的研究主要集中在单元生成及计划上，很少有人将其应用到 RMS 中。

本文应用相似性理论提出"设备集合模式"的概念，并给出在一些假设成立时的 VMC 生成方法，以实现 RMS 的逻辑重构。研究成果实现了制造单元通过逻辑重构来达到其物理布局改变所能达到的效果，对 RMS 实现方法的研究有一定参考意义。

修改后有 4 段，主要内容和结构如下：

第 1 段描述研究 RMS（领域）的意义。指出现有制造系统具有不能适应市场需求的缺点，原因在于其缺少可重构性，而 RMS 正好能解决这一问题，但目前没有成熟的实现方法（研究类），因此研究 RMS 的意义重大。

第 2 段描述 VMC（范围）的原理及优势。指出 VMC 是 RMS 众多实现方案中一种具有现实可行性的方法，描述其工作原理和优势——逻辑重构（研究点），并指出逻辑重构的实现方法（AGV）（研究类）。

第 3 段描述 VMC 的研究现状（文献回顾）。总结现有 VMC 生成方法的不足，如没有考虑设备、单元共享，在单元生成前须预先设置一些参数。接着对相关 VMC 生成方法进行评述（现状描述），指出这些方法各自的特点，但存在共性问题——主要集中在单元生成及计划上，不适合 RMS（问题提出）。

第 4 段指出所用方法（应用相似性理论，以某些假设为前提）、本文工作（研究成果：提出一种 VMC 生成方法），写作上只提及用什么做了什么，但未交待具体内容（留下悬念，让读者去正文中找答案）。最后总结了本文的研究价值。

修改后的内容和结构：研究主题（领域→研究类→范围→研究点→研究类）→文献回顾（现状描述→问题提出）→本文工作（研究方法→研究成果→研究价值）。增加了研究主题描述和文献回顾，阐明了研究背景、理由及存在的不足，写明了作者与前人研究工作的关联与区别。

6.2.3.5 引言实例 5

【5】

近年来，由于高铁技术发展迅速，对接触网的安全性问题的关注也越来越高，在设计电气化铁路的标准中，接触网的疲劳寿命是必须考虑的。列车运行速度越快、接触网的波动幅度就会越大，就要求对接触网的疲劳寿命进行估算，以确保列车的安全运营。接触网主要由接触线、承力索、弹性吊索、整体吊弦等柔性线索组装连接。因此，保证列车安全运营的前提是接触网的安全可靠性。

随着列车速度逐渐提高，高速铁路安全性在保障列车的安全行驶中意义重大。在电气化铁路中，吊弦的破损情况比较常见，它对铁路交通中断会产生不容忽视的影响。列车在行驶过程中，接触网在给受电弓传输电能的同时会经受较高的动应力作用，使得接触网容易发生疲劳断裂，然而这种疲劳断裂属于脆性断裂，最重要的特点是在断裂之前结构的外观仍然不会发生明显的变化，因此，研究接触网的疲劳破坏、预测接触网的疲劳寿命就显得格外重要。近年来结构部件都向大型化的方向发展，由于接触网疲劳破坏而导致事故发生的频率越来越高，疲劳问题变得越来越重要。

高速铁路的安全运营对接触网悬吊线索的装备水平、安全可靠性提出了较高的要求，评价接触网悬吊线索疲劳性能的指标有外界环境因素、接触网的材料、线路条件、弓网关系、零部件损坏变形等，但是接触网材料、弓网关系在导致接触网故障方面占很大比重，此外，不同研究方法适用于不同工况，因而本文主要从材料特性、弓网关系、研究方法这3个方面进行分析。

此例为"高铁接触网悬吊线索疲劳寿命研究进展"一文的引言，有3段。

第1段。主要介绍高铁接触网的可靠性对高铁安全运营的重要性。首先陈述高铁接触网的疲劳寿命是其安全性的重要因素，接着解释对其疲劳寿命进行估算的必要性，然后介绍其组成，最后总结指出其安全可靠性对高铁安全运营的重要性。这部分交待领域（高铁接触网）及研究点（疲劳寿命），但写作逻辑稍差。例如：第三句介绍高铁接触网的组成（接触网主要由……组装连接），与上下文相关性不强，略显冗余；最后一句作为结果是以其前三句为原因而得出的，但这种因果关系不强，说服力不强，使用关联词"因此"的表达比不上去掉"因此"直接说的效果好。

第2段。主要描述对高铁接触网疲劳破坏研究及疲劳寿命预测的重要性。共4句，句1强调高铁安全性的重要性，句2指出高铁吊弦破损是造成铁路交通中断的重要原因，句3、4进一步指出对高铁接触网疲劳寿命进行研究和预测的重要性。这部分的亮点是解释了接触网发生疲劳断裂的主要原因（吊弦破损），明确了研究范围（悬吊线索），进而确定了研究主题（高铁接触网＋悬吊线索＋疲劳寿命＋研究进展），但写作逻辑较差，语义有重复。例如：句1强调高铁安全性的重要性纯属多余，相关语义已在第一段表述过了，不必重复；句3、4也有类似问题。

第3段。侧重交待高铁接触网悬吊线索疲劳性能的影响因素及本文主要工作。先指出影响因素有外界环境、接触网材料、线路条件、弓网关系、零部件损坏变形等，再指出其中接触网材料、弓网关系是主要因素，最后交待研究目标（从材料特性、弓网关系、研究方法三方面进行分析）。这部分交待本文工作，但语句一逗到底，写作层次较差，而且对本文工作用了"分析"一词，与论文题名的"研究进展"不相扣，研究类（综述、研究进展）未得到体现。

此例引言内容和结构：研究主题（领域→研究点→范围）→本文工作（研究目标）。结构较为简单，缺少研究类及文献总结或回顾，有语病，表达冗余，术语不统一（如高速铁路、高铁，悬吊线索、吊弦）。下面给出一种参考修改。

引言【5】参考修改

近年来,高铁发展迅速,行驶速度不断提高,其安全性问题越来越突出,对保障列车安全行驶提出越来越大的挑战。高铁的安全运营,对高铁接触网悬吊线索的装备水平、安全可靠性提出了较高的要求。接触网是高铁运营系统中非常重要的一个组成部分,列车运行速度越快,接触网的波动幅度也会越大,对接触网造成的损坏就会越大,从某种程度上讲,接触网的可靠性就代表着列车的安全性,可以说,保证高铁安全运营的前提是高铁接触网的安全可靠性。

在高铁这种电气化铁路中,接触网主要由接触线、承力索、弹性吊索、整体吊弦等柔性线索组装连接,其中吊弦的破损情况比较常见,对铁路交通中断会产生不容忽视的影响。列车在行驶过程中,接触网在给受电弓传输电能的同时,会经受较高的动应力作用,使得接触网容易发生疲劳断裂,然而这种疲劳断裂属于脆性断裂,其显著特点是,在断裂之前结构的外观仍然不会发生明显的变化,因此研究接触网的疲劳破坏、预测接触网的疲劳寿命就显得格外重要。近年来结构部件向大型化的方向发展较快,由接触网疲劳破坏而导致事故频发,接触网疲劳问题变得越来越突出。可见,设计高铁系统时充分考虑接触网的疲劳寿命并对其进行估算,具有十分重要的现实意义。

评价接触网悬吊线索疲劳性能的指标主要有外界环境、材料疲劳特性、线路条件、弓网关系、零部件损坏变形等,其中材料疲劳特性、弓网关系是导致接触网故障的主要因素。本文分别从材料疲劳特性、弓网关系、研究方法三个方面阐述高铁接触网悬吊线索疲劳寿命研究进展,总结存在的问题并进行展望。研究结果可以填补当前相关综述研究甚少、相关研究缺乏指导和引领的不足。

修改后的内容和结构整体没有太大变化,但局部有较多合并、调整,并补充了研究类,表达更加规范,文字效能显著提升。

6.2.3.6 引言实例6

【6】

舰载电子设备服役于恶劣的海洋气候环境,高温、高湿、空气中的腐蚀性物质、盐雾和各种霉菌对设备具有极大的破坏性,直接影响了设备的导电、磁导、电感、电容、电子发射和电磁屏蔽等参量的改变。同时随着高科技电子设备向系统化、综合化、智能化的发展,要求设备能全天候高可靠、抗干扰地适应各种恶劣环境的使用,因此防潮湿、防霉菌、防盐雾的三防设计是研制舰载电子设备的重要任务。

三防设计涉及到材料、元器件、电路、结构、工艺和综合性技术管理等多方面的工作,在设备研制时应同步进行。

此例为某论文[①]的引言。前一段以领域常识为论据论证三防设计在舰载电子设备研制中的重要性,后一段点出三防设计的内容或特点,属于领域常识。存在研究主题描述不够集中、明确,缺少文献回顾(现状描述、问题提出),未交待本文工作,参考文献不具代表性,篇幅过短等问题,远达不到引言写作要求。另外,语言有一定提升空间,如"随着"冗余。

---

① 该文发表于2007年,引用4个参考文献:2个为图书(2000、2001年),2个为期刊论文(1996、2003年)。

6.3 材料与方法

科研总是按一定方法使用材料，实现既定目的（目标）。没有材料，科研无从谈起；没有方法，科研无法实现。材料与方法是方案部分，描述研究在什么条件下、怎样展开。这部分是快速判定相关研究是否真实可信（如实验能否复用）的重要途径，也是为别人对研究结果检测、引用提供的便利条件，构成论文科学性、先进性的基础性依据。一些论文在形式上没有材料与方法类标题，但在内容上有，凡论文依据、引用的理论知识、原理定律或文献资料，以及对这些理论知识、原理定律或文献资料所采取的研究方法均属材料与方法范畴。

6.3.1 材料与方法的内容及结构

"材料与方法"在内容上有共性（以何目标，用何材料、何方法，经何过程做研究，交待为什么做，做了什么，用什么做，怎么做的），在结构上虽无固定模式（科研复杂，目标多样，涉及因素多，所用方法广泛，所走流程相异），却也呈现出较多共性。

6.3.1.1 材料与方法的内容

材料与方法的内容大体包括材料及方法、方法及过程、数据处理三个层面。

微课 18

1）材料及方法

材料及方法指研究中所用的材料及对材料的使用（处理、处置或操作等）方法[①]。这里，材料是广义的，凡是研究得以进行所需用到的各类物资和信息资源均可包括在内；方法是针对某材料的使用方法，而不是针对某研究主题的实现方法。材料可用来充当研究对象本身，或充当与研究对象相关联的研究对象以外的事物，有研究对象和非研究对象两个层面。

研究对象层的材料是被研究的事物本身（如样本、研究区），任何事物都可作为研究对象，如宇宙、天体、山川、江河、人、动物、植物、产品、特定研究区及其组织、结构、机体、细胞等，涉及机理、机制、效果、规律、组成、成分、特性、功能、来源等多种属性。研究对象为人或动物时，应首先交待有关伦理和研究安全方面的伦理、规范与法律、法规。对于临床研究，研究对象是患者，须获得患者的知情同意，由有关单位（如伦理委员会）批准；对动物研究，研究对象是动物，须符合有关动物管理、章程等的规定。

非研究对象层的材料是对研究对象进行某种操作所使用的物资资料，分为材料和设备。这里，材料是狭义的，包括各类化学物资、材料，药品、试剂，软件、系统，数据、资料，文本、文档等。表述材料，应写清名称、用途（功能）及使用方法；应详略适当，对通用材料及方法简单提及，对特殊材料及方法则详细说明；应区分来源的商业性，对商业来源可以不写厂家、地址，对非商业来源则详写厂家、地址。设备包括机器、设施、器械、器具、器材、工具、仪器、仪表等。表述设备，应写清名称、选用理由，必要时交待其不足，涉及功能、参数、特性、数量、环境、来源等；应详写型号、厂家、用途及测量范围、精度等，写明设备使用或校正步骤，必要时还要交待对结果可能造成特定影响的某种操作（在讨论部分应有对应的分析）。

① 这里指材料自身存在或投入使用所需对它进行的某种操作、处理或预备工作。

2）方法及过程

方法及过程属于研究方案的解决层面，是为实现研究目的（目标）而对各类所需材料的综合使用方案，材料使用中所需的方法，涉及具体技术、方法、操作、流程及具体条件（如环境、密封、噪声、通风、辐射、隔离措施、特殊光线）、参数（如浓度、温度、湿度、压强、电压、亮度、传热系数）等。表述方法及过程，总体上应包括有关设备及研究条件、测试方法等的注意事项，主要研究过程的描述，涉及研究目的、对象、材料、设备，操作流程、测定方法，出现的问题及采取的措施等。方法及过程也有研究对象和非研究对象两个层面。

研究对象层的方法及过程主要描述研究对象的获取、选择、制备（准备）等的方法、过程及优势，如样本选取方案（涉及样本类型、数量、组成、分组方法、步骤等），明确交待是否随机化分组和盲法实验，明确估计抽样误差、实验（或调查）范围；非研究对象层的方法及过程，主要描述研究的具体方案、方法及相应的过程，如某种工艺、技术、疗程、算法、程序、统计分析方法等，并交待方法选用的理由或不足。

实验是常见的研究方法，论文有无实验内容通常是判别其水准高低的一种重要依据。理论型论文有了实验，理论成果的正确性就会得到实证；实验型、调查型论文有了实验，就会获得别人没有的创新原始结果；设计型、经验型论文有了实验，产品、方法成果的实用性、有效性就会得到验证。

实验方法的主要内容：实验设计方案，如随机、非随机、交叉、前后等对照试验；实验场所，实验室设施；干预措施、盲法；测量指标，结果判断标准，等等。

实验过程的主要内容：主次分明、重点突出的实验流程（选取主要、关键、特别流程，避免罗列全部过程）；详略得当、新旧区分的方法描述（对未发表的新方法应详述，提供所有必要的细节信息，对已发表的旧方法或通用方法可一带而过，即提及方法名称或直接引用文献。

方法及过程写作应按研究的逻辑而非时间顺序来展开，写作详略程度取决于研究内容的复杂程度及重要性。

3）数据处理

数据处理的主要内容是表述数据处理方法，按方法的不同类别或层面（如一般处理、模型运算、统计处理和数据模拟等）安排相应内容。对简单的数据处理，这部分通常较短甚至不写，而对于复杂的数据处理，则应安排单独的层次标题及相关内容。

统计处理是非常重要的数据处理方法，涉及较多参数，如重复次数、均值、标准误（SEM）或标准差（SD）、P 值等，以及各类统计分析、检验方法。对简单的统计处理，提一句"经统计学处理"就可写出处理结果，或直接用 P 值（如 $P>0.05$ 或 $P<0.05$、$P>0.01$）说明结果差异有无显著性。对于复杂的统计处理，应详写统计方法、过程及各相关参数（如差值、抽样误差等）对 P 值的影响等，在写明所用具体统计方法时，还要说明校正情况，给出描述性统计量的置信区间，注明精确的统计量值（如 t、F、u 值等）和 P 值，再根据 P 值做出统计推断而得出专业性的处理结果。

微课 19

6.3.1.2 材料与方法的结构

在全文结构上，"材料与方法"常位于"结果与讨论"前，或不列入论文正文部分而以论文附加材料的形式出现，或只在在线论文中出现而纸刊论文中不出现。

在自身结构上,"材料与方法"的结构与研究主题、文体类型、研究对象、表述侧重、布局安排、出版要求及写作风格等多种因素相关。材料、方法既可分写也可合写。分写是将这二者分开单独写,即各写各的,分别用不同句组(句群)或段落表述,先材料后方法或先方法后材料均可。合写是将二者混在一起写,用相同句组或段落表述,即同一语言片段既表述材料也表述方法。

内容简单时,材料与方法可用相同标题(一级标题)下的分写结构,先写材料后写方法。以表 6-1 所示分写结构一为例:一级标题"材料和方法"统领,二级标题 1.1 交待材料(分为动物、试剂和仪器 3 类),1.2～1.4 表述方法(按 3 个实验主题展开),1.5 交待统计学处理。

表 6-1 材料与方法结构示例

分写结构一(相同一级标题)	分写结构二(不同一级标题)	合写结构(相同二级标题)
1 材料和方法	**1 实验材料**	**1 材料和方法**
1.1 动物、试剂和仪器	1.1 试剂与材料	1.1 伦理声明
1.2 动物分组和标本采集	1.2 仪器	1.2 生物研究安全性声明和设施
1.3 骨骼肌组织匀浆 MDH、SDH、PK 及 LD 检测	1.3 实验动物	1.3 样本收集和病毒隔离
1.4 肝组织匀浆 LDH 检测	1.4 细胞系	1.4 遗传和系统发育分析
1.5 统计学处理	**2 实验方法**	1.5 动物研究
	2.1 MTT 法检测细胞活力	1.6 鸡研究
	2.2 细胞划痕试验	1.7 老鼠研究
	2.3 Transwell 细胞侵袭试验	1.8 雪貂研究
	2.4 小鼠移植瘤实验	1.9 受体结合分析
	2.5 统计学处理	1.10 热稳定性试验
		1.11 聚合酶活性分析
		1.12 统计分析

内容复杂时,可将材料、方法分开写,各自用各自的标题,即不同标题下的分写结构,如"1 材料"或"1 资料"或"1 实验材料","2 方法"或"2 实验方法"。以表 6-1 所示分写结构二为例:一级标题"实验材料""实验方法"分别统领材料和方法两个部分。二级标题 1.1～1.4 将材料分 4 类表述,2.1～2.4 表述方法(按 4 个实验主题展开),2.5 交待统计学处理。

内容较为复杂时,研究主题分解较多,不同子主题的实验方案不同,所需方法也不同,相应所用材料差别较大。因此不便在方法部分前面统一交待材料,而应将材料和方法按子主题分类,再将相同子主题下的材料和方法合写。以表 6-1 所示合写结构为例:一级标题"材料和方法"统领材料和方法部分;二级标题 1.1、1.2 进行实验伦理和安全声明,1.3～1.11 按子主题表述其材料和方法(材料和方法合写),1.12 交待统计学处理。

对于复杂实验型论文,总体研究目标只有一个,但具体研究目标可能较多,各目标的方案、方法及所需材料自然不同。因此,材料与方法的具体分类、事宜应按具体目标分别撰写,即不只写明材料、方法,还要交待具体研究目标,材料、方法与具体目标紧密相关。

在论文具体写作语境中,可将材料作为狭义材料,如不包括实验设备;材料、方法如果针对实验来说,可取"实验"类名称,如"实验""实验准备""实验部分"等;"材料"有时称为"资料""数据"更合适。这种名称变化及结构调整是按研究类、表达、体例和风格等要求所做的一个适应性改变,而材料与方法的本质并未变化。

6.3.2 材料与方法写作要求及常见问题

1) 材料与方法写作要求

(1) 把握内容结构。规划材料与方法的总体内容及各个组成部分，做到内容完整，各组成部分之间连贯，对研究中各环节、步骤都要注意到，且有序安排行文顺序，为别人快速判定研究能否被复用及对论文结果的可信度提升提供科学依据。

(2) 确定标题类型。标题因研究类不同有差别，如实验研究用"材料与方法""资料与方法"" '材料' '实验方法' "等，调查研究用"对象与方法""研究区概况""研究方法"等，基础与临床研究用"病例与方法""数据来源与方法"等，确定与研究类相匹配的标题用语及相应的写作方法。

(3) 划分确定主题。确定统领全文的研究主题，按各个具体研究目标，将主题划分（分解）为多个子主题，对应不同的研究方案及材料与方法，同时还要与"结果"的主题确定配套统筹考虑，不同子主题下材料与方法的层次标题及段落安排与"结果"中的应大体一致。

(4) 保证内容真实。所述内容必须实事求是，真实可靠，对核心内容要全面而具体地描述，达到所有数据、资料的准确性和研究的可靠性。如有不愿写或不方便写的内容，则尽量少写或不写，但只要写出来，就要保证真实可信，不要含混，不能缺乏依据。

(5) 清楚描述材料。准确、明白地描述各主要材料的有关参数，涉及技术要求、性质、数量、来源，以及材料的选取、处理、制备方法等。通常应使用通用、标准的名称和术语，尽量少用或不用商业化、口语化的名称。

(6) 有序描述方法。按研究步骤的逻辑顺序（侧重重要性程度而非时间顺序）描述方法，包括所涉及环境或条件，研究对象选择方法，特定材料、设备或方法选用的理由，实验流程、算法、程序，所用统计、分析方法等。有序描述方法有助于研究复用和成果推广。

(7) 恰当表述创新。采用已有方法时，普遍方法可直接交待名称，较新方法应注明出处；改进前人方法时，应交待改进之处及依据；提出自己的创新方法时，应详加说明。不要将报道新方法（以前不存在，现在本文提出）与使用新方法（已存在，但非本文提出）相混淆，报道新方法侧重详写方法自身的内容及实现步骤，使用新方法侧重方法使用情况及相应操作步骤。①

(8) 描述详略得当。不要将所用材料全盘搬入而写成材料清单，或将自己工作、体会罗列而写成实验报告，进而忽略对主要、关键和非一般常用内容的描述。描述应主次分明、重点突出、详略得当，侧重描述"使用了哪些关键材料""研究是如何开展的"，而非大杂烩、记流水账，使那些需要让人知道的重要内容湮没在一大堆冗长、无序的文字中。

(9) 了解目标期刊。考察目标期刊已刊登的与自己论文文体相同或相近的那些论文的格式体例，了解其对材料与方法的具体写作要求。例如，有的临床医学类期刊要求作者提供研究对象（志愿者或病人）"授权同意"的声明和作者所在单位的同意函，有的生物学类期刊要求将有关伦理声明、生物研究安全性声明和设施方面的内容写进材料与方法。

(10) 重视语言效能。材料与方法内容多而繁杂，对其准确、清楚、简洁且合乎逻辑的表达是基本要求，方便读者看得明白，容易理解，为将来复用研究创造条件（减少出错概率）。

---

① 若既有本文新方法提出，又有应用别的新方法而产生的新成果，则应分开独立发表，不宜在同一论文发表。

2）材料与方法写作常见问题

（1）描绘的研究方案过于不完整；
（2）层次标题与科研类不太匹配；
（3）主题分解不妥，多余或残缺；
（4）与"讨论"的主题不太对应；
（5）可信度不够，缺乏科学依据；
（6）对材料有关参数描述不完整；
（7）方法没有按逻辑顺序来描述；
（8）方法归属如自己、别人不明；
（9）罗列堆砌材料写成材料清单；
（10）不合目标期刊基本写作要求；
（11）语言文字效能较差，语病多。

微课 20

6.3.3　材料与方法实例评析

6.3.3.1　材料及方法实例 1

【1】

1　试验

1.1　试验材料

试验基底为镍网（纯度 99.9%，孔径 53 μm，丝径 74 μm），试验前须将镍网剪裁成 10 mm×20 mm 大小，依次放入石油醚、无水乙醇和去离子水中，用超声清洗机（GW0203）清洗 20 min，除去表面油污，随后氮气吹干备用。

石油醚、无水乙醇（天津市富宇精细化工有限公司），盐酸（广州和为医药科技有限公司），六次甲基四胺（上海埃比化学试剂有限公司），硝酸锌（上海阿拉丁科技股份有限公司），氢氟酸（天津市北辰方正试剂厂），以上化学试剂均为分析纯。

此例为"梯度润湿性 ZnOHF 薄膜上液滴定向铺展行为"一文的材料及方法。

第 1 段。描述研究对象（试验基底）的材料，涉及名称（镍网）、参数（纯度 99.9%，孔径 53 μm，丝径 74 μm）及预处理或准备的方法（镍网剪裁成一定尺寸，放入石油醚、无水乙醇和去离子水中，用超声清洗机 GW0203 清洗 20 min，除去表面油污，氮气吹干备用）。

第 2 段。描述非研究对象的材料，包括石油醚、无水乙醇、盐酸、六次甲基四胺、硝酸锌、氢氟酸六类化学试剂，在材料名称后给出出处（如天津市富宇精细化工有限公司，广州和为医药科技有限公司等），交待其纯度级别（均为分析纯）。这些材料为标准化学试剂，按说明书要求即可使用，在材料及方法部分不用交待对其进行预先处理或准备的方法。

6.3.3.2　材料及方法实例 2

【2】

1　对象与方法

1.1　对象

采用目的抽样法，选取 2021 年 4—6 月在南京市第二医院行肛瘘切除术的 HIV/AIDS

患者。纳入标准：①研究对象同时符合《中国艾滋病诊疗指南（2018版）》的诊断标准[3]及《肛周脓肿、肛瘘和直肠阴道瘘治疗指南》（2016版）[13]。②患者出院后1个月内能定期返院随访，知情并自愿参与研究。样本量以资料信息达到饱和，不再产生新主题为止[14]。按照访谈顺序将研究对象进行编号。本研究经南京中医药大学南京附属医院伦理委员会批准（批号：2021-LS-ky024）。

此例为"基于时机理论对HIV/AIDS肛瘘手术患者不同阶段疾病体验的质性研究"一文的材料及方法。

材料即研究对象（2021年4—6月在南京市第二医院行肛瘘切除术的HIV/AIDS患者）。方法包括样本选取、标准及处理：用目的抽样法，样本量以资料信息达到饱和不再产生新主题为止；符合《中国艾滋病诊疗指南（2018版）》的诊断标准和《肛周脓肿、肛瘘和直肠阴道瘘治疗指南》（2016版），出院后1个月内能定期返院随访；对患者按访谈顺序编号。交待获得患者知情同意并由有关单位批准的内容（患者知情并自愿参与研究；经……批准）。

6.3.3.3 材料及方法实例3

【3】

1 材料与方法
1.1 研究区概况

扬中市地理位置为北纬32°00′～32°19′，东经119°42′～119°58′，四面环江，是长江下游的一座岛市，市境呈南北走向。该市年均温度为15.1℃，年均降水量为1 000 mm，年均降水日数为116.3 d，无霜期较长，年均日照时数为2 135 h，年均相对湿度为80%，属于北亚热带湿润性季风气候区，气候条件优越，适宜水稻生长，水稻高产达9 570 kg·hm^{-2}，位居全省前列。市境内地势低洼平坦，土壤类型以长江冲击物母质发育而成的水稻土为主，平均pH值为7.31。

1.2 样品采集与处理
1.2.1 样品采集

以扬中市土地利用现状图、遥感影像图为基础，结合研究区水稻田分布特征，采用多点混合取土法采集土样，每个混合土样由5个相邻近的样点组成。根据空间均匀布点原则，在研究区范围内共采集99个土壤样点，所取样本均为稻田土壤（图1）。混合采样点密度为2.3个·km^{-2}，满足插值精度要求[16]。每个样点的取土深度为0～20 cm，每个混合土壤样品为1 kg左右。土壤采样时详细记录各样点的地理位置坐标以及周围环境状况等信息。土壤采集时间为2016年10月，此时水稻已临近收割，减少了人为施肥对样品的影响。

1.2.2 样品处理

土壤样品采集后自然风干，剔除可见侵入体及粗有机物等杂物，研磨后过筛，采用碱解扩散法测定土壤碱解氮含量[2]265-268。

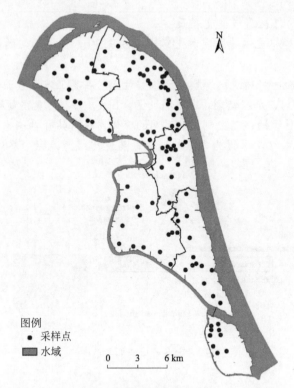

图 1　土壤采样点位置示意

此例为"基于县域尺度的稻田土壤碱解氮空间异质性研究"一文的材料与方法。材料是研究对象层面的，是研究区及从中选取的样品（99 个土壤样点）；方法是样品采集和处理。注意：最后一句提到的"采用碱解扩散法测定土壤碱解氮含量"严格意义上不是指样品自身存在或投入使用所需对其进行的某种操作、处理或预备工作，即不属于"材料及方法"，而属于"方法及过程"（见方法及过程实例 3）。

6.3.3.4　方法及过程实例 1

【1】

1.2　试验方法

1.2.1　水热法制备超疏水薄膜

用盐酸（pH=1）浸泡镍网基底 30 s 以去除表面氧化膜，然后用大量去离子水冲洗并用氮气吹干备用。配置 0.075 mol/L 六次甲基四胺溶液和硝酸锌溶液各 20 mL，将硝酸锌溶液置于磁力搅拌器上缓慢搅拌，同时以 1 滴/s 速度滴入六次甲基四胺溶液。待溶液混合均匀后添加 400 μL 体积分数为 5% 的 HF，将混合溶液搅拌 5 min 后移入反应釜。将镍网基底浸没在溶液中，密封后置于 95℃ 的干燥箱中保温 180 min。水热反应结束后取出，用去离子水冲洗表面的沉淀，放入干燥箱 60℃ 烘干 30 min，随后将样品置于暗室储存一周后得到超疏水薄膜。

1.2.2　光响应润湿性转换

使用波长为 254 nm 的紫外光（UV）对超疏水薄膜进行不同时间的光照处理，测量该表面对水的接触角随光照时间的变化情况。

1.2.3 制备 ZnOHF 均匀表面与梯度表面

制备均匀表面：对超疏水薄膜实施 UV 光照处理 3 h，获得均匀的超亲水表面，以下简称均匀表面。

制备单侧梯度表面：将超疏水薄膜置于位移台上，在其上方设置固定的遮光挡板。将实验台置于光源下进行 UV 光照处理，遮光挡板保持固定，每隔 1 h 将超疏水薄膜移动 1 mm，如图 1 所示。通过位移台的移动控制光照时间的变化，获得具有单侧梯度润湿性的表面，下文简称梯度表面。其中红色虚线为光照起始线，黑色虚线为光照分界线。

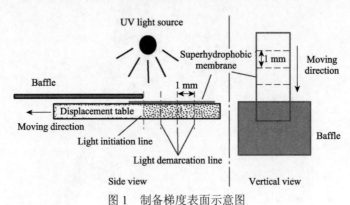

图 1　制备梯度表面示意图

1.3 表征

使用 X 射线衍射仪（RigakuMAX 2500）以 5（°）/min 的扫描速度在 10°～80°范围内进行扫描，分析其产物中存在的物相。使用扫描电子显微镜（Hitachi S-3400N）观察样品表面的微观形貌，在观察前需对薄膜进行喷金处理以确保其导电性。使用傅里叶变换红外光谱仪（Bruker INVENIO R）测试 UV 光照前后样品表面的官能团变化。使用接触角测量仪（JC2000C1B）表征表面润湿性并观察液滴铺展情况，取 5 μL 水滴在样品表面至少 3 个位置测量接触角，取平均值作为最终结果；将水滴滴在均匀表面和梯度表面上，记录水滴在不同表面上的铺展过程。使用喷雾器连续均匀地喷洒水雾模拟大雾天气时的潮湿环境，将 2 cm^2 大小的双梯度表面置于量筒上方，随后放置在潮湿环境中 20 min，通过读取量筒中的集水量表征集水性能。

此例为"梯度润湿性 ZnOHF 薄膜上液滴定向铺展行为"一文的方法及过程。方法包括实验和表征。实验分 3 个主题，每个主题给出相应方法（水热法制备超疏水薄膜、光响应润湿性转换、ZnOHF 均匀表面与梯度表面制备），主题 3 给出两类方法（均匀表面制备、单侧梯度表面制备）。主题 1 的方法较详细，而主题 2 的很简略。表征是对实验所得产品在仪器上进行检测，以证明产品是否达到理想结果。

6.3.3.5 方法及过程实例 2

【2】

1.2 方法

1.2.1 设计提纲　访谈提纲在预访谈后修订的基础上完成，内容包括：①HIV/AIDS 合并肛瘘给您的生活带来了哪些影响？您是如何应对它的？②针对您的身体状况，目前您最担心的问题是什么？③您能结合肛瘘和 HIV/AIDS 两者病情谈谈您现在的感受吗？每次访谈内容均围绕其该阶段的疾病体验进行。

1.2.2 资料收集 以现象学研究方法为指导，运用半结构化访谈形式收集资料。本研究以时机理论原型为框架，经专家咨询，最终确定 5 个阶段，分别为：诊断期、术后早期、出院准备期、调整期及随访期。访谈前与受访者确认时间和地点，本研究的前三个阶段患者系住院期间，选择医患沟通间为访谈地点；调整期在伤口造口门诊进行；随访期患者完全回归社区，采取网络通信方式调查。

1.2.3 质量控制 访谈小组成员统一进行培训，具备良好的访谈技巧以及丰富的 HIV/AIDS 肛瘘患者术后护理经验，包括一名主任护师和两名硕士研究生。先进行预访谈，针对访谈内容进一步修改访谈提纲。

在访谈过程中避免暗示性提示，不对访谈内容进行任何价值判断，保证访谈的公正性。资料由两名研究人员分别以笔录或录音的方式收集，在访谈过程中观察受访者的表情动作并记录，保证资料完整。访谈时间控制在 30~60 min。

此例为"基于时机理论对 HIV/AIDS 肛瘘手术患者不同阶段疾病体验的质性研究"一文的方法及过程。方法包括设计提纲、资料收集、质量控制 3 个主题，对每个主题均给出较详细的方法内容及过程（流程步骤），有时还给出方法实行细节或注意事项。

6.3.3.6 方法及过程实例 3

【3】

1.2.2 样品处理

土壤样品采集后自然风干，剔除可见侵入体及粗有机物等杂物，研磨后过筛，采用碱解扩散法测定土壤碱解氮含量[2] 265–268。

此例同上文材料及方法实例 3，最后一句所述（采用碱解扩散法测定土壤碱解氮含量）属于"方法及过程"中的方法，而前 3 句所述属于"材料及方法"中的方法。碱解扩散法是通用方法，故这里仅提及方法名称，没有交待其具体内容及过程。

6.3.3.7 数据处理实例 1

【1】

1.4 数据处理

采用 Excel 2013 软件记录数据，采用 ArcGIS 10.5 软件绘制采样图以及土壤中重金属含量分布图，采用 Origin 9.0 软件绘制箱线图，采用 SPSS 20.0 软件进行 5 种重金属含量数据的统计分析、相关性分析和主成分分析。

此例为"黔西南三叠统渗育型水稻土重金属污染特征及生态风险评价"一文的数据处理。数据处理主要包括记录数据，绘制采样图及土壤中重金属含量分布图，绘制箱线图，进行 5 种重金属含量数据统计分析、相关性分析和主成分分析，分别使用了软件 Excel 2013、ArcGIS 10.5、Origin 9.0、SPSS 20.0。

6.3.3.8 数据处理实例 2

【2】

1.3 资料分析

访谈结束后整理访谈录音和笔记，借助 Nvivo 11.0 软件进行资料转换。依据

COLAIZZI[15]现象学资料分析法,对资料进行分析和推理,并对反复出现的观点进行编码汇总,提炼主题,最后将整理后的资料返回受访者处进行核实,确保真实性。资料分析由两名研究人员分别进行,对出现分歧的部分与第三方讨论共同确定,最终由导师共同协助资料分析,避免观点局限。

此例为"基于时机理论对 HIV/AIDS 肛瘘手术患者不同阶段疾病体验的质性研究"一文的数据处理。数据处理包括访谈结果(录音、笔记)整理、转换、分析、推理,以及编码汇总、主题提炼、资料核实、与第三方讨论、导师协助资料分析等,涉及软件(Nvivo 11.0)、方法(COLAIZZI 现象学资料分析,引用文献[15]),以及人员(受访者、研究人员、第三方、导师)。

6.3.3.9　数据处理实例 3

【3】

1.2.3　数据处理

运用 SPSS 20.0 软件对土壤样品数据进行基本描述性统计分析,得出样品碱解氮含量的最大值、最小值、平均值、标准差以及变异系数等统计特征值,利用单一样本 K-S 检验分析数据的正态分布性。利用 GS+9.0 软件进行半方差函数模型拟合,并以 ArcGIS 10.2 软件为平台,运用普通 Kriging 插值方法对土壤碱解氮的空间分布特征进行分析,运用缓冲区分析方法探讨研究区土壤碱解氮含量的影响因素[17]。

此例为"基于县域尺度的稻田土壤碱解氮空间异质性研究"一文的数据处理。较详细描述各项主要工作(样品数据描述性统计分析、数据正态分布性分析、半方差函数模型拟合、土壤碱解氮空间分布特征分析、土壤碱解氮含量影响因素探讨),交待所用软件(SPSS 20.0、GS+9.0、ArcGIS 10.2)、方法(单一样本 K-S 检验、普通 Kriging 插值、缓冲区分析)。

6.3.4　材料与方法的文体差异

材料与方法是论文的基础,论文文体不同,其材料与方法的内在功能需求和外在结构形式既有相同也有不同之处。

综述论文是将现有研究成果作为原始结果(写作素材),此结果主要来自文献,有时可辅以作者某种调研或前期研究工作,论文写作直接引用、述评,无须专设有关材料与方法的层次标题。

原创论文是将作者前期科研所得作为原始结果,引用文献主要是为了引论中的立题和本论中的论证。其材料分研究、非研究对象层面,方法是对研究对象的各种操作、处理。

理论型论文的材料主要来自知识、文献或调查,方法是建模、分析、推导、计算或辩论是非、争论、讲理等理论研究。实验型论文的材料是作者实验研究所用各类材料,方法是实验研究的方案、步骤,须专设层次标题。调查型论文的材料是作者调查研究所用各类文档、数据及信息,方法是调查研究的方案、步骤,须专设层次标题。设计型论文的材料主要是作者设计、研究所用各类材料,材料通常不是写作重点,按需提及即可,无须专设层次标题;方法是设计方案、步骤,须设层次标题。设计型论文的成果是产品或方法,须加进成果验证,这样就回归到实验型论文,自然应交待成果验证所用的材料与方法,须设层次标题。经验型论文的材料主要是作者个人日常积累的经验、体会、数据、资料、案例等，论文写作可直接引用、表述，但篇幅通常较短，无须设层次标题，若其中有经验以外的重要数据资料，则应交待这些资料的来源。

6.4　结果与讨论

结果与讨论是原创论文本论的核心部分，描述由何科研而获得的原始结果，以及对此结果的讨论、评价性认识，旨在交待做出什么，据此又能得到什么。结果是研究的直接目标，缺少结果研究就失去依据；讨论是研究的间接目标，缺少讨论结果就停留在表象，研究就失去意义。结果讲求数据、资料、现象描述的真实性，能否复用是研究的基本要求；讨论讲求分析、论证、评论等的逻辑性，是否合理是研究的价值保障。结果与讨论常合写，冠以一个总标题，如"结果与讨论"或"结果与分析"等；也可分开写，有各自独立的标题，如"结果""讨论"等。

6.4.1　结果的内容及结构

结果是论文的基础和成果的依据，是整个论文的立足点及价值所在。全文的一切分析、讨论由结果引发，一切推理、判断由结果导出，一切结论、结语由结果得出。

1) 结果的内容

结果的内容是论文主题研究的直接、显式发现（原始结果），大体包括以下两部分。

(1) 研究简述。对某研究作不带细节的简洁描述或介绍，涉及主题、目标、对象、方法、常识、特例等，对象包括对象设置、样本选取或制备，涉及数量、时间、实验次数、范围、成员、储存等，常识包括概念、原理、知识等介绍。常识在表面上不属于结果，却是结果写作中较为重要的内容，若缺少这部分内容而直接展示或描述结果，可能会让读者有突兀之感，容易造成阅读障碍，必要的常识是结果写作的重要内容。

微课 21

结果与方法密切对应，方法产生结果，结果来自方法，即结果一定是针对某一特定方法使用的具体结果，方法若有某种调整或变化，对应的结果就会随着发生相应变化。因此，研究简述中核心的内容应是对方法的描述，但这种描述不是详写方法的具体内容与步骤，而是提及一下方法的名称或对方法作简要交待，常用简短语句（一两句话）交待用了什么方法即可，必要时可辅以常识性内容。这里的方法是"结果报告"中描述的"结果"的前提。

(2) 结果报告。也称结果描述，是对由研究简述中的研究所获得的原始结果作较为详细的描述，是从原始结果中选取与主题、方法密切相关的部分，经过某种处理而形成的与所选主题、方法对应的主要处理结果。从论文写作看，此处理结果相对随后对其进行讨论而得出的新结果（讨论结果，也可称研究结果，讨论结果、研究结果就是讨论性结果、研究性结果）来说也是一种原始结果，可看作论文写作的原始素材。笔者将原始结果、处理结果在论文写作中不作区分，统称原始结果。原始结果一般是直接的、明显的、具体的、肤浅的、感性的，多用图表显示，同时加上文字表述；讨论结果通常是间接的、隐含的、抽象的、深奥的、理性的，常用文字表述（宜定性和定量表述相结合）。

原始结果用图表显示形成图表结果，用文字表述形成文字结果。文字表述可从不同层次、方面来进行，如说明、对比、解释、样本选取或制备等，即对原始结果用不同的文字表达方式从不同角度重新描述，就形成不同的文字结果类型，如说明结果（说明性结果）、对比结果（对比性结果）、解释结果（解释性结果）、样本选取或制备结果等，本质上就是结果分析。其中不同层次、方面通常限于本原始结果范围内，即从多个不同角度来考察、分析结果。如果考察、分析的角度超出了本原始结果，比如加进了他人、作者前期相关研究结果以及相关知识、文献等来进行论证、整合或体系化，则属于讨论范畴，但必要的与他人、作者前期相关结果进行的简单比较可列入分析而不视作讨论。

如果结果中有典型实例、案例的结果支撑，那么论文的可信度、说服力会大大提升。

结果是针对某一目标的，而目标又往往是在一定前提条件下的，在一定前提条件下实现某一目标应获得的结果称为预期结果。预期结果需要与常规结果进行对照才能说明问题。

微课 22

2）结果的结构

结果的结构是对结果内容进行表述所用语句、段落的结构组成，大体如下：

主题 1（一级层次标题）
　　研究简述（主题、目标、对象、方法、常识等）
　　结果报告（图表结果、说明结果、对比结果、解释结果等）
主题 2（一级层次标题）
　　研究简述（主题、目标、对象、方法、常识等）
　　结果报告（图表结果、说明结果、对比结果、解释结果等）
…………
主题 n（一级层次标题）
　　研究简述（主题、目标、对象、方法、常识等）
　　结果报告（图表结果、说明结果、对比结果、解释结果等）

主题复杂时，可继续分解，如主题 1 分为 1.1、1.2……，结构如下：

主题 1（一级层次标题）
子主题 1.1（二级层次标题）
　　研究简述（主题、目标、对象、方法、常识等）
　　结果报告（图表结果、说明结果、对比结果、解释结果等）
子主题 1.2（二级层次标题）
　　研究简述（主题、目标、对象、方法、常识等）
　　结果报告（图表结果、说明结果、对比结果、解释结果等）
…………

研究简述、结果报告中各项目及其间顺序没有固定格式，取决于表达需要及写作思路。

6.4.2　结果写作要求及常见问题

1）结果的写作要求

（1）统筹确定主题。结果涉及多个主题及其分解，包含多个层次、类别的数据资料，层次、类别不同，结果的性质就不同，而具体性质又决定结果在讨论中的重要、详略程度及描述细节、表述手段。结果写作应统筹全文来确定主题，与前文材料与方法及后文讨论相结合，全盘考虑，系统关联，主次分清，让论文各个相关部分贯通、协调、对应而自成一体。

（2）确定层次标题。结果表达分若干段，一段对应一个主题，或为层次标题形式，每个标题有一段或几段，对应一个主题。标题与主题密切相关，主题可成为标题或包含在标题中。按主题重要、复杂程度及类别等对结果布局，从最重要到最不重要、由简单到复杂、按研究问题逻辑关系、按类别相同或差异性来排列，与材料与方法、讨论中的相应标题基本对应。

（3）避免重复表述。论文中有些内容可能有交叉，既可写到这部分，也可写到那部分，最终写到哪部分，取决于论文内容布局和结构安排，布局和安排不当就会造成重复。结果写作须明确哪些内容纳入结果，哪些放到讨论，前者通常只描述结果而不解释，但后者须解释，且解释越详细、深入越好，并与已有成果比较，解释，但不必与结果中已详述的内容重复。

（4）科学整理数据。对数据选用合适方法按轻重、主次作科学分类、整理、提炼、取舍，避免所有数据全盘托出，或只选取符合自己预期的数据。对异常数据给予说明，除非有确凿证据表明其错误方可舍去。对过多出现的数据可考虑以补充部分的形式呈现。还要考察数据的准确、详实、一致及相关性。准确指真实，不伪造和篡改数据；详实指完整，不隐瞒或遗漏数据；一致指同一，不出现前后矛盾的数据；相关指相扣，不出现与主题无关的数据。

（5）客观描述结果。对各主要方法及由其获得的现象、数据客观真实地从多个角度、层面来描述，基本按结果的内容及结构来行文，如研究简述（主题、目标、对象、方法、常识等，常用句式"针对……，用……方法，发现了……"）和结果报告（图表结果、说明结果、对比结果、解释结果等），最好有典型实例（常见例证）、最佳案例（理想例证）结果的支撑。

（6）表述言简意赅。结果的内容取自基础科研活动，较为全面、详细，主题或目的可能不够集中，表述也较为随意，但经过了处理、分析后的结果，内容上有所聚类、凝练、集中，对其表述应简洁、严谨、概括。不要简单堆积实验记录、数据或观察、调查事实，而要突出有代表性和科学价值的数据，重要数据详述，一般数据简述，可有可无数据去掉。

（7）取舍文字图表。采用文字、图、表相结合的方式表示结果，通常文字优先，再合理使用图表。数据较少时，如对少量测定结果，宜用文字；数据较多时，宜用图表。图表数据通常应完整、全面，再配以文字说明、总结，指出数据所蕴含的特性、趋势、意义，但应避免赘述，忌用冗长语句介绍、解释图表。对相同的数据用文字、图、表多种方式同时表述时不要重复过多，但可以少量重复，即应有所侧重，以一种方式为主。

（8）淡化解释结果。原始结果属一手材料，结果写作应侧重结果说明、分析，而不是结果解释（如"根据初步测试，在体外细胞实验中显示""与未用药物处理组比较"等），解释往往意味着融进了个人主观色彩，容易破坏结果的原始性。必要时可适当解释，描述结果间差异，帮助读者先清楚了解结果的意义，但解释不宜过多。结果和讨论合写时，结果中常有详细的解释结果，但这种解释主要是针对讨论而出现的，本质上属讨论而非结果。

（9）避免讨论结果。结果侧重展现、展示，而不是议事、说理。结果写作应避免总结结果的启示，探究结果的机理，推理结果的意义，提出结果的展望。这类内容属于对结果的讨论和认识，虽然对整个论文很重要，但论文核心毕竟在于"论"，通过对结果的讨论来提出新认识，因此这类内容应放在讨论部分，放在结果部分就会错位（喧宾夺主）。

（10）正确使用单位。结果中往往有较多的量值（数据）展示、呈现，离不开数值和计量单位。结果写作涉及有量纲的量时，应正确使用单位，不得遗漏、写错单位。

2）结果写作常见问题

（1）实验数据或图表结果太多，相应的分析结果、说明结果偏少或没有；
（2）出现了不充分、不准确或不一致的数据，降低了研究结果的可信度；
（3）用仿真结果代替实验结果和测量数据，结果作为论据的可靠性有限；
（4）实验预测、测量结果不明确，同一量的测量数据的有效位数不一致；
（5）正文与图和（或）表对同一结果或对象的展示、说明重复或不一致；
（6）图特别是照片图的质量较差，字符、标尺等无法看清，多文种混用；
（7）图表中的信息不能支撑论题、论点，出现了无关或可有可无的数据；
（8）对结果展现、表述类别的区分认识不够，把对结果的分析当作讨论；
（9）对结果的意义解释太多，加进过多的作者个人认识，主观色彩浓厚；
（10）对常规结果对他人研究重要性的认识不够，忽视对常规结果的说明。

6.4.3 结果实例评析

6.4.3.1 结果实例1

【1】

3.2 实验结果

3.2.1 弹簧拉力变化特征

受试者穿戴外骨骼机器人进行坡地助力行走，分析外骨骼机器人驱动使能状态下的弹簧拉力变化与对应的行走步态周期关系，检验控制策略与方法的可行性与有效性。

以单侧腿左腿的运动为研究对象，图11展示了单个步态周期过程中，脚后跟处弹簧拉力的变化曲线。

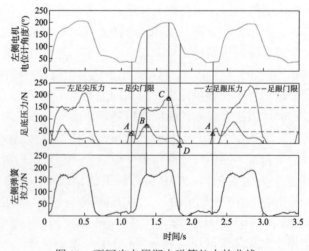

图11 不同步态周期中弹簧拉力的曲线

图11中A、B、C、D与图7中A、B、C、D含义一致，AB段表示由足跟着地到足跟压力达到最大的过程，即由足跟着地到支撑期中期过渡的过程，该阶段，电机以高速占空

比运行,使得弹簧逐渐拉伸到 180 N 拉力,并开始采用力控制方式,使弹簧拉力维持在 180 N; BC 段表示足跟压力减小,足跟逐渐离地,腓肠肌开始收缩,压力重心由足跟过渡到足尖,该阶段由于足跟的离地,弹簧拉力出现略微降低,增大电机占空比,使得弹簧拉力恢复至 180 N,并在足尖压力达到最大值时,弹簧拉力达到最大值 200 N; CD 段表示足尖逐渐离地的过程,此过程腓肠肌收缩逐渐降低,弹簧的拉力也逐渐降低,电机以较小的占空比进行反向转动,放松鲍登线,弹簧逐渐恢复原长;D 点至下一步态周期的 A 点,表示步态周期的摆动阶段,电机以较小占空比进行反向转动,至电位计达到初始站立状态时的角度 30° 时,电机占空比调至 0,保证弹簧处于原长位置不会对摆动期的运动造成干扰。

假设弹簧相对于踝关节转动中心的距离不变,约为 8 cm,则弹簧拉力与弹簧提供的踝关节转矩存在线性关系,计算公式如(10)式所示:

$$\tau = F \times l, \tag{10}$$

式中:τ 为弹簧所提供的踝关节转矩;l 为弹簧拉力相对于踝关节旋转中心的垂直距离。

在单个步态周期中,弹簧提供的最大踝关节跖屈力矩为 16 N·m,受试者体重为 70 kg,弹簧拉力提供的踝关节助力力矩为 0.23 N·m/kg,与上述坡地行走测试中采集的踝关节力矩 3.2 N·m/kg 相比,机械外骨骼机器人提供的踝关节运动扭矩约为生物力学踝关节扭矩的 7%。

3.2.2 运动摄氧量特征

受试者进行 3 组不同的摄氧量测试(其他条件相同的前提下,分别进行不穿戴外骨骼机器人、穿戴外骨骼机器人驱动使能与穿戴外骨骼机器人驱动不使能 3 组运动),将受试者不穿戴外骨骼机器人进行测试的数据作为基准,计算在穿戴外骨骼机器人驱动使能与穿戴外骨骼机器人驱动不使能两种状态下的摄氧量能耗降低百分比 η,计算公式如(11)式所示:

$$\eta = \frac{\Delta V_{O_2\_e} - \Delta V_{O_2\_n}}{\Delta V_{O_2\_n}} \times 100\%, \tag{11}$$

式中:$\Delta V_{O_2\_e}$ 表示穿戴外骨骼机器人时的运动总摄氧量;$\Delta V_{O_2\_n}$ 表示不穿戴外骨骼机器人时的运动总摄氧量。

2 名受试者在 3 种不同状态下的运动总净摄氧量消耗及能耗降低百分比如表 3 所示。

表 3 不同运动状态下运动总摄氧量及摄氧量能耗降低百分比

序号及平均值	不穿外骨骼 / (mL·min⁻¹)	穿外骨骼			
		驱动使能		驱动不使能	
		总摄氧量 / (mL·min⁻¹)	能耗降低百分比 / %	总摄氧量 / (mL·min⁻¹)	能耗降低百分比 / %
1	1 654.46	1 589.429	3.9	1 700.22	−2.7
2	1 600.23	1 550.26	3.1	1 650.28	−2.1
平均值			3.5		−2.9

从表 3 中可以看出,穿戴外骨骼驱动不使能状态下,与不穿戴外骨骼机器人相比,摄氧量消耗增加(2 名受试者的数据增加平均值为 2.9%),但在驱动使能状态下的摄氧量消耗降低(2 名受试者数据降低平均值为 3.5%)。

此例为"基于力位混合控制的踝关节外骨骼机器人四段式助力技术"一文的实验(测试)结果部分,由 3.2.1、3.2.2 节组成,对应两个子主题。

1）3.2.1 节（对应子主题"弹簧拉力变化特征"，有 5 段）

第 1 段为实验简述，交待实验主题（内容）及目标。实验主题：受试者穿戴外骨骼机器人进行坡地助力行走。实验目标：分析外骨骼机器人驱动使能状态下的弹簧拉力变化与对应的行走步态周期关系，检验控制策略与方法的可行性与有效性。

第 2 段给出不同步态周期中单侧左腿脚后跟处弹簧拉力变化实验结果，先点出研究对象（单侧腿左腿运动），再以插图（图 11）的形式展示具体结果（弹簧拉力变化曲线）。

第 3 段对实验结果进行分析。先对图中 A、B、C、D 的含义进行说明（与该文图 7 中 A、B、C、D 含义一致），再对 AB、BC、CD、DA 四段（过程）分别进行说明、解释。

AB 段：表示由足跟着地到足跟压力达到最大的过程。电机以高速占空比运行，弹簧逐渐拉伸到 180 N 拉力，采用力控使弹簧拉力维持在 180 N。

BC 段：表示足跟压力减小、足跟逐渐离地、腓肠肌开始收缩、压力重心由足跟过渡到足尖的过程。因足跟离地，弹簧拉力出现略微降低，电机占空比增大，故弹簧拉力恢复至 180 N，并在足尖压力达到最大时，弹簧拉力达到最大值 200 N。

CD 段：表示足尖逐渐离地的过程。腓肠肌收缩逐渐降低，弹簧拉力也逐渐降低，电机以较小占空比进行反向转动，放松鲍登线，弹簧逐渐恢复原长。

DA 段：表示步态周期摆动的过程。电机以较小占空比反向转动，至电位计达到初始站立状态时的角度 30°时，电机占空比调至 0，弹簧处于原长位置，不会对摆动期的运动造成干扰。

第 4 段为计算（方法）简述，基于假设描述弹簧拉力与弹簧提供的踝关节转矩存在线性关系，给出计算公式（10）。

第 5 段给出计算结果（最大踝关节跖屈力矩 16 N·m，踝关节助力力矩 0.23 N·m / kg[①]），描述对比结果（机械外骨骼机器人提供的踝关节运动扭矩约为生物力学踝关节扭矩的 7%[②]）。

2）3.2.2 节（对应子主题"运动摄氧量特征"，有 3 段）

第 1 段为实验简述，交待实验主题（内容）及方法。实验主题：受试者进行 3 组摄氧量测试（不穿戴外骨骼机器人及穿戴外骨骼机器人驱动使能、不使能 3 组运动）。实验方法：以受试者不穿戴外骨骼机器人进行实验的数据为基准，计算穿戴外骨骼机器人驱动使能、不使能两种状态的摄氧量能耗降低百分比 η，给出计算公式（11）。

第 2 段给出实验结果（2 名受试者在 3 种不同状态下的运动总摄氧量及摄氧量能耗降低百分比），以表格（表 3）的形式展示。

第 3 段对实验结果进行对比，以文字描述对比结果：穿戴外骨骼机器人驱动不使能与不穿戴外骨骼机器人相比，摄氧量消耗增加（2 名受试者平均增加 2.9%）；穿戴外骨骼机器人驱动使能与不穿戴外骨骼机器人相比，摄氧量消耗降低（2 名受试者平均降低 3.5%）。

6.4.3.2　结果实例 2

【2】

2　结果

11 例患者纳入研究，受访者均参与 5 次访谈，均为男性，年龄 20～44 岁。除 2 例为

---

① 最大踝关节跖屈力矩＝200 N×8×0.01 m＝16 N·m；踝关节助力力矩＝16 N·m / 70 kg＝0.23 N·m / kg。
② 0.23 (N·m / kg) / 3.2 (N·m / kg)＝7%。

异性性行为途径感染 HIV 外，其余均为同性性行为感染。受访者一般情况见表 1。

表 1　11 例受访者一般情况

患者编号	年龄/岁	婚姻情况	职业	学历	HIV 感染确诊时间/年	HIV 感染途径	换药方式	肛瘘病史
1	38	离异	信息技术员	本科	5	同性	自己	复发
2	29	未婚	教师	硕士	3	同性	家人	首发
3	29	未婚	舞蹈老师	大专	4	同性	自己	首发
4	27	未婚	酒店管理	大专	6	同性	家人	首发
5	33	已婚	工程师	本科	5	异性	家人	首发
6	22	未婚	健身教练	本科	0.25	同性	自己	首发
7	35	未婚	建材生意	本科	4	同性	自己	复发
8	29	未婚	人事管理	本科	3	同性	自己	首发
9	20	未婚	大学生	大专	3	同性	自己	首发
10	25	未婚	生物制药	本科	3	同性	家人	首发
11	44	已婚	生物制药	本科	0.5	异性	自己	复发

2.1　诊断期：担忧与懊悔　诊断期是从疾病诊断明确开始。患者均为门诊人员，经肛肠科医生诊断具备手术指征后，选择择期手术，该期可持续 3～7 天。

2.1.1　担心歧视　即使患者出现肛瘘症状，由于担心医院就诊会暴露感染 HIV，多数患者直到症状加重才选择就诊。个案 1："我确诊感染 HIV 已经 5 年了，手术必然会抽血检查，我担心医生知道我是艾滋病病人后，会用有色眼镜看我，甚至找个理由不给我手术，所以一拖再拖，实在不行了才来的。"多数患者整个围手术期是独自就诊。个案 11："我这次确诊肛瘘住院，我不让家人来，我怕她们发现，我还没想好怎么跟她们说我感染 HIV 这件事。"

2.1.2　懊悔轻视症状　个案 4："一开始我以为工作久坐引起的肛周酸痛。后来每次大便时会有浓液，因为我有同性性行为，没好意思和同伴说，自己抹点药，结果发现越来越严重（叹气）。"

2.2　术后早期：身心对应失调　术后早期是从患者决定手术治疗起至术后病情较稳定这一阶段，一般持续 5～8 天。

2.2.1　机体反应强烈　由于术后创口所在肛周活动度大，导致患者有意识限制自身日常行为，存在不同程度的躯体功能受限。个案 10："××（同病房患者）好动一些，每天渗液很多，所以我每天尽量不动。"个案 9："我现在这个样子，基本都是躺着，怕拉扯伤口。"由于肛周末梢神经丰富，多数术后患者存在显著伤口疼痛。个案 10："我每次换药都很痛，棉签一碰我，我都感觉像是用刀割。"个案 5："我感觉到了晚上会更痛，一阵一阵的，昨天又是一晚都没睡好。"个案 8："我明白每天换药的必要性，但护士一碰我，我就肌肉紧张实在控制不了，我感觉都有阴影了。"

2.2.2　伤口知识缺乏　直肠肛管易受粪便、尿液等的污染，术后易发生切口感染。患者会出现因知识缺乏引起的换药过度或不足等情况。受访者有两例患者因坐浴温度不当引起了 1 度烫伤。个案 2："我每天坐浴的时候都会使用很烫的水，因为我觉得可以起到一个杀菌的作用。"个案 4："我不敢洗澡怕污染伤口。"患者日常活动起居臀部时常受到摩擦，为预防敷料掉落，多数患者更倾向于使用黏性高的胶布。个案 2："我喜欢使用黏的胶布，这样不易掉落。"将近一半的患者由于胶布使用不当出现皮肤发红、瘙痒、轻度破损的现象。

2.2.3　病耻感　个案 10："我知道我是一名艾滋病病人，我术后换药一直提醒医生戴手套，也不去其他病房走动。可是有一天因为同病房的小伙伴在卫生间坐浴的时候，我肚子痛，憋不住了，就去了隔壁病房上卫生间，结果出来时被护工轻轻飘飘来了一句'有这个病还不自觉'（双目赤红，哽噎）。"

2.3 出院准备期：防护知识断层 出院准备期是从患者达到出院标准，结束相关治疗办理出院这一阶段，该期通常较短，一般为1~2天。

患者住院期间处于医护协助模式，换药主要依赖医护人员，后续伤口护理与自我防护知识还存在空白。本次研究发现7例患者出院后的换药方式是自己换药。在出院前，患者预知自己将面临独自照护的局面，担心无法胜任术后护理任务。个案7："我自己平常肯定一个人搞不定啊，那我在我们家门口的小诊所可以吗？人家要知道我是HIV，一定不会给换的。"个案2："我回去自己换药需要准备些什么东西呢？接触过伤口的东西要怎么消毒啊？"

2.4 调整期：失助感 调整期是患者出院后定期到伤口造口门诊复诊，半回归社区阶段，通常持续2~3周。

2.4.1 存在社会隔离 HIV/AIDS患者本身出于隐瞒感染事实就存在一定的社会隔离。而伤口部位于肛周，患者自己换药不易操作，加之伤口渗液、出血，接触传染源概率较高，暴露危险性大，患者往往因畏惧疾病传染拒绝向他人求助。个案2："我都是自己换，怕传染别人，我不想承担这个风险。还是自己换吧，对着镜子，多花点时间，慢慢清理干净。"

2.4.2 经济负担重 HIV/AIDS肛瘘患者术后伤口治疗需长期换药，较长的恢复期增加医疗成本，加重经济负担。个案8："我在事业单位，正处于事业上升期，身边的人都不知道我有艾滋病，我不想医保报销时被发现，就选择自费，所以负担不小。"

2.5 随访期：应对疾病积极性降低 随访期是伤口达到临床愈合标准，患者完全回归社区，通常在术后1个月以后。

2.5.1 焦虑 患者免疫功能出现不同程度的损伤，恢复差异容易引起同期患者相互攀比，产生不同程度的心理压力。个案1："和我同一批的小伙伴们基本好了，真让人郁闷！"个案11："前几天有人说我的伤口难长，让我难过了好几天。"个案8："（有病情加重迹象）我真的都要烦死了，要是还不好，我就不管了，就一直这样吧。"

2.5.2 治疗依从性降低 术后恢复后期，创面逐渐减小，患者放松警惕，治疗依从性下降，导致病情出现反弹。个案8："我看这个伤口长得差不多了，没遵守饮食原则结果伤口又有脓液出来了。"个案11："我的伤口基本上都好了，这几天工作忙，一直坐那高强度的整理文件，又复发了，还是不能太劳累，因为我的免疫力本身就比较低（CD4细胞低于300）。"

此例为"基于时机理论对HIV/AIDS肛瘘手术患者不同阶段疾病体验的质性研究"一文的结果部分，分为开头1段、1个表格和5个子主题。

开头这段与该文"1 对象与方法"的"对象"相对应，交待样本（受访者）选取结果，涉及样本数量（11例）、访谈次数（5次）、年龄范围（20—44岁）、感染途径（除2例为异性性行为感染，其余均为同性性行为感染）及样本成员一般情况（列于表格）。

5个子主题在形式上为二级层次标题（2.1~2.5），内容上与"1 对象与方法"的"方法"描述的疾病全周期5阶段（①诊断期、②术后早期、③出院准备期、④调整期、⑤随访期）对应，但内容侧重不是阶段本身，而是患者在各阶段的疾病体验。因此，这5个层次标题相对这5个阶段在名称上增加了疾病体验类（①诊断期：担忧与懊悔；②术后早期：

身心对应失调；③出院准备期：防护知识断层；④调整期：失助感；⑤随访期：应对疾病积极性降低）。

每个子主题再作分解，在形式上为三级层次标题（2.1.1、2.1.2，2.2.1～2.2.3，……，2.5.1、2.5.2），内容上是子主题的细分（子子主题），例如，"担忧与懊悔"分为"担心歧视""懊悔轻视症状"，"身心对应失调"分为"机体反应强烈""伤口知识缺乏""病耻感"等。

在每一子主题的开场，即各二级层次标题下的首段，对相应疾病阶段作简单介绍，指出各阶段在疾病周期的时间范围及持续时间。这部分内容属于常识（专业知识）介绍，让各阶段具体所指清晰可见，也是结果写作的重要内容。

在每一子子主题（个别为子主题如 2.3）部分，描述相应的访谈结果，内容上包括结果（描述）和个案（引用），个案是用实例来支持结果（增加可信度），结构上为结果和个案的多种不同组合，按访谈内容和表达需要来安排行文，较为灵活。例如：

2.1.1 节：结果一→个案 1；结果二→个案 11
2.1.2 节：个案 4
2.2.1 节：结果一→个案 10→个案 9；结果二→个案 10→个案 5→个案 8
2.2.2 节：结果一→个案 2→个案 4；结果二→个案 2，结果三
2.2.3 节：个案 10
2.3 节：结果→个案 7→个案 2
2.4.1 节：结果→个案 2
2.4.2 节：结果→个案 8
2.5.1 节：结果→个案 1→个案 11→个案 8
2.5.2 节：结果→个案 8→个案 11

结果的主要内容是实情描述（采访患者所得真实情况），必要时辅以原因解释或常识介绍。例如：2.1.1 节，"多数患者直到症状加重才选择就诊"是结果一，"由于担心医院就诊会暴露感染 HIV"是对结果一的原因解释；"多数患者整个围手术期是独自就诊"是结果二。再如：2.3 节，"患者住院期间处于医护协助模式，换药主要依靠医护人员"属于常识介绍，其余如"后续伤口护理与自我防护知识还存在空白""7 例患者出院后的换药方式是自己换药""在出院前，患者预知……局面，担心无法胜任术后护理任务"属于结果。

6.4.4 讨论的内容及结构

讨论是论文的精华，对原始结果进行论证研究，阐述见解，提出意见，解释原因，说明意义，揭示趋势，预测方向，明确研究结果与研究问题的关联以及与前人结果不同的原因，帮助读者理解、消化和吸收结果。还可探讨研究结果的局限性，提出改进建议或未来方向。

1）讨论的内容
讨论的内容是对结果的解释、推断，揭示结果蕴含的本质和规律，大体包括以下部分。
（1）研究背景（现状介绍）。重申讨论的主题，简介主题知识（常识、原理、理论、认识、观点、专业知识等）和现有相关研究等，概述研究意义、目的、方法，引领、指示下文将对主要结果进行概述。
（2）主要结果（结果概述）。概述主要结果（原始结果的直接发现），给予说明、解释。

微课 24

概述应避免以下情况：简单重复前文结果部分已给出的数据和资料；包含研究设计（研究方案）；只关注符合自己预期（可能是偏见）的解释。主要结果较多时，概述某主要结果时可先提及其对应的目标。

(3) 结果对比（优劣比较）。将主要结果与已交待的假设或前人结果作比较，探讨关联性，解释说明主要结果是否达到预期（是否支持假设或与前人结果不一致）或获得超预期的新发现。支持假设或与前人结果不一致时，合理评价，突出创新，指出结果可能产生的影响或意义；近似支持假设或与前人结果相似时，讨论差别，交待新意；不支持假设或与前人结果一致时，就事论事，说明原因，指出是否须修正假设或目标。与前人结果不一致时，不要轻易或断然否定别人，应检查自己研究设计的缺陷。对异常结果分析、解释，对值得关注的次要结果也要讨论。

(4) 结果规律（结论得出）。对主要结果的内在联系和规律进行总结、阐释，论证其趋势、规律，得出结论、推论（结果之结果，原始结果的间接发现或新发现）。将有关知识及文献资料等作为论据，围绕讨论的主题进行科学论证、推理，阐明、提出新发现，从深度和广度达到进一步认识。还可指出发现的新问题及给当前研究领域带来的影响，总结未来研究方向。总结时可借助想象、经验甚至推测，但前提是有现实基础、研究工作积累，应合理、可信，说得通，起码能自圆其说。

(5) 价值意义（创新挖掘）。研究结果的价值不在于做了多少工作，获得多少数据，拥有多少图片，而关键在于结果的价值意义（科学性、创新性）。因此不仅要提出新发现，还要挖掘新发现中所蕴含的优势、价值，提炼理论意义或应用价值，要么证明旧假设（当前的假设）或提出新假设，要么修正、支持、反驳现有理论，要么解决实际问题（工程应用），要么扩展到其他领域。

(6) 研究局限（局限说明）。对结果的研究局限给予说明，说明如何在未来研究中予以避免或解决，提出遗留未解决的重要问题，或给出相关设想、建议及未来研究方向。对于模糊的结果，指出应该补充何种研究或对现有研究如何完善方可获得明确和理想的结果。①

2) 讨论的结构

以上各内容项按一定逻辑顺序出现便形成讨论的结构。按讨论主题的多少、复杂性，讨论的结构有单式和复式之分：单式结构为传统结构，适于单一主题讨论或多个主题一并讨论；复式结构为完整结构，适于多个主题分别逐一讨论。

讨论的单式结构：

研究背景、主要结果、结果对比、结果规律、价值意义、研究局限

讨论的复式结构：

开头整体开场（研究背景：整体主题知识或研究现状）
中间主题讨论
  主题1：主题知识、主要结果、结果对比、结果规律、价值意义、研究局限
  主题2：主题知识、主要结果、结果对比、结果规律、价值意义、研究局限
  …………

微课 25

---

① 审稿人对研究局限可能更加关注，若讨论中（或其他部分）能如实指出并合理解释局限，则容易获得理解；若刻意掩盖缺陷，则容易让人心生疑惑，甚至怀疑还有其他缺陷。对研究局限说明也是学者应有的一种客观、诚实的科学精神和素养。

主题 N：主题知识、主要结果、结果对比、结果规律、价值意义、研究局限

　　末尾全局总结（主要成果、价值意义、研究局限）

　　讨论的复式结构可概括为开头整体开场、中间主题讨论、末尾全局总结三部分。

　　开头整体开场是从全文讨论主题（总主题）的角度陈述有关领域、背景知识，或高度简洁、概括介绍研究现状，引出本文研究的总目的。这部分容许与前文引言、结果部分的一些内容重复，但表达上应更加提炼、概括，更有面向论文全局的针对性。

　　中间主题讨论是讨论的核心部分，按主题分解（子主题）分别进行讨论，可写成一段或几段，段数取决于主题数，通常一段对应一主题，段间呈并列或递进关系。各主题下的内容项（主题知识、主要结果、结果对比、结果规律、价值意义、研究局限）不一定写全，有的项不写、几项合写、项间顺序颠倒都可以，只要按表达需要来安排内容及结构就可以。

　　末尾全局总结就是全文总结，总结本文的全局成果（重要、核心成果），通常是对以上中间主题讨论各主题下的新发现（主要结果、结论）的再总结，提出一个或若干重要的全局性成果，交待成果优势，总结成果价值，说明研究局限，必要时可重提上文已表述过的内容。这部分实际上是论文的"总结论"，如果论文正文安排有标题"结论"，那么这类内容就应重点放在这一"结论"中表述。

　　按表达需要或出于其他考虑，"讨论"中可不写"开头整体开场""末尾全局总结"，这时就剩"主题讨论"，讨论的结构即为单式结构，若讨论的主题只有一个，则"主题讨论"中的"主题知识"就成为"开头整体开场"，"研究局限"就成为"末尾全局总结"。

　　讨论的内容和结构写作思路：有目标、有重点地针对主题分层次有序展开，以本文原始结果为原创论据、论点，以知识、文献等为常规论据，由某种论证而提出新观点。内容上不要缺少必要项，也不要有非必要项，结构上避免主次不分将讨论变成一般陈述而冲淡了对结果的深度剖析。

6.4.5　讨论的写作要求及常见问题

　　1）讨论的写作要求

　　（1）围绕结果进行讨论，主次分明，层次清楚。与上文的主要结果对应，按主题从不同层次、角度展开讨论。不要在次要结果或问题上大费笔墨，不要对"新"结果即上文未描述或出现过的结果进行讨论。讨论有说服力和逻辑性，除了将本文研究结果作为论据外，还可将概念、知识、已有研究结果、成果、各类文献、数据资料等作为论据。

　　（2）对结果的解释重点突出，简洁清楚。结果解释的重点集中于作者的主要观点、论点，尽量给出研究结果所能反映的原理、关系和普遍意义。有意外的重要发现时，应适当解释或给出建议。讨论的主体内容应基于原始结果，而不是超出原始结果的其他数据或发现。为有效回答所研究的问题，可适当简要回顾研究目的，概括主要结果，但不简单罗列结果。

　　（3）对结果的推理符合逻辑，充分有力。注意推理论证的逻辑性，不要提出数据资料不足以支持的观点和结论，也不要得出试图解释一切的结论。把数据资料外推到一个更大、不恰当的结论，无益于突出科学贡献，甚至现有数据资料所支持的结论也会受到质疑。还要如实指出数据资料的欠缺或相关推论、结论中的任何例外，不编造或修改数据资料。

（4）对观点或结论的表达清楚明确，不得含混。清楚亮出作者的观点、结论，解释其是否支持假设或已有认识，积极讨论研究成果的科学性、学术性（或技术性）及实际应用效果，清楚指出研究的新颖性、重要性。讨论与结果应密切相关，前呼后应，相互衬托，不要简单重复结果中的描述。还要正确评价研究的局限性，提出本文研究结果可能推广的假设及未来研究方向。

（5）对成果科学性及实际应用效果的表述要留有余地，真实可信，不得无端夸大，脱离事实，慎用首次提出（发现）类用语。选择合适词语来区分推测与事实，例如用证明、论证等表示坚信观点的真实性，用显示、表明、发现等只陈述事实但不表示对问题有确定的回答，用暗示、认为、觉得等表示推测，用情态动词能、将、可以、也许、应该等表示确定性程度。

微课 26

2）讨论写作的常见问题

（1）没有对讨论与结果进行自然（协调、统一、有效）的衔接，没有对自己的研究结果给予突出强调，没有按其显著差异性、独特性、优越性及创新性来确定每个需要深入讨论的问题，进而未能选择所有必要、重要的结果进行讨论。

（2）没有对问题按一定层次从多个角度（如实验设计、理论原理、创新方法、借鉴别人等）进行讨论或与已有类似结果进行对比，从而未能系统、深入地阐释异同产生的原因。

（3）没有围绕主题并切中要害、突出精华地分析问题，没有压缩或删除对一般性知识、道理的非必要叙述或说明并省略不必要的中间步骤或推导过程，造成空泛的议论、说理。

（4）没有获得与原始结果相统一或一致的讨论的结果（推论、结论），进而由讨论的结果获得或推出与原始结果相反的结论。

（5）没有引用与自己研究结果密切相关的重要文献（已有成果），要么看了文献无意识去引用，要么未看文献不可能引用，要么参考或重复甚至抄袭文献而故意不引以突显自己。

（6）没有将自己研究结果与所引参考文献（重要、相关已有成果）放在一起进行对比，尽管在形式上引用了文献，但实质上与没有引用并无两样。

（7）没有对引言中布下的问题或假设在讨论中展开，而是将其中相关语句直接照搬，造成简单低级重复，尽管前后内容相同相关，但其间表述侧重的差异并未体现出来。

（8）没有准确把握讨论与结果的关系，重复描述结果（可按需适当重复或提及图表），甚至还出现了新数据、新资料，也没有用恰当的过渡句来提醒讨论的结果。

（9）没有准确把握解释的"度"，脱离或缺少数据资料支持而大谈特谈结果，造成对结果过度解释甚至莫须有夸大，以突出自己，引起别人重视，而结果适得其反。

（10）没有对论证的理论依据、假说（假设）及其合理性、分析方法等给予说明，可能涉及假说、前提条件、分析对象、适用理论、分析方法或计算过程等的一个或若干方面。

（11）没有对研究中发现的实验设计、方案、研究内容、方法，或操作流程、执行方法方面的不足、错误以及反面数据、特殊案例等给予必要的说明。

（12）没有正确区分推测与结论，推测与结论分不清，将推测当结论，二者混为一谈。

（13）没有围绕或集中主题进行讨论而造成跑题，在讨论中加进离题内容，与研究中的真实信息相混杂，稀释了真实性和可信度，造成鱼龙混杂、真假难辨，使读者分心、困惑。

（14）没有以专业、适度的方式来解决自己与他人研究之间的矛盾，不恰当地指责他人研究，攻击别人，表现出作者应有学术道德、修养的欠缺，对个人形象造成负面影响。

6.4.6 讨论实例评析

6.4.6.1 讨论实例 1

【1】

3.3　结果分析

　　从 3.2.1 节弹簧拉力变化的分析可以看出，踝关节外骨骼机器人的储能弹簧在行走过程中释放能力，有助于减小踝关节在跖屈运动过程中的生物力学力矩，从而有助于降低人体行走过程中的能量消耗。

　　从 3.2.2 节人体行走过程中消耗的运动净摄氧量来分析，自治式驱动外骨骼机器人在驱动不使能状态下，增大了受试者相同条件下的运动摄氧量，但在驱动使能状态下，降低了受试者的运动摄氧量。对比受试者穿戴外骨骼机器人并且驱动使能状态的摄氧量与不穿戴外骨骼机器人的摄氧量，发现摄氧量降低了约 3.5%，而穿戴外骨骼机器人驱动不使能状态下的运动摄氧量较不穿戴外骨骼机器人受试者摄氧量增加了约 2.9%，表明外骨骼机器人驱动设备的增加使得人体负重行走的负载增大，人体行走摄氧量消耗增加，而外骨骼机器人增加的储能元件能够有效降低由外骨骼本身增加的负担，并协调人体运动，进而降低人体自身的关节发力，实现外骨骼机器人驱动使能状态下的摄氧量降低。

　　此例为"基于力位混合控制的踝关节外骨骼机器人四段式助力技术"一文的实验结果分析部分，对实验结果部分（3.2 节）做进一步分析（总结、说明、推断、解释）。①

　　第 1 段对 3.2.1 节实验结果（弹簧拉力变化分析结果）进行总结，给出说明、解释结果：踝关节外骨骼机器人的储能弹簧在行走过程中释放能力，有助于减小踝关节在跖屈运动过程中的生物力学力矩，从而降低人体行走过程中的能量消耗。

　　第 2 段对 3.2.2 节实验结果（人体行走过程摄氧量对比结果）重新表述，给出更加明确的对比结果（定性结果：穿戴外骨骼机器人驱动不使能状态增大了受试者摄氧量，驱动使能状态降低了受试者摄氧量；定量结果：穿戴外骨骼机器人驱动使能状态的受试摄氧量与不穿戴外骨骼机器人的相比降低约 3.5%，穿戴外骨骼机器人驱动不使能状态的受试摄氧量与不穿戴外骨骼机器人的相比增加约 2.9%），并进行总结，给出说明、解释结果（表明外骨骼机器人驱动设备的增加使得人体负重行走的负载增大，人体行走摄氧量消耗增加，而外骨骼机器人增加的储能元件能够有效降低由外骨骼本身增加的负担，并协调人体运动，进而降低人体自身的关节发力，实现外骨骼机器人驱动使能状态下的摄氧量降低）。

6.4.6.2 讨论实例 2

【2】

3　讨论

　　本研究将时机理论应用于 HIV/AIDS 肛瘘手术患者中，探讨该类人群在疾病全周期不同阶段的疾病体验及其变化过程，根据其特点给予针对性护理干预，满足患者需求。

3.1　诊断期提高 HIV/AIDS 患者肛肠疾病筛查力度　　本研究结果显示，患者由于担心歧视通常症状加重才至医院就诊。既往研究表明，HIV/AIDS 患者的肛肠疾病发病率逐渐升高，

---

①"实验结果分析"在内容上通常属于"分析"，这里为表达需要，将其视作一种特殊或简单的"讨论"（实验结果讨论）。

且病种多样[16-17]。因此，建议相关部门加强疾病知识科普，倡导 HIV/AIDS 患者定期进行肛肠专科检查，尽可能保证筛查计划的规律性，以尽量减少疾病的进展。此外，临床医护人员需给予患者特别关注，沟通过程中保持开放、非批判性的态度，避免患者出现逃避、延迟就医行为。

3.2 术后早期加强信息与情感支持 本次访谈发现，术后早期患者问题多样，生理、心理方面都存在不同程度的问题。因此，住院期间应对患者进行全方面评估，关注当前具体问题，例如，手术相关信息、药物知识、HIV 感染疾病相关知识、伤口日常护理操作、身体活动、饮食指导等。循序渐进指导患者学习自我伤口护理技能，增强患者自我照顾信心。国内目前仍普遍存在艾滋病歧视，HIV/AIDS 患者在应对艾滋病时本身就存在诸多心理问题[18]，他们担心同性性行为被知晓后的歧视以及对现有家庭和社会关系的影响等[19]，多数患者选择隐瞒自身感染史而缺乏照顾，进一步加重患者心理压力。需要护理人员与患者建立良好关系，必要时提供额外的干预和支持，如正念减压疗法、叙事疗法、聚焦解决模式、行为认知疗法[18]。

3.3 制订术后康复计划，提供全面指导 访谈发现，对术后护理的担忧会持续存在于后期三个不同阶段。结果显示，住院期间是患者及家属学习技能和掌握知识的最佳时期，应在住院期间协助制订详细、有针对性的康复计划，包括每一阶段所要掌握的知识与技能，为此后的顺利过渡打下基础。出院后，专业指导出现断层，患者难以判断自己的照护是否正确得当。患者失助感强烈，应对疾病积极性下降，需加强与医院、专业人士的联系，保证家庭护理的延续性。对于取得家庭支持的患者，应给予患者及家属相应防护知识培训和指导。介绍 HIV 传播途径、自我防护、处置流程及应急措施等，消除不必要的恐惧与焦虑，预防或降低艾滋病暴露的危险。可利用网络平台如微信、QQ、腾讯会议等手机软件开展线上针对性指导[20]，线上线下相结合，及时查漏补缺，不断增强家属及患者自我护理的信心与能力，提高患者伤口护理的自我管理能力。

基于对 HIV/AIDS 肛瘘手术患者的全程访谈发现，患者的疾病体验是动态变化的。应当分阶段、有计划地给予相应的心理支持与专业指导，同时采取相应措施以保证护理的延续性。

此例为"基于时机理论对 HIV/AIDS 肛瘘手术患者不同阶段疾病体验的质性研究"一文的讨论。有 5 段，首段为整体开场，中间 3 段为主题讨论，末段为全局总结。

首段总体简介研究方法（时机理论）及研究目的（探讨 HIV/AIDS 患者在疾病全周期不同阶段的疾病体验及其变化过程，给予针对性护理干预，满足患者需求）。

主题讨论在形式上为标题 3.1～3.3，内容上与该文结果部分的标题 2.1～2.5 相对应，其中 3.3 与 2.3～2.5 相对应（2.3～2.5 合并），对应关系如下：

3.1 诊断期提高 HIV/AIDS 患者肛肠疾病筛查力度←→2.1 诊断期：担忧与懊悔

3.2 术后早期加强信息与情感支持←→2.2 术后早期：身心对应失调

3.3 制订术后康复计划，提供全面指导←→2.3 出院准备期：防护知识断层＋2.4 调整期：失助感＋2.5 随访期：应对疾病积极性降低

以上主题讨论的内容包括：来自"2 结果"的主要结果，来自参考文献的已有结果，常识（或专业知识），以及通过因果论证而得出的新结果（结论、措施、建议等），讨论的结构为因果论证（以本文主要结果、已有结果和常识为论据，通过因果论证而得出新结果）。以下对上述 3 个主题的整体文本进行分析，考察其内容及结构，见表 6-2。

表 6-2 讨论实例【2】内容与结构汇总

	主题 1	诊断期提高 HIV/AIDS 患者肛肠疾病筛查力度	论题
内容	主要结果	患者由于担心歧视通常症状加重才至医院就诊（本研究结果显示）	论据
	已有结果	HIV/AIDS 患者的肛肠疾病发病率逐渐升高，且病种多样（既往研究表明；文献[16-17]）	
	新结果	建议相关部门……减少疾病的进展；临床医护人员……延迟就医行为	论点
结构	论证模式	论据→因果论证→论点	论证
	主题 2	术后早期加强信息与情感支持	论题
内容	主要结果	术后早期患者问题多样，生理、心理方面都存在不同程度的问题（本次访谈发现）；多数患者选择隐瞒自身感染史而缺乏照顾，进一步加重患者心理压力（本次访谈发现）	论据
	已有结果	国内目前仍普遍存在艾滋病歧视，患者在应对艾滋病时本身就存在诸多心理问题（文献[18]）；患者担心同性性行为被知晓后的歧视以及对现有家庭和社会关系的影响等（文献[19]）	
	新结果	住院期间应对患者进行全方面评估，关注当前具体问题；循序渐进指导患者学习自我伤口护理技能，增强患者自我照顾信心；需要护理人员与患者建立良好关系，必要时提供额外的干预和支持	论点
结构	论证模式	论据→因果论证→论点	论证
	主题 3	制订术后康复计划，提供全面指导	论题
内容	主要结果	对术后护理的担忧会持续存在于后期三个不同阶段（访谈发现）；住院期间是患者及家属学习技能和掌握知识的最佳时期（结果显示）；出院后，专业指导出现断层，患者难以判断自己的照护是否正确适当，失助感强烈，应对疾病积极性下降	论据
	已有结果	可利用网络平台如微信、QQ、腾讯会议等手机软件开展线上针对性指导（文献[20]）	
	新结果	应在住院期间协助制订详细……顺利过渡打下基础；需加强与医院、专业人士的联系，保证家庭护理的延续性；对于取得家庭支持的患者，应给予患者及家属相应防护知识培训和指导；介绍 HIV 传播途径……预防或降低艾滋病暴露的危险；线上线下相结合……提高患者伤口护理的自我管理能力	论点
结构	论证模式	论据→因果论证→论点	论证

末段总结本文主要结果（访谈发现患者疾病体验是动态变化的）及由因果论证得出的结论即应采取的措施（应分阶段、有计划地给予相应心理支持与专业指导，采取相应措施保证护理的延续性），在开头还提及研究对象（HIV/AIDS 肛瘘手术患者）和方法（访谈）。

6.4.7 结果与讨论实例评析

6.4.7.1 结果与讨论实例 1

【1】

3 结果与讨论

3.1 土壤因子含量特征

3.1.1 土壤 pH 值

土壤 pH 值对土壤养分及微量元素的有效性有重要影响[24]，因而研究土壤养分含量特征首先需要了解土壤 pH 值状况。由表 2 可知，研究区土壤 pH 值变幅为 3.58～8.16，平均值为 5.36，说明土壤整体偏酸性（pH 值≤5.5）。不同用地方式的土壤 pH 值存在显著差异，表现为空地＞水田＞林地＞水浇地＞果园，这主要与研究区土地施肥和管理方式有关。果园及水浇地 pH 平均值相对其他 3 种用地较低，分别为 4.98 和 5.00。其原因有以下几个方面：首先，近年来在经济效益驱动下，太湖流域较多农户将稻田改种蔬菜，复种指数高，无机肥的过量施用导致蔬菜地 pH 平均值从 6.43 降至 5.40[25]；其次，当地农户自留菜地多施用半腐熟的有机肥和粪肥，而葡萄生长期需施加硫酸镁、生理硫酸钾和氯化钾等酸性肥料[26]；再次，果园、蔬菜种植多采用设施栽培，覆膜期间土壤不受雨淋，这些因素均加速了研究区水浇地及果园的土壤酸化程度。一般来讲，水田施肥致使土壤 pH 值低于林地，但笔者研究结论相反，很可能与武进区大力实施秸秆还田政策有关。2017 年末，研究区 2 个乡镇秸秆还田率已达 98%，秸秆在分解过程中会氧化有机阴离子而消耗 H^+，这能够在一定程度上提高土壤 pH 值[27–28]。

表 2 不同用地方式下土壤 pH 值及养分含量描述性统计分析

土地利用类型	pH 值		$w(TN) / (g \cdot kg^{-1})$		$w(SOM) / (g \cdot kg^{-1})$		$w(TP) / (g \cdot kg^{-1})$	
	范围	平均值	范围	平均值	范围	平均值	范围	平均值
水田	4.19~8.16	5.53±0.76^a	1.05~3.02	2.00±0.47^a	23.10~63.80	40.39±10.21^a	0.07~1.47	0.37±0.28^a
水浇地	3.86~6.92	5.00±0.89^b	0.64~3.26	1.98±0.57^a	21.70~56.20	35.85±8.00^{ab}	0.04~1.77	0.37±0.40^a
果园	3.81~6.76	4.98±0.81^b	0.73~3.14	1.97±0.67^a	20.50~59.10	36.79±10.79^a	0.04~1.20	0.38±0.27^a
林地	3.58~7.31	5.42±0.98^a	0.81~2.11	1.37±0.36^b	18.10~46.70	31.08±7.26^b	0.04~1.50	0.30±0.30^a
空地	4.38~7.88	6.05±1.26^a	0.58~2.15	1.36±0.47^b	15.30~44.70	29.63±9.86^b	0.07~0.35	0.24±0.08^a
总计	3.58~8.16	5.36±0.92	0.58~3.26	1.84±0.58	15.30~63.80	36.35±10.15	0.04~1.77	0.35±0.29

同一列数据后英文小写字母不同表示不同用地方式下某指标平均值差异显著（$P<0.05$）。

3.1.2 土壤全氮含量

氮素是作物生长的重要营养元素之一，土壤氮素在土壤肥力中起着相当重要的作用，而土壤全氮含量是衡量土壤氮素供应状况的重要指标[3]。研究区土壤全氮含量为 0.58~3.26 $g \cdot kg^{-1}$，平均值为 1.84 $g \cdot kg^{-1}$，整体处于二级以上水平，土壤氮素总量充足。不同用地方式下土壤全氮含量差异明显，表现为水田＞水浇地＞果园＞林地＞空地。其中，水田、水浇地、果园全氮含量显著高于林地和空地（$P<0.05$），这与耕作制度、施肥方式及用量等诸多因素有关。为追求农作物产量，水田、水浇地、果园种植中常将氮肥作为基肥广泛使用，这 3 种用地方式之间土壤全氮含量较为接近。以该地区设施蔬菜地为例，一年三季作物氮投入（以纯 N 计算）高达 900~1 300 $kg \cdot hm^{-2}$[29]，远超当季作物需求，因而这些耕作熟化程度高的农用地表层土壤全氮含量高于林地和空地[14]。水田全氮平均含量最高（2.00 $g \cdot kg^{-1}$），处于一级水平，这与该地区农户水稻种植中长期投入高量的尿素、碳铵、复合肥等化肥密不可分。

3.1.3 土壤有机质含量

土壤有机质不仅代表土壤碳储量，也是土壤养分供应能力和肥力的重要指标之一，在耕地质量、环境保护、气候变化和农业可持续发展方面均有着至关重要的作用[30]。研究区样点土壤有机质含量变幅为 15.30~63.80 $g \cdot kg^{-1}$，平均值为 36.35 $g \cdot kg^{-1}$，处于二级水平，比较丰富。不同用地方式下土壤有机质含量差异明显，与不同用地方式下全氮含量变化基本一致，表现为水田＞果园＞水浇地＞林地＞空地，说明土壤有机质含量受人为投入影响很大，其中林地及空地土壤有机质平均含量明显低于其他 3 种用地方式。研究区水田有机质平均含量最高（40.39 $g \cdot kg^{-1}$），除受施肥量大及秸秆还田提高耕层有机质含量这 2 个影响因素外[31]，还有以下 2 个方面的原因：一方面，水田秧苗阶段有一段时间土壤处于淹育条件下，土壤中好氧微生物活动降低甚至停止，水田有机质分解相对较慢；另一方面，武进区近年来实施试点休耕政策，在一定程度上缓解了冬季水田土壤中有机质的消耗。方差分析结果显示，林地与水浇地之间有机质含量无显著性差异，但与水田和果园土壤有机质含量之间差异显著（$P<0.05$），这可能是由于菜地及大棚复种指数高，收获物不断从土壤中移走，致使水浇地有机质含量增幅有限，而研究区林地多为灌木丛及苗圃，每年有枯枝落叶回落，补充了林地土壤中有机质的消耗。

3.1.4 土壤全磷含量

土壤磷素是一种沉积性的矿物，多以难溶态存在，磷素的风化、淋溶、富集迁移是多种因素共同作用的结果，对植物的生长代谢产生重要影响[32]。研究区土壤全磷含量变幅为 $0.04 \sim 1.77 \mathrm{~g} \cdot \mathrm{kg}^{-1}$，平均值为 $0.35 \mathrm{~g} \cdot \mathrm{kg}^{-1}$，处于五级水平，表明研究区土壤全磷含量整体偏低，补充磷素将对农作物产量提升有很大作用。研究区水田、水浇地、果园、林地、空地土壤全磷平均含量分别为 0.37、0.37、0.38、0.30 和 $0.24 \mathrm{~g} \cdot \mathrm{kg}^{-1}$，均低于第二次土壤普查时土壤耕层全磷平均含量（$0.5 \mathrm{~g} \cdot \mathrm{kg}^{-1}$），这与谢文明等[33]对宜兴市的土壤调查结果相似。不同土地利用方式对土壤全磷含量无显著影响，说明不同用地之间磷累积量差异并不明显。以上统计结果很可能与当地施肥习惯及土壤质地有关。一方面，当地农户在化肥选择上有"重氮轻磷"的偏向，偏施、重施单一化肥，N 比重过大，N、P、K 养分施用比例失调[34]；另一方面，化肥施用比例过高导致土壤物理性状变差、土壤板结，加之磷淋洗和流失作用较强，因此很难形成较高含量的磷库。

3.2 土壤因子相关性分析

对土壤因子进行相关性分析（表3）发现，研究区土壤 pH 值仅与全氮含量呈显著负相关，说明长期施用无机氮肥是造成土壤 pH 值降低的重要因素，这与 AULA 等[35]、邹刚华等[36]的研究结果相一致。全氮、有机质、全磷含量两两之间均呈极显著正相关（$P<0.01$）。全氮与有机质含量之间相关系数达 0.858，表明有机质与全氮的积累具有高度同步性，研究区土壤丰富的有机质含量与施加氮肥密不可分。此外，全氮与全磷含量呈极显著正相关（$P<0.01$），主要是因为农户在施加以氮为主的复合肥时会给土壤补充一定量的磷。

表 3　土壤因子之间的相关系数

因子	TN 含量	SOM 含量	TP 含量
pH 值	−0.202*	−0.122	−0.086
TN 含量		0.858**	0.333**
SOM 含量			0.328**

* 表示在 $\alpha=0.05$ 水平显著相关；** 表示在 $\alpha=0.01$ 水平极显著相关（双侧检验）。

3.3 土壤因子的变异情况

变异系数能够反映各监测因子的平均变异程度，一般来讲，变异系数<15%为低变异，介于 15%~36%之间为中等变异，>36%为高等变异[37]。研究区 pH 值、全氮含量、有机质含量的变异系数分别为 17.19%、31.61%和 27.92%（表4），均属于中等变异，与刘杏梅等[38]对太湖流域土壤的调查结果相似，说明研究区内 pH 值、全氮和有机质含量在空间上变异相对较小。全磷含量为高等变异（84.06%），表明全磷含量分布存在异常区，受自然因素及人为活动影响较大。

表 4　土壤因子的变异系数

土壤利用类型	变异系数 / %			
	pH 值	TN 含量	SOM 含量	TP 含量
水田	13.73	22.91	25.29	75.91
水浇地	17.82	28.91	22.33	108.26
果园	16.30	33.98	29.32	71.84
林地	18.08	26.28	23.36	100.00
空地	20.83	34.63	33.28	33.33
总计	17.19	31.61	27.92	84.06

土壤是一个巨大的缓冲体，对 pH 值变化具有一定的自我调节功能，因而研究区不同用

地方式土壤pH值的变异系数均较小，处于低变异到中等变异之间。土壤有机质比较活跃，既有外界有机质不断输入，原有有机质也在不断分解和矿化[12]，而且氮素大部分以有机形态存在，由此导致不同用地方式下土壤有机质及全氮含量均属于中等变异。除了空闲地外，其余用地方式下土壤全磷含量均属于高等变异，依次为水浇地（108.26%）＞林地（100.00%）＞水田（75.91%）＞果园（71.84%）＞空地（33.33%），这也反映了磷在土壤分布中的异质性，农用地磷肥施用不均匀、土壤质地不同等均会对全磷分布造成很大影响。

3.4 土壤因子空间分布特征

对太滆运河流域土壤4项指标数据进行反距离加权空间插值，绘制研究区土壤pH值和全氮、有机质、全磷含量空间分布图（图2）。总体来看，太滆运河流域土壤以酸性为主且分布较均匀。全氮及有机质含量的空间分布相似，呈现斑块状特点。上游部分行政村土壤全氮或有机质含量偏低，未达中等水平，但中游及下游土壤全氮、有机质含量均较高，其中漳湟村、新康村、楼村、南宅村的土壤全氮、有机质含量已处于极丰富状态。因此，针对这些全氮含量极高的行政村，应加强水稻、蔬菜、果园种植过程中的土壤施肥及养分管理，防止农业面源污染。

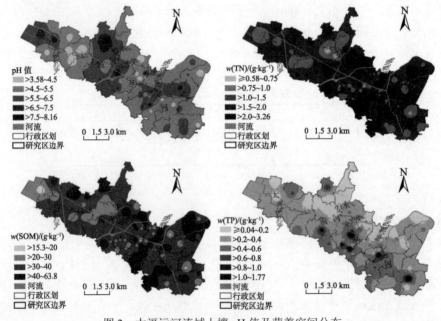

图2　太滆运河流域土壤pH值及营养空间分布

太滆运河流域土壤全磷含量分布呈区域化特征，表现为中下游南侧地区全磷含量高于其他地区，其中全磷达到丰富及以上等级的块区零星分布在谭庄村、杨桥村、新康村、城西村等行政村内。一方面，中下游南侧农业规模化水平较高，合作社及家庭农场在生产过程中比较注重磷肥施用；另一方面，中游南侧为太滆运河与多条河流交汇处，现场调研发现，该片区地势比较低，属于圩田区，土壤黏性较高，保肥能力较强，有利于磷素的累积。

此例为"太滆运河流域不同用地方式下土壤pH值、有机质及氮磷含量特征分析"一文的结果与讨论部分。有4部分，形式上为4个标题（3.1～3.4），内容上为4个子主题（土壤因子的含量特征、相关性分析、变异情况、空间分布特征）。其中3.1节形式上为4个标题（3.1.1～3.1.4），内容上为 4 个子子主题（土壤 pH 值及 TN、SOM、TP 含量）。

1）土壤 pH 值统计分析结果、讨论（3.1.1 节）

交待了解土壤 pH 值（子子主题 1）对土壤养分、微量元素的有效性有重要影响，以及对土壤因子含量特征（子主题 1）研究的重要性。

以表格给出统计分析结果（表2），以文字表述表 2 "pH 值"总计类数据（土壤 pH 值变幅为 3.58～8.16，平均值为 5.36），给出说明结果（土壤整体偏酸性，pH≤5.5）。

针对表 2 "pH 值"个体类（土地利用类型）数据（范围、平均值）大小进行对比，给出说明结果（不同用地方式的土壤 pH 值存在显著差异）及对比结果（土壤 pH 值排序：空地＞水田＞林地＞水浇地＞果园），并给出解释结果（与土地施肥和管理方式有关）。

描述对比结果（果园、水浇地 pH 平均值低于空地、水田、林地），讨论（因果论证），给出解释，即三方面原因（首先……；其次……；再次……），对比结果是论点，原因是论据。论据来自事实、常识（或专业知识）和文献。比如：稻田改种蔬菜、复种指数高，自留菜地多施用半腐熟有机肥和粪肥，果园和蔬菜种植多采用设施栽培、覆膜期间土壤不受雨淋等属于事实，土壤不受雨淋有助于土壤酸化程度为常识，无机肥过量施用导致蔬菜地 pH 平均值从 6.43 降至 5.40 引自文献[25]，葡萄生长期需施加硫酸镁、生理硫酸钾和氯化钾等酸性肥料引自文献[26]。

指出例外并解释。例外：表 2 数据说明水田土壤 pH 值（4.19～8.16，5.53±0.76）高于林地（3.58～7.31，5.42±0.98），不符合一般情况（水田施肥致使土壤 pH 值低于林地）。原因解释（很可能与武进区大力实施秸秆还田政策有关），虽用猜测性语句，但有论据支持，可信度较高。论据来自事实和文献。事实：2017 年末研究区 2 个乡镇秸秆还田率达 98%；文献：秸秆在分解过程中会氧化有机阴离子而消耗 H^+，能在一定程度上提高土壤 pH 值（文献[27-28]）。

2）土壤全氮（TN）含量统计分析结果、讨论（3.1.2 节）

交待土壤氮素对土壤肥力的重要作用，TN 是衡量土壤氮素状况的重要指标（文献[3]）。

表述表 2 "w(TN)"总计类数据（土壤 TN 含量为 0.58～3.26 g·kg^{-1}，平均值为 1.84 g·kg^{-1}），给出平均值的说明结果（整体处于二级以上水平，土壤氮素总量充足）。

针对表 2 中 "w(TN)"个体类（土地利用类型）数据（范围、平均值）大小进行对比，给出说明结果（土壤 TN 含量差异明显）和对比结果（土壤 TN 含量排序：水田＞水浇地＞果园＞林地＞空地）。

描述对比结果（水田、水浇地、果园 TN 含量显著高于林地、空地，$P<0.05$），给出解释结果（与耕作制度、施肥方式及用量等诸多因素有关），进行讨论，指出原因（原因作为论据支持对比、解释结果）。论据包括以下事实和实例：

事实：为追求农作物产量，水田、水浇地、果园种植中常将氮肥作为基肥广泛使用，这 3 种用地方式之间土壤 TN 含量较为接近（原因）。

实例：研究区设施蔬菜地，一年三季作物氮投入（以纯 N 计算）为 900～1300 kg·hm^{-2}（文献[29]，引证），远超当季作物需求（原因），致使耕作熟化程度高的农用地表层土壤 TN 含量高于林地和空地（结果，文献[14]，引证）。水田 TN 平均含量最高（2.00 g·kg^{-1}），处于一级水平（结果），与该地区农户水稻种植中长期投入高量尿素、碳铵、复合肥等化肥密切相关（原因）。

3）土壤有机质（SOM）含量统计分析结果、讨论（3.1.3 节）

交待 SOM 代表土壤碳储量，也是土壤养分供应能力和肥力的一种重要指标，及其在耕地质量、环境保护、气候变化和农业可持续发展方面的重要性（文献[30]）。

表述表 2 "$w(SOM)$" 总计类数据（土壤 SOM 含量变幅为 15.30～63.80 g·kg^{-1}，平均值为 36.35 g·kg^{-1}），给出说明结果（处于二级水平，比较丰富）。

针对表 2 中 "$w(SOM)$" 个体类（土地利用类型）数据（范围、平均值）大小进行对比，给出说明结果（土壤 SOM 含量差异明显）和对比结果（土壤 SOM 含量排序：水田＞果园＞水浇地＞林地＞空地，与 TN 含量变化基本一致），给出解释结果（土壤 SOM 含量受人为投入影响很大），并描述对比结果（林地及空地土壤 SOM 含量明显低于水田、果园、水浇地）。

给出另一对比结果（水田 SOM 平均含量最高，为 40.39 g·kg^{-1}），并进行讨论，给出原因。原因：施肥量大、秸秆还田使耕层 SOM 含量得到提升（文献[31]）；水田秧苗阶段有机质分解相对较慢；近年实施试点休耕政策，缓解了冬季水田土壤 SOM 消耗。

根据方差分析结果给出另一对比结果（林地与水浇地间 SOM 含量无显著性差异，但与水田、果园 SOM 含量间差异显著，$P<0.05$），进行讨论，给出原因（这可能是由于菜地及大棚复种指数高……补充了林地土壤 SOM 消耗），虽用了猜测性语句（可能是由于），但讨论客观、合理。

4）土壤全磷（TP）含量统计分析结果、讨论（3.1.4 节）

介绍土壤磷素及其对植物生长代谢有重要影响（文献[32]）。

表述表 2 "$w(TP)$" 总计类数据（土壤 TP 含量变幅为 0.04～1.77 g·kg^{-1}，平均值为 0.35 g·kg^{-1}），给出说明结果（处于五级水平，土壤 TP 含量整体偏低），得出结论（补充磷素对农作物产量提升有很大作用）。

表述表 2 "$w(TP)$" 个体类（土地利用类型）数据（平均值）——水田、水浇地、果园、林地、空地土壤 TP 平均含量分别为 0.37、0.37、0.38、0.30、0.24 g·kg^{-1}，给出对比结果（均低于第二次土壤普查时土壤耕层 TP 平均含量 0.5 g·kg^{-1}；与文献[33]调查结果相似）和说明结果（不同土地利用方式对土壤 TP 含量无显著影响，不同用地间磷累积量差异并不明显）。

对以上对比结果和说明结果给出解释（很可能与当地施肥习惯及土壤质地有关），由讨论进一步给出原因解释［农户选择化肥重氮轻磷、偏施、重施单一化肥，致使施用 N 比重过大，N、P、K 养分施用比例失调（文献[34]）；化肥施用比例过高使土壤物理性状变差、板结，P 淋洗和流失作用较强，致使很难形成较高含量的磷库］。

以上 4 个土壤因子含量特征指标的"结果与讨论"的内容和结构可基本概括为：指标介绍→结果表述→说明结果→对比结果→解释结果→讨论（因果论证）→结论。

5）土壤因子相关性分析结果（3.2 节）

以表格给出土壤因子相关性分析结果（表3）。表述土壤因子之间相关性分析结果：

结果一：土壤 pH 值仅与 TN 含量呈显著负相关，给出说明结果（长期施用无机氮肥是造成 pH 值降低的重要因素）、对比结果（与文献[35-36]的研究结果相一致，有讨论意味）。

结果二：TN、SOM、TP 含量两两之间均呈极显著正相关（$P<0.01$）。其中，TN、SOM 含量之间相关系数达 0.858，给出解释结果（TN、SOM 的积累具有高度同步性，SOM 含量与施加氮肥密不可分）；TN、TP 含量之间呈极显著正相关（$P<0.01$），给出解释结果（在施加以氮为主的复合肥时会补充土壤一定量的磷）。

这部分与讨论相关的语句只有一句极短的解释语句（这与 AULA 等[35]、邹刚华等[36]的研究结果相一致），基本没有讨论或讨论意味较淡。

6）土壤因子变异情况（3.3 节）

第 1 段。介绍变异系数的功用（反映各监测因子的平均变异程度）及分类（变异系数小于 15%为低变异，介于 15%～36%为中等变异，大于 36%为高等变异），属常识（文献[37]）。以表格给出土壤因子变异系数计算结果（表 4）。表述研究区 pH 值及 TN、SOM 含量的变异系数（分别为 17.19%、31.61%、27.92%）、对比结果（中等变异，与文献[38]对太湖流域土壤调查结果相似）及说明结果（研究区 pH 值及 TN、SOM 含量在空间上变异相对较小）。表述研究区 TP 含量的变异类别（高等变异）、变异系数（84.06%）及说明结果（TP 含量分布存在异常区，受自然因素及人为活动影响较大）。

第 2 段。对研究区不同用地方式土壤因子变异所处类别的原因进行讨论：①不同用地方式土壤 pH 值变异系数较小，处于低变异到中等变异间（结果），土壤是一个巨大缓冲体，对 pH 值变化有一定自我调节功能（原因）。②土壤 SOM、TN 含量属中等变异（结果），土壤有机质较活跃，有外界有机质不断输入，原有有机质在不断分解和矿化（文献[12]），且氮素大部分以有机形态存在（原因）。③除空闲地外其余用地方式下 TP 含量均属高等变异，依次为水浇地（108.26%）＞林地（100.00%）＞水田（75.91%）＞果园（71.84%）＞空地（33.33%）（结果），这也反映了磷在土壤分布中的异质性、农用地磷肥施用不均匀、土壤质地不同等会对 TP 分布造成很大影响（原因）。

7）土壤因子空间分布特征（3.4 节）

第 1 段。以图 2 给出对研究区土壤 4 项指标数据进行反距离加权空间插值运算的结果（4 项指标空间分布图）。对图 2 前 3 个分图给出说明结果（太滆运河流域土壤以酸性为主且分布较均匀；TN、SOM 含量空间分布相似，呈现斑块状特点；上游部分行政村 TN 或 SOM 含量偏低，未达中等水平；中游及下游 TN、SOM 含量均较高，其中……含量已处于极丰富状态）。以说明结果为论据，由因果论证得出应采取的措施（针对这些 TN 含量极高的行政村……防止农业面源污染）。

第 2 段。对图 2 最后一个分图给出说明结果（太滆运河流域土壤 TP 含量分布呈区域化特征，中下游南侧地区 TP 含量高于其他区域，TP 达到丰富及以上等级的块区零星分布在谭庄村、杨桥村、新康村、城西村等行政村内）。以说明结果作为论据，由因果论证进行讨论，给出原因：中下游南侧农业规模化水平较高，合作社、家庭农场在生产过程中较注重磷肥施用；中游南侧为太滆运河与多条河流交汇处……有利于磷素累积（现场调研发现）。

6.4.7.2　结果与讨论实例 2

【2】

3　计算结果与分析

3.1　试验结果分析

试验中，每个噪声测试点射击 8 发，同一位置测试点的压力波形图形变化曲线呈现相同的规律，不失一般性，取测试点第 8 发波形图形进行分析（试验中发现 P_1 测点离枪口轴线距离过近，出于安全性考虑，该测点未予测量）。

图 7 所示为膛口流场部分测点测得的压力波形，根据初始冲击波、火药燃气冲击波和火

药燃气射流噪声波的传播速度与形成顺序的不同，在波形图中将以上3种不同波形区分开来，为处理试验数据提供依据。

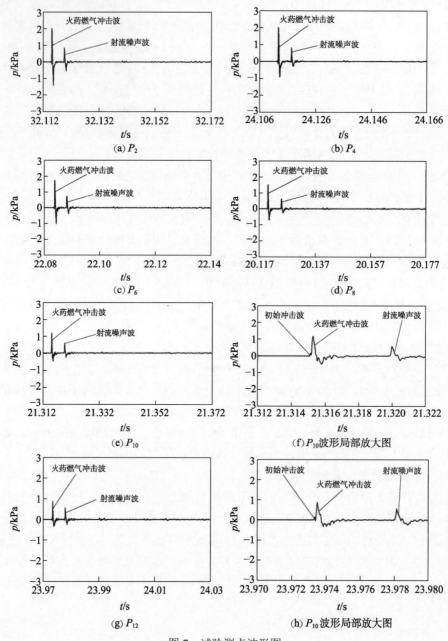

图 7　试验测点波形图

本文研究对象是火药燃气射流噪声，在处理试验数据时，需要将冲击波与火药燃气射流噪声波区分开来，即在试验所得压力波形图形中，以火药燃气冲击波和射流噪声波的波峰时间中点为隔断，去掉冲击波，得到火药燃气射流噪声波，然后将得到的火药燃气射流噪声波进行快速傅里叶变换（FFT），并计算总声压级，所得即为膛口射流噪声。数据处理过程如图8所示。

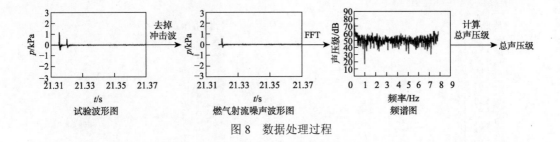

图 8　数据处理过程

按照上述方法将所得每个测点的 8 组数据去除最大值和最小值后取平均值，得到每个测点的总声压级如表 2 所示。

表 2　试验各测点总声压级计算结果

测点	第1发	第2发	第3发	第4发	第5发	第6发	第7发	第8发	平均值
P_2	135.305	135.029	135.414	135.353	135.600	135.449	135.416	135.476	135.402
P_3	137.625	137.415	137.363	137.312	137.136	137.263	137.021	137.218	137.285
P_4	144.166	143.962	144.399	144.029	143.873	144.269	144.396	144.029	144.142
P_5	152.977	152.154	151.994	152.362	152.174	151.636	151.785	152.289	152.126
P_6	151.800	151.507	152.159	152.019	152.237	152.042	151.985	151.412	151.918
P_7	151.752	152.227	152.139	152.703	152.399	152.252	152.801	151.485	152.240
P_8	150.529	150.002	150.913	150.143	150.996	151.034	150.747	149.873	150.555
P_9	149.469	149.613	149.582	149.302	149.317	149.401	148.993	149.036	149.351
P_{10}	149.421	148.279	148.836	148.768	149.507	149.065	149.079	149.039	149.035
P_{11}	147.518	147.806	147.139	148.611	148.634	148.372	148.391	148.059	148.126
P_{12}	148.527	148.153	148.624	148.332	147.656	148.486	147.527	148.782	148.296

3.2　数值模拟结果分析

图 9 所示为不同时刻膛口流场发展过程中压力与速度等值线图。由图 9 可见：在弹头发射过程中，膛口初始流场、火药燃气流场和弹头之间相互作用的过程；高度欠膨胀射流波系结构的形成过程；初始冲击波、火药燃气冲击波和冠状激波的形成和发展过程；膛口流场中激波与激波、激波与涡等的相互作用过程。

当非定常计算达到相对稳定状态（本文取欠膨胀射流结构中马赫盘距离膛口最远时），启动声学计算模型[16]，提取所选源面上的相关非定常流参数，利用 FW-H 声学模型计算各测点声压数据，数值计算的各声测点位置与试验各声测点位置相同，最后将所得声压时域信号进行 FFT 并计算总声压级。

图 10 所示为某时刻弹后枪膛轴线上的马赫数 Ma 分布情况。由于弹头总是向射流下游运动，由图 10 可知：当马赫数突然下降时，激波瓶瓶底与弹头分离，激波瓶开始收缩，此时马赫盘距离膛口最远；以弹膛底部中心为起点，马赫盘运动最远距离为 171.9 mm，即此位置时刻启动 FW-H 声学计算模型。

噪声指向性是指以声源为中心，表征声源在不同方位角上辐射声能量的差异。图 11 所示为无膛口装置时膛口数值计算射流噪声总声压级指向性。由图 11 可知：该手枪枪口噪声有较强的指向性，数值计算的膛口射流噪声大部分声能都集中在±70°方位角内；随着测点方向角的增大，声压级逐渐减小，在 70°方位角的声压级大致等于圆周上的平均声压级。由此可见，数值计算的膛口射流噪声总声压级分布特性与已有的研究结论吻合较好[17]。

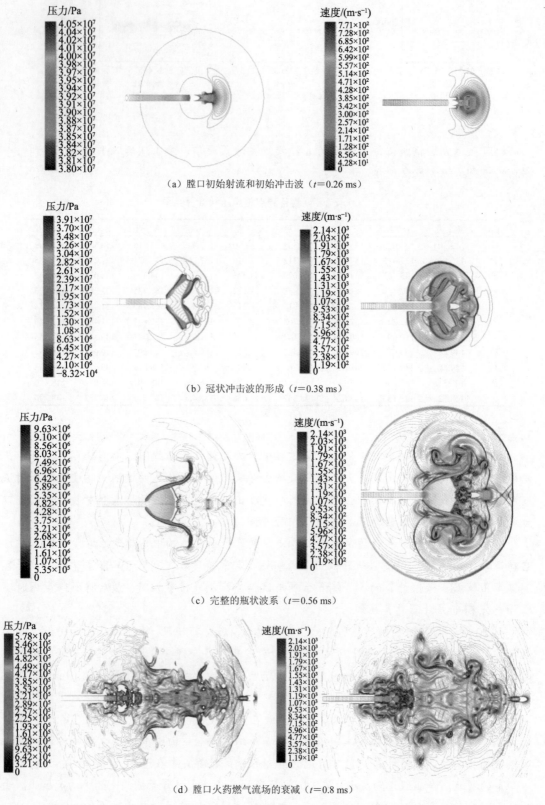

(a) 膛口初始射流和初始冲击波（$t=0.26$ ms）

(b) 冠状冲击波的形成（$t=0.38$ ms）

(c) 完整的瓶状波系（$t=0.56$ ms）

(d) 膛口火药燃气流场的衰减（$t=0.8$ ms）

图 9　膛口流场发展过程中压力（左）、速度（右）等值线图

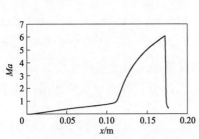
图 10　某时刻弹后枪膛轴线上的马赫数分布

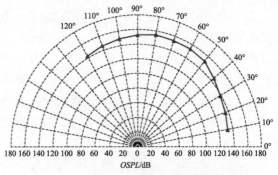
图 11　无膛口装置时膛口数值计算射流噪声指向性图

3.3　试验与数值计算结果对比

①表 3 所示为 20°～120°各个测点的射流噪声总声压级数值计算与试验计算结果对比，在不考虑弹头运动的研究中，小角度测点误差达到 8%[10]。②由表 3 可见：本文在小角度测点上，数值计算结果与试验计算结果误差低于 1%，吻合较好，与已有研究相比，误差较小是因为本文数值计算考虑到了手枪弹头的运动；在大角度测点处，数值计算结果与试验结果误差相对较大，例如在测点 P_{12} 处误差达到了 4.29%，这是因为声源面的设置未延伸到膛口上游部分，致使数值计算未能充分采集到大角度测点的声源信息，导致较大测点处总声压值计算不准确。③在实际射击过程中，试验采集到的声波还包括了射击中手枪零件的机械撞击、枪膛尾部燃气回流等噪声，这是数值计算中没有考虑到的，也是导致误差产生的一个原因。④另一方面，因为算力有限，本文计算模型为二维模型，声学计算中需要设置源相关长度，导致二维计算模型较难获得测点的绝对声压级。⑤采用三维的 LES 或者直接数值模拟可能能够得到更好的结果，但是需要巨大的计算资源，相关研究人员可以使用三维动网格模型对膛口噪声场做进一步研究。⑥但是整体上，在所设置的测点中，数值计算与试验结果之间的误差小于 5%，表明了本文模型的可行性。

表 3　试验结果与数值计算结果对比

结果与误差	测点										
	P_2	P_3	P_4	P_5	P_6	P_7	P_8	P_9	P_{10}	P_{11}	P_{12}
试验结果 / dB	135.402	137.285	144.142	152.126	151.918	152.240	150.555	149.351	149.035	148.126	148.296
数值计算结果 / dB	135.181	138.454	144.496	151.759	153.517	153.554	155.119	152.456	149.378	146.282	142.198
误差 / %	0.16	−0.85	−0.24	0.24	−1.04	−0.86	−2.94	−2.04	−0.23	1.26	4.29

此例为"含运动弹头的手枪膛口射流噪声场特性"一文的结果与分析部分，有 3 个标题（3.1～3.3），分 3 个子主题（试验结果分析、数值模拟结果分析、试验与数值计算结果对比）。

1）试验结果分析（3.1 节，共 4 段，含 2 图、1 表）

第 1 段为试验简述，包括以下三项：①对象设置：每一噪声测试点射击 8 发子弹；②目标选取：取测试点第 8 发波形图形进行分析，交待选取原因（同一位置测试点的压力波形图变化曲线有相同规律）；③特例排除：未选取 P_1 测点（离枪口轴线距离过近，有安全问题）。

第 2 段为试验结果报告一，图 7 给出试验测点测量结果（压力波形曲线），表述波形曲线类别（初始冲击波、火药燃气冲击波及火药燃气射流噪声波）及用途（为试验数据处理提供依据）。

第 3 段为试验结果报告二，描述数据处理方法（过程）及结果（对上述结果报告一的测量结果，以火药燃气冲击波、射流噪声波的波峰时间中点为隔断，去除火药燃气冲击波，得到火药燃气射流噪声波，进行 FFT，计算总声压级，得到膛口射流噪声，并用图 8 显示数据处理过程）。

第 4 段为结果报告三，描述数据进一步的处理方法及结果（对上述结果报告二的处理结果每个测点的 8 组数据去除最大值、最小值后取平均值，得到各测点总声压级，用表 2 展示）。

2）数值模拟结果分析（3.2 节，共 4 段，含 3 图）

第 1 段为数值计算结果报告一，图 9 给出膛口流场发展过程中压力、速度等值线图，给予说明（弹头发射经历 4 个过程：膛口初始流场、火药燃气流场和弹头间相互作用；高度欠膨胀射流波系结构形成；初始冲击波、火药燃气冲击波和冠状激波形成和发展；膛口流场中激波与激波、激波与涡等相互作用）。

第 2 段为数值模拟方法，在非定常计算达到相对稳定时（取欠膨胀射流结构中马赫盘距膛口最远），启动声学计算模型（文献[16]），提取所选源面相关非定常流参数，计算各测点声压数据，将所得声压时域信号进行 FFT，计算总声压级。

第 3 段为数值计算结果报告二，以图 10 给出某时刻弹后枪膛轴线上 Ma 分布情况，给予说明（Ma 突然下降时……马赫盘距离膛口最远；以弹膛底部中心为起点……启动 FW-H 声学计算模型）。

第 4 段为数值计算结果报告三。首先，交待本结果有关概念（噪声指向性）。接着，以图 11 显示无膛口装置时膛口数值计算射流噪声总声压级指向性，给予说明（枪口噪声有较强的指向性……±70°方位角内；随着测点方向角的增大……平均声压级）。最后，进行对比——数值计算的膛口射流噪声总声压级分布特性与已有研究结论吻合较好（文献[17]）。

3）试验与数值计算结果对比（3.3 节，仅 1 段，共 6 句，含 1 表）

第 1 句以表 3 给出试验结果与数值计算结果的对比结果；指出已有研究（不考虑弹头运动的研究）中，小角度测点误差达到 8%（文献[10]）。

第 2 句对对比结果给出说明结果（进一步的对比结果），并进行分析，给出部分原因解释（分析结果，讨论意味较强）。

（1）说明结果：①在小角度测点上，数值计算结果与试验结果误差低于 1%，吻合较好，与已有研究相比，此误差较小；②在大角度测点处，此误差相对较大，例如在 P_{12} 处误差达到 4.29%。

（2）分析结果：本文数值计算考虑了手枪弹头运动（针对说明结果①）；声源面的设置未延伸到膛口上游部分……导致较大测点处总声压值计算不准确（针对说明结果②）。

第 3、4 句继续分析，给出本文数值计算结果与试验结果间误差产生的原因：①数值计算没有考虑到射击中手枪零件的机械撞击、枪膛尾部燃气回流等噪声；②算力有限，计算模型为二维模型，声学计算中需要设置源相关长度，导致二维计算模型较难获得测点的绝对声压级。

第 5 句也为分析，提出获得更好的数值模拟结果而应采取的措施或具备的条件：用 LES 或直接数值模拟有可能得到更好结果，但需巨大计算资源，相关人员可用三维动网格模型对膛口噪声场做进一步研究。

第 6 句为整体总结，指出对于所有测点（$P_2 \sim P_{12}$），数值计算与试验结果之间误差小于 5%，表明本文模型的可行性。

6.4.8 讨论与分析的区别

"讨论"侧重原因探究、解释或对已有结果做进一步说明、描述，或进行总结、推断，重在解释为什么或推断出什么。它应是对原始结果的进一步探究、发掘、引伸和提炼，而不是对原始结果用不同语句变换角度重新表述；应是将原始结果上升到理论高度的分析推论，是与他人或其他研究结果（成果）的比较、融合、整合与系统化等，而不是仅仅停留在原始结果的范围内做文章。讨论可以对本文暂未涉及但密切相关的内容进行适当的构想、预测或推论，提出当下迫切需要解决的问题及未来的应用领域、发展前景等。

"分析"侧重按主题或内容类别分解开来分别进行说明、描述，还可以有对比、解释，但对比多限于原始结果内，解释通常较为简单、浅显，语句通常较短（短短一两句提及一下），解释深度一般较浅或不够，重在对原始结果直接说明而非探究或推断。

"结果与分析"是通过分析从不同角度说明、描述结果，就事论事，核心在于结果自身及其展现，不在于对结果做什么或超出结果；"结果与讨论"立足但又不局限于原始结果，就事论理，发现规律，提出问题，展望未来，预测趋势，核心在于透过数据、资料、现象的表层深入其里，去寻找、挖掘、发现蕴含深处的机理、机制、规律、原因或别的什么奥秘之处。

6.5 结　　论

结论（结束语、结语、结论与展望）是体现深层次认识的整篇论文的全局性总结。它是对讨论结果的拔高性再总结，是对研究对象的总认识，是对研究成果的总评价，全文最高层次的总结果，其核心在于回答获得了什么，体现严密的客观性、全局性和科学性，反映研究价值，指导未来研究。结论也是评判论文质量的重要依据和引起读者阅读兴趣的重要内容。

6.5.1 结论的内容及结构

结论常设独立标题写为一段或几段（单写），或不设标题写在讨论中（混写）。论文讨论部分的开头整体开场和末尾全局总结其实就是结论的重要内容。结论内容应包括研究背景、研究成果（成果提出、优势描述）、价值意义、研究局限。

微课 27

（1）研究背景（预备）。高度概括主题知识、研究现状，可提及研究目的。这部分本质上不属结论，有无均可，有则营造氛围，让读者不至于直接看结论有突兀或生疏感，但宜短不宜长，不要写多而淹没研究工作；无则直奔结论，提升阅读效率，必要时回头查看前文中有关背景信息描述。

（2）成果提出（亮剑）。提出核心成果，概括其形态（理论、方法或产品），用简短语句给予其某层面或角度的修饰限定，点出其特点、功能、用途和范围等，同时还可用状语提及所用的方法（如"基于……原理""通过……方法""用……技术""用……软件"等）。

（3）优势描述（说好）。进一步描述成果，侧重通过总结成果的规律、特点、性能、功能、效能、精度、适用范围等突出优势，说明其理论或实用价值。成果提出是高度概括的，重在动作行为"提出"（或研究、论述、给出、设计、开发、研制等），一般不涉及成果好坏。

（4）价值意义（好上加好）。对研究成果与已有相关成果对比而表明其贡献即价值意义（创新），例如能填补什么理论不足或空白，能解决什么实际问题或难点，能研制出什么适应需求的新产品；明确与已有研究的关系，例如检验、证实、修正、补充、完善、发展、突破和否定等，定量说明效果会更好。

（5）研究局限（找错、自慰）。针对出现的例外或难以解释、解决的问题，指出本文研究的局限，明确遗留或尚待解决的问题，未来研究的方向、思路、重点，或对研究、应用前景进行预测、展望，或提出意见、建议、措施等。

以上各部分内容按一定顺序出现，便形成结论的常规结构：

（研究背景）→成果提出→优势描述→价值意义→研究局限

这是结论的简式结构。实际中因学科领域、研究内容、学术成果、表达侧重、写作风格及文体类别等的不同而有所取舍，只写几项或几项合写，简略写或详细写，按需变换或调整顺序，都是可以的。比如，研究背景中的主题知识和研究现状可都写，或只写其一，或都不写；成果提出、优势描述既可分写也可合写；研究局限可不写、简写或详写。

综述论文重在发展方向、道路探索，着眼于未来，原创论文重在原创研究、发现，着眼于现在，二者结论侧重不同。对综述论文，结论部分的研究背景可不写，成果提出主要总结描述论文中由文献述评所得重要认识（现状、问题总结），属于知识类，个人色彩浓厚，不存在与别人对比，优势描述通常不涉及，价值意义也可不写；但展望（解决办法、对策举措或未来研究方向、目标）通常不可少。原创论文的局限说明、未来研究方向通常简单提及，而综述论文的则应适当详写，可分层次逐点、配合说明，先写局限说明，后写研究方向。

有时也可将研究背景作为结论的整体开场，中间部分总结、列示一些重要结论（从论文讨论或述评部分选取），最后全局总结，将研究成果（成果提出、优势描述）、价值意义、研究局限混写为一段。结论的这种结构其实就是讨论的结构，不过若为结论安排这种结构，则论文的讨论部分就不宜有相应的整体开场和全局总结了，否则会造成重复。这种结构为结论的复式结构：

开头整体开场（研究背景：整体主题知识或研究现状）
中间重要结论列示（含必要说明）
   主题结论1，可有必要说明、解释
   主题结论2，可有必要说明、解释
   …………
   主题结论N，可有必要说明、解释
末尾全局总结［研究成果（成果提出、优势描述）、价值意义、研究局限］

6.5.2 结论写作要求及常见问题

1) 结论写作要求

（1）结构体例布局。仔细规划结论的结构体例，须考虑文体、内容、出版及写作风格等多种要素。不要缺少结论，在论文中任何地方均体现不出结论的内容。结论通常单列标题，若在讨论中写，则无须再单列标题，避免重复或跑题。

（2）与目的相呼应。从论文全局与研究目的相扣，目的已在题名、引言定下，结论则与题名、引言相呼应（点题），总结、告知目的是否实现，做得如何，水准怎样，有何问题，怎么解决。目的定下任务（承诺），结论则是完成任务（兑现）。

（3）内容有序展开。大体按研究背景→成果提出→优势描述→价值意义→研究局限的内容、结构有序行文。研究背景可不写，若写则紧密围绕主题，不偏不倚，短小简洁，高度概括。其他结论内容项按领域范围和内容复杂程度等要素而应有所侧重取舍。

（4）科学判断推理。基于科研原始结果，以正确逻辑思维方式，进行科学、合理的论证推理，保证结论的科学性，措词严谨，逻辑严密，行文规范。不做无根据和不合逻辑的推理而得出理由不足、可信度不够的结论。

（5）准确简洁表述。准确表述，直截了当、精练完整、高度概括，不含糊其辞、模棱两可，避免具体、详细的表述，对方法要交待其名称或关键步骤，不宜涉及具体内容、细节及步骤，更不宜详述研究过程。

（6）避免重复前文。从论文整体或全局出发，综合考虑，将结论写成相对独立别具特色的部分，避免简单重复题名、摘要或引言。不要将结论写成摘要，或论文中低层次结果的汇总，或原始、原创结果的小结，或材料、方法、分析、过程，或概念、知识、常识等。

（7）恰当表达创新。以科学态度和专业方式恰当表达成果的价值或创新，不夸大其词、自鸣得意，不过度谦虚、谨小慎微，证据、理由不足时不妄下结论。对尚不能完全肯定的结果、结论的表述要留有余地，不轻率否定或批评别人成果，更不能借故贬低、攻击别人。

（8）篇幅合理确定。以宜短不宜长、能短则短的总原则，根据研究内容、特点、复杂性及表达需要来确定结论的合适篇幅。须针对作者自己的研究成果来写，不必涉及论文中未用到或不重要、不相关的事实、数据和资料，也不要简单重复论文中其他部分的文本。

（9）形式灵活把握。站在论文的角度高度概括，内容较少时写为一段，较多时宜分段。出于层次、条理清楚表达，或为了适于出版体例格式，可按内容项分段来写，每一内容项一段，每段包括一句或几句。对每个结论段编号，条理性会更好，创新性会更突出。

（10）合理建议提出。在结论结尾部分总结本文工作的局限性，提出一些建设性问题，为未来研究工作预设场景，对综述论文应侧重撰写对未来相关领域发展方向、研究工作的设想、展望。这是记录作者对未来研究工作想法的一个大好机会，但不必继续讨论而提出论文根本没有涉及的新结果、新结论。

2) 结论写作常见问题

（1）不论内容还是形式均找不到结论；

（2）将常识性和前言的内容写进结论；

（3）将摘要写进结论或重复摘要内容；

（4）将材料、结果、分析等当作结论；

（5）写工作研究过程，叙述做了什么；

（6）缺少根据，不合逻辑，理由不足。

6.5.3 结论实例评析

6.5.3.1 结论实例1

【1】

基于自主研发的第一性原理软件 HASEM 研究了 CL-20 炸药五种晶相、BTF 炸药晶体及 CL-20/BTF 共晶炸药结构的热力学稳定性、力学性能和爆轰性能。结果如下：

（1）CL-20/BTF 共晶及纯 CL-20 晶体的分子间相互作用包含 33.9%～38.7%的弱氢键，使其分子间结合能相对于无氢 BTF 晶体增加 39%～124%，增强了晶体结构的热力学稳定性。

（2）共晶体系中的 BTF⋯CL-20 分子间相互作用调节了体系能量随应变的变化关系，使得 CL-20/BTF 的体弹模量和声速等力学性能相对纯 BTF 和纯 CL-20 晶体均有较大改变。

（3）通过第一性原理方法和类 CHEQ 方法对爆轰性能的预测结果表明，CL-20/BTF 共晶虽与 BTF 有相似的体密度，但由于其氧平衡系数得到优化，因此其爆压、爆速分别提高约 11%、5%；与 β-CL-20 相比，密度与氧平衡均有所下降，因而其爆压、爆速分别下降约 15%和 6%，爆温下降约 2%。

综上所述，设计新型钝感共晶炸药应避免共价键强度极弱的分子和具有高密度振动谱特征峰的结构，有效利用氢键对分子空间堆积的热力学稳定效应，兼顾炸药的高能量密度则需要适量控制氢元素的含量。

此例为"CL-20 及其共晶炸药热力学稳定性与爆轰性能的理论研究"一文的结论部分，有 5 段，属于开头整体开场、中间结论列示和末尾全局总结的结论复式结构。

第 1 段整体开场，属于研究背景，先交待研究目的（研究 CL-20 炸药五种晶相、BTF 炸药晶体及 CL-20/BTF 共晶炸药结构的热力学稳定性、力学性能和爆轰性能）和方法（基于自主研发的第一性原理软件 HASEM），最后用"结果如下"提示接着将交待研究的主要结论。

第 2～4 段列示主要结论，按主题（热力学稳定性、力学性能、爆轰性能）逐一叙述研究结论，与该文"结果与讨论"部分的主题对应，对各主题下的主要结果、结论重新表述，有一些重复，不过这种重复是合理的。这里列示的结论追求对主题结果、结论内容表达的再概括和语言表述的凝练性，突出主题研究的重要性、全局性。主题 3（爆轰性能）的表述出现了结果提示语（预测结果表明），论证、讨论式语句（因此、因而）及解释语（由于其），这类语句超出结果本身，可去掉[①]。

第 5 段全局总结，描述本文总体成果——新型钝感共晶炸药设计的新认识，也即应采取的新举措：①避免共价键强度极弱的分子和具有高密度振动谱特征峰的结构；②有效利用氢键对分子空间堆积的热力学稳定效应；③兼顾炸药的高能量密度需要适量控制氢元素的含量。

---

① 列示主要结论时不宜出现提示语，如"……结果显示""……结果表明""……实验显示"等，也不必再作讨论或解释，因为结论侧重写讨论所得的直接结果，而不是讨论本身或讨论所得结果以外的东西。

以下针对主题 3（爆轰性能）表述存在的问题给出一种参考修改，修改后的内容和结构没有变化，但变论证、讨论式语句为叙述、说明式，表述更加简洁。

结论【1】参考修改一

基于自主研发的第一性原理软件 HASEM 研究 CL-20 炸药五种晶相、BTF 炸药晶体及 CL-20/BTF 共晶炸药结构的热力学稳定性、力学性能和爆轰性能，有以下主要结论：

（1）CL-20/BTF 共晶及纯 CL-20 晶体的分子间相互作用包含 33.9%~38.7%的弱氢键，使得其分子间结合能相对于无氢 BTF 晶体增加 39%~124%，增强了晶体结构的热力学稳定性。

（2）共晶体系中的 BTF…CL-20 分子间相互作用调节了体系能量随应变的变化关系，使得 CL-20/BTF 的体弹模量和声速等力学性能相对纯 BTF、CL-20 晶体均有较大改变。

（3）CL-20/BTF 共晶与 BTF 有相似的体密度，但其氧平衡系数得到优化，爆压、爆速分别提高约 11%、5%；与 β-CL-20 相比，密度与氧平衡均有所下降，其爆压、爆速分别下降约 15%和 6%，爆温下降约 2%。

综上所述，设计新型钝感共晶炸药应避免共价键强度极弱的分子和具有高密度振动谱特征峰的结构，有效利用氢键对分子空间堆积的热力学稳定效应，兼顾炸药的高能量密度则需要适量控制氢元素的含量。

因各主题的讨论结果、结论在"结果与讨论"中已有完整表述，故可考虑不在"结论"重复表述，这样就可给出按结论常规结构的一种参考修改（成果提出→优势描述→价值意义）。

结论【1】参考修改二

用自主研发的第一性原理软件 HASEM 对 CL-20 炸药五种晶相、BTF 炸药晶体及 CL-20/BTF 共晶炸药结构的热力学稳定性、力学性能和爆轰性能进行理论研究，得出新型钝感共晶炸药设计的新认识。设计新型钝感共晶炸药应避免共价键强度极弱的分子和具有高密度振动谱特征峰的结构，有效利用氢键对分子空间堆积的热力学稳定效应，兼顾炸药的高能量密度则须要适量控制氢元素的含量。研究成果可为新型高能、钝感共晶炸药的设计提供理论依据。

6.5.3.2 结论实例 2

【2】

建立了基于布龙-戴维斯方案的修正森林火险气象指数模型，删除了考虑可燃物湿度的原始布龙-戴维斯方案；引进了干旱指数，在连续无降水日的判定前先考虑干旱情况，且延长了连续无降水日日数；C_8 由地表状况修正系数改为积雪修正系数。通过与森林火灾多发季节对比以及实例的实用性分析，得到如下结论。

1）修正后的森林火险气象指数在 5 大区域的春、秋季均为高值期，这与国家林业和草原局制定的重点防火服务季节大体一致，指示性较好。

2）中国三大森林防火气象服务重点区（东北、华南、西南地区），森林火险气象指数与实际森林火灾次数相关度较高，2017 年内蒙古林火的实例分析表明适用性较高。

3)采用修正后的布龙-戴维斯方案计算森林火险气象指数,更便于操作、结果更可靠、更具实用及普适性,有利于全国范围推广。

从以上分析可以看出,虽然没有考虑植被类型、可燃物含水率、林内可燃物含量等林学因子对森林火灾发生危险性的贡献,基于气象因子的森林火险气象指数已经能较好指出森林火灾高发期。未来则可以适度引入林学因子的影响,综合气象学和林学的森林火险预报对森林火灾发生危险性和可能性的表征度会更高。

此例为"修正的布龙-戴维斯森林火险气象指数模型在中国的适用性"一文的结论部分,也为开头整体开场、中间结论列示和末尾全局总结的结论复式结构。

第 1 段整体开场。交待主要成果(建立森林火险气象指数修正模型)及方法(基于布龙-戴维斯方案),指出模型变化(删除了考虑可燃物湿度的原始布龙-戴维斯方案;引进干旱指数,在连续无降水日的判定前先考虑干旱情况,且延长连续无降水日日数;C_s 由地表状况修正系数改为积雪修正系数),用"得到如下结论"提示下文将交待主要结论,同时还交待得到这些结论所用的方法(通过与森林火灾多发季节对比以及实例的实用性分析)。

第 2~4 段总结森林火险气象指数修正模型的适用性。前面两段由实例验证(5 大区、3 大森林防火气象服务重点区、内蒙古林火)指出其优势(指示性较好、适用性较高),后面一段指出价值意义(更便于操作、结果更可靠、更具实用及普适性,有利于全国范围推广)。

第 5 段全局总结。指出此修正模型的局限(未考虑植被类型、可燃物含水率、林内可燃物含量等林学因子对森林火灾发生危险性的贡献)和先进性(森林火险气象指数能较好指出森林火灾高发期);给出未来工作建议(可适度引入林学因子的影响,综合气象、林学的森林火险预报对森林火灾发生危险性和可能性的表征度会更高)。开头的"从以上分析可以看出"冗余,应去掉。

6.5.3.3　结论实例 3

【3】

<写法一>

(1)发展一种利用商业有限元软件进行摩擦系统全模型摩擦噪声预测的方法,可以对包括摩擦力和真实边界条件下的摩擦系统的复特征值进行分析,并提出进行摩擦噪声预测的主要步骤。

(2)该方法能够大大提高摩擦噪声预测分析的精度和效率。用该方法分析往复滑动摩擦系统的噪声发生趋势,获得系统特征方程的特征根及其变化特性,据此可判断摩擦系统自然频率和可能发生摩擦噪声的频率。

(3)计算结果表明,摩擦因数和滑动方向对系统摩擦噪声的形成有重要影响,摩擦噪声发生时摩擦系统具有振动模态重合的特点。

(4)将计算得到的系统可能发生摩擦噪声的频率与系统的试验噪声频率进行比较,发现有较好的一致性。

<写法二>

(1)摩擦因数对摩擦噪声的产生有决定性的影响,摩擦因数大于一定值后产生摩擦噪声。

微课 29

（2）发生摩擦噪声时，摩擦系统有两个自然振动频率重合的特点，即系统发生模态耦合。

（3）摩擦滑动方向对摩擦噪声产生有重要影响，沿摩擦力使振动部件的当量弹簧受压时的方向滑动容易产生噪声。

〈写法三〉

（1）提出一种利用商业有限元软件（Nastran）对摩擦系统复特征值进行分析的全模型摩擦噪声预测的新方法。

（2）该方法弥补了现有商业有限元软件不能直接进行摩擦滑动系统噪声预测的缺陷，能较为准确地预测摩擦滑动系统发生噪声的频率。

（3）该方法将摩擦噪声预测分析时间降至数天内完成，解决了用传统方法一般需要几个月甚至更长时间的问题。

（4）摩擦噪声对应的振动总是有界的，用摩擦系统的有限元稳定性分析回答不了振动无限增大的限制因素，摩擦噪声的产生机理还需要做进一步的研究。

以上为"摩擦噪声有限元预测"一文结论的三种写法。

1）写法一（有4段，每段编号，结论常规结构）

第1段有3个单句，第1句为成果提出（发展一种摩擦噪声预测方法），第2句为成果功能描述（可对包括摩擦力和真实边界条件的摩擦系统的复特征值进行分析），第3句为成果提出（提出摩擦噪声预测主要步骤）。其中，功能描述不用单写，应放到第1句的主题词语（摩擦噪声预测方法）前做限定语；第3句多余，因"步骤"包含在"方法"中，成果是一个，不必再写成两个。

第2段总结成果优势，但用了1个单句和1个复句，此复句又由3个单句组成，整体上语句冗余，表达啰唆，优势不突出。可抽取重点，改用1个复句。

第3段描述计算结果，属"结果"范畴，应在论文"结果与讨论"部分描述，可删除。

第4段描述本文方法得到实验验证，前一句指出验证方法（计算、实验结果比较），后一句指出验证结果（计算、实验结果一致）。对于方法，有无验证和可信度是关键要素，因这部分有对方法验证结果的描述，对方法的优势或实用性提供保证，因此是必要的，但在表达简洁性方面有提升空间。

该结论还有一个不足，就是没有交待价值意义和研究局限。

2）写法二（有3段，每段编号，在形式上似结论，但内容上不是结论）

这3段的内容是：摩擦因数与摩擦噪声的关系（摩擦因数影响摩擦噪声，大于一定值后产生摩擦噪声）；摩擦系统发生摩擦噪声时的特点（系统发生模态耦合）；摩擦噪声产生与摩擦滑动方向直接相关（沿摩擦力使振动部件的当量弹簧受压时的方向滑动容易产生噪声）。显然这些内容属于局部层面的具体结果、结论，应放在论文"结果与讨论"的中间主题讨论部分。

这类内容没有达到论文全局的层面、高度，不符合论文结论写作要求，完全不合格。

3）写法三（有4段，每段编号，在形式、内容上符合结论写作要求）

第1段直截了当用一句话提出成果（提出全模型摩擦噪声预测新方法）。同时对成果作限定描述："利用商业有限元软件（Nastran）"指明所用的方法，"摩擦系统复特征值"进一步明确成果的功能对象（测量指标）。

第2段为一个两分句的复句，总结成果优势：功能（能准确预测摩擦滑动系统发生噪声的频率）；商业（能弥补现有商业有限元软件不能直接进行摩擦滑动系统噪声预测的缺陷）。

第3段也为一个两分句的复句，通过对比"摩擦噪声预测分析时间"这一指标来总结成果的价值意义即创新（该时间本文方法为数天，传统方法为几个月甚至更长时间）。

第4段指出成果的局限（用摩擦系统的有限元稳定性分析回答不了振动无限增大的限制因素）及未来工作（进一步研究摩擦噪声的产生机理）。

6.5.3.4　结论实例4

【4】

〈写法一〉

设计了一种可多种模式控制的氛围灯控制模块，采用了 CAN_LIN 控制和按键控制两种模式，用户既可以模拟整车环境控制灯氛围，避免了整车控制调试的麻烦，又能便捷地调试氛围灯颜色和白平衡算法[14]，方便后期调试。设计的控制装置已用于汽车的氛围灯进行了相应的测试，实际应用结果表明：该控制装置具有控制便捷、测试准确、稳定可靠、人机界面友好[15]等特点，达到了设计要求。

〈写法二〉

随着汽车行业的不断发展，车内装饰灯越来越得到用户的青睐，汽车氛围灯是一种创建和装饰各种室内灯光场景功能的汽车室内照明系统。提出一种可多种方式控制的氛围灯控制模块，第一种方式为 CAN 与 LIN 联合通信的控制方式，用户控制上位机通过 CAN 与 LIN 通信控制子节点上的 RGB 三色灯，这种方式可以模拟整车控制方式；第二种方式为键盘与 LIN 通信的控制方式，用户控制键盘即可通过 LIN 通信控制子节点上的 RGB 三色灯，这种方式可更便捷直观地控制 RGB 三色灯。

〈写法三〉

（1）开发出一种具有 CAN_LIN、按键控制的两模式氛围灯控制模块。

（2）用模式一可模拟整车环境控制灯氛围，避免整车控制调试的麻烦；用模式二可便捷地调试氛围灯颜色和白平衡算法，方便后期调试。

（3）对该控制模块进行实车测试，表现出控制便捷、测试准确、稳定可靠、人机界面友好等特点。

（4）用该模块可更便捷直观地控制 RGB 三色灯，实用价值较大，具有良好的应用前景。

以上为"一种多模式的氛围灯控制模块"一文结论的三种写法。

1）写法一

此结论描述三方面内容：①设计氛围灯控制装置（模块），用其功用"可多种模式控制"限定，属成果提出。②该装置可用来模拟整车环境控制灯氛围，无须整车调试，还可便捷地调试氛围灯颜色和白平衡算法，方便后期调试，属功能介绍和优势描述。③该装置在汽车上测试表现出很多优点，属实车验证，相当于价值意义。但语言效能较差，主要有以下不足。

（1）术语不统一：模块、装置混用，对成果形态表达不严谨，是控制模块还是控制装置？

（2）语义不连贯："实际应用结果表明"与"进行了相应的测试"不大承接或搭配。"实际应用"范围大，而"测试"多指案例，范围较小。既然进行了测试，接着应说"测试结果表明……"，或将"测试"去掉而将其所在句"设计的控制装置已用于汽车的氛围灯进行了相应的测试"改为"该装置已成功应用于汽车氛围灯控制中"。

（3）引用了文献：掺杂进非本文的成分，造成结论归属难以说清，只有在表达本文结论是对别人成果的否定、补充或修正的需要时，才可引用文献。

2）写法二

此结论的内容分两部分。第1部分（开头一句）为研究背景，交待汽车领域常识，但未引出问题或研究目标，可删除。第2部分（开头一句的后面部分）的开头提出成果（提出氛围灯控制模块），接着对成果的两种模式进行功能描述，但表达啰唆，重点不突出，写成了功能介绍，未写出成果优势及价值意义、研究局限。另外，语言效能较差。比如：出现了不必要状语"随着汽车行业的不断发展"；用词不当，谓语"提出"与宾语"控制模块"不搭配；"多种方式"与"第一种方式""第二种方式"不对应（"多种"应对应"三种及以上"）。

3）写法三

此结论有4句。句1直接提出成果（开发出两模式氛围灯控制模块）。句2描述成果（用模式一可模拟整车环境控制灯氛围，用模式二可便捷调试氛围灯颜色和白平衡算法）、总结优势（用模式一可避免整车控制调试的麻烦；用模式二可方便后期调试）。句3、4交待成果实车测试结果（控制便捷、测试准确、稳定可靠、人机界面友好）及实用价值（可更便捷直观地控制RGB三色灯），虽没有对比描述，但在一定程度上表达出了成果的价值意义（实用价值较大），最后对成果应用前景给予展望（具有良好的应用前景）。

6.5.3.5　结论实例5

【5】

汽车零部件中有大量的薄壁构件，一般均由金属薄板焊接而成。作为车身制造的一个重要装配方式，点焊在汽车发生碰撞时还会影响车辆的缓冲吸能特性，焊接点的失效与否影响着车身各部件的动力学关系。因而在汽车碰撞仿真或结构分析中，正确模拟点焊连接关系及其失效，对计算结果有着重要影响。

这里所提出的在点焊间引入刚性梁单元的方法，避免了有限元网格的局部细化，能较好地反映焊点力学特性，与实际情况更为接近，是一种行之有效的方法。

此例为某论文的结论。前一段由因果论证（因而）得出"在汽车碰撞仿真或结构分析中……对计算结果有着重要影响"，交待相关知识，属研究背景，可不写，或简写，应将论证式表达改为描述、叙述式，直接点出问题或研究意义。后一段有4层意思：提出成果（提出在点焊间引入刚性梁单元的方法）；优势描述（可避免有限元网格的局部细化，较好地反映焊点力学特性）；案例实证（模拟结果与实际情况接近）；价值意义（行之有效），表达简短、隐含。下面给出一种参考修改。

结论【5】参考修改

（1）汽车碰撞有限元模拟计算中如何对点焊进行正确模拟对计算结果有重要影响。

（2）提出一种在点焊间引入刚性梁单元来模拟点焊连接关系及其失效的新的有限元方法。该方法在有限元节点与单元之间引入一短梁单元来模拟焊接关系，不仅能避免有限元网格的局部细化，还能较好地反映焊点力学特性。

（3）仿真实例表明，新方法的模拟结果与实际情况较为接近，结果可靠、实用。

（4）该方法可克服传统模拟方法采用刚性元直接连接节点、单元网格划分技术的限制，能够减轻计算工作量，提升模拟效率，还能保证焊点位置，有较好的应用前景。

修改后的内容和结构：研究背景→研究成果（成果提出、优势描述）→验证→价值意义。

6.5.3.6 结论实例6

【6】

①氧化还原介体的应用克服了污染物厌氧降解速率低的问题，为加速污染物的厌氧降解提供了新思路。②目前的研究，主要集中在将氧化还原介体用于偶氮染料、多氯联苯、反硝化等的厌氧生物处理过程中。③然而，非难降解污染物的厌氧转化速率相对于好氧降解通常也比较低。④因此，未来将其推广，有助于高效解决环境污染问题。⑤另外，目前常使用的氧化还原介体成本较高，探索发现廉价的氧化还原介体是未来的研究方向之一。⑥尽管介体固定化可以有效解决溶解性氧化还原介体的二次污染问题，然而固定化介体的稳定性、制备成本仍然需要进一步研究，同时需要寻找天然高效的固态氧化还原介体。⑦最后，将氧化还原介体有效地应用于实际污染物处理系统中是研究的目标。

此例为综述论文"氧化还原介体催化强化污染物厌氧降解研究进展"的结论。

前3句描述研究现状（氧化还原介体的应用……提供了新思路；目前的研究主要……处理过程中）及存在的问题（难降解污染物的厌氧转化速率通常比好氧降解低得多）。后4句进行展望，提出举措（将氧化还原介体推广应用于难降解污染物生物处理过程中）和未来研究方向或目标（探索发现廉价的氧化还原介体；进一步研究固定化介体的稳定性、制备成本；寻找天然高效的固态氧化还原介体；研究将氧化还原介体有效应用于实际污染物处理系统中），并附加必要的解释说明（有助于高效解决环境污染问题；目前常用的氧化还原介体成本较高；介体固定化可有效解决溶解性氧化还原介体的二次污染问题）。

此结论内容全面，但结构较混杂，层次有交叠，语言效能较差。下面给出参考修改。

结论【6】参考修改

氧化还原介体的应用能克服污染物厌氧降解速率低的问题，为加速污染物的厌氧降解提供了新思路。目前相关研究主要集中在将氧化还原介体用于偶氮染料、多氯联苯、反硝化等有毒有害的难降解污染物的厌氧生物处理过程中，但这些难降解污染物的厌氧转化速率相对于好氧降解通常也比较低，因此将氧化还原介体推广应用于难降解污染物生物处理过程中对高效解决环境污染问题具有重要意义。

未来应主要研究如何将氧化还原介体有效地应用于实际污染物处理系统中。目前常使用的氧化还原介体成本较高，还应探索发现廉价的氧化还原介体。另外，介体固定化是解决溶解性氧化还原介体二次污染问题的有效方法，须要对固定化介体的稳定性、制备成本做进一步的研究，并寻找天然高效的固态氧化还原介体。

修改后层次分明,语言效能提升。第一段提出成果,第二段展望。成果:总说氧化还原介体的应用优势和潜力,描述难降解污染物厌氧转化速率相对好氧降解通常较低,强调推广应用氧化还原介体对高效解决环境污染问题的重要性。展望:总说未来研究目标(如何将氧化还原介体有效应用于实际污染物处理系统),分说研究目标(探索发现廉价的氧化还原介体;加强研究固定化介体的稳定性、制备成本;寻找天然高效的固态氧化还原介体),同时给以说明或解释(目前常使用的氧化还原介体成本较高;介体固定化可有效解决溶解性氧化还原介体的二次污染问题)。

思 考 题

6-1 一篇科研论文的题名应至少包括哪些内容项才能准确或大体反映论文的研究主题?
6-2 从内容、结构、语言三个层面总结科研论文题名的写作要求。
6-3 科研论文的"引言"常规结构包括哪些内容项?按常规顺序列出。
6-4 简述科研论文的"材料(资料)与方法"的写作要求,列举其写作常见问题。
6-5 总结科研论文的"材料与方法"写作内容在不同文体之间的差异。
6-6 科研论文的"讨论"与"分析"有何关联,主要区别是什么?
6-7 科研论文的"结论"常规结构包括哪些内容项?按常规顺序列出。
6-8 试论科研论文的"结论"与"结果"的异同。
6-9 找一篇相关科研论文的范文,检查其题名、引言、结论等是否符合本章给出的有关内容和结构的要求,若不符合或有提升空间,则进行相应的实战修改。

第 7 章　论文辅体写作

科研论文不是为作者自存、自赏而是让别人来阅读、学习、交流、传承的，具有明显的社会属性，是一种实实在在的产品。它除具有记录科研成果的内容属性（论文主体）外，还具有诸如著作权人（署名）、内容简介（摘要）、研究基础（参考文献）等其他属性，这些其他属性类组成不属"论"的内容，不在引论、本论、结论的研究模式内，却是科研成果和论文主体的重要附加部分，也是科研和学术交流的依赖部分，统称论文辅体。论文主体、辅体相对独立，功能分明，侧重不同，却相互依存，共同组成论文这一有机统一体：缺少主体不能成为论文，缺少辅体就不能成为发表的论文。辅体各部分通常较短，内容单一，结构简单，写作上远没有主体那样复杂而有规律，但也有其基本内容及写作要求。本章讲述论文辅体各部分的写作。

7.1　署　　名

署名是有关作者姓名、单位、联系方式等信息，通常涉及通信作者，具有记录作者劳动成果、表明文责自负、辅助文献检索和科研评价系统统计分析，以及便于读者与作者联系等功能。刊登署名信息是对作者著作权及其所在工作单位权益的尊重和保护。

1）署名格式

署名分为单、多作者两种情形。多作者按署名顺序列为第一作者、第二作者……，需要把对研究工作与论文撰写实际贡献最大的列为第一作者，贡献次之的列为第二作者，以此类推，所有作者的姓名均应依次列出，并置于题名下方。作者的姓名列出后，还要列出其单位。不同作者的单位不一定相同，一位作者还可能有几个单位。

（1）只有一位作者时，在题名下方列出作者姓名，再另起行或在姓名后列出单位。例如：

【1】

电子信息化技术在临床试验研究管理中的应用研究

范乙　（国家药品监督管理局药品审评中心，北京　100022）

（2）作者单位相同时，在题名下方依次列出作者的姓名（通信作者的右上角加上标识如星号"*"），然后另起行或在姓名后列出单位。作者姓名间是否加标点、加什么标点，以及其他有关表达细节，取决于具体期刊的要求。例如：

【2】

〈题名略〉

陈坚强，陈琦，袁先旭*，谢昱飞

中国空气动力研究与发展中心 计算空气动力研究所，绵阳　621000

（3）作者单位不同时，所有作者依次并列书写，并在各作者姓名的右上角加上序号（若是通信作者，右上角还要加上标识）；各单位在作者姓名行下方或姓名后依次并列书写，并在各单位前面加上与作者序号相对应的序号，序号后面是否加小圆点，取决于具体期刊。一位作者有几个单位时，在其姓名的右上角标注多个序号，序号间用逗号分隔。序号用数字或字母均可，可与单位名称平排，也可为上标形式。例如：

【3】

〈题名略〉

李思远[1]　陈晓[1,2]　王新涛[1]　陈彦惠[1,*]

([1] 河南农业大学农学院，河南郑州 450002；[2] 河南省农业科学院园艺研究所，河南郑州 450002)

【4】

异补骨脂素重复给药 3 个月在大鼠体内的毒代动力学研究

门伟婕[1]　霍香香[1]　毕亚男[1]　袁晓美[1]　张玥[1,2*]　周昆[1,2]（[1] 天津中医药大学中医药研究院，天津 300193；[2] 天津市中药药理学重点实验室，天津 300193）

（4）有的期刊对论文署名要求把作者单位放在论文首页的脚注处或其他位置。

2）人名英文译名表达

汉语人名一般有汉语拼音和韦氏拼音（Wade-Giles System）两种表达方式，后一方式在我国港澳台地区使用较为普遍。用汉语人名的英文译名时，应首先确认该译名所采用的表达方式，对用韦氏拼音书写的人名不得强行改用汉语拼音方式。

（1）按国家标准《汉语拼音正词法基本规则》（GB／T 16159—2012），汉语人名拼写规则有：

① 姓和名分写，姓在前，名在后，姓和名的首字母分别大写。例如：Ning Ruxin（宁汝新）；Li Hua（李华）；Xi Bojifu（西伯吉父）。

② 复姓[①]连写，双姓中间加连接号，双姓两个首字母大写。例如：Dongfang Shuo（东方朔）；Zhuge Kongming（诸葛孔明）；Liang-Meng Yutian（梁孟誉天）；Fan-Xu Litai（范徐丽泰）。

③ 笔名、别名等按姓名写法处理。例如：Lu Xun（鲁迅）；Mei Lanfang（梅兰芳）；Zhang San（张三）；Wang Mazi（王麻子）。

④ 缩写时，姓全写，首字母大写或每个字母大写，名取每个汉字拼音的首字母，大写，后面加小圆点（实际中该小圆点可省去）。例如：Wang J.（Wang J）、WANG J.（WANG J）（王晋）；Zhuge K. M.（Zhuge K M）、ZHUGE K. M.（ZHUGE K M）（诸葛孔明）；Dongfang S.（Dongfang S）、DONGFANG S.（DONGFANG S）（东方朔）。

（2）按韦氏拼音，姓的首字母大写，双名间用连字符。例如，Chen Ning Yang（杨振宁）、Chiapyng Lee（李嘉平）、Huang Tso-lin（Huang Zuolin，黄佐林）、Tsung-Dao Lee（李政道）等。在引用汉语人名时，注意区分韦氏拼音与汉语拼音。如果对 1950 年以前去世的或姓名

[①] 汉语姓氏分单姓、复姓和双姓：单姓是一个字的姓，如梁、李、刘、王等；复姓是有两个字的姓，如欧阳、太史、端木、上官、司马、东方、诸葛、尉迟等；双姓由两个不同的单姓组合而成，如梁孟誉天、范徐丽泰中的梁孟、范徐等。

以旧式注音而著称的人采用以汉语拼音书写的姓名，则应以括注的形式附上以韦氏拼音书写的姓名。

（3）英语国家作者姓名的通用形式为"首名（first name） 中间名首字母（middle initial） 姓（last name）"。中间名不用全拼的形式是为了便于计算机检索和文献引用时对作者姓和名的识别，如 Robert Smith Jones 的形式可能会导致难以区分其中的姓是 Jones 还是 Smith Jones，但若用 Robert S. Jones，则使姓和名的区分简单明了。

为减少因作者姓名相同而导致文献识别方面的混乱，部分科技期刊要求作者将其学位放在其姓名的前面或后面，甚至还可将作者职衔列于其姓名和学位之后（或在论文首页的脚注中说明），如 Dr. Joseph Kipnis–Psychiatrist，Dr. Eli Lowitz–Proctologist 等。

（4）作者本人应尽量采用相对固定的英文姓名表达形式（编辑通常会尊重作者个人对其姓名的习惯拼写形式），以减少在文献检索和论文引用中被他人误解的可能性。

韦氏、汉语拼音人名采用中国式"姓在前，名在后"的形式，与"名在前，姓在后"的国际惯用形式正好相反。不同期刊对人名写法有差异，国外期刊多是"名在前，姓在后"，而中国期刊五花八门，各种形式的都有。作者可根据目标期刊的要求来署名，不必拘泥于一种形式。

3）单位名称表达

单位名称准确、写全，除非必要一般不用简称或英文缩写，避免让读者不知所云。例如："哈尔滨工业大学机电工程学院"不写为"哈工大机电学院"；"西安电子科技大学"不写为"西电科技大学"；"中国科学院"不写为 CAS（CAS 为 Chinese Academy of Sciences 的缩写）；"南京航空航天大学"英文名不写为 NUAA 或 Nanhang University，应为 Nanjing University of Aeronautics and Astronautics；"北京航空航天大学"不写为 Beijing University of Aeronautics and Astronautics，应为 Beihang University。

作者应熟悉单位的官方名称，必要时查证，不可"另起炉灶"随意自行给出或翻译单位名称。例如："机械工业出版社"的英文名称是 China Machine Press，不是 Mechanical Industrial Publishing House；"科学出版社"是 Science Press，不是 Beijing Scientific Publishing House。有些单位的英文名称容易写错，如以下单位中的划线部分：<u>Tsinghua</u> University（不是 Qinghua），<u>Peking</u> University（不是 Beijing），<u>Hohai</u> University（不是 Hehai），<u>Soochow</u> University（不是 Suzhou），Shanghai <u>Jiao Tong</u> University（不是 Jiaotong）等。

单位中文名称由大至小来写，英文名称相反，由小至大来写。例如："天津工业大学机械电子工程学院"英文名称为"School of Mechanical and Electric Engineering，Tianjin Polytechnic University"，不是"Tianjin Polytechnic University，School of Mechanical and Electric Engineering"。但在书写"……大学……教育部重点实验室"的英文名称时，不宜将"教育部"与"重点实验室"拆开，因为"教育部重点实验室"是一个整体。例如："大连理工大学精密与特种加工教育部重点实验室"应是"Key Laboratory of Precision & Non-traditional Machining of Ministry of Education, Dalian University of Technology"，而不是"Key Laboratory of Precision & Non-traditional Machining, Dalian University of Technology, Ministry of Education"。

4）署名其他事项

（1）署名通常应给出作者单位所在城市名称及邮政编码。第一或通信作者应给出通信地址，国外作者应给出国家名称。例如："华威大学工学院　考文垂　CV47AL　英国"（School of Engineering，University of Warwick，Coventry CV47AL，UK）；"密歇根大学机械工程系　安阿伯　MI48109　美国"（Department of Mechanical Engineering，University of Michigan，Ann Arbor MI48109，USA）等。

（2）论文录用后发表前有署名变更需求（如增补、删减或变更等）时，作者应及时提出变更申请，常需提供一份由该文所有作者（包括待增补、待删减的作者）签名的变更信函。

（3）通信作者是第一作者以外的其他作者时，应按期刊规定的形式来表达，多以星号（*）、脚注或致谢的形式标注通信作者。

（4）第一作者通常是默认的通信作者，无特殊需求时不必为第一作者标出通信作者。

（5）某作者同时为其他单位的兼职或客座研究人员，而且需体现兼职或客座单位的研究成果归属时，署名应同时写出其实际所在单位和兼职单位。

（6）中文署名宜以中文姓名署名，除非必要（比如存在难以译为中文姓名的作者姓名）通常不宜中英文姓名混用。

（7）同一论文中英文署名应一致，避免中英文作者数量不一致、姓名不对应，单位数量不一致、名称不对应等低级问题。

7.2　摘　　要

摘要又称文摘、概要或内容提要，是以提供论文内容梗概为目的，不加评论和补充解释，简明、确切地记述论文重要内容的短文。摘要是论文主体的浓缩，能充分反映研究的主要内容及创新点，只要看摘要不阅读全文就能够获得必要信息，判断论文的价值取向。摘要是论文中继题名之后最先呈现的部分（读者对论文产生第一印象的关键），是否具有吸引力成为读者是否愿意下载进而阅读全文的重要依据。摘要具有以下特点：

（1）内容上，充分总结全文，有与论文同等的主要信息，不能超出论文范围；

（2）逻辑上，行文连贯、顺畅和自然，按顺序体现论文各个主要部分的内容；

（3）形式上，有独立性，通常为一段，也可多段，位于题名下方、引言上方；

（4）篇幅上，无固定字数限制，随行文内容和文体而定，但不宜过长或过短；

（5）语言上，有自明性，通常无图表，不宜有引文及不常用的术语、缩略语；

（6）写作上，格式体例规范，语言简洁精练，蕴含主要内容，突出研究成果。

7.2.1　摘要的内容与结构

摘要是论文的简介，本质上是由一篇"大"论文高度浓缩后形成的一个"小"短文，二者内容大体相当，均可包括问题（目的）、方法、过程、结果、结论、创新或其他信息，只不过写作详略程度不同，摘要是简写，是记叙、提及式高度简写，而论文是详写，是描写、论述式高度详写。摘要的内容大体有以下几个方面：

微课 30

（1）问题、目的。简明扼要指出当前相关研究的不足，引出问题及研究目的（目标）。可指出或暗示研究的特点、前提、价值，提及方法，还可在开头简单交待研究主题（领域、范围、研究点），引出研究意义（重要性）。这部分属于背景，大体对应论文的引言部分。

（2）方法、过程。描述论文主题、子主题下的主要研究方法，涉及方案、理论、技术、工具、手段、材料、设备、算法、程序及对文献资料的分析、处理方法等，描述这些方法得以实现或完成所需的主要过程，涉及建模、公式推导、计算、实验、调查、设计、分析、研制等的具体流程、步骤。这部分大体对应论文的材料与方法部分。

（3）结果、结论。陈述或展现由上述研究方法、过程所得的主要结果以及通过对结果讨论而得出的主要结论。主要结果涉及对原始结果中重要数据、现象、发现的说明、分析、处理结果，主要结论涉及通过对原始结果讨论所得的新认识、新观点、新方法，或模拟、实证的结果、效能，或结果的用途、意义。这部分大体对应论文的结果与讨论部分。

（4）创新。从论文全文的角度（口吻）用简明语句（最好一句话）点明本文的研究成果及最高价值意义。明确研究成果的形态，如提出了何新的观点、理论、学说等，发明了何新的工艺、技术、方法等，设计了何新的机器、设施、平台等，明确指出所提问题是否得到解决或改进，或研究目的、目标是否实现。这部分内容大体对应论文的结论部分。

（5）其他信息。以具有某种重要信息价值的其他内容结尾，如研究的局限，问题解决措施（建议）、前景预测（展望）、未来研究方向等。这部分大体可列入论文的结论部分。

研究主题或对不同内容凸显程度需求的不同，以上内容项在摘要中的权重或详略程度会呈现差异。例如：问题陈述时，为突显问题解决的紧迫性或重要性，可适当多描述问题陈述部分；若所提问题较为普遍，就可一笔带过简单交待，甚至不交待。描述研究方法时，若旨在突显方法的创新性，则应着重笔墨，稍详交待方法及有关过程；若方法（如某种技术、工艺、算法等）较为成熟，则提及或简写方法即可，不必涉及过程。

摘要内容项按一定的逻辑顺序组织排列就形成摘要的如下结构：

问题、目的→方法、过程→结果、结论→创新→局限、展望

这是摘要的常规结构：开头为问题、目的陈述（研究背景，将做什么），中间前为研究方法、过程描述（怎么做），中间后为研究结果、结论及创新描述（做出什么），结尾为研究局限、展望（未来做什么）。摘要类型不同，对以上内容项侧重不同，如报道性摘要侧重结果、结论、创新点及局限、展望，必要时可提及方法，但通常不写过程；指示性摘要侧重写过程，通常不写结果、结论、创新点及局限、展望。

7.2.2 摘要的类型

1）报道性摘要

报道性摘要也称信息性、资料性摘要，全面概略地反映论文的主要内容，提供较多的定性、定量信息，充分反映创新。它包含目的、方法、结果、结论甚至建议，可涉及论文的基本思想、事实及主要论点、论据，相当于论文的简介，通常可部分取代阅读全文。它侧重研究的实质内容，篇幅相对较长，能独立存在，可直接引用，实用价值高。原创论文有经得起检验的独特方法、结论或其他创新内容，使用这种摘要容易引起、激发读者的兴趣。

报道性摘要的基本内容项为 OMRC，即目的（objective）、方法（methods）、结果（results）、结论（conclusions）。又分两类：一类是非结构式摘要即传统式摘要，其内容要素以一定逻

辑关系连续写出，语言表达上不分段落，或没有以明显标识词相区分，相对而言层次可能不够分明，容易给阅读带来不便；另一类是结构式摘要，其内容要素分段表述，或用相关标识词加以区分，层次清晰明了，阅读方便。

2）指示性摘要

指示性摘要也称说明性、描述性或论点摘要，按一定顺序逐点描述研究过程，有时交待主题，一般不涉及目的、方法、结果、结论和建议，篇幅通常较短，有时短到只用几个短句甚至一句，点出本文所做工作（相当于题名）。它重在罗列工作过程，即做了什么，而不是做出什么，无具体实质信息，但能指导阅读，通过它能大概了解研究内容、过程，并受到启发，甚至推测研究结果，对是否有必要阅读全文做出决定提供帮助。这类摘要对潜在的读者很有用，适于讲述工作过程、创新不突出的论文及综述论文。

3）复合性摘要

复合性摘要是报道-指示性摘要，以报道性摘要的写法表述论文结果、结论部分价值较高的内容，以指示性摘要的写法表述方法、过程部分价值较高的内容，篇幅通常介于报道性摘要和指示性摘要之间。

4）报道性、指示性、复合性摘要差异

三类摘要大体可这样区别：仅交待做出什么（研究成果），或不仅交待做了什么，而且相应地交待做出什么，属于报道性摘要；仅交待做了什么，而完全没有交待做出什么，属于指示性摘要；既交待做了什么，又对其中部分交待做出什么，属于复合性摘要。

一般地，原创论文、大综述、研究报告的摘要适于用报道性摘要或复合性摘要，观点、视角、小综述、研究简报以及创新较少或不明显的论文的摘要适于用指示性摘要。一篇论文价值高，创新内容多，若其摘要写成指示性摘要，则容易减少展现学术价值的机会，进而失去较多读者。指示性摘要层次最低，尽量少用甚至不用。

7.2.3 摘要写作要求及常见问题

1）摘要写作要求

（1）确定摘要类型。先确定摘要的类型，类型不同，其写作侧重就不同，比如报道性摘要侧重研究的结果与创新，指示性摘要侧重研究的过程与方法。通常应优先用报道性摘要，其次是复合性摘要，最后是指示性摘要。

（2）简短概括背景。背景高度概括简短，侧重引出问题、交待目的，不要过多介绍主题知识、概括研究意义，也不要简单重复前言，甚至将前言中已写或应在前言中写而未写的较多内容写入，更不要补充、修改、解释、评论正文。

（3）提炼概括正文。提炼、概括论文主体的主要内容，避免大幅照搬论文或直接重复题名。例如，论文题名是"颠覆性技术的特征与预见方法"，其摘要就不宜出现如"对颠覆性技术的特征与预见方法进行研究"之类的语句。

（4）行文有序展开。与论文主体的内容和结构相对应来安排摘要，使摘要各部分按事物关联、研究内容等的内在时间、空间、逻辑等关系有序安排、展开，语句成分搭配，表达简明，语义确切，上下连贯，互相呼应，结构严谨，层次清晰。

（5）把握人称省略。从第三人称（如本文、本研究、本文章、本课题）或第一人称（如我、我们、笔者、作者、本团队、本项目组）的角度来写，这类词语做主语或状语时，其出现与否的效果如果相同就可省去。这种省略是形式上的，未改变表意，但语言得到简化。

（6）使用术语符号。对公知公用的术语或领域使用较广的新术语，可直接使用；对出现不久还未被领域认可或尚无合适叫法的新术语、新词语，使用时应括注或直接用原词语。对使用不太广泛的一般缩略语、代号，首次出现时宜先写出全称，再括注其简称。

（7）不宜出现图表。尽量用文字来概括论文内容，通常不宜出现插图、表格。式子可以出现，也可以不出现，按表达需要来确定，但总的原则是，尽量不要出现式子，特别不要出现繁杂或庞大的数学式、化学结构式。

（8）不要轻易引文。按表意需要确定是否引用文献，通常无须引用文献，引用文献会有抄袭之嫌疑。若确有引用文献需要，如突出对他人成果（已发表文献）的否定或修正，或直接干涉他人的成果，则可以考虑引用文献。

（9）规范量和单位。将摘要视作一种科技文体（小短文），正确、规范地使用量和单位，严格而科学地执行《量和单位》国家标准及其他相关标准、规范，做到量名称、量符号、单位名称、单位符号、单位词头等表达的标准化、规范化。

（10）提升语言文字。正确使用语言文字，达到简洁、确切、通顺、明快、易读、易懂，慎用或少写长句、难懂句，句子成分搭配，表意明白清晰，无空泛、笼统、含混之词，没有语病，还可使用修辞手法提升语言表达效果。

（11）避免过度自夸。表述实事求是，不作自我评价，避免表达不严谨或言过其实，除非事实或表达需要，不用"本文研究是对过去……研究的补充（改进、发展、验证）""本文首次提出（实现）了……""经检索尚未发现与本文类似（相同）的研究"之类的语句。

规范的摘要应达到：内容适合、结构恰当、信息准确、文字精练、连贯流畅、逻辑性强、通俗易懂、引人入胜。

2）摘要写作常见问题

（1）脱离论文内容，出现了与论文内容不相符的新情况、新信息；

（2）偏离研究主题，出现了不切题或无关的背景介绍、现状描述；

（3）工作交待冗余，知识、背景介绍多余，工作内容、过程繁杂；

（4）成果体现不够，结论、成果表述中缺少创新内容、技术要点；

（5）简单复制照搬，过多地重复题名、前言、结论中的有关语句；

（6）对原始结果作补充、修改和多余的诠释、评论甚至自我评价；

（7）脱离事实或有关数据、资料、内容，出现了言过其实的表达；

（8）出现了图表引用，没有必要地出现了冗长公式或繁杂数学式；

（9）在不涉及（证实或否定）他人成果的情况下引用了相关文献；

（10）内容和结构不太完整，缺少必要的目的、方法、结果、结论；

（11）用较多论证代替介绍、描述，将报道变成议论，甚至还举例；

（12）使用标号、代号、特殊字符、图符等难录难懂的超语言要素；

（13）没有用标准的专业词汇、术语，表达不够准确、严谨、求实；

（14）一般缩略语、简称、代号等首次出现时未给出或注明其全称；

（15）未正确用量和单位，量和单位使用不标准、不规范，问题多；

（16）篇幅太短，短到只有几句甚至一句，只描述过程不交待结果；
（17）篇幅过长，表达冗余，不浓缩、不概括，无独立性、自明性；
（18）完全不考虑摘要的应有功能，整篇写成背景介绍和因果论述；
（19）中、英文摘要对同样内容的表述不太一致，甚至有较大出入；
（20）没有考虑语言差异和读者对象，中、英文摘要表达过于一致；
（21）不符合目标期刊对摘要的要求（如英文长摘要），摘要不达标。

7.2.4 摘要实例评析

7.2.4.1 摘要实例 1

【1】

摘要：①通过调研交互问答平台知识贡献者，对其可持续知识贡献意愿及行为的影响因素进行探讨。②对国内 44 个主流交互问答平台的高积分用户通过邮件地址分发问卷，使用偏最小二乘法对所搜集的 220 份调查问卷进行研究模型评估。③发现外部奖励、声誉、感知实现的自我价值、感知有用性与持续知识贡献意愿之间存在不同程度的影响关系，而帮助他人所带来的快乐对知识自我效能没有明显作用。④有利于问答平台的管理者制订或改进激励机制，吸引更多的人在问答平台持续贡献知识，促进交互问答平台更好。⑤影响知识贡献者持续知识贡献意愿和行为的因素未能全面涉及；没有包括规模稍小的问答平台。

此摘要有 5 句。句①交待目的、方法：探讨交互问答平台知识贡献者可持续知识贡献意愿及行为的影响因素（目的），调研交互问答平台知识贡献者（方法）。句②描述方法：分发调查问卷（向国内 44 个主流平台的高积分用户发送邮件）；评估研究模型（对 220 份调查问卷反馈使用偏最小二乘法进行评估）。句③陈述结果：发现外部奖励、声誉、感知实现的自我价值、感知有用性对持续知识贡献意愿有影响关系，帮助他人所带来的快乐对知识自我效能没有明显作用。句④陈述结论，暗含价值意义：有利于制订或改进……促进交互问答平台更好。句⑤说明局限：影响持续知识贡献意愿及行为的因素考虑得不全面，小问答平台未涉及。

此摘要没有叙述研究过程，开头、结尾分别概括目的、局限，中间部分详略得当、重点突出地报道研究成果（方法、结果、结论），属于报道性摘要。

7.2.4.2 摘要实例 2

【2】

摘要：本文建立了基于 Reissner-Mindlin 板壳假设的大变形几何非线性有限元模型，还考虑了薄板结构法向发生大转角的情形。随后，用本文模型计算文献中的例子，并进行比较验证；其次，对 CNT 功能梯度增强复合板进行几何大变形非线性计算和分析，并与 ABAQUS 结果进行对比；最后，利用该模型对 CNT 功能梯度增强复合板的振动特性进行仿真分析。

此摘要有 7 个单句（建立大变形几何非线性有限元模型；考虑薄板结构法向发生大转角的情形；计算文献中的例子；进行比较验证；对 CNT 功能梯度增强复合板进行几何大变形非线性计算和分析；与 ABAQUS 结果进行对比；对 CNT 功能梯度增强复合板的振动特性进行仿真分析），多个谓语动词或谓词性词组连续出现，仅叙述做了什么，但未交待结果、结论，也没有背景（主题、目的）、创新，因此本摘要属于指示性摘要。

7.2.4.3 摘要实例 3

【3】

摘要：①给出了可重构制造系统（RMS）的定义，②分析了 RMS 与刚性制造系统（DMS）、柔性制造系统（FMS）的区别。③建立了 RMS 的组成、分类和理论体系框图，④将 RMS 基础理论概括为系统随机建模、布局规划与优化、构件集成整合、构形原理、可诊断性测度和经济可承受性评估 6 个方面，⑤并提出了 RMS 的使能技术。

此摘要每句一个谓语（给出、分析、建立、概括为、提出），一气呵成，描述做了 5 件事。句①~③、⑤仅描述做了什么，但做的结果、做得怎样未提及（指示性摘要写法）。句④在描述做了什么（概括 RMS 的基础理论）的基础上（指示性摘要写法），又给出此基础理论的 6 个分理论——系统随机建模、布局规划与优化、构件集成整合、构形原理、可诊断性测度、经济可承受性评估，是做（概括）的细化，属结果，可列为报道性摘要写法。此摘要未交待背景、创新，整体上属于指示性强于报道性的复合性摘要。

7.2.4.4 摘要实例 4

微课 32

【4】

摘要：①随着市场经济的不断发展和国际竞争形势的日益复杂化，我国制造企业之间的竞争亦越来越激烈，越来越突出。②传统的成本管理方法虽然在推动成本管理理论的发展方面做出了一定的贡献，并起到了积极的作用，但是，传统的成本管理只是一种单纯地、片面地追求生产成本降低的模式，这对企业的长久发展和保持长期的竞争优势不利。③再加之我国制造企业的成本管理理念落后、成本信息不切实际，传统的成本管理方式已经无法适应新常态下企业发展的需要。④因此，探析制造企业成本管理中存在的问题并找到解决的对策，实现制造企业战略成本管理的长期性、开放性、全面性、竞争性特点，更是保证我国制造企业战略发展规划的需要。⑤本文将就我国制造企业的成本管理体系的构建进行探究。

此例为"制造企业成本管理体系研究"一文的摘要。

句①是无关背景介绍，偏离主题（制造企业成本管理体系）。句②、③描述传统成本管理方法的不足（指出问题），与主题有靠拢，但不太相扣（成本管理方法、成本管理体系不是同一概念，不应混淆），而且篇幅过长。句④以句②、③为论据，推出论点，但未提及主题，因此不太切题，对问题的解决不明显。这里应针对问题提出目的，而非长篇大论，写成背景介绍、论证。句⑤交待目的，开始切题，进入正道。整个摘要也只有这最后一句体现了本文工作，但过于简短，又笼统重复题名，给人以刚进正道就匆匆结束之感，造成遗憾。这里应接着目的（假设在句④写了目的）继续交待结果、结论及价值意义，若有实证、应用效果方面的表述就更好。

按论文原文内容，以下给出一种复合性摘要参考修改（背景→问题→目的→过程→结果→创新），同时将题名改为"我国电子制造企业成本管理问题分析及其体系构建改进对策"。

摘要【4】参考修改

摘要：我国电子制造企业传统成本管理方法在推动成本管理理论发展方面起着积极作用，但其片面地追求生产成本降低的模式对企业长远发展和保持竞争优势不利，无法适应新常态下企业发展的需要，因此探析其中的问题并找到解决对策很有意义。分析我国电子制造企业成本管理存在的问题，主要有单纯压缩成本严重,成本管理信息缺乏完善性和准确性,成本控制力度不够,人力资源控制与管理不足,技术创新缺乏。提出我国电子制造企业成本管理体系构建改进的对策,主要包括以成本效益为目标进行技术创新,通过网络平台完善加强成本控制,通过人员激励机制来提高工作效率和节约意识。研究结果可为我国电子制造企业成本管理体系建设提供借鉴。

7.2.4.5 摘要实例 5

【5】

摘要:①由于厌氧生物处理技术具有产生剩余污泥少、可回收能源等优点而被广泛用于处理各种有机污染物,尤其在有毒、有害、难降解污染物的去除方面取得了良好的效果。②然而,厌氧生物法的处理速率通常比较低,而氧化还原介体可通过自身不断的氧化和还原来传递电子,提高电子在氧化还原反应过程中的传递速率,从而促进污染物高效厌氧降解。③醌类物质和腐殖酸是应用较多的氧化还原介体,在催化难降解污染物降解方面取得了一定效果。④讨论了氧化还原介体的特点、作用机制,并总结了其对偶氮染料厌氧脱色、反硝化和多氯联苯厌氧降解的强化作用,提出了氧化还原介体未来的研究方向。

此例为综述论文"氧化还原介体催化强化污染物厌氧降解研究进展"的摘要。

句①介绍厌氧生物处理技术具有优点(产生剩余污泥少、可回收能源等),在有机污染物处理特别在有毒、有害、难降解污染物去除方面取得良好效果;句②指出该技术的不足(处理速率较低),而氧化还原介体相反,对污染物去除效率高(通过自身氧化和还原来传递电子,提高电子在氧化还原反应中的传递速率,促进污染物高效厌氧降解);句③交待两类氧化还原介体(醌类物质、腐殖酸)在催化难降解污染物降解方面应用较多,取得一定效果。这3句通过现状描述,总结问题(厌氧生物处理技术具有不足,应用受到限制),进行对比(氧化还原介体与厌氧生物处理技术),引出领域(氧化还原介体),确定范围、研究点(氧化还原介体催化强化污染物厌氧降解)。

句④描述过程即本文工作(讨论……的特点、作用机制,总结……的强化作用,提出……的研究方向),3句连谓(讨论+总结+提出),只有做了什么,未涉及做的具体内容。

此例属于综述论文的典型指示性摘要(背景→过程)。不过在语言表达上有提升空间,下面给出一种参考修改(背景→过程→创新)。

摘要【5】参考修改

摘要:厌氧生物处理技术具有产生剩余污泥少、可回收能源等优点,广泛用于处理各种有机污染物,尤其在有毒、有害、难降解污染物去除上取得了良好效果,但处理效率较低,其应用受到一定限制。然而,氧化还原介体正好能弥补这一不足,可通过自身不断氧化和还原来传递电子,提高电子在氧化还原反应过程中的传递速率,从而促进污染物高效厌氧降解。目前醌类物质和腐殖酸两类氧化还原介体在催化难降解污染物降解方面应用较多,并已取得一定效果。本文讨论氧化还原介体的特点、作用机制,总结它对偶氮染料厌氧脱色、反硝化和多氯联苯厌氧降解的强化作用,并提出氧化还原介体未来的研究方向。研究结果可为氧化还原介体催化强化污染物厌氧降解的研究及技术开发提供基本认识和指导。

7.2.4.6 摘要实例 6

【6】

摘要:①营养风险筛查是识别患者营养问题,判断其是否需要营养干预的重要手段。②目前临床上使用的方法有多种,但尚缺乏公认的营养风险筛查工具,本文评价和比较了常用的复合指标营养风险筛查工具。

此例为综述论文"常用营养风险筛查工具的评价和比较"的摘要。句①介绍概念,指出领域(营养风险筛查);句②限定范围(营养风险筛查方法),指出问题(缺乏公认的营养风险筛查工具),表述过程,指示性地用极简语句点出本文工作。

此例也是指示性摘要(背景→过程),但过程(本文工作)描述有两方面不足。一是与论文题名基本重复,不同的只是句法结构:摘要中为主谓宾结构完整的句子(本文+评价和比较+常用的复合指标营养风险筛查工具),题名是偏正结构词组(常用营养风险筛查工具+评价和比较)。二是过于简短,难以充分描述本文工作。下面给出一种参考修改。

摘要【6】参考修改

摘要:营养风险筛查是识别患者营养问题,判断其是否需要营养干预的重要手段,对营养风险筛查方法研究具有重要意义。临床上使用的营养风险筛查方法主要有单一、复合指标两类,但缺乏公认的营养风险筛查工具。目前相关研究主要集中在探讨复合指标类筛查工具,以提高筛查的敏感性和特异性。本文回顾营养风险筛查的定义、现状及常用方法,着重对营养风险筛查工具进行比较。研究结果可为临床大夫根据筛查对象的情况、特点选择合适的筛查工具提供指导。

修改后篇幅增加(背景→问题→过程→创新),其中知识介绍是从原创论文的角度来写的(缺乏公认的营养风险筛查工具),如果为了突出综述性,知识介绍也可从综述论文的角度来写(缺乏公认的对营养风险筛查工具的综述研究)。

微课33

7.2.5 摘要与结论的区别

摘要是论文全文的简介、浓缩,结论是论文研究结果的总结、升华,不在一个层面。

1)功能

摘要是门面,获好感,诱惑看全文。结论是价值,树精神,需要门面好。

微课34

摘要体现水准,构成论文准入条件。投稿后,送审中,发表后,编辑、专家、读者先看摘要。摘要有妥当内容、合理结构、优秀文字、通畅逻辑时,总能在同等条件下获得更多肯定。结论强调发现,从前文长篇大论中发掘蕴含的内在价值,让读者在最后快要结束论文阅读或研习的时刻加强记忆,记得从中究竟收获了什么。

微课35

摘要差不多是论文开始,简洁明快,通俗性好,商业味浓,功利性强,旨在吸引、诱导。结论基本上是论文结束,短小精悍,专业性好,学术味浓,功利性弱,旨在安慰、收获。

2)内容

摘要是约会、初见,由浅显介绍和描述来引导阅读论文,结论是相识、相知,由高度总结和升华来呈现成果收获,内容上有差异。

摘要的内容侧重体现悬念、疑问,结论的内容侧重体现结局、趋势。

摘要的背景在于启动、过渡和接口,是为阅读摘要、论文铺垫知识,做好准备;结论中除非必要不宜再谈背景,而应直接凝练结果、点出成果。

摘要的总结体现从未知到已知的逐渐诱导,引发阅读好奇、情绪,表面成分多;结论的总结体现从已知到熟知的逐渐深入,升华科学认识、收获,实质成分多。

摘要的外延(展望)体现可能、潜能、未来,多可列入科研转化为应用的分母;结论的外延体现应用、实用、操作,多可成为科研转化为应用的分子。

3）结构

摘要、结论都有方法、结果、结论和创新，内容上有交集。

摘要的结构包括昨天（背景）、今天（结果）和明天（外延）；结论的结构包括今天（成果）、明天（展望）。

摘要交待背景，在于搭建舞台，为论文建立存在空间；描述结果，在于事实，提供基础，构建依据；规划外延，在于预备，描绘远景，给出希望。

结论表述成果，自暴问题，提出改进，高效传承，发展科学；进行展望，寥寥数语给出答案，不涉及细碎数据、知识点面及具体细节，尽显价值与前景。

7.3 关 键 词

关键词是从论文主体及摘要中选出来的能反映论文主题概念的一组主题词，常位于论文的摘要之后，依次排列。论文中列出关键词对论文发表后被文献检索系统收录及读者对论文有效查询（查全、查准）有重要意义。

1）关键词选用要求

（1）保证质量至上。选用关键词应达到"质"和"量"的要求。"质"指关键词与论文主题概念密切相关，"量"指关键词的数量恰好能全面而准确地反映主题内容。关键词选用质量的优劣，直接影响论文检索结果的好坏及成果利用率的高低，对期刊被引频次和影响因子等指标的提高或改善也有积极意义。

（2）避免用通用词。不用或少用无独立检索意义的通用词即泛指词（如方法、研究、探讨、分析、报告、思路、措施、发展、理论、策划、建议、创新）做关键词。这类词对论文主题不具专指性，不能准确概括主题。用这类词检索，结果通常是多个学科领域众多文献的汇集，信息杂而乱，检索效率低，查准率不高，错检现象也存在。

（3）准确全面选取。准确指与主题相扣，全面指标引深度恰当，避免错选（主题不合）、漏选（深度不够）、重复（意义相近）、叠加（几个词叠加成词组）。不要无原则随便选词，或仅局限于从标题或摘要中草率选取。有多个同级主题概念并存时，不要只针对部分概念来选取，或用主题概念的上位概念代替主题概念，或将几个主题概念叠加。

（4）严格把握词性。尽量用名词、名词性词组（动词、动词性词组也可）而不用形容词、代词或虚词做关键词，以免检索信息混乱，使关键词失去应有作用。关键词应自行独立，不宜为其加修饰词或用来修饰其他词，或用由"和、与、而"之类连词将若干词关联形成的词组做关键词。名人或重要人物外的人名不宜做关键词，人名做关键词时不带官职。

（5）合理有序排列。按一定规则、顺序排列关键词，最好将词与词之间的内在逻辑关系反映出来，清楚准确、层层深入地反映论文主题。对关键词的罗列顺序须仔细考虑后再安排，不得任性、随意、简单地以其在题名、层次标题、引言或正文中出现的顺序而定，或凌乱堆砌，使得关键词的逻辑组合不能有效表现主题。

（6）确定标引深度。确定关键词的合适数量就是标引深度。标引深度较高时，可向用户提供较多的检索点，有助于提高查全率，但过高时会增加"噪声"进而增加误检率；较低时，不能全面概括论文主题，导致漏检。理解标引深度对文献检索的影响，避免在关键词选取上不加斟酌而选取过多或过少，造成多检或少检，最终难以准确全面反映主题。

（7）正确使用简称。熟悉或了解简称、字母词的使用广度或人群范围，广度或范围大的可直接作为一个关键词，广度不够或圈子小的就不宜直接作为关键词。关键词多为名词术语，新术语应写完整，非公知公用的简称尽量少用，作者自定义简称、字母词应不用。使用一个词的全称做关键词时，为突出其简称，可在全称后括注其简称。

（8）慎用自由新词。小心使用新出现但还未正式化的自由词。新名词、新术语通常不大可能被及时收录、更新到词典或有关词表中，但选用一些使用频度高、为大众或专业圈广泛使用的做关键词是必要的，但须考察、甄别。考察要素包括：有独立检索意义；促进学科、技术发展；被文献检索系统接纳；与名刊、知名检索系统对关键词的选用接轨。

2）关键词选用方法

（1）综观和通读全文，进行主题分析，弄明白论文的主题概念和中心内容；

（2）从论文主要组成部分的重要段落或语句中选出与主题概念一致的词语；

（3）从有关词或工具书选取自由词，选词概念明确、简洁精练、实用性强；

（4）按内容重要程度、层次高低深浅、思维逻辑顺序等对所选词大体排序。

下面以两篇论文为例讲述关键词的选用思路、方法。

关键词选用实例【1】

大黄素-8-O-β-D-葡萄糖苷抑制肿瘤细胞迁移和转移的体内外实验研究

摘要：目的 研究大黄素-8-O-β-D-葡萄糖苷（emodin-8-O-β-D-glucopyranoside，EG）对肿瘤细胞迁移以及荷瘤小鼠肿瘤转移的影响。**方法** EG 0、50、100、200、400 mg·mL^{-1}作用于小鼠乳腺癌4Tl-Luc细胞、人结肠癌HCTl16细胞、人神经母细胞瘤SH-SY5Y细胞24～72 h；MTT法检测其对细胞增殖活力的影响，划痕试验观察细胞迁移能力，Transwell小室试验检测细胞转移能力。将磷酸盐缓冲溶液（PBS）、EG低（2 mg·kg^{-1}）、高（4 mg·kg^{-1}）剂量作用于荷乳腺癌4Tl-Luc原位移植瘤小鼠，给药13天，每2天通过小动物成像系统观察肿瘤转移情况。**结果** 体外细胞实验表明，EG呈浓度和时间依赖性地抑制肿瘤细胞迁移，呈浓度依赖性抑制肿瘤细胞转移；动物体内实验结果表明，EG对乳腺癌小鼠原位移植瘤转移具有抑制作用。**结论** EG在体内外均表现出抑制肿瘤细胞迁移和转移的能力。

关键词： 大黄素-8-O-β-D-葡萄糖苷；肿瘤；迁移；转移

该文主题涉及两类核心对象：直接对象"肿瘤细胞"和间接对象"大黄素-8-O-β-D-葡萄糖苷"，后者作用于前者，因此可用这两个词语做关键词，其中"肿瘤细胞"用"肿瘤"更简短、醒目。该文仅在肿瘤细胞迁移和转移方面进行研究，"迁移""转移"限定了主题范围，因此再选用这两个动词做关键词。这些词语语义相互关联，"大黄素-8-O-β-D-葡萄糖苷"抑制"肿瘤""迁移""转移"（主语＋谓语＋宾语），因此关键词按大黄素-8-O-β-D-葡萄糖苷、肿瘤、迁移、转移的顺序排列符合客观规律，这一顺序在题名中也有反映。

关键词选用实例【2】

国际基于立方星平台的空间科学发展态势及启示

摘要： 空间科学主要是基于航天器平台获取实验数据、实现科学发现的重大前沿基础研究。中国实施了"悟空""慧眼"等一批较大的科学卫星任务。阐述了国际上重要科学发现和成果，提出当前国际上已认识到立方星在空间探索与发现中的重要作用；总结了美欧等航天强国和机构已实施和论证的若干立方星科学探测计划及取得的有影响力的原创科学成果，以及中国立方星技术演示验证和商业航天已取得的进展；提出了中国空间科学界应进一步关注立方星的发展，利用立方星平台开展研究，与传统大中型空间科学卫星形成互补，增强并拓展相关领域的探测能力，有效降低任务难度并缩短研制周期，促进中国空间科学取得更多重大发现和突破。

关键词：空间科学；立方星；科学卫星

该文主题的范围是空间科学（领域）中的立方星，立方星是空间科学的下位词，二者紧密关联，应都选为关键词（缺了空间科学，立方星便失去存在空间，而缺了立方星，空间科学就会范围太大）。另外，立方星的优势通过与传统科学卫星对比、互补来显现，论文中必然有较多科学卫星方面的内容，科学卫星也是空间科学的下位词，因此再选"科学卫星"做第三个关键词。

7.4 参考文献

论文中引自参考文献中的内容均应对所引文献在论文中引用处予以标注并在文后著录（标注和著录合称引用）。文献引用的质量和数量是评价论文水准的重要指标，是引文统计分析的重要信息源，也是通过 DOI 实现全球文献互联的基础数据和技术条件。

7.4.1 参考文献引用要求

1）引用基本原则

（1）引用必要和新的文献。无须引用所有阅读、参考过的文献，原创论文宜多引重要、相关、合适及较近的文献，综述论文引用的文献较为全面，但不宜缺少较早的相关文献。

（2）引用公开发表的文献。一般不宜引用私人通信、内部讲义及未发表出来的文章、著作（即使已被录用），必要时也可用脚注或文内注的方式引用，或说明引用依据。

（3）采用目标期刊的文献引用方式。按相应的引用方式及期刊要求对文献进行文献标注，不同引用方式、不同期刊的标注格式不同。

（4）采用目标期刊的文献著录格式。按相应的引用方式及文献种类、载体等要素进行文献著录，不同引用方式，不同文献种类、载体，以及不同期刊的文献著录格式不同。

2）著录信息源

参考文献的著录信息源是被著录的信息资源本身。专著、会议文献、学位论文、报告、专利文献等可依据其题名页、版权页、封面等主要信息源著录各个著录项目；专著、会议文献等的析出篇章与报刊上的文章，应依据文献本身著录析出文献的信息，并依据主要信息源著录析出文献的出处；电子资源依据特定网址、网站的信息著录。

3）著录用文字

参考文献原则上要求用信息资源本身的语种著录，必要时可采用双语著录。用双语著录时，首先应该用信息资源的原语种著录，然后用其他语种著录。为适应检索系统要求，目前国内较多中文期刊对中文文献采用双语（中文＋英文）著录。

7.4.2 参考文献引用方式

文献引用通常有顺序编码制和著者-出版年制两种方式。

对于顺序编码制，引文采用序号标注，文后参考文献表中各篇文献按照正文部分标注的序号依次列出。对于著者-出版年制,引文采用著者-出版年标注,参考文献表按著者字顺(姓氏笔画或姓氏首字母的顺序)和出版年排序。

参考文献引用实例【1】(顺序编码制)

现有制造系统的共同特点是基本不具有可重构性,当市场需求发生变化时会导致大量设备闲置、报废,造成资源、能源浪费。可重构制造系统(reconfigurable manufacturing system, RMS)的实施是解决这一问题的根本途径,可重构的本质是在制造系统全生命周期内通过逻辑或物理构形变化而获得最大生产柔性[1-2]。发达国家从20世纪90年代中期开展了有关研究,但目前还没有成熟完善的RMS实现方法,研究RMS的实现方法有重要意义。

RMS的实现可通过改变可重构机床的模块化构件,或通过移动、更换或添加可移动性设备,或以逻辑重构方式生成虚拟制造单元(virtual manufacturing cell, VMC)来进行。……例如,BABU等[3]基于不同秩聚类(rank order clustering, ROC)提出可生成多种单元构形的单元生成算法,但没有考虑系统的单元共享,而且还需主观设置一些参数;SARKER等[4]开发出基于工艺路线和调度而不是单元共享的VMC生成方法,用以在多工件和多机床调度系统中寻找最短生产路线;RATCHEV[5]提出基于"资源元"的类能力模式的制造单元生成方法,将工艺需求动态地与制造系统加工能力相匹配;KO等[6-7]基于"机床模式"的概念给出可实现机床共享的VMC生成算法。目前对制造单元的研究主要集中在单元生成及计划上,很少有人将其应用到RMS中,本文应用相似性理论提出"设备集合模式"的概念,并给出在某些假设成立时的VMC生成方法,以实现RMS的逻辑重构[1, 6-8]。

参 考 文 献

[1] 梁福军,宁汝新. 可重构制造系统理论研究[J]. 机械工程学报,2003, 39(6):36-43.
[2] KOREN Y, HEISEL U, JOVANE F, et al. Reconfigurable manufacturing systems[J]. Annals of the CIRP, 1999, 48(2):527-540.
[3] BABU A S, NANDURKAR R N, THOMAS A. Development of virtual cellular manufacturing systems for SMEs [J]. Logistics Information Management, 2000, 13(4):228-242.
[4] SARKER B R, LI Z. Job routing and operations scheduling: a network-based virtual cell formation approach [J]. Journal of the Operational Research Society, 2001, 52:673-681.
[5] RATCHEV S M. Concurrent process and facility prototyping for formation of virtual manufacturing cells [J]. Integrated Manufacturing System, 2001, 12(4):306-315.
[6] KO K C, EGBELU P J. Virtual cell formation [J]. International Journal of Production Research, 2003, 41(11):2365-2389.
[7] KO K C. Virtual production system [D]. IA, USA: Lowa State University, 2000.
[8] 赵汝嘉. 先进制造系统导论[M]. 北京:机械工业出版社,2003.

参考文献引用实例【2】(著者-出版年制)

现有制造系统的共同特点是基本不具有可重构性,当市场需求发生变化时会导致大量设备闲置、报废,造成资源、能源浪费(梁福军等,2003)。可重构制造系统(reconfigurable manufacturing system, RMS)的实施是解决这一问题的根本途径,可重构的本质是在制造系统全生命周期内通过逻辑或物理构形变化而获得最大生产柔性(KOREN et al, 1999)。发达国家从20世纪90年代中期开展了有关研究,但目前还没有成熟完善的RMS实现方法,研究RMS的实现方法有重要意义。

RMS的实现可通过改变可重构机床的模块化构件,或通过移动、更换或添加可移动性设备,或以逻辑重构方式生成虚拟制造单元(virtual manufacturing cell, VMC)来进行。……

例如，BABU 等（2000）基于不同秩聚类（rank order clustering，ROC）提出可生成多种单元构形的单元生成算法，但没有考虑系统的单元共享，而且还需主观设置一些参数；SARKER 等（2001）开发出基于工艺路线和调度而不是单元共享的 VMC 生成方法，用以在多工件和多机床调度系统中寻找最短生产路线；RATCHEV（2001）提出基于"资源元"的类能力模式的制造单元生成方法，将工艺需求动态地与制造系统加工能力相匹配；KO 等（2000，2003）基于"机床模式"的概念给出可实现机床共享的 VMC 生成算法。目前对制造单元的研究主要集中在单元生成及计划上，很少有人将其应用到 RMS 中，本文应用相似性理论提出"设备集合模式"的概念，并给出在某些假设成立时的 VMC 生成方法，以实现 RMS 的逻辑重构（梁福军等，2003；赵汝嘉，2003；KO et al.，2000，2003）。

参 考 文 献

梁福军，宁汝新，2003. 可重构制造系统理论研究[J]. 机械工程学报，39(6)：36-43.

赵汝嘉，2003. 先进制造系统导论[M]. 北京：机械工业出版社.

BABU A S, NANDURKAR R N, THOMAS A, 2000. Development of virtual cellular manufacturing systems for SMEs [J]. Logistics Information Management，13(4)：228-242.

KO K C, 2000. Virtual production system [D]. IA, USA: Lowa State University.

KO K C, EGBELU P J, 2003. Virtual cell formation [J]. International Journal of Production Research，41(11)：2365-2389.

KOREN Y, HEISEL U, JOVANE F, et al, 1999. Reconfigurable manufacturing systems [J]. Annals of the CIRP, 48(2)：527-540.

RATCHEV S M, 2001. Concurrent process and facility prototyping for formation of virtual manufacturing cells [J]. Integrated Manufacturing System，12(4)：306-315.

SARKER B R, LI Z, 2001. Job routing and operations scheduling: a network-based virtual cell formation approach [J]. Journal of the Operational Research Society，52：673-681.

7.5　其他（基金项目、致谢、作者简介等）

1）基金项目

基金项目（资助项目、科学基金）表明论文研究工作的课题资助背景。表达形式一般为"**基金项目：**项目名（项目编号）"，有多个基金项目时，各项目应依次列出，其间用标点符号分隔，有的期刊还要求给出基金项目的英文名称。示例如下：

【1】

基金项目：国家自然科学基金（30471120，30671246）；国家高技术研究发展计划（863 计划）（2006AA10Z1A5，2006AA100101）；国家科技支撑计划（2006BAD13B01）；高等学校学科创新引智计划（B08025）。

【2】

基金项目：国家自然科学基金（81473418）：肝细胞色素 P450 酶表达低下致何首乌特异质肝毒性机制研究；北京市自然科学基金（7172150）：异源 RANKL 主动免疫制剂对骨质疏松防治作用的研究。

【3】

基金项目：国家自然科学基金项目（51207169，51276197，61503302）；中国博士后科学基金项目（2014M562446）；陕西省自然科学基金项目（2015JM1001）。**Foundation items:** National Natural Science Foundation of China (51207169, 51276197, 61503302); China Postdoctoral Science Foundation (2014M562446); Shaanxi Provinicial Natural Science Foundation of China (2015JM1001).

基金项目名称应准确、完整，与官方或公认名称一致，比如"国家自然科学基金"是准确、完整名称，而其他写法如"自然基金""自然科学基金""国家科学基金""国家科学项目""国家自然基金""国家自然项目""我国自然科学基金""中国自然科学基金""NSFC""SFC""国家 SFC 基金项目""国家 SFC 资助项目"等均是不妥的。

2) 致谢

致谢是致谢主体对致谢对象表达某种意义上的感谢,也是尊重致谢对象贡献的标志。一般位于论文中参考文献表前面或后面。通常单独成段,冠以独立的标题"致谢"。示例如下:

【1】

致 谢

感谢清华大学信息科学与技术国家重点实验室提供计算资源。感谢中航工业产学研工程项目"航空 CFD 共用软件体系中的若干关键技术研究"的资助。

【2】

致 谢

本论文是在导师宁汝新教授的悉心指导和热情关怀下完成的,从选题、技术路线确定到论文撰写、修改,她都花费了大量的心血,付出了辛勤的劳动。在此谨向她表示衷心的感谢,并致以深深的敬意!

致谢涉及致谢主体、致谢对象、致谢内容三方面内容。

致谢主体大体包括:有集合或集体属性的本文、本研究、本项目、本团队、我们或全体作者等,或这些集合或集体中的个体、子集成员,如全部作者中的某位或某几位作者等。

致谢对象大体包括:研究工作得到资助的基金项目;对研究工作有直接和实质帮助的组织或个人;协助完成研究工作、提供某种帮助和便利条件的组织或个人;对论文写作做出较多贡献或付出较多工夫的个人;给予转载和引用权的资料、图片、文献、思想和设想等的所有者;其他应感谢的组织和个人。

致谢内容大体包括:基金项目资助在全部或部分研究工作所起的作用;个人或组织在研究工作或论文写作中给予的帮助或所做的贡献(如提供物资、材料,给予技术、经费支持,协助方案制定、执行,帮助结果分析、处理,提供启发、建议,进行指导、审阅等)。

致谢写作要求:

(1) 恰当表达致谢内容,明确是对何致谢对象所做的何工作表达感谢;
(2) 用恰当语句表达谢意,避免疏忽而冒犯本可接受感谢的致谢对象;
(3) 致谢主体应明确,既可为集体,也可为集体中的个体、子集成员;
(4) 投稿前应与致谢对象联络、沟通,必要时请其审阅论文勘误斧正;
(5) 正确书写基金项目的名称,不要用非公知公用的缩写作项目名称;
(6) 按目标期刊的致谢表达形式,避免致谢与基金项目不必要地重复。

注意致谢与志谢的细微差异:致谢表达谢意,有发出者和接受者双向行为,较为随意;志谢表达记住、记载、铭记谢意等,单向行为,较为庄重。对论文末尾,笔者倾向于用致谢。

3) 作者简介

作者简介是有关作者个人信息的简短介绍。位于参考文献表后面或前面,或论文首页脚注处,或论文题名上方,或署名信息中,或其他合适位置,不同期刊的格式不同。示例如下:

【1】

作者简介：李增勇，教授，研究方向为康复工程，电子信箱：lizengyong@nrcrta.cn；樊瑜波（通信作者），教授，研究方向为生物力学与康复工程，电子信箱：fanyubo@nrcrta.cn

【2】

作者简介：李轶群，男，在读硕士，中药抗肿瘤活性成分筛选与分子机制研究。
* **通信作者**：孙震晓，女，博士，教授·博导，中药分子细胞药理学与毒理学。E-mail: sunzxcn@hotmail.com

【3】

作者简介：秦红玲，女，1978年出生，博士，教授，闽江学者。主要研究方向为摩擦学及表面工程。E-mail: qhl1120@qq.com
徐翔（通信作者）：男，1981年出生，博士，副教授，主要研究方向为摩擦学及表面工程。E-mail: xu_xiang@ctgu.edu.cn

作者简介包括个人情况和联系方式两类信息：前者有姓名、性别、出生时间、工作单位、学历或学位、职称、职务（技术、项目职务）、荣誉和获奖、研究方向、发表论著和发明专利等；后者主要是邮箱（电子信箱）、通信地址。姓名、学历或学位、职称、研究方向、邮箱是基本信息，通常不应缺少（通信作者以外的其他作者可不给出邮箱）。

作者简介写作要求：

（1）参照目标期刊要求确定作者简介的格式体例及篇幅大小，不必拘泥于固定模式；
（2）按容许的篇幅来确定合适的个人信息包括的项目数及项目信息的写作详略程度；
（3）篇幅不受限制时选取个人重点项目简练概括介绍，避免项目数和项目信息过多；
（4）篇幅受限制时侧重表述基本信息，避免主要项目不完整、语言表述太简短笼统；
（5）通信作者不是第一作者时在其姓名后面注明通信作者，基本信息不要缺少邮箱；
（6）提倡但不强求对所有作者给出简介，通常至少给出第一作者和通信作者的简介；
（7）具体撰写可考虑文体、正文篇幅、版面限制和个人风格等因素，不可一概而论。

4）中图分类号

中图分类号是按照《中国图书馆分类法》（《中图法》）在论文中标注的一种分类代号。常放在论文中"关键词"的下面，其功能同关键词，主要是便于文献的检索、存储和编制索引。它采用英文字母与阿拉伯数字相结合的混合号码，一个字母代表一个大类，以字母顺序反映大类的次序，在字母后用数字作标记。一篇论文一般标注一个分类号，有多个主题时可标注若干分类号（主分类号排在第一位；分类号间以分号分隔）；分类号前以"**中图分类号**："作为标识，如"**中图分类号**：TH165；TP391.78"。

5）附录

附录是论文的非必要附件，在不影响论文内容连贯性叙述的前提下，提供文中有关内容的详尽描述，如推导、演算、证明、解释、说明、步骤、图表、式子、数据、曲线、照片，或其他辅助资料（如计算机框图、算法或程序等），与论文统一编入连续页码。

附录写作要求：

（1）按需布局内容。合理布局用附录表达的内容，不要把应放在正文中表述的内容放在附录中。附录会占用较多版面，对文章被引也没什么贡献，不少期刊不提倡用附录。

（2）恰当确定篇幅。确定附录的合适篇幅，既不冗长，占用过多版面，增加出版成本，甚至影响别人论文的发表周期，也不简短，过于简短时应放在正文中表述。

（3）规范表达语言。按与论文正文同等的要求或标准来撰写附录，语句表述严谨、结构合理、层次清晰和逻辑通顺，让附录成为论文正文重要、和谐的补充部分。

思 考 题

7-1 科研论文作者署名顺序确定的主要原则是什么？一篇论文的作者署名有200多名，是否合理？谈谈个人认识。

7-2 科研论文的"摘要"常规结构包括哪些内容项？按常规顺序列出。

7-3 科研论文的"摘要"通常有哪几类？每类在内容和结构上有哪些主要区别？

7-4 总结科研论文"摘要"中的"结果"与正文"结果与讨论""结论"中的"结果"的写作侧重差异。

7-5 简述科研论文"关键词"的选用要求和方法。选取一篇已有关键词的范文，试为其重新选择关键词，并与已有关键词进行比较，判别其间优劣。

7-6 发挥想象为"国家自然科学基金"这一项目名称给出所有可能的不规范或错误写法。

7-7 作者简介在期刊论文中主要起何作用？它不应缺少的内容项主要有哪些？

第 8 章 论文规范表达

科研论文具有明显的产品、社会属性，其写作和发表要符合相关国家标准和规范。一篇论文的质量不仅在于其内容是否具有发表价值，还在于其表达的标准化和规范性。论文规范表达涉及量和单位、插图、表格、数学式、数字、字母、术语和参考文献等诸多方面。本章依据现有相关国家标准和行业规范，包括约定俗成或业界认可的一些行业规范或普遍规则，分门别类地讲述科研论文的规范表达。

8.1 量 和 单 位

微课 36

量和单位有严格的定义和专门的名称、符号，涉及科学概念、术语，字符类别，大小写、正斜体、上下标，单位涉及各种词头，而且量与量间有复杂多样的数学关系。国家标准《量和单位》（GB 3100～3102—1993）（下称国家标准）是论文中量和单位规范表达的科学依据。

8.1.1 量及其符号

1) 量名称使用

（1）使用标准量名称，如密度、比热容、相对分子质量、电流、体积分数，除非必要不使用废弃的量名称，如比重、比热、分子量、电流强度、体积百分比浓度。

微课 37

（2）使用概念确切的量名称。例如："浓度"指 B 的质量浓度、B 的浓度（或 B 的物质的量浓度）、溶质 B 的质量摩尔浓度，单位分别为 kg／L、mol／m^3（或 mol／L）、mol／kg。"分数"指 B 的质量分数、B 的体积分数，单位均为 1。"含量"不是物理量，在商品中指质量或体积，科技中包括有关混合物组成的各个量，如质量分数、体积分数、质量浓度等。

（3）使用准确量名称，如物质的量，质量，时间，长度，宽度，高度，功率，避免"单位+数"式量名称，如摩尔数、吨数、千克数、小时数、秒数、米数、瓦数。

（4）正确书写量名称，如阿伏加德罗常数、傅里叶数、摩擦因数、费密能、吉布斯自由能，避免量名称中有与标准名称有出入的字，如阿伏伽德罗常数、阿佛加德罗常数、傅立叶数、付立叶数、付里叶数、磨擦系数，费米能，吉卜斯自由能。

（5）优先使用国家标准中推荐优先使用的量名称，如优先用摩擦因数、活度因子、热力学能、弹性模量、电通［量］密度，其次用摩擦系数、活度系数、内能、杨氏模量、电位移。

2) 量符号使用

（1）优先使用标准量符号。例如："质量"的标准量符号是 m，其他字母（如 M、W、P、μ 等）作其量符号就是其非标准量符号。为一个有几个符号的量选用符号时，可按具体情况选择一或多个符号。量符号与其他量的符号发生冲突或应按习惯使用时，可考虑用备用符号。

（2）多用单字母量符号，必要时加下标、上标，不宜用字符串做量符号。例如：不提倡用 $WEIGHT$ 做"重量"的符号，CRP 做"临界压力"的符号。

（3）科学严谨表达量符号，不宜直接用化学名称、元素符号等做量符号。例如："氟化钡：氯化钠 = 4∶6""$CO_2∶O_2 = 1∶5$"，分别用化学名称、分子式做量符号，未表达清楚相除的是哪两个量。对后者，若指体积比，可改为 $V(CO_2)∶V(O_2) = 1∶5$；指浓度比，可改为 $c(CO_2)∶c(O_2) = 1∶5$。又如：Ca＝20 mg，MnO_2％＝30％，wt％，vol％，mol％不规范，应分别改为 $m(Ca) = 20$ mg，$w(MnO_2) = 30\%$，w，φ，x（或 y）①。

（4）非量纲一的量符号不看作纯数。例如：对速度 v 取对数 $\lg v \,(m \cdot s^{-1})$ 不妥（v 的量纲不是一，不可取对数）；速度与其单位之比是一个数，可取对数，$\lg(v/(m \cdot s^{-1}))$ 正确。

（5）量符号的主符号常用斜体字母表示，除表示酸碱度的符号 pH 和表示材料硬度的符号 HRC 等用正体字母表示外。

（6）对矩阵、矢量和张量应采用黑（加粗）体、斜体字母做其量符号。例如：将矩阵 $\boldsymbol{A}$ 表示成 A、$[A]$、$\vec{A}$、$\bar{A}$、MA、matrixA 等任一形式均不规范。

（7）区分两字母量符号与两个量符号相乘。为避免把两个量相乘误解为由两个字母组成的量符号，相乘的量符号间应有乘号或加空。例如：表示半径 R 与偏心距 e 相乘的 Re 与表示雷诺数的 Re 同时出现时，可将前者表示为 $R \cdot e$、$R \times e$ 或 $R\,e$。

3）下标使用

（1）数字、数学符号、记号（标记）、代表变动性数字的字母（连续性字母）、量符号、单位符号、来源于人名的缩写、关键英文词首字母、英文词缩写等均可做下标。

（2）下标为量符号，表示变动性数字的字母，坐标轴符号和表示几何图形中的点、线、面、体的字母时用斜体，其余则用正体。

（3）下标为量符号、单位符号时，大小写同原符号；英文缩写做下标时，来源于人名的缩写用大写，一般情况下的缩写用小写。

（4）优先使用国际上和行业中规定或通用的下标写法。

（5）可用同一字母的大小写两种不同写法或在量符号上方加某种记号，来表示下标不足以表示不同量之间区别时的量符号。

（6）一个量符号中出现几个下标或下标所代表的符号比较复杂时，可把这些下标符号加在"（ ）"中以平排的形式（即与主符号平齐）共同置于量符号之后。

（7）少用复合下标，即下标的下标（二级下标）、二级下标的下标（三级下标）。

（8）根据需要可以使用上标或其他标记符号。

8.1.2 单位名称及其中文符号

1）单位名称使用

（1）相除组合单位名称与其符号顺序一致。符号中的乘号无对应名称，除号对应"每"字，无论分母中有几个单位，"每"只出现一次。例如：速度单位 m／s 的名称不是秒米、米

---

① m、w、φ、x（或 y）分别表示质量、质量分数、体积分数、摩尔分数；对于 $m(Ca) = 20$ mg，$w(MnO_2) = 30\%$，也可将括号去掉而把 Ca 和 MnO_2 改为下标的形式，即 $m_{Ca} = 20$ mg，$w_{MnO_2} = 30\%$。

秒、每秒米，而是米每秒；剂量单位 mg/(kg·d) 不是毫克每千克每天，而是毫克每千克天；质量热容单位 J/(kg·K) 不是焦每千克每开、焦耳每千克每开、焦每千克每开尔文或焦耳每千克每开尔文，而是焦每千克开、焦耳每千克开、焦每千克开尔文、焦耳每千克开尔文。

（2）区分乘方形式的单位名称。乘方形式的单位名称，其顺序应是指数名称在前、单位名称在后，指数名称为数字时加"次方"。例如：截面二次矩单位 m^4 的名称为四次方米。但当长度的 2、3 次幂分别表示面积、体积时，其指数名称应分别为平方、立方，否则应为二次方、三次方。例如：截面系数单位 m^3 的名称是三次方米，不是立方米；体积单位 dm^3 是立方分米，不是三次方分米；平方米不读写为平米、平方；立方米不读写为立方、立米、方。

（3）组合单位名称中不得加任何符号（如表示乘、除的数学符号"·""/"或其他符号）。例如：电阻率单位 $\Omega·m$ 的名称是欧姆米，而不是欧姆·米；压力单位 N/m^2 是牛顿每平方米（牛每平方米），而不是牛顿/每平方米、牛顿/平方米、牛顿/$米^2$、牛$米^{-2}$。

（4）读写量值时不必在单位名称前加"个"字。例如：不要将"14 小时"读写为"14 个小时"，"12 牛"读写为"12 个牛"。

（5）除非必要不要使用非法定单位名称（包括单位名称的旧称），如达因、尔格（卡）、马力、公尺、公分或糎、英尺或呎、英寸或吋、浬、公升或立升、钟头等，相应的法定单位名称为牛、焦、瓦、米（或其他法定长度单位）、海里、升、小时等。

2）单位中文符号使用

（1）用法定单位名称的简称（法定单位名称全称中方括号及其里面的字省略后的名称）作为单位中文符号，不要把单位名称全称作为单位中文符号使用。例如：力单位 N 的中文符号是牛，不是牛顿；体积单位 km^3 的中文符号是千$米^3$，不是立方千米。

（2）用规范的形式表示组合单位。由若干单位相乘构成的组合单位，其中文符号只用一种形式，即用居中圆点代表乘号；由若干单位相除构成的组合单位，中文符号可用居中圆点代表乘号和用"/"代表除号两种形式之一。例如：动力黏度单位 $Pa·s$ 的中文符号是帕·秒；电能单位 $W·h$ 的中文符号是瓦·时，不是瓦特小时、瓦时、瓦·小时；体积质量单位 kg/m^3（$kg·m^{-3}$）的中文符号是千克/$米^3$、千克·$米^{-3}$。

（3）不用既不是单位中文符号也不是单位中文名称的符号做单位中文符号。例如，面质量单位 kg/m^2 的中文符号是千克/$米^2$、千克·$米^{-2}$，不是千克/平方米、千克/二次方米。类似的不规范表达有立方米/秒、元/平方米、摩尔/升等。

（4）组合单位中不宜混用单位的国际、中文符号。例如："km/h""千米/时"不写为"km/时""千米/h"；"t/a""吨/年"不写为"t/年""吨/a"；"mg/(kg·d)""毫克/(千克·天)"不写为"mg/(kg·天)""mg/(千克·天)""毫克/(千克·d)""毫克/(kg·d)"。

（5）摄氏温度单位"摄氏度"的符号"℃"可作为其单位中文符号使用，"℃"可与其他单位中文符号构成组合形式的单位。

（6）除特殊情况或表达需要外，科研论文中不提倡使用单位中文符号及中文名称。

8.1.3 单位符号

1）字体使用

单位符号严格区分字母类别、大小写及正斜体。一般用小写字母，来源于人名首字母时可用大写字母；无例外均采用正体字母。字母类别容易混淆的有 k 与 κ，v 与 ν，u 与 μ 等；大小写容易混淆的有 c 与 C，k 与 K，v 与 V，u 与 U，o 与 O，p 与 P，w 与 W，s 与 S 等。

2）法定单位符号使用

应使用法定单位符号。一些符号在形式上是（似）单位符号，其实不是。例如：

（1）表示时间的非标准单位符号，如旧符号 sec（秒）、m（分）、hr（时）、y 或 yr（年）（其法定单位分别是 s、min、h、a），以及自定义单位符号 wk（星期或周）、mo（月）。

（2）表示单位符号的缩写，如 rpm、bps 或 Bps，其法定单位应分别是 r／min（转每分）、bit／s（位每秒）或 B／s（字节每秒）。

（3）表示数量份额的缩写，如 ppm（parts per million，10^{-6}）、pphm（parts per hundred million，10^{-8}）、ppb（parts per billion，在中美法等表示 10^{-9}，英德等表示 10^{-12}）、ppt（parts per trillion，在中美法等表示 10^{-12}，英德等表示 10^{-18}）。不宜用这种缩写符号做法定单位符号。例如："质量分数 w／ppm"不妥，因为质量分数的量纲是一，单位是 1，不是 ppm。

3）组合单位符号使用

（1）组合单位符号由若干单位符号相乘构成时，用单位符号间加圆点或留空隙的形式。例如：N 和 m 相乘单位应为"N·m""N m"，"N m"，也可为"Nm"（中间不留空隙），但组合单位符号中某单位的符号又与词头符号相同并有可能发生混淆时，则应将其置于右侧。例如：力矩单位 Nm（m 在右侧）不写成 mN（m 在左侧），因 mN 表示毫牛顿，不是牛顿米。

（2）组合单位符号由两个单位相除构成时，用单位分别做分子、分母的分数或单位间加斜线或圆点的形式表示（复杂时加括号）。例如：m、s 相除单位表示为"$\frac{m}{s}$""m／s""m·s^{-1}"。

"／"表示相除时，单位的分子和分母都要与"／"处于同一行内。分母中包含两个以上单位时，整个分母加圆括号。在一个组合单位中，除了加括号避免混淆外，同一行内的"／"不得多于一条，且其后不得有乘号或除号，复杂情况下应当用负数幂或括号。例如：传热系数的单位是"W／(m^2·K)""W·m^{-2}·K^{-1}"，不是"W／m^2／K""W／m^2·K""W／m^2·K^{-1}"。

（3）表示分子为 1 的单位时，应采用负数幂的形式。例如：阿伏加德罗常数的单位是 mol^{-1}，不是"1／mol"；粒子数密度的单位是 m^{-3}，不是"1／m^3"；波数的单位是 m^{-1}，不是"1／m"。

（4）用"°""′"或"″"与别的单位构成组合单位时，要给其加圆括号"( )"。例如："25′／min"应表示为"25(′)／min"；"β／°"应表示为"β／(°)"。

（5）非物理量的单位（如元、次、件、台、人、斗、圈等）可与单位国际符号构成组合形式的单位，但不提倡用负数幂的形式。例如："元／m^2""次／s""件／(h·人)""kg／(月·人)"；"L·斗$^{-1}$""L·圈$^{-1}$"应表示为"L／斗""L／圈"。

4）单位符号独立使用

（1）不能在单位符号后加 s 表复数。例如："最大长度是 600 cm"应为 l_{max}＝600 cm，不是 l_{max}＝600 cms；"点 A 受的力等于 500 N"应为 F_A＝500 N，不是 F_A＝500 Ns。

（2）不能给单位符号附加上下标。例如："最大电压等于 220 V"应为 U_{max}＝220 V，不是 U＝220 V$_{max}$；"点 A 受的力等于 100 N"应为 F_A＝100 N，不是 F＝100 N$_A$。

（3）不能在单位符号间插入修饰性字符。例如：$\rho=1000$ kg（H_2O）/ m^3 应为 ρ（H_2O）= 1 000 kg / m^3，200 kg（氮肥）/ hm^2 应为氮肥量 200 kg / hm^2。

（4）不能为单位增加习惯性修饰符号。例如：标准立方米为 m^3，不是 Nm^3 或 m^3_n；标准升是 L（或 l），不是 NL 或 L_n。

（5）不宜修饰单位 1。例如：用"85%（m/m）"表示质量分数，"68%（V/V）"表示体积分数不太规范，应分别为"质量分数 85%""体积分数 68%"。

5）量值表示

（1）数值与单位符号间留适当空隙。表示量值时，单位符号置于数值之后，数值与单位符号间留一空隙。注意，摄氏温度的单位符号℃与其前面的数值间也应留空隙，唯一例外的是，平面角的单位符号"°""′""″"与其前面数值间不留空隙。例如："$t=100$℃"应为"$t=100$ ℃"；"$\alpha=68$ ° 17 ′20 ″"应为"$\alpha=68°17′20″$"。

（2）不得把单位插在数值中间或把单位符号（或名称）拆开使用。例如：1m73、10s09、20″15（单位插在数值中间）应分别为 1.73 m、10.09 s、20.15″；34℃不表示为"34° C"，"0℃~100℃"不表示为"0° ~100℃"（℃是一个整体单位符号，不得拆开）；"100 摄氏度"不写为"摄氏100度"（摄氏度是℃的完整中文名称，不要拆开）。

（3）正确、规范表示量值的和或差。所表示的量为量的和或差时，应当加圆括号将数值组合，且把共同的单位符号置于全部数值之后，或写成各个量的和或差的形式。例如：$\lambda=220\times(1\pm0.02$ W /（m·K））应为 $\lambda=220\times(1\pm0.02)$ W /（m·K），$t=28.4\pm0.2$ ℃ 应为 $t=28.4$ ℃ ±0.2 ℃ =（28.4 ± 0.2）℃。

（4）统一量值范围的表示形式。表量值范围用浪纹线"~"、一字线"—"和短横线（或半字线"-"）。例如：1.2~2.4 kg·m / s（1.2 kg·m / s~2.4 kg·m / s）。使用以上括号中的表示形式是为了避免引起误解。例如：对 0.2~30%，可理解为 0.2 到 0.3，或 0.2%到 30%。

（5）在图表中量值表示提倡用标目形式。①量符号与单位之比 A / [A]，如 λ / nm = 589.6；②量符号加花括号"{ }"、单位做下标 {A}$_{[A]}$，如 {λ}$_{nm}$ = 589.6。第一种使用较为普遍。量符号也可用量名称替代，如"波长 / nm = 589.6""速度 /（km·h^{-1}）""质量分数 / 10^{-6}"。

8.1.4 词头

1）使用正确字体

词头区分字母类别、正斜体及大小写：除 μ（10^{-6}）用希腊字母 μ 表示外，其他均用拉丁字母，一律用正体字母，大小写按其所表示的因数大小来区分。等于或大于 10^6 时用大写，共 7 个：M（10^6）、G（10^9）、T（10^{12}）、P（10^{15}）、E（10^{18}）、Z（10^{21}）、Y（10^{24}）；等于或小于 10^3 时用小写，共 13 个：k（10^3）、h（10^2）、da（10^1）、d（10^{-1}）、c（10^{-2}）、m（10^{-3}）、μ（10^{-6}）、n（10^{-9}）、p（10^{-12}）、f（10^{-15}）、a（10^{-18}）、z（10^{-21}）、y（10^{-24}）。

2）连用词头、单位

词头与单位必须连用，即只有置于单位符号前与单位同时使用才有效。词头不得独立或重叠使用，与单位符号间不留间隙。例如："5 km"不是"5 k"，"128 Gb"不是"128 G"，nm 不是 mμm，pF 不是 μμF，GW 不是 kMW。

通过相乘构成的组合单位一般用一个词头，且位于其中第一个单位前，如力矩单位 kN·m 不是 N·km。为只通过相除或通过乘和除所构成的组合单位加词头，词头一般加在分子中第一个单位前，分母中不用词头（质量单位 kg 不作为有词头的单位对待），如摩尔内能单位 kJ／mol 不是 J／mmol，而比能单位可以是 J／kg。组合单位的分母是长度、面积或体积的单位时，按习惯与方便，分母中可选用词头构成倍数或分数单位，如密度单位可用 g／cm³。一般不在组合单位的分子、分母中同时采用词头，如电场强度单位用 MV／m 不用 kV／mm。

3）选用合适词头

使用词头是为了使量值中的数值表达形式较短，尽量处于 0.1～1000 内，为此应按量值大小来确定词头因数的大小，选用合适的词头符号。例如："5000×10⁶ Pa·s／m"应为"5 GPa·s／m"，而不是"5000 MPa·s／m"；"0.000 05 m"应为"50 μm"，而不是"0.05 mm"。

4）考虑词头限制性

避免对不允许加词头的单位加词头。例如："°"" ′ "" ″ ""min""h""d""n mile""kn""kg"等不得加词头构成倍数或分数单位。"质量"的基本单位名称"千克"含有词头"千"，其十进和分数单位由词头加在"克"前构成，而不是加在"千克"前，如"毫克"的单位是 mg，而不是 μkg（微千克）。1998 年 SI 第 7 版新规定"℃"（摄氏度）可用词头，"k℃""m℃"之类的单位是正确的。

5）处理词头幂次关系

将词头符号与其所紧接的单位符号作为一个整体对待有相同幂次，即倍数或分数单位的指数是包括词头在内的整个单位的幂。例如：1 cm²＝1 (10⁻² m)²＝1×10⁻⁴ m²，而 1 cm²≠10⁻² m²；8500 m³＝8.5×10³ m³＝8.5×(10 m)³≠8.5 km³；10 000 000 m² 应表示为 10 km²，而不是 10 Mm²；1 000 000 000 m⁻³ 应表示为 1 mm⁻³，而不是 1 Gm⁻³[1 000 000 000 m⁻³＝1×10⁹×m⁻³＝1×(10⁻³ m)⁻³＝1 mm⁻³]。

6）考虑词头习惯用法

尊重和兼顾我国对一些数词的习惯用法，如万（10⁴）、亿（10⁸）、万亿（10¹²）等是习惯用的数词，可以用在单位前，但不是词头，习惯用的统计单位，如"万公里"可记为"万 km""10⁴ km"，"万吨公里"可记为"万 t·km""10⁴ t·km"。

8.2 插　　图

"一图胜千言"，插图能替代冗长的文字叙述，直观、简明地展现研究结果，被誉为形象语言、视觉文学。新闻出版行业标准《学术出版规范　插图》（CY／T 171—2019）对插图的规范表达给出明确规定。

8.2.1　插图的构成与表达

插图一般由主图、图序、图题、图注组成，见图 8-1、图 8-2。

1）主图

主图是插图的主体。主图为坐标图时，常包括坐标轴、标目、标值线、标值等，如图 8-1，横纵坐标的标目分别为"时间 t／min""电压 U／V"，结构为"量名称　量符号／单位"。

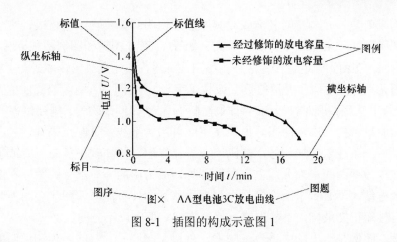

图 8-1　插图的构成示意图 1

2）图序

图序是插图的编号即图号，即按插图在文中首次引用的顺序，用阿拉伯数字对其排序，如图 1、图 2 等。论文只有一个插图时，也应有图序，即"图 1"。一个插图有几个分图时，可按需加分图序，如（a）、(b) 或 a）、b) 等，位于相应分图下方、左上方或其他合适位置。总图序后通常有总图题，但分图序后可以没有分图题。

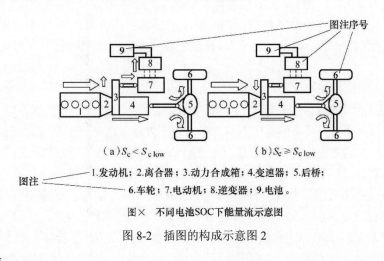

图 8-2　插图的构成示意图 2

3）图题

图题是插图的名称，确切反映插图的特定内容，有较好的说明性和专指性，通常是短语式标题，即以名词或名词性词组为中心词的偏正词组，也可为完整的句子形式。图题不宜过于泛指、简洁，如"结构示意图""框图""原理图"等，而应分别加上合适的限定词，如"计算机""分级递阶智能数字控制系统设计""产品数据管理平台工作"；不宜用"图"字结尾。

有分图题时，分图题紧跟着在相应分图序后出现，通常较简短，不宜重复总图题或其中的中心词语；也可在总图题后依次给出分图序、分图题或分图的解释、说明性语句，这时各分图序、分图题不一定单独出现，而是组成一个整体。图序和图题间常加空，其间及图题末尾不加标点符号。

4）图注

图注是对插图或其中某些内容加以注释或说明的文字。图注分为图元注和整图注。图元注指图的构成单元（元素）的名称或对其所做的说明（如事物结构组成、实验或算式条件、曲线类别或特征、全称或缩略语、引文出处等），有非图例和图例两种标注方式。

（1）非图例。在图元附近直接标注或由指引线标注，图元注数量较多或文字较长时，可由指引线在图元上标注注码（阿拉伯数字或拉丁字母），在图下、图侧或其他位置集中放置注码和说明文字。注码按顺时针或逆时针顺序排列。指引线间隔均匀、排列整齐，不得相交，可画成折线，但只可折一次。注码与说明文字间可用一字线或下圆点隔开，各条注间宜用分号隔开，最后一条注末应加句号，注码不应排在行尾。图注置于插图下方或上方，左侧或右侧，自然成为插图的一部分，也可置于图外，成为图的补充部分。图注在图中时，图面集中，阅读方便，不必看了图注序号再将视线移到图外看注释。图注在图外时，图面简洁，图注可直接随正文录排，不易出错，修改方便，但阅读不方便。

（2）图例。图例是给出图中符号、图形、色块、比例尺寸等的名称和说明的图元注。图中需用不同图形或符号来代表不同变量、曲线或其他类别时，例如若对结果处理前后、辐射方式、发光颜色、实验方法、速度区间、样本类别、药剂组成或道路类型等进行分类区别或作特别说明，则用图例来说明图形或符号的意义。图例常置于图中适当位置，不提倡在图题下方。如图8-1所示，用黑色小三角加短线、黑色小方块加短线两个图例表示"经过修饰的放电容量""未经修饰的放电容量"两条不同的曲线。

（3）整图注。对插图整体（包括图的来源）进行说明，可用"注："引出或用括注的形式表示，如"（资料来源：××××××××）"。整图注应置于图题后或图题下，末尾宜用句号。

5）标目

标目用来说明坐标轴的含义，由量名称、量符号及单位组成，形式为"量名称 量符号/单位符号"（量名称和量符号可择其一），如"液体密度 ρ /（kg·m^{-3}）""临界压力 p_c / MPa"等。标目表示百分率时，可将%看作单位，如"生产效率 η / %"。标目中除单位外只可标识量名称或量符号，通常优先标识量符号，如"ρ /（kg·m^{-3}）"或"液体密度/（kg·m^{-3}）"。

标目应与被标注的坐标轴平行，以坐标轴为准居中排在坐标轴和标值的外侧。标目居中排有以下情况：①标注下横坐标时，标目排在标值下方；②标注上横坐标时，标目排在标值上方；③标注左纵坐标时，标目排在标值左方，且逆时针转90°，标目顶部朝左，底部朝右，即顶左底右；④标注右纵坐标时，标目排在标值右方，也是逆时针转90°和顶左底右。对于非定量、只有量符号的简单标目如 x、y、z 等，可排在坐标轴尾部的外侧。

6）标值线和标值

标值线指与坐标轴平行的刻度线，可简化为小短横（长标值线的残余线段）留在坐标轴上。标值是标值线对应的数字及坐标轴定量表达的尺度，排在坐标轴外侧紧靠标值线的地方。

标目和标值的关系：量符号/量单位 = 标值（量纲不为一），如 F / kN = 2.0；量符号 = 标值（量纲为一），如 R = 0.015。标值的数字宜处于0.1～1000，可通过将标目中的单位改用词头形式或在量符号前增加非1的因数来实现。例如：标值"1000, 1200, …, 2000"，标目"正向压力 / N"，则标目可改为"正向压力 / kN"，相应地标值改为"1.0, 1.2, …, 2.0"；标值"0.015, 0.020, …, 0.050"，标目 R，则标目改为"$10^3 R$"，标值改为"15, 20, …, 50"。

标值线和标值不宜过度密集，造成数码前后重叠连接、辨识不清。标值的数字位数宜少不宜多，还要认真选取单位，如用"3 kg"代替"3000 g"，用"5 μg"代替"0.005 mg"。

7）坐标轴

坐标轴表达的是定性变量，即未给出标值线和标值时，在坐标轴尾端按变量增大的方向画出箭头，并标注变量如 x、y 及原点如 O；坐标轴上已给出标值线和标值，即坐标轴上变量增大的方向已清楚表明时，不必再画箭头。

8.2.2 插图使用一般规则

（1）通盘总体规划。立足全局，通盘考虑，梳理内容，厘清论文主题及内容、结构，决定哪些内容、段落和小节需要配图（用插图表达的效果明显不如文字表达的效果就不用插图，用简单插图能清楚表达的就不用复杂插图），对插图如何定类、布局、设计等一一做出缜密考虑。通常根据表达对象的内容与特点，思考哪类插图的功能与其相适应，比较各类插图的优劣，选取合适的插图类型，考虑可否删减或合并同类插图。

（2）精选插图类型。按表达对象性质和表述目的精选插图，插图类型不同，其功能和特点就不同，表达效果也不同。例如，线条图含义清晰、线条简明，适于表达说理、假设性强的内容及事物间的各种关系；平面图简洁明快，三维投影图、立体图立体感强；彩色图色彩丰富，形象逼真，适于用色彩更显优势的场合，受限于黑白印刷时，还要考虑黑白与彩色效果的差别；照片图层次变化分明，适于反映对物体外形或内部显微结构要求较高的原始结果。

（3）简化提炼插图。通过简化、提炼和抽象的方式，将一般图（如显微组织图、电路图、施工图、装配图、创意构想图等的原始图或实际图）设计制作成有高度浓缩表达效果的图。当插图用来说明原理、结构、流程或表达抽象概念时，不宜把未经简化、提炼的一般图原封不动地搬来就用，而应基于原图或实际图进行简化、提炼、提高和抽象，突出表达、说明的主题，最终提高表达效果。

（4）有效表达插图。以最恰当的布局和最适合的文字达到理想的表达效果，侧重表达的目的性，而不是图面的完整性，应按表述要求决定采用整幅画面还是整幅画面中的一部分，或将复杂图处理为简化图或示意图。例如，在表达设备中某部位的某零件的外形结构时，可从简化或虚拟的整体设备图上给定部位通过标引编号拉出该零件，给予放大特写（加局部详图），而不必给出整台设备的全图。

（5）确定插图幅面。按论文篇幅、版式，插图文字多少、字体字号，以及允许的最大版面空间等因素，来确定有最佳效果的插图幅面。幅面大小协调、比例恰当，小了易引起文字密集、字迹模糊，大了易引起插图自身不美观、与周围文字和别的插图不协调及多占版面。对不便缩小的大插图，可考虑不用，必要时可画出局部图。幅面应限定在版心之内；同类或同等重要的插图幅面应一致；主题下结构类似的图可合并；图例不宜超出图形所覆盖的区域。

（6）图内合理布局。按照插图幅面及内容来合理安排和布置图中各组成部分和要素的位置、大小及其间的关系而达到最佳表达效果。这就要求，除考虑插图内容表达外，还要注意插图布置匀称、疏密适中、不留大空白、高宽比协调，既增强表达效果，又美化版面、节省篇幅，对于流程图、功能图、电路图之类的插图更要注重其合理布局。

（7）统一插图文种。按论文的文种来安排插图的文种，插图中不宜混用不同语言或使用与论文语言不同的另外一种语言，但照片图或其他特殊情况除外（如有的中文期刊要求插图用中英文双语种或英文语种）。通常应避免直接照搬英文文献的原图或将其稍加修改就用到中文论文中，或将很多未加翻译的英文词句直接用在中文论文的插图中，结果使得中文论文的插图中出现了部分甚至全部英文词句。

（8）规范设计制作。按照插图设计制作要求及目标期刊对插图的要求来设计制作插图，达到插图的规范表达。插图的规范性体现在多个方面：内容切题；构成要素全面，不缺项；图面布置合理、清晰美观；图序、图题、幅面、文字、量和单位、线型、线距、标目、标值线、标值等符合有关标准、规定和惯例；照片图真实、清晰，主题鲜明，重点突出，反差适中；同一论文中所有或同类插图的风格和体例应当一致等。

（9）图文紧密结合。准确显示插图所有必要信息，使插图具有自明性，读者看了插图而不看论文就能获得所需或必要的信息。图文结合，按文字来配图，再按图来调整文字，图文相辅相成，互为补充。插图已清楚表达的，就不用文字重复叙述，插图表达有欠缺的，则用文字适当补充，插图和文字对相同内容的表达应一致且相互配合，文中对图的表述应在图中能对应上。

（10）合理安排版式。合理安排插图的位置，方便阅读，美化版面。插图常随文排（先见文后见图），排在首次引用它的那个段落之后，该段后面空间不够时，再将图后移到能排得下且与此段最接近的某段落后面，尽量靠近引用位置，不宜截断自然段或跨节编排。特殊情况如版面不容许时，可以灵活处理。有的期刊对论文中插图位置安排较为随意，常将插图放在页面的上下端或其他位置。

8.2.3 插图设计内容要求

1）科学性要求

插图内容是论文内容的局部浓缩和有机组成部分，与研究主题、结果、结论相扣，涉及的资料、数据、结果应真实、可信、可靠，项目齐全、主次分明、重点突出，图形准确、严密、得体，布局恰当、大小适合、比例协调。每类插图的内容均有其科学性及自身规范性要求。

2）规范性要求

插图内容的规范性体现在每类插图均有其设计制作及表达标准、规范。

（1）坐标曲线图（线性图）。坐标轴表达定性变量时，不用给出标值线和标值，坐标原点优先用字母 O 标注，在坐标轴末端按增量方向画出箭头，标目排在轴坐标末端外侧；坐标轴表达定量变量时，给出标值线和标值，坐标原点宜用阿拉伯数字 0 或实际数值标注，末端不用画出箭头，标目与相应坐标轴平行，居中排在坐标轴外侧。线条、标值线清晰；文字、标值醒目；标目完整、规范；图例在合适位置；不同变量的符号易区分。

（2）条形图。不同条有明显区分，每个直条代表一类数据，直条长度表示数据大小，直条数量不宜过多。纵坐标给出标目；纵坐标轴的标值一般从 0 开始，其长度不得小于最长条的长度；标值、文字、数字醒目。复式条形图内一般用某种图案（如横线、竖线、斜线或者小点、小格、空白等）对不同对比量加以区别，并示出相应的图例。直条的宽度与长度匹配匀称、美观，线型和图案规矩、大方。

（3）饼图。比较对象不宜过多，避免图形复杂，难以理解；比较的数据较接近时，应采用特别方法突出各部分的差异，较好的方法通常是从明到暗用不同的线或点给各部分涂上阴影，最小的部分颜色较深，或用不同的颜色来区分。

（4）示意图。分结构图、原理图、功能图、流程图等，应符合现行国家或行业标准，使用标准或共同的图形语言。结构图在于具体，侧重构造、组成，追求形似、描摹，由合理简化而突出描述重点。原理图在于抽象，侧重机理、模式。功能图在于合理抽象，选择对表现主题起关键作用的组成部分，方框的布局规矩、匀称，字符、算式的表达合理、规范，框间箭头线符合规定。流程图还要符合《信息处理 数据流程图 程序流程图、系统流程图、程序网络图和系统资源图的文件编制符号及约定》（GB/T 1526—1989），按图类选用规定的符号标记。

（5）记录谱图。除了线形符合制版要求或确有必要利用原记录曲线直接制版（可按需添加数字、符号或文字）外，一般应对原图重新制作，必要时进行标示和说明，如波峰、波谷或其他特征点有时需要有数字及标目、标值、文字说明等，同时保持原记录的波形特色，达到逼真不走样。

（6）照片图。清晰度高，对比明显，重点突出。组织切片图应标明比例尺和染色方法；实物照片图（含材料显微结构图）应标明比例尺或标注放大倍数。对照片图大小调整时，应对原来标注的放大倍数进行换算。例如，原来标注的放大倍数是 500，若将其缩小 2/10 使用，缩小后标注的放大倍数则为 500（1−2/10）= 400。

（7）地图。维护国家主权、领土完整和民族尊严、团结，体现国家外交政策、立场，保障国家安全、利益。有关数据和专业内容地图呈现时，必须符合地图使用目的和要求，符合《公开版纸质地图质量评定》（GB/T 19996—2017）及其他有关规定。选用准确地图资料，正确反映地图中各要素的位置、形态、名称及关系；对绘有国界线、跨省、自治区、直辖市行政区域，我国港澳台地区，历史和时事宣传等类地图的使用应谨慎，避免出错。

（8）图形符号。使用图形符号应符合我国图形符号常用标准，按应用领域有标志用、设备用和技术文件用等类图形符号。图形符号是以图形或图像为主要特征的视觉符号，用来传递事物或概念对象的信息，广泛应用于社会生产和生活的各个领域。

（9）其他标准或规范。大体涉及《量和单位》（GB 3100～3102—1993）、《数值修约规则与极限数值的表示和判定》（GB/T 8170—2008）、《学术出版规范 科学技术名词》（CY/T 119—2015）等。另外，引用他人插图通常应获得著作权人或出版商的许可并注明来源。

8.2.4 插图设计形式要求

1）基本要求（图中、图间一致）
（1）相同内容、同类图例和指引线等的表示方法或画法一致；
（2）集中放置在图下方的图元注中的注码与图中标注的一致；
（3）文中所有插图的图序、图题、图注等的写法和格式一致；
（4）插图内容要素与文中相应部分在表达形式、体例上一致；
（5）图序、图题与文中对这两项的引用、说明或解释宜一致。

2）艺术要求（形式、和谐美感）
（1）图形布局、排列组合体现出一种结构美，符合艺术造型的特性；
（2）线型、图例等的选用体现出一种形象美，与插图的大小相协调；
（3）文中同类甚至全部图体现出一种整体和谐美，风格、体例统一；
（4）图的色彩形态与其表达的主题以及内容紧密相关、相扣、相配。

3）版式要求（位置、版式规范）

（1）合理安排插图位置，排在第一次引用其图序的段落后（引用段），不宜截断整段或跨节排，但特殊情况下可灵活处理，但应与引用段尽量接近。

（2）插图两边有充足空间时可串文排；论文双栏排版时，插图通常不宜串文排。

（3）插图宽度超过版心宽度、高度小于版心宽度时，可卧式排。

（4）插图由几个分图组成而在一个版面排不下时可转页接排。转页接排图可在首页末排图序、图题，在转页接排的各页上重复排图序（必选）、图题（可选）并加"（续）"字样。也可仅在所有图排完之后排图序、图题。

（5）插图幅面过大且超出一页版面尺寸时，可将整幅图分两部分在双、单码面上跨页并合排。插图由几个分图组成，正好占用两个页码时，也可将不同分图在双、单码面上跨页并合排。

（6）插图按需可排为插页，不与正文连续编页码，但应在正文引用图序或标注其位置。

8.2.5 插图设计制作技巧

微课39

微课40

1）图中线型选取

线型指线条的形状或类别，其中的一个重要方面是线条的粗细。线型应参照有关制图的标准、规范及目标期刊对制图的要求来选取。线条粗细还要根据插图的幅面、使用场合和图面内线条的疏密程度等来确定：线条过粗，会使图面难看，甚至线条密集处形成模糊一片；线条过细，会使图面美观度下降，制版时容易造成断线。

粗线一般用于线形图中的曲线（含直线）、工程图中的实线（主线）；其他地方多用细线（辅线），如坐标图的坐标轴线，示意图的线条，工程图的点画线、虚线，以及插图的指引线等。可用线条的粗细和线条间的疏密程度来突出重要要素，如线形图的曲线和条形图的条的轮廓常比坐标轴的标值线更清楚、醒目，而坐标轴的标值线又比坐标轴更清楚、醒目。

2）图形符号使用

图形符号是将具体事物进行简化但又保持其特点，简明、直观、形象地表现事物特征的一种图形语言，其基本构成是符号的名称、形态、含义及画法。

各学科领域的图形符号在相应国家、行业标准中一般均有规定（某些即使尚未列入标准，但也有行业或系统内的习惯或约定俗成的画法），使用时应勤查资料，遵守习惯。图形符号的规定、习惯画法不是一成不变的，有的因其合理、可行和创新性可能被吸收到国家标准中而成为规定画法，而有的随时代发展不能适应新的要求，可能会被取消而成为非规定画法。

3）图形布局设计

图形布局设计应富于变化，版面美观协调，达到多样的统一；幅面适中，线条密集时幅面可大些，稀疏时幅面可小些，给人以舒适感。从图形自身、图形之间两个角度，图形布局设计可分为图内、图间两类。

图内布局设计指通过调整插图的各组成部分或要素的内容、幅面及其间排列顺序而达到优化组合排列和得体显示。应综合考虑插图形态、幅面、排版、协调、版面等因素，对图内各部分合理布局，如并排、叠排、交叉排、三角形排等。对布局不合理的插图，应保持内容对其调整，使其布局合理。例如：对于流程图，框内文字较少时宜一行排；框的大小与其内文字幅面协调；同类箭头线的长度一致；流程线、箭头线与其他要素所围空白不要偏大。

图间布局设计指通过调整不同插图的某些共性部分或要素的内容、幅面及其间排列顺序而达到优化组合排列和得体显示，节约版面、扩大容量，便于对相同条件下的数据和形态进行对比。例如：对横纵坐标的标目、标值均相同且图名各自独立的一组坐标图，可组合共用一个图名，线条单一时，可合并成一个图；对一坐标轴的标目、标值相同而另一坐标轴不同的一组坐标图，可用双（多）坐标轴；曲线过多过密难以区分时，插图可分解成几个分图。

4）插图幅面确定

插图幅面确定是基于论文版心尺寸（目标期刊规格）和插图自身情况来确定插图的大小。

插图自身情况指插图的复杂程度、是否由多个分图组成等自身要素。插图较简单时，幅面不宜太大，否则图形会显得空旷、不匀称，浪费版面；插图较复杂且（或）包含较多文字时，幅面不宜太小，否则图形会显得拥挤、臃肿，不易看清。

对于单幅图，图形较简单、图线较稀疏、图内文字较少时，图面宽度可小些，排版后图旁有足够空间时，还可考虑串文排；图形较复杂、图线较密集、图内文字较多时，图面宽度应大一些，半栏排不下时改为通栏，排版后图旁空间仍充足时，也可考虑串文排。

对于组合图，可根据空间富余情况并排多个分图。图内文字太多而按正常字号制图导致文字过于密集甚至重叠难以清晰辨认时，可考虑将图内文字改小或文字间排紧凑一些。

5）设计制作细节

（1）遵守国家、行业有关制图标准、规范，可对引自别的文献中的插图做适当处理。

（2）字号以目标期刊要求为准，为突出层次、类属，可将相关文字字号增大或减小。

（3）指引线长短和方向适当，线条利落，排列有序，不交叉，不从细微结构处穿过。

（4）箭头类型统一，其大小及尖端和燕尾宽窄适当，同一、同类图中的箭头应一致。

（5）线条粗细应该分明，同类线型粗细应一致；曲线过渡应光滑，圆弧连接应准确。

（6）无充足空间放置图注时，可考虑精减图注文字或减小图中全部或部分文字字号。

（7）善于利用各种不同的图案类别或颜色深浅、灰度差异等来区分性质不同的部分。

（8）条形图、圆形图的构成部分不宜过多，当构成部分较多时，可以考虑使用表格。

（9）以可辨性原则确定线形图内放置曲线的数量，曲线不宜太多，布置也不宜太密。

（10）尽量用简单几何图形（空、实心圆圈，三角形，正方形等）表示不同数据类型。

（11）加强美感设计，提升插图艺术性（如坐标图纵、横坐标轴比例为 2／3～3／4）。

8.3 表　　格

表格也被誉为形象语言、视觉文学，具有简明、清晰、准确、集中及逻辑性、对比性强的特点，对数据记录或事物分类非常有效。新闻出版行业标准《学术出版规范　表格》（CY／T 170—2019）对表格的规范表达给出明确规定。

8.3.1 表格的构成与表达

表格由表序和表题、表头、表身、表注构成，见图 8-3 和图 8-4。

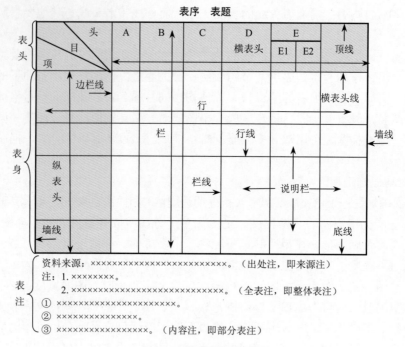

图 8-3 全线表构成示例

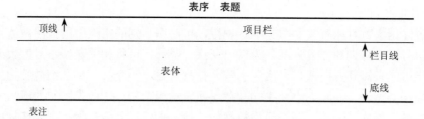

图 8-4 三线表构成示例

全线表包括项目栏和说明栏，项目栏包括项目头、横表头和纵表头，说明栏为整个表文。

1）构成要素

表格构成要素有表框线，行线、栏线及行、栏，行头、栏头，双正线。

表框线是表格的四条边线，包括一条顶线、一条底线和两条墙线。顶线位于表格顶端，即表框线中上边的那条横线；底线位于表格底部，即表框线中下边的那条横线；墙线位于表格左右两边，即表框线中左右两边的竖线。表框线一般用粗线条，而其他线一般用细线条。

表格中的横线即行与行间的线称为行线；竖线即栏与栏间的线称为栏线；行线间称为行；栏线间称为栏。边栏与第二栏的交界线称为边栏线，头行与第二行的交界线称为横表头线。

表格中每行最左边的一格称为行头，每栏最上方的一格称为栏头。行头是纵表头的组成部分，其所在的栏即表格的第一栏（首列）为纵表头；栏头是横表头的组成部分，其所在的行即表格的第一行（头行）为横表头。

一个表格左、右侧（或上、下方）的栏目名称完全相同而同时都排表头时（表格折栏、叠栏），中间相隔的两条细线即为双正线。

2）表序和表题

表序和表题是表格的重要组成部分，常作为一个整体位于表格顶线的上方。

表序是表格的编号即表号。给表格编号是为了论文对其引用方便，通常按表格在文中出现的顺序对其连续编号（常用阿拉伯数字），如"表1""表2"等。一篇论文只有一个表格时，表格也应编号，如"表1"。表序不宜用含字母的形式，如"表5a""表5b"，但对附录中的表格，表序可用大写字母加数字的形式，如附录A中表格1的表序为"表A1"，附录C中表格2的为"表C2"，但仅有一个附录时，表序可不用字母，如"附表1""附表2"。同一论文中不同表格要保证其表序的唯一性，不要出现一号两表或一表两号的交叉、重叠问题。

表题是表格的名称或标题，应简短精练，准确得体，切实反映表格的特定内容，通常用以名词或名词性词组为中心词语的偏正词组。应体现专指性，避免单纯使用泛指性公用词语，如"数据表""对比表""计算结果""参量变化表"等表题过于简单，缺乏专指性，不便理解，且结尾的"表"多余，若补充必要的限定语，改为"调度工艺路线初始输入数据""新方法与传统方法计算精度对比""由有限元法所得计算结果""设置增压器后的参量变化"就合适了。

3）表头

表头即项目栏，是对表格各行和各列单元格内容进行概括和提示的栏目，如图8-3所示的阴影部分。表头有横、纵表头，横表头对应表格的头行，也称横项目栏；纵表头对应表格的首列，也称纵项目栏、边栏或名称栏。横、纵表头的交叉部分（表格左上角）有斜角线时称为项目头（俗称斜角）。

横向排列的对表格各列单元格内容概括和提示的栏目就是横表头，即各列的标题（管下）。对于三线表，横表头就是表格顶线与栏目线之间的部分。纵向排列的对表格各行单元格内容概括和提示的栏目称为纵表头，即各行的标题（管右），对右方表文有指引性质，若它本身也属表文内容，即表格最左边一列的单元格的内容不是行标题，就不视为纵表头。除非必要，尤其对于简单表格，表头不应有斜线，有斜线时就有了项目头，可视为表头的一个组成部分。

项目栏通常有多个栏目，用来确立表中数据组织的逻辑及栏目下数据栏的性质，与标题一样简单明了，通常是标识表身中该栏信息的特征或属性的词语。

全线表的项目头可有两个甚至更多栏目；三线表只有栏目而无项目头，其栏目无法同时对横、纵项目栏及表身的信息特征、属性加以标识，而只能标识其所指栏信息的特征、属性。

表头分单层和多层，多层表头体现层级关系。例如：图8-3中，A、B、C、D、E（E1、E2）是栏目名称，也是列标题。A、B、C、D所在的栏目为单层表头，A、B、C、D分别为所在列的列标题；E与E1、E2所在的栏目为双层表头，E1、E2为所在列的列标题，E为E1、E2的栏标题。三线表的横表头有第二、三层级时，各层之间应加辅助线（细横线）分隔，细横线的长短以能够明显显示上下层的隶属关系为准。

4）表身

表身即表体，是表头之外的单元格总体，对于三线表就是底线以上、栏目线以下的部分，容纳了表格大部分信息。表身与表头构成表格主体，可包含文字、数字、符号、式子、插图等。

5）表注

表注也称表脚，是对表格或其中某些内容加以注释或说明的文字。使用表注能减少表中重复内容，使表达简洁、清楚和有效。表注分出处注、全表注、内容注三类。

出处注即来源注，是对表格来源的注释，以"资料来源："引出。全表注即整体表注，是对表格总体的综合性注释，以"注："引出（或用"说明"字样，可省略）。内容注即部分表注，是对表格具体内容的专指性注释，与表内某处文字对应，以注码引出，且与表内对应注码一致。按在表中出现顺序，在被注文字或数字右上角标注注码，在表下排注码和注释文字。注码优先按行标注，即第二列第一行的注码排在第一列第二行前。

全表注的序号宜用数字后加小圆点的形式，如"1、2."，内容注的注码宜用圈码如①、②，或其他形式，如 1、2 或 1）、2），a、b 或 a）、b），也可用星号（如*、**）等。注文有多条时，分项接排，或序号（注码）齐肩排（每条注文独立排一段），各项之间用分号或句号分隔，末尾用句号。对既可在表身又可在表注中列出的内容，优先在表身中列出，即用备注栏，对横或纵栏目中的信息给予总体解释和说明。

表格有几种注释时，宜按出处注、全表注、内容注的顺序列出。表注常位于表底线下方，出处注、全表注也可排在标题下方。但不管用什么表注，均不应与正文注释混同编排。

8.3.2 表格使用一般规则

微课 41

（1）通盘总体规划。按表述对象和表格自身功能确定是否用表格。表述重点是对比事项的隶属关系或数值的准确程度，或给出能定量反映事物运行过程和结果的系列数据，或有烦琐的重复性文字叙述时，宜用表格。能用简单表格表述清楚的，就不用复杂表格、大表格。内容复杂、非单一主题或又派生出子表格时，应简化分解处理；用多个数据表说明同一结果而造成表格间重复时，应淘汰效果差的冗余表格。表格与文字、插图重复时，选用其中一种。

（2）精选表格类型。根据表述对象性质、论述目的、表达内容及排版方便性等因素精挑细选合适的表格类型。无线表中没有一根线，适于简单场合；系统表可免去水平线（横线）和垂直线（竖线），用很短的横线、竖线或括号就能把文字连接起来；三线表可克服全线表横、竖线较多，栏头有斜线，表达复杂不便，排版麻烦的缺点，用少量几根线就能清楚表达，而现代三线表还能丰富多彩地表述事物的不同属性和层面，增添现代、美观色彩。

（3）规范设计制作。使用原始数据、处理数据；数据精度切合对数据的实际需求；数据可读性好，易得出有关结论。行列顺序妥当，逻辑性强；幅面合适，不超版心；布局合理，设计巧妙。一表一主题，主题多会造成内容繁多、层次叠加、幅面偏大；表头复分时，表格复杂，排版不便，可分解为主题不同的若干表格。恰当处理表中图，避免表中图过大或复杂化。

（4）表文正确配合。随文给出表格，先文后表，与正文配合，体现表格的独立、完整性。避免表文配合不合理：论文未引用表格却出现了此表格；论文引用表格但未出现此表格；论文首次引用的表序不连续；论文未按表序连续排表格；小幅面一页表格排在多页，或一栏表格排在两栏，或通栏表格排为两栏；表格排在远离对其引用的位置；对同一内容表述不一致甚至差距过大。

（5）优先用三线表。除非必要不要遗漏项目栏而使表身内容无栏目或标目，使三线表变成二线表；优先使用横表头三线表，量名称置于横项目栏，但项目或层次较少时，按需可合理安排项目栏，必要时可用纵项目栏，此时的表格就是二线表；为安排好的项目栏恰当取名，对于有量纲的量，不得缺少单位；对于复杂三线表，注意科学安排结构，细致确定栏目、栏目层次（表头层数）或标目。提倡表格设计创新，不拘泥于传统三线表。

8.3.3 表格设计内容要求

1）科学性要求

（1）内容匹配性。表格内容是一定内容的集中展现和论文内容的有机组成，与论文紧密配合，相得益彰，对文中相关部分作有益补充。表格对较多分类内容或数据及其间相互关系进行概括展现或表述，所展现或表述内容必须符合客观事理和思维规律，具有高度的逻辑性。

（2）表述自明性。表格文本短小，可读性强，容易理解，各部分展现或表述均要清楚明白。标题应切题、简明；表头、栏目设置应科学、规范，以突出问题的重点和实质为目标；横、纵表头应统筹安排，横表头常用来列示对象的特征或指标，纵表头列示对象的名称及分类；栏目排列应按时间先后、数量大小、空间位置等顺序合理安排。

（3）数据完整性、准确性。表格中数据来源于科研实践，真实有效，准确可靠，有科学分类。例如，对连续数分组，总体中任一数据只能归属某一组，不能同时或可能归属若干组，即不能有重叠，还应使总体中每一数据有"组"可归，即不要有遗漏。

2）规范性要求

表格内容规范性体现在表中各组成部分有其设计制作及表达标准、规范。

（1）行名、列名为量时，宜使用标目形式（量名称 量符号/单位），量名称和量符号可择其一，复合单位应该用负指数、加括号的整体形式，如"加速度/$(r \cdot min^{-2})$"。

（2）涉及的单位全部或大部分相同时，可在表格外右上方统一标注此共同单位。

（3）量和单位的名称、符号使用应符合《量和单位》（GB 3100～3102—1993）。

（4）同一标目下的数值修约位数应一致，达不到一致时，应在表注中说明。数值修约和极限数值的书写应符合《数值修约规则与极限数值的表示和判定》（GB/T 8170—2008）。

（5）数字使用应符合《出版物上数字用法》（GB/T 15835—2011）。（数字有小数点时，小数点前面的数字0不能随意省略，小数点前或后每隔3位数可留适当空隙或用逗号分隔。）

（6）相邻单元格内表文相同时应分别写出，避免用同上、同左等字样替代。也可将若干单元格合并为一个共用单元格，在这一共用单元格内统一写出表文。

（7）数值应以纯数字形式独立出现，不宜给数字附加带单位，但非十进制单位如平面角单位（°）、（′）、（″）和时间单位"×h×min×s"除外。

（8）单元格内可用空白或一字线区别数据，空白表示不适用，一字线表示无法获得。文中未明确说明这种区别时，应在表注中说明。数据为0时不要省略而让单元格空白显示。

（9）一个单元格内包含两个数据时，其中一个数据应该用括号括起，同时在表题或表头中给予标注，或在表注中说明。

8.3.4 表格设计形式要求

1）基本要求

（1）表格中同类名称、符号、数值等的表达方式、体例一致；

(2) 文中所有表格尤其同类表格的组成项的格式、用线一致；

(3) 表格中与文中其他地方同指的术语、数值、符号等一致；

(4) 表格中表序、表题与文中引用的表序、表题呼应、一致；

(5) 表格中不宜出现文中没有交代或使用过的非常用缩略语。

2）艺术要求

(1) 表格内有较多文字或复分栏目，文字横排会导致左右方向超版心时，可将文字竖排或横竖混排。纵表头内文字横排、竖排均可，取一种排法，特殊情况如纵表头内文字有复分时，可横竖混排；横表头栏目较多时，也可按表文多少确定是否用竖排或横竖混排。

(2) 项目头尽量不用，必须有项目头时，应设法调整栏目间顺序，项目头内斜线越少越好（不超过一条为好），在不得已出现多条时，应将斜线的位置及不同斜线的相交标示正确。项目头中不排斜线时，最好有名称，不宜空白。

(3) 表格横向栏目多、宽度大时，应确定并减小表宽。减小表宽的方法：删减可有可无的栏目；标目或栏内文字合理转行；处理和转换表格排式；巧妙使用折栏表、叠栏表；尝试采用竖排表（或横竖混排表）、卧排表；必要时采用不常用的表格如对页表、插页表等。

(4) 表序、表题用字宜小于或轻于论文，但应大于或重于表格用字。表格用字大小应相同，若不相同，表身用字不宜大于或重于表头用字，表注用字不宜大于或重于表身用字。框线一般用粗线，其他一般用细线。

(5) 表序与表题间应留空，无须加标点。二者作为一个整体排在表格顶线上方，对整表左右居中或居左，总体长度不宜超过表宽。表题过长时可转行排成两行甚至多行，转行应力求在一个词语的末尾（语义相对完整停顿）处进行，下行长度不宜超过上行。

(6) 表注宜简短，长表注应合理简化或改作正文。对既可在表身又可在表注中列出的内容，可考虑用更加清楚有效的组织方式，优先采用表身中列出的方式。对表格中某些横栏或竖栏的内容单独注释或说明，可在表身内加"备注"栏而免用表注。

3）版式要求

(1) 表格随文编排，排在第一次引用其表序的段落后（引用段），不宜截断整段或跨节编排，特殊情况下可灵活处理，但应与引用段尽量接近。

(2) 按期刊版式及幅面大小确定表格是否串文。论文通栏排时，表格在其宽度方向有较多富余空间时可串文排；论文双栏排时，表格不宜串文排。

(3) 论文双栏排，表格用单栏难以排下或排后效果较差（如过于拥挤）时，可通栏排；表格通栏排，其两边有较多富余空间且单栏排效果较好时，应单栏排。

(4) 表格在一页排不下时，可排为跨页表。未转页的表格最下端的行线多用细线，转页接排的表格应重复表头，并在上方加标注如"表×（续）"或"续表"，顶线多用粗线。

(5) 论文双栏排，表格幅面大而复杂时，宜排成顶天（本页上方）或立地（本页下方）的通栏形式，一般不排成处于不同页面的"腰斩"形式。

(6) 表宽超过版心宽度、高度小于版心宽度时，可排为卧排表。如果卧排表是多个页面接排续表，则不在一个视面上的接排表应重复横表头并加"表×（续）"或"续表"，在一个视面两页上的表格的栏线应对齐。

(7) 表宽相当于两个版心宽时，可排为对页表。这是特殊跨页表，只能从双码面跨至单码面，其跨页并合处的栏线置于单码面，排细线，双单面的栏高一致，行线须一一对齐。

（8）表格窄而高（窄高表），即行多栏少、竖长横窄时，可排为折栏表。表格宽而矮（宽矮表），即栏多行少、横宽竖短时，可排为叠栏表。

（9）表格版面受限或栏目设置不合理时，表头可作互换处理，表身中各单元格中的内容也作相应移动。

（10）表格尺寸大于页面且不适合用常规方式处理时，可排成插页表。此表不与正文连续排页码，但应在前一页与插页表相关的正文后引用表序或标注如"（后有插页表）"。

（11）尽量紧缩栏目，控制表头层数，避免栏中再分栏，方便阅读和排版。

8.3.5　表格设计处理技巧

微课 42

（1）表格拆分。表格有若干中心主题，或包含无上下关系的若干不同表头和表文时，可拆分为若干表格，须重新设计，表序、表题会发生相应变化。

微课 43

（2）表格合并。主题相同或相近、结构相同、位置相邻的若干表格连续出现时，可合并为一个表格，须更改后面的相关表序。

（3）表格增设。用文字表述的内容当其罗列性较强且有对比或统计意义时，可改用即增设表格来表述，直观清晰，便于比较，获得用文字表述难以达到的效果。

（4）表格删除。简单表格能用文字表述清楚或有更好效果时，可改用文字而将表格删除。

（5）排式转换。针对不同表格类型的特点，按需对表格排式进行转换。比如：

① 宽矮表占用甚至超出通栏宽度，在一个表行可能排不下或难排下时，可作分段处理而排成叠栏表。处理后横表头不同，纵表头相同，上下两部分表文间以双横细线相隔。

② 窄高表左右窄，单栏有充足排版空间，可转栏处理排成折栏表。处理后横表头相同，纵表头不同，排式上左右并列，即一表双栏排，左右两并列部分中间以双竖细线相隔。

③ 简单有线表构成项目及表文简单，可排为无线表。构成项目及表文较复杂，且用无线表难以表述清楚时，可排为有线表。

④ 为充分利用版面，或解决表文限制，或双通栏转换，或视觉美观，或别的目的，在不影响内容表达时，可作横、纵表头互换处理。

（6）项目头设置。项目头内被斜线分割为若干区域，区域内的文字表示表头、表文的共性名称。斜线的数量取决于表达需要，能少则少，最好去掉项目头。项目头的栏目只有一种标识时，"管"下优于"管"右。栏目文字准确、概括表达所管内容，范围较宽难以提炼出确指文字时，可用覆盖性泛指文字，如项目、名称、指标、参量或参数等公共性词语。

（7）栏目取名。表述事物的名称、行为或状态时，栏名宜用名词或名词性词语；表述事物的数量时，栏名就是标目。不要懒于栏目取名而代之以空白或随意用一个不能表述特征、属性的泛指、笼统词作栏名。栏目取名规则：

① 栏类妥当。对栏正确归类，避免栏名出错。尽可能一栏一类，对于一栏多类，应灵活变通，巧妙处理，如表内加辅助线、调整栏位置、修改栏名等。

② 栏名准确。栏名与所辖栏的内容紧密相扣，不能过大而跑题，也不能过小而未全面概括。栏名应简短，但不宜缺少必要的限定语。

③ 栏名协调。栏名中去掉重复项，突出共性，使表格整体简洁有效。例如某表，第 1 栏"直径 d / mm"未确切表出数据的属性，应取名"加工孔径"；第 2~4 栏"BTA 钻孔的转

速""BTA 套料的转速""BTA 镗孔的转速"栏名中均有"的转速 $n/(\mathrm{r \cdot min^{-1}})$",此共性部分可提取出来作上层栏名。

④ 标目规范。标目用标准形式,单位为复合单位时,宜用负指数、加括号的形式,如"加速度/$(\mathrm{r \cdot min^{-2}})$"。标目表示百分率时,可将%视作单位符号,如"生产效率/%"。单位符号应表示在项目栏而不是说明栏内。表格整体或局部相同的一个单位可排在表格外面右上方。

（8）数值表达。独立表达栏中数值,无须在栏中数值后加单位（单位应在充当栏名的标目中）。在单位前加词头或改变量符号前的因数,使数值尽可能处在 0.1～1000。

（9）表中图。表中图较多时,为避免这些图的幅面受单元格限制而不能或难以采用合适的幅面,进而显著影响表格的整体表达效果,可用脚注形式将这些图移到表格外。

（10）优先用三线表。确定是否有必要将全线表转换为三线表,转换须精心设计和安排。

8.4 数 学 式

微课 44

数学式表达量与量间的逻辑和运算关系,涉及较多字符和数字,本身还有排式。论文中数学式使用可参照《物理科学和技术中使用的数学符号》（GB 3102.11—1993）,该标准对常用数学符号的使用有明确规定,对数学式的编排有所涉及。数学式表达要求有以下方面。

1）数学式在正文排式

微课 45

数学式在正文的排式有串文排和另行排。串文排是把数学式视作词语排在文字中,另行排是把数学式另行排在引出其文字的下方位置（如左右居中、居左排等）。

重要、复杂或需要编码的数学式宜用另行排；复杂数学式较长,或含有积分号、连加号或连乘号等数学运算符号,或结构与形式较复杂,串文排可能会使同行文字与其上下两行间的行距加大较多,甚至需要转行排而又难以实现。

2）式注

微课 46

式注即数学式注释,是对式中符号（量及其他符号）给予解释,常涉及量名称及单位,大体有以下三类。

（1）列示式。式子列出后,另起行左顶格写出"式中"或"其中",其后加空或标点（如冒号、逗号）,接着依次写出被注释符号、破折号及注释语。同一行被注释符号可为单一或多个符号,多个符号间用逗号分隔。

量方程式是用量符号表示量值（数值×单位）,与所用单位无关,无须对其中的量给出单位注释。数值方程式与所用单位有关,须对其中的量给出单位注释,单位用括号括起。

量符号与注释语间的破折号的表义是"是""为""表示""代表",注释语前不必再出现这类词语。每一注释行中的量符号、破折号与注释语可看作构成一个主谓宾单句,各注释行则组成一个并列复句,最后一行的末尾用句号。对其他符号的注释形式同量符号。

（2）行文式。将式注看作叙述性文字,"式中"另行起,其后加逗号或冒号,接排被注释符号及注释语,符号与注释语间用"为""是""表示"之类词；若仅对一个符号注释,则"式中"后不加标点,其后接排符号及注释语。这种注释形式较紧凑,节省版面。

（3）子母式。式注某项派生出的新式为子式，原式即为母式：①子式与式注同行排，排在式注后面，其间用逗号，子式末加分号（处于最后一行加句号）；②子式单独起行排在式注下方，子式中的符号及注释语与母式中的应被一视同仁地按顺序统一列出；③子式与母式并列排即排在母式下方，可为子式编号，子式中的符号及注释语与母式中的应被一视同仁地按顺序统一列出；④对子式编号时，最好将子式与母式并列排，或将子式视作新母式处理。

3) 数学式编号

（1）式号用阿拉伯数字（自然数），或数字加字母的形式如（1a）、（1b）；
（2）式号应连续，既不重复，也不遗漏，且置于圆括号内，常右顶格排；
（3）式后无空位或空余较少，或为排版需要，式号可排在下行右顶格处；
（4）一组不太长即不超出栏宽的式子，可排在同一行，且共用一个式号；
（5）同一式子分几种情况多行并排，应共用一个式号且整体上下居中排；
（6）同一式子一行排不下而排为几行时，式号应该排在最后一行的末端；
（7）一组式子上下排宜左端排齐，共用一个式号，式号整体上下居中排；
（8）正文中引用式子，随后在合适处列出式子，两处式号用相同的形式；
（9）用式号提及式子，避免用上式、下式之类的词代替式号而造成误解；
（10）对文中未提及、不重要或无须编号的式子包括长式、复杂式不编号。

4) 数学式自身排式

（1）式子无论是单行式、叠排式，是否有根号、积分号、连加号、连乘号，各符号是否有上下标，属式子主体的部分应排在同一水平位置上。标志式子主体部分的符号有"$=$，$\equiv$，$\approx$，$\neq$，$\leqslant$，$\geqslant$，$<$，$>$，$\notin$，$\not\subset$"及分数线等。

（2）叠排式中主线比辅线稍长，主线与式中主体符号应齐平，式号排在主体符号或主线的水平位置上。

（3）式中一些符号，如积分号、连加号、连乘号、缩写词等，应与其两侧的另一单元的符号、数字分开，不左右重叠、交叉混排在一起，但若还有与其构成一体的其他字符，则不得与这些字符分开、错位排，以达到层次、关系分明。

（4）有约束条件式时，约束条件式排在主式下方，主式与约束条件式作为整体排列。

（5）除指数函数外，函数自变量常排在函数符号后，有的加圆括号，如 $f(x)$、$\cos(\omega t+\varphi)$，有的不加，如 $\exp x$、$\sin x$。特殊函数自变量有的排在函数符号后的圆括号中，如超几何函数 $F(a, b; c; x)$、伽马函数 $\Gamma(x)$，有的排在函数符号后而不加括号，如误差函数 $\mathrm{erf} x$、指数积分 $\mathrm{Ei} x$。若函数符号由若干字母组成，且自变量不含"$+$""$-$""$\times$""$\cdot$""$/$"等运算符号，则自变量外的圆括号可省略，但函数符号与自变量间留一空隙，如 $\mathrm{ent}\ 2.4$、$\sin n\pi$、$\cos 2\omega t$、$\mathrm{arcosh}\ 2A$、$\mathrm{Ei}\ x$ 等。

5) 数学式排式转换

（1）简单分式（或分数）直接转换为平排形式，可将横分数线（叠排式）改为斜分数线（平排式）。例如：$\dfrac{1}{8}$、$\dfrac{\pi}{4}$、$\dfrac{RT}{p}$、$\dfrac{\mathrm{d}x}{\mathrm{d}t}$ 可改写为 $1/8$、$\pi/4$、RT/p、$\mathrm{d}x/\mathrm{d}t$。

（2）分子和分母均为多项式的分式转换为平排形式，可将横分数线改为斜分数线，分子、分母加括号。例如：$\dfrac{x+y}{x-y}$ 可转换为 $(x+y)/(x-y)$。较复杂的分子和分母均为多项式的分式，转换效果不一定好，是否进行转换，视实际转换效果而定。

（3）分子为单项式、分母为多项式的分式，可将横分数线改为斜分数线，分母加括号。

（4）分母为单项式、分子为多项式的分式，可将分母变为简单分式，分子加括号置于该分式后，并与其分数线对齐。

（5）必要时可将根式转换为指数形式。例如：$y=\sqrt[n]{(a_1x_1+a_2x_2+a_3x_3+\cdots+a_nx_n)^m}$ 可转换为 $y=(a_1x_1+a_2x_2+a_3x_3+\cdots+a_nx_n)^{m/n}$（其中 m/n 也可以为 $\dfrac{m}{n}$）。

（6）指数 x 较为复杂时，宜将指数函数 e^x 转换为 $\exp(x)$ 的形式。

6）矩阵（行列式）排式

（1）矩阵行列元素间留出适当空白，各元素主体（主符号）上下左右对齐，或各单元以其左右对称轴线对齐。对角矩阵中，对角元素所在的列应能明显区分，避免上下重叠。

（2）矩阵元素合理排列，达到美观，一般优先考虑按列元素左右居中位置排列。

（3）区分矩阵中省略号形式的横、竖之分。

（4）对单位矩阵和对角矩阵，可使用其简化编排形式，如单位矩阵记为 ***E*** 或 ***I***，对角矩阵简记为 $\mathrm{diag}(\lambda_1\ \lambda_2\ \cdots\ \lambda_n)$。

（5）零矩阵最好用黑（加粗）斜体数字 ***0*** 表示，以与矩阵元素中的数字 0 相区分。

（6）式中充当上下标的符号表示矩阵时，应使用黑（加粗）斜体字母表示。

7）数学式转行

GB 3102.11—1993 中规定的转行规则："当一个表示式或方程式需断开、用两行或多行来表示时，最好在紧靠其中记号 =，+，-，±，∓，×，·或 / 后断开，而在下一行开头不应重复这一记号。"按此规则转行的式子，上一行末尾的符号既是运算符又起连字符作用，表示式子没有结束，下一行是由上一行转来的，不易引起歧义。

优先在 =、≡、≈、≠、>、<、≥、≤ 等关系符号后转行，其次在 +、-、×（·）、/（÷）等运算符后转行，一般不在 Σ、Π、∫、$\dfrac{\mathrm{d}y}{\mathrm{d}x}$ 等运算符或 lim、exp、sin、cos 等缩写符前转行，且不得将 Σ、Π、∫、lim、exp 等与其作用对象拆开转行。在省略的乘号后转行时，最好在上一行末尾补写乘号，否则容易将转行后的两行式子理解为两个不同式子。

分式原则上不能转行，但分子或分母过长时可转行：长分式的分母写成负数幂形式，按转行规则转行；长分式的分子、分母均由相乘的因子构成，可在适当的相乘因子处转行，并在上一行末尾加上乘号；长分式的分子、分母均为多项式，可在运算符号后断开并转行，在上一行末尾和下一行开头分别加上符号"→""←"；长分式的分子为较长的多项式，分母（不论是否为多项式）却较短，可按照转行规则在分子适当位置转行，并将该长分式分为分母相同的上下两个分式（分母为原长分式的分母）。

较长或较复杂根式转行时，可先改写成分数指数，再按转行新规则转行。

矩阵、行列式一般不宜转行，但在一行或一栏（半栏、通栏）内排不下时，可以转行排，或采用灵活的变换方式排为一行即不转行，比如将超版心的大式改为用小号字来排版，双栏排版的大式或复杂式改为通栏排式。

8）乘、除号表达

两量相乘可表示为 ab、$a\,b$、$a\cdot b$ 或 $a\times b$。一量被另一量除，可表示为 $\dfrac{a}{b}$、a/b 或 $a\cdot b^{-1}$ ($a\div b$，$a:b$)。这种组合形式可推广于分子或分母或两者本身都相乘或相除的情况，但除加括号以避免混淆外，同一层次的行内表示相除的斜线"/"后面一般不宜再有乘号、除号或斜线"/"。例如：$\dfrac{ab}{c}$ 可为 ab/c 或 abc^{-1}；$\dfrac{a/b}{c/d}$ 可为 $\dfrac{ad}{bc}$；$\dfrac{a/b}{c}$ 可为 $(a/b)/c$ 或 $ab^{-1}c^{-1}$，不可为 $a/b/c$；$\dfrac{a}{bc}$ 可为 $a/(b\cdot c)$ 或 a/bc，不可为 $a/b\cdot c$。

乘号省略规则：量符号间、量符号与其前数字间、括号间是相乘关系时，可省略乘号直接连写；数字间、分式间是相乘关系时，不能省略乘号；量符号与其前数字作为一个整体再与前面的数字有相乘关系时，此整体与其前数字间不能省略乘号。

9）数学式标点

式子相当于一个词语，可看作句子成分，其后该加标点就加（标点与式子主体部分宜排在同一水平位置上），不该加就不加。式子与文字表述具有相同功能，无论串式排还是另行排，在式子间、式子与文字间、式子内部要素间，均应按需加标点。但在不致引起混淆、误解时，式后可以不加标点。

10）数学式字体

变量（如 x、y），变动的上下标（如 x_i 中的下标 i，质量定压热容符号 c_p 中的下标 p），函数（如 f，g，F），点（如 A，B），线段（如 AB，BC），弧（如 $\overset{\frown}{cd}$，$\overset{\frown}{FG}$），以及在特定场合中视为常数的参数（如 a，b），用斜体字母表示。

有定义的已知函数（包括特殊函数）（如 sin、exp、ln、Γ、Ei、erf 等），其值不变的数学常数（如 e＝2.718 281 8…，π＝3.141 592 6…，$i^2=-1$），已定义的算子（如 div，δx 中的变分符号 δ，df/dx 中的微分符号 d）及数字，用正体字母表示。

集合常用斜体字母表示，但有定义的集合用黑（加粗）体或特殊的正体字母，如非负整数集（自然数集）用 **N** 或 $\mathbb{N}$，整数集用 **Z** 或 $\mathbb{Z}$，有理数集用 **Q** 或 $\mathbb{Q}$，实数集用 **R** 或 $\mathbb{R}$，复数集用 **C** 或 $\mathbb{C}$ 表示，空集用 ∅ 表示。

矩阵、矢量和张量的符号用黑（加粗）斜体字母表示。

8.5 数　　字

阿拉伯数字笔画简单、结构科学、形象清晰、组数简短、国际通用，比汉字数字占优势。《出版物上数字用法》（GB／T 15835—2011）对数字使用有明确规定。

8.5.1　阿拉伯数字使用

1）表示数值

（1）为便于阅读，四位以上的整数或小数，可采用以下两种方式之一。

千分撇方式：整数部分每三位一组，以","分节，小数部分不分节（四位以内的整数可以不分节）。例如：5188（5,188）；688,923,000；83,245；688,339.34169265。

千分空方式：从小数点起，向左和向右每三位数字一组，组间加空（四位以内的整数可以不加空）。例如：5188（5 188）；688 923 000；83 245；688 339.341 692 65。

（2）纯小数须写出小数点前定位的 0，小数点是齐阿拉伯数字底线的实心点"."，尾数 0 不能随意增删。例如："0.380 A, 0.580 A, 0.490 A"不写成".380 A, .580 A, .490 A""0.38 A, 0.58 A, 0.49 A""0.380 A, 0.58 A, 0.490 A""0。380 A, 0。580 A, 0。490 A"。

（3）尾数有多个 0 的整数和小数点后面有多个 0 的纯小数，按科学计数法改写成"$k \times 10^n$"的形式，其中 k 为 10 以下的正整数或小数点前只有 1 位非 0 数字的小数（即 $1 \leq k < 10$），n 为整数。例如："86 600 000"可写为"8.66×10^7""8.7×10^7""8.660×10^7"；"0.000 000 866 0"可写为"8.66×10^{-7}""8.7×10^{-7}""8.660×10^{-7}"。

（4）阿拉伯数字可与数词"万、亿"及可作为国际单位制（SI）中单位词头的"千、百"等其他数词连用。例如："二十三亿六千五百万"可写为"23.65 亿"，不是"23 亿 6 千 5 百万"，数词"千"不是单位词头；"4 600 000 千瓦"可写成"460 万千瓦""460 万 kW""4.60×10^6 kW"，不是"4 百 60 万千瓦"，数词"百"不是单位词头；"8000 米"可写成"8 千米""8 km"，"千"是单位"米"的词头，但"8000 天"不能写为"8 千天"，单位"天"不允许加词头。不得使用词头的还有平面角度单位"度（°）、分（′）、秒（″）"，时间单位"日（d）、时（h）、分（min）"，质量单位"千克（kg）"。

（5）一组量值的单位相同时，可只在最后一个量值后写出单位，而其余量值后的单位可省略，量值间用逗号或顿号。例如："10.40 m／s，11.20 m／s，4.40 m／s，6.80 m／s，16.30 m／s，9.40 m／s，0.98 m／s"可写成"10.40，11.20，4.40，6.80，16.30，9.40，0.98 m／s"。

2）表示数值范围

表示数值范围可用浪纹式连接号"～"或一字线连接号"—"（也可用半字线连接号"–"、小短横"-"）。例如：−0.148～−0.004；200～600 kg（200—600 kg）；10 万～15 万元（10 万元—15 万元）；20%～40%（20%—40%）。

前后两个数值的附加符号或计量单位相同时，在不造成歧义时，前一个数值的附加符号或计量单位可省略。例如："50 g～150 g"可写为"50～150 g"；"100 m／s^2～180 m／s^2"可写为"100～180 m／s^2"；"3°～10°"不写为"3～10°"（可能误将 3°理解成 3 rad）。

"～"使用规则：

（1）非数值范围不用"～"。例如："1996～2020 年""2～3 次"不妥：前者是两个年份，不是数值，"～"应改为"—"；后者 2、3 间没有其他数值，不构成范围，可改为"两三次"。

（2）用两个百分数表示范围时，每个中的百分号（%）都不能省略。例如："0.2%～80%"不写成"0.2～80%"，后者可理解为"0.2～0.80"。

（3）用两个有相同幂次的数值表示范围时，每个数值的幂次都不能省略。例如："1.67×10^4～2.29×10^4"不写成"1.67～2.29×10^4"，后者可理解成"1.67～22 900"。

（4）用两个带有"万"或"亿"的数值表示范围时，每个数值后的"万""亿"都不能省略。例如："2 万～3 万"不写成"2～3 万"，后者容易理解为"2～30 000"。

（5）用两个单位不完全相同的数值表示范围时，各数值的单位都应写出。例如：6 h～8 h 30 min 不写成 6～8 h 30 min，最好为 6～8.5 h；4′～4′30″不写作 4～4′30″，最好为 4′～4.5′。

3）表示公差及面积、体积

（1）中心值与其公差的单位相同且上下公差也相同时，单位可写一次。例如：22.5 mm ± 0.3 mm 可写成（22.5±0.3）mm，但不写成 22.5±0.3 mm。

（2）中心值的上下公差数值不相等时，公差分别写在量值的右上、右下角。公差的单位与中心值相同时在公差后统一写出单位，公差的单位与中心值不同时分别写出中心值与公差的单位。例如：$22.5\text{ mm}^{+0.20\text{ mm}}_{-0.10\text{ mm}}$、$22.5^{+0.20}_{-0.10}\text{ mm}$、$2.25\text{ cm}^{+0.20}_{-0.10}\text{ mm}$ 合适，$22.5^{+0.20\text{ mm}}_{-0.10\text{ mm}}$ 不妥。

（3）中心值上下公差的有效数字不宜省略。例如："$22.5\text{ mm}^{+0.20\text{ mm}}_{-0.10\text{ mm}}$" 不写成 "$22.5\text{ mm}^{+0.20\text{ mm}}_{-0.1\text{ mm}}$" 或 "$22.5\text{ mm}^{+0.2\text{ mm}}_{-0.10\text{ mm}}$"。

（4）中心值上或下公差为 0 时，0 前的正负号可以省略。例如：36^{+1}_{-0} cm 宜写成 36^{+1}_{0} cm。

（5）用两个绝对值相等、公差相同的数值表示范围时，表示范围的符号不能省略。例如：（−22.5±0.3）～（22.5±0.3）mm 不写成 ±22.5±0.3 mm。

（6）中心值与公差是百分数时，百分号前的中心值与公差用括号括起，百分号只写一次。例如：（50±5）% 在任何时候都不宜写成 50±5% 或 50%±5%。

（7）用量值相乘表示面积或体积时，各量值的单位应一一写出。例如：80 m×40 m 不写成 80×40 m、80×40 m²；50 cm×40 cm×20 cm 不写成 50×40×20 cm、50×40×20 cm³。

4）表示数值修约

数据处理中会遇到一些准确度不相等的数值，若按一定规则对这些数值进行修约，则能节省计算时间、减少错误。数值修约是用一个比较接近的修约数代替一个已知数，使已知数的尾数简化，可参照《数值修约规则与极限数值的表示和判定》（GB/T 8170—2008）及《有关量、单位和符号的一般原则》（GB 3101—1993）中的附录 B《数的修约规则》。

5）表示数值增加或减少

（1）数值增加可用倍数和百分数来表示。例如："增加了 2 倍"，表示原来为 1，现在为 3；"增加到 2 倍"，表示原来为 1，现在为 2；"增加了 50%"，表示原来为 1，现在为 1.5。

（2）数值减少常用分数或百分数来表示。例如："降低了 20%"，表示原来为 1，现在为 0.8；"降低到 20%"，即原来为 1，现在为 0.2；"降低了 1/4"，表示原来为 1，现在为 0.75。

6）表示约数

表示约数时，约、近、大致等与左右、上下等不并用（除非必要），如"电流约为 10 A 左右""大致有 60 台上下"等不妥；最大（最高）、最小（最低）、超过等不与数的大致范围或约数并用，如"最低气温为 0～10 ℃""最小电压为 110 V 左右""超过 200～300 字"不妥。注意表达结构，如不可将"20∶1 到 50∶1"表示成"20～50∶1"或"20∶1～50∶1"。

7）表示年月日

（1）年月日按口语中年月日的自然顺序。例如：2008 年 8 月 8 日；1997 年 7 月 1 日。

（2）"年""月"可按照《数据和交换格式 信息交换 日期和时间表示法》（GB／T 7408—2005）的5.2.1.1中的扩展格式，用"-"替代，但年月日不完整时不能替代。例如：2008-8-8；1997-7-1；8月8日（不写为8-8）；2008年8月（不写为2008-8）。

（3）四位数字表示的年份不应简写为两位数字。例如：2024（不写为24）。

（4）月和日是一位数时，可以在数字前补0。例如：2008-08-08；2023-05-25。

8）表示时分秒

（1）计时方式可采用24、12小时制。例如：6时50分（上午6时50分）；22时50分36秒（晚上10时50分36秒）。

（2）时分秒按口语中时、分、秒的自然顺序。例如：6时50分；22时50分36秒。

（3）"时""分"也可按照《数据和交换格式 信息交换 日期和时间表示法》（GB／T 7408—2005）的5.3.1.1和5.3.1.2中的扩展格式，用"："替代。例如：6：50；22：50：36。

9）含有月日的专名

含有月日的专名用阿拉伯数字，采用间隔号"·"将月、日分开，并在数字前后加引号。例如："3·15"消费者权益日。

10）书写格式

（1）出版物中的阿拉伯数字，一般使用正体二分字身，即占半个汉字位置。

（2）一个阿拉伯数字应写在同一行，避免断开。多位数转行时，须将整个数字全部转入下一行，不要断开转行，尤其不能将小数点后的数字或百分数中的百分号转至下一行。

（3）竖排文字中的阿拉伯数字按顺时针方向转90°，保证同一词语单位的文字方向相同。

8.5.2 汉字数字使用

（1）概数。两个数字连用表示概数时其间不用顿号。例如：二三米；四五个小时；一二十个；一两个星期；五六十万元。

（2）年份。年份简写可理解为概数时不简写。例如："一九八九年"不写为"八九年"。

（3）含有月日的专名。用汉字数字表示时，若涉及一月、十一月、十二月，则用间隔号"·"将表示月和日的数字隔开，涉及其他月份时，不用间隔号。例如："一·二八"事变；"一二·九"运动；五一国际劳动节。

（4）大写汉字数字。书写形式是零、壹、贰、叁、肆、伍、陆、柒、捌、玖、拾、佰、仟、万、亿。法律文书和财务票据上应采用大写汉字数字形式记数，如9806元（玖仟捌佰零陆圆）、469,731元（肆拾陆万玖仟柒佰叁拾壹圆）。

（5）"零"和"〇"。阿拉伯数字0有零和〇两种汉字书写形式。一个数字用作计量时，其中0的汉字书写形式为"零"，用作编号时，0的书写形式为"〇"。例如：8093（个）的汉字书写形式为"八千零九十三"（不是"八千〇九十三"）；100.067为"一百点零六七"（不是"一百点〇六七"）；公元2018（年）为"二〇一八"（不是"二零一八"）。

（6）与阿拉伯数字并用。如果一个数值很大，数值中的"万""亿"单位可采用汉字数字，其余部分采用阿拉伯数字。例如：我国1982年人口普查人数为10亿零817万5288人。

除上述情况外的一般数值，不能同时采用阿拉伯数字与汉字数字。例如：108 可写作"一百零八"，但不写作"1 百零 8""一百 08"；8000 可写作"八千"，但不写作"8 千"。

8.5.3　罗马数字使用

罗马数字有 Ⅰ（1）、Ⅴ（5）、Ⅹ（10）、Ｌ（50）、Ｃ（100）、Ｄ（500）、Ｍ（1000）七个基本数字。其记数法则：

（1）一个罗马数字重复几次，表示增加到几倍，如 Ⅱ 表示 2，Ⅲ 表示 3，CCC 表示 300。

（2）一个罗马数字右边附加一个数值较小的数字，表示这两个数字之和，如 Ⅶ 表示 $5+2=7$，Ⅻ 表示 $10+2=12$。

（3）一个罗马数字左边附加一个数值较小的数字，表示这两个数字之差，如 Ⅳ 表示 $5-1=4$，Ⅸ 表示 $10-1=9$。

（4）一个罗马数字上方加一横线，表示扩大到 1000 倍，如 $\overline{L}$ 表示 $50\times1000=50\,000$。

（5）一个罗马数字上方加两横线，表示扩大到 100 万（10^6）倍，如 DLⅪ 表示 561，$\overline{\overline{DLⅪ}}$ 表示 $561\times10^6=5.61$ 亿。

8.6　字　　母

8.6.1　大写字母使用场合

（1）化学元素符号或其中的首字母。例如：H（氢），O（氧），C（碳），Na（钠），Cu（铜），Co（钴），Au（金），Lr（铹），Rf（𬬻），Mt（䥑）。

（2）量纲符号。例如基本量纲符号：L（长度），M（质量），T（时间），I（电流），Θ（热力学温度），N（物质的量），J（发光强度）。

（3）源于人名的计量单位符号或计量单位符号中的首字母。例如：SI 单位 A（安[培]），C（库[仑]），S（西[门子]），Pa（帕[斯卡]），Hz（赫[兹]），Bq（贝可[勒尔]）；我国法定计量单位中的非 SI 单位 eV（电子伏）和 dB（分贝），其中 V 和 B 分别来源于人名"伏特""贝尔"；非 SI 单位 Ci（居里），R（伦琴）。

（4）表示的因数等于或大于 10^6 的 SI 词头符号。例如：M（10^6），G（10^9），T（10^{12}），P（10^{15}），E（10^{18}），Z（10^{21}），Y（10^{24}）。

（5）专有名词（如国家、机关、组织、学校、书刊、项目等的名称或术语）英文名的实词首字母。例如：大不列颠及北爱尔兰联合王国（The United Kingdom of Great Britain and Northern Ireland，英国）；亚太经济合作组织（Asia Pacific Economic Cooperation）；北京大学（Peking University）；中国表面工程（China Surface Engineering）；中国日报（China Daily）；国家高技术研究发展计划（863 计划）[National Hi-tech Research and Development Program of China（863 Program）]。专有名词处于句首时，其第一个字母不论是否为实词，一般用大写。

（6）专有名词或术语的字母缩略语。例如：DNA（deoxyribonucleic acid，脱氧核糖核酸）；CEO（chief executive officer，首席执行官）；CBD（central business district，中央商务区）；AGV（automated guided vehicle，自动导引小车）；BMS（bionic manufacturing system，

生物制造系统）；STEP（Standard for the Exchange of Product Model Data，产品模型数据交换标准）。

（7）人的姓氏（家族的字）、名字的首字母或全部字母。例如：Valckenaers P（VALCKENAERS P）；McFarlane D C（McFARLANE D C）；Koren Y（KOREN Y）；Bazargan-Lari M（BAZARGAN-LARI M）；Gindy N N Z（GINDY N N Z）；Goetz W G Jr（GOETZ W G Jr）；Qin Honglin（QIN Honglin）；Richard O Duda；Erich Gamma。

（8）月份和星期的首字母。例如：February（二月）；October（十月）；Monday（星期一）；Sunday（星期日）。

（9）地质时代及地层单位的首字母。例如：Neogene（晚第三纪）；Holocene（全新世）。

（10）机械制图中基本偏差的代号、孔偏差。

8.6.2 小写字母使用场合

（1）除来源于人名的一般计量单位符号。例如：m（米），kg（千克），mol（摩），lx（勒），s（秒），t（吨）。法定计量单位"升"也是一般计量单位，但有两个单位符号，分别是大写英文字母"L"和小写英文字母"l"。

（2）表示的因数等于或小于 10^3 的 SI 词头符号。例如：k（10^3），m（10^{-3}），μ（10^{-6}），n（10^{-9}），p（10^{-12}），f（10^{-15}），a（10^{-18}），z（10^{-21}），y（10^{-24}）。

（3）附在中文译名后的普通词语原文（德文除外）。例如：研制周期（lead time）；质量亏损（mass defect）；大射电望远镜（large radio telescope）；元胞自动机（cellular automata）；深度优先搜索和回溯（depth first search and backtrack）；粒子群优化（particle swarm optimization）。这类词有的可按专有名词来处理，其英文实词首字母用大写。

（4）法国人、德国人等姓名中的附加词。例如：de，les，la，du 等（法国人）；von，der，zur 等（德国人）；do，da，dos 等（巴西人）。

（5）由三个或三个以下字母组成的冠词、连词、介词（前置词）。例如：the，a，an，and，but，for，to，by，of 等。这类词除处于句首时其首字母用大写，有特殊需要时其全部字母可以用大写。

（6）机械制图中基本偏差的代号、轴偏差。

8.6.3 正体字母使用场合

正体字母用于一切有明确定义、含义或专有所指的符号、代号、序号、词和词组等。

（1）计量单位、SI 词头和量纲符号。例如：m（米），A（安），mol（摩），kg（千克），pm／℃，J／(kg·K)，J·mol^{-1}·K^{-1}；k（千），M（兆），G（吉），da（十），μ（微），n（纳）；M（质量），N（物质的量），Θ（热力学温度），J（发光强度）。

（2）数学符号。数学符号有以下类别：

① 运算符号，如 $\sum$（求和），d（微分），Δ（有限增量，不同于三角形符号△），lim（极限），$\overline{\lim}$（上极限），$\underline{\lim}$（下极限）。

② 有特定定义的缩写符号，如 min（最小），det（行列式），sup（上确界），inf（下确界），T（转置），const（常数）。

③ 常数符号，如 π（圆周率），e（自然对数的底），i（虚数单位）。

④ 有固定定义的函数符号，如三角函数符号 sin, cos, tan, cot；指数函数符号 e, exp；对数函数符号 log, ln, lb；反三角函数符号 arcsin, arccos, arctan, arccot。

⑤ 特殊函数符号，如 Γ(x)（伽马函数），B(x, y)（贝塔函数），erf x（误差函数）。

⑥ 特殊集合符号，如 **Z**（整数集），**R**（实数集），**N**（非负整数集，自然数集）。

⑦ 算子符号，如 Δ（拉普拉斯算子，与"有限增量"的符号容易混淆时，可以用∇^2），div（散度），grad 或 **grad**（梯度），rot 或 **rot**（旋度）。

⑧ 复数的实部和虚部符号，如 Re z（z 的实部），Im z（z 的虚部）。

（3）化学元素、粒子、射线、光谱线、光谱型星群等的符号。例如：O（氧），H（氢），Ca（钙），Ra（镭），AlMgSi 或 Al-Mg-Si（一种合金的名称）；p（质子），n（中子），e（电子），γ（光子）；α，β，γ，X（射线）；i，h，H，k（光谱线）；A_5，B_4，M_6（光谱型星群）。

（4）设备、仪器、元件、样品、机具等的型号或代号。例如：NPT5 空压机，JZ-7 型制动机，iPhone 15 手机，IBM 笔记本，PC 机，JSEM-200 电子显微镜，AC-130 攻击机，松下 TH-42PZ80C 型等离子电视机。

（5）方位、磁极符号。例如：E（东），W（西），N（北，北极），S（南，南极）。

（6）字母缩略语中的字母。例如：ACV（气垫船），PRC（中华人民共和国），CAD（计算机辅助设计），ICBC（中国工商银行）。

（7）生物学中属以上（不含属）的拉丁学名。例如：Equidae（马科），Mammalia（哺乳动物纲），Chordata（脊索动物门），Gramineae（禾本科），Graminales（禾本目），Angiospermae（被子植物亚门）。

（8）计算机流程图、程序语句和数字信息代码。例如：IF GOTO END；D_0，D_1，…，D_n（数字代码）；A_0，A_1，…，A_n（地址代码）。（其中下标也可用平排形式）

（9）表示酸碱度、硬度等的特殊符号。例如：pH（酸碱度符号）；HR（洛氏硬度符号），HB（布氏硬度符号）。

（10）表示序号的连续字母。例如：附录 A，附录 B；图 1（a），图 1（b）。

（11）外国人名、地名、书名和机构名；螺纹代号，如 M20×100，M30-5g6g-40；金属材料符号，如 HT200（灰口铸铁），T8A（特 8A 钢）；标准代号，如 GB，TB，NY/T；基本偏差（公差）代号，如 H8，f7。

（12）充当量符号下标的英文单词（或拼音）的首字母（或缩写），或有特定含义的非量符号的字母。例如：F_n（法向力，下标 n 是英文词 normal 的首字母，表示法向）；l_{cor}（修正长度，下标 cor 是英文词 correction 的缩写，表示修正）；M1，M2（机床 1，2）。

8.6.4 斜体字母使用场合

（1）物理量、特征数的符号。例如：E（弹性模量），q_V（体积流量），c_{sat}（质量饱和热容），A（核子数），μ（迁移率）；Re（雷诺数），Ma（马赫数）。表示矩阵、矢量（向量）、张量的符号要用黑（加粗）斜体。

（2）表示变量的字母、函数符号。表示变量的字母一般包括变量符号、坐标系符号、集合符号，几何图形中代表点、线、面、体、剖面、向视图的字母，直径、半径数字前的代号等。例如：

① 变量 i, j, x, y。

② 笛卡儿坐标变量 x, y, z；圆柱坐标变量 ρ, φ, z；球坐标变量 γ, θ, φ；原点 O, o。

③ A, B（点、集合）；$\overline{AB}$，AB（[直]线段）；$\overset{\frown}{AB}$（弧）；$\triangle ABC$（三角形）；$\angle A$（[平面]角）；ABC 或 Σ（平面）；$P\text{-}ABC$（三棱锥体）；$A-A$（剖面）；B 向（向视图）。

④ $\phi 30$（直径），$R9.5\ \text{m}$（半径）。

函数符号是函数关系中表示自变量与因变量之间对应法则的符号。例如："$f(x), f(y)$"中的"f"；"$F(x), F(y)$"中的"F"。

（3）生物学中属以下（含属）的拉丁学名。例如：*Equus*（马属），*E.caballus*（马），*Equus ferus*（野马）；*Oryza*（稻属），*O.sativa*（水稻）；*Elephas*（象属），*Elephas maximus*（亚洲象）；*Medicago*（苜蓿属），*Medicago sativa*（紫花苜蓿）。

（4）充当量符号下标的表示变量、变动性数字或坐标轴的字母。例如：q_V（V 表示体积）；c_p（p 表示压力）；$u_i(i=1, 2, \cdots, n)$（i 为变动性数字）；$\sum_n a_n \theta_n$（n 为连续数）；$\sum_x a_x \theta_x$（x 为连续数）；c_{ik}（i, k 为连续数）；p_x（x 表示 x 轴）；I_λ（λ 为波长）。

8.7 术　　语

术语是科学技术名词的简称，也称科技名词，是专业领域中科学和技术概念的语言指称或专门用语。新闻出版行业标准《学术出版规范　科学技术名词》（CY/T 119—2015）规定了中文学术出版物中术语使用的一般要求、特殊要求和异名使用要求。

1）术语使用一般要求

（1）应首选规范名词即由国务院授权的机构审定公布、推荐使用的术语，简称规范词。

（2）不同机构审定公布的规范名词不一致时，可选择使用。

（3）同一机构对同一概念的定名在不同的学科或专业领域不一致时，宜依据出版物所属学科或专业领域选择规范名词。

（4）尚未审定公布的术语，宜使用单义性强、切近科学内涵或行业惯用的名词。

（5）同一出版物使用的术语应一致。

2）术语使用特殊要求

（1）基于科技史或其他需要，可用曾称或俗称。曾称是曾经使用、现已淘汰的术语。俗称是通俗而非正式的术语。例如：研究化学史，使用"舍密"，研究物理史，使用"格致"。

（2）规范名词含有符号"[ ]"的，"[ ]"内的内容可省略。例如：《物理学名词》中有"偏[振]光镜"，"偏振光镜"和"偏光镜"均可使用。

（3）应控制使用字母词，它全部由字母组成或由字母与汉字、符号、数字等组合而成。

（4）未经国家有关机构审定公布的字母词在文中首次出现时，应以括注方式注明中译名。

（5）工具书中的实条标题宜使用规范名词，异名可设为参见条。异名是与规范名词指称同一概念的其他术语，包括全称、简称、又称、俗称、曾称等。全称是与规范名词指称同一概念且表述完全的术语；简称是与规范名词指称同一概念且表述简略的术语；又称是与规范名词并存但不推荐使用的术语。

3）异名使用要求

（1）全称和简称可使用。例如：规范名词"艾滋病"，全称"获得性免疫缺陷综合征"；规范名词"原子核物理学"，简称"核物理"。

（2）又称应减少使用。例如：规范名词"北京猿人"，又称"北京人"，曾称"中国猿人"。

（3）俗称和曾称不宜使用。例如：规范名词"施工步道"，俗称"猫道"。

8.8 参 考 文 献

8.8.1 参考文献标注

顺序编码制参考文献标注规则：

（1）按正文中引用的文献出现的先后顺序连续编码，将序号置于方括号中（在引用处用上标或平排形式的阿拉伯数字表示序号）。用脚注方式时，序号可由计算机自动生成圈码。

（2）同一处引用多篇文献时，应将各篇文献的序号在方括号内全部列出，各序号间用"，"分隔，如遇连续序号，起讫序号间用短横线连接。此规则不适用于计算机自动编码的序号。

（3）多次引用同一著者的同一文献时，在正文中标注首次引用的文献序号，在序号的"[ ]"外著录引文页码。若用计算机自动编序号，则应重复著录参考文献，但参考文献表中的著录项目可简化为文献序号及引文页码。

著者-出版年制参考文献标注规则：

（1）正文中各篇文献的标注内容由著者姓氏与出版年构成，置于"（）"内。若只标注著者姓氏无法识别人名，可标注著者姓名。集体著者可标注机关团体名称。若正文中已提及著者姓名，则在其后"（）"内只著录出版年。

（2）正文中引用多著者文献时，对中国著者应标注第一著者的姓名，其后附"等"字；对欧美著者只须标注第一著者的姓氏，其后附"et al."或"等"。姓氏与"等"或"et al."之间加逗号或留适当空隙。

（3）多次引用同一著者的同一文献，在正文中标注著者与出版年，并在"（）"外以角标的形式著录引文页码。

（在参考文献表中著录同一著者在同一年出版的多篇文献时，出版年后应该用小写字母a、b、c…区别。）

8.8.2 参考文献著录

以下给出顺序编码制参考文献著录格式及示例［按《信息与文献　参考文献著录规则》（GB／T 7714—2015）］。

1）专著

专著著录格式：主要责任者. 题名：其他题名信息［文献类型标识/文献载体标识］. 其他责任者. 版本项. 出版地：出版者，出版年：引文页码[引用日期]. 获取和访问路径. DOI.

微课 49

(1) 普通图书著录格式：主要责任者. 普通图书名：其他书名信息［普通图书标识/普通图书载体标识］. 其他责任者. 版本项. 出版地：出版者，出版年：引文页码[1]［引用日期］. 获取和访问路径. DOI. 例如：

[1] 梁福军. SCI 论文写作与投稿［M］. 北京：机械工业出版社，2019.
[2] 梁福军. 科技语体语法、规范与修辞：上册［M］. 北京：清华大学出版社，2016.
[3] 汪应洛. 系统工程［M］. 3 版. 北京：机械工业出版社，2003.
[4] 中国图书馆分类法编辑委员会. 中国图书馆分类法［M］. 4 版. 北京：北京图书馆出版社，1999.
[5] 赵凯华，罗蔚茵. 新概念物理教程：力学［M］. 北京：高等教育出版社，1995.
[6] 康熙字典：已集上：水部［M］. 同文书局影印本. 北京：中华书局，1962：50.
[7] 中国社会科学院语言研究所词典编辑室. 现代汉语词典［M］. 7 版. 北京：商务印书馆，2019.
[8] 亨利·基辛格. 世界秩序［M］. 胡利平，林华，曹爱菊，译. 北京：中信出版集团，2015.
[9] RICHARD O D, PETER E H, DAVID G S. 模式分类［M］. 李宏东，姚天翔等，译. 北京：机械工业出版社，中信出版社，2003.
[10] KOESTLER A. The ghost in the machine［M］. London：Hutchinson & Co（Publishers）Ltd，1967.
[11] ROOD H J. Logic and structured design for computer programmers［M］. 3rd ed.［S. l.］：Brooks /Cole-Thomson Learning，2001.
[12] 赵耀东. 新时代的工业工程师［M /OL］. 台北：天下文化出版社，1998［1998-09-26］. http：//www.ie.nthu.edu.tw/info /ie.newie.htm（Big5）.
[13] TURCOTTE D L. Fractals and chaos in geology and geophysics［M /OL］. New York：Cambridge University Press，1992［1998-09-23］. http：//www.seg.org / reviews / mccorm30.html.

(2) 会议文献（论文集、会议录）著录格式：主要责任者. 会议文献名：其他会议文献信息[2]［会议文献标识/会议文献载体标识］. 其他责任者. 出版地：出版者，出版年：引文页码［引用日期］. 获取和访问路径. DOI. 例如：

[1] 辛希孟. 信息技术与信息服务国际研讨会论文集：A 集［C］. 北京：中国社会科学出版社，1994.
[2] 中国力学学会. 第 3 届全国实验流体力学学术会议论文集［C］. 天津：［出版者不详］，1990.
[3] ROSENTHALL E M. Proceedings of the Fifth Canadian Mathematical Congress，University of Montreal，1961［C］. Toronto：University of Toronto Press，1963.
[4] YUFIN S A. Geoecology and computers：proceedings of the Third International Conference on Advances of Computer Methods in Geotechnical and Geoenvironmental Engineering，Moscow，Russian，February 1-4，2000［C］. Rotterdam：A. A. Balkema，2000.
[5] 陈志勇. 中国财税文化价值研究：" 中国财税文化国际学术研讨会 " 论文集［C /OL］. 北京：经济科学出版社，2011［2013-10-14］. http：//apabi.lib.pku.edu.cn / usp / pku / pub.mvc?pid=book.detail & metaid=m.metaid=m.20110628-BPO-889-0135 & cult=CN.

(3) 报告著录格式：主要责任者. 报告名［报告标识/报告载体标识］. 报告地：报告单位，报告年[3]：引文页码［引用日期］. 获取和访问路径. DOI. 例如：

[1] 宋健. 制造业与现代化［R］. 北京：人民大会堂，2002.
[2] 宁波市科学技术局. 2003 年度宁波科技进步报告［R］. 宁波：宁波出版社，2004.
[3] 康小明. 大型整体结构件加工变形问题研究：博士后出站报告［R］. 杭州：浙江大学，2002.
[4] U. S. Department of Transportation Federal Highway Administration. Guidelines for handling excavated acid-producing materials：PB 91-194001［R］. Springfield：U. S. Department of Commerce National Information Service，1990.
[5] World Health Organization. Factors regulating the immune response：report of WHO Scientific Group［R］. Geneva：WHO，1970.
[6] CALKIN D，AGER A，THOMPSON M. A comparative risk assessment framework for wildand fire management：the 2010 cohesive strategy science report：RMRS-GTR-262［R］.［S.l.：s.n.］，2011：8-9.

---

[1] 引用整本图书时可以没有引文页码项。
[2] 其他会议文献信息可以包括有关会议的一些信息，如会议召开地点、国家和时间。
[3] "报告地：报告单位，报告年" 也可为 "出版地：出版者，出版年"。

[7] 中华人民共和国国务院新闻办公室. 国防白皮书：中国武装力量的多样化运用［R /OL］. (2013-04-16)［2014-06-11］. http：//www.mod.gov.cn /affair /2013-04 /16 /content_4442839.htm.

[8] 汤万金, 杨跃翔, 刘文, 等. 人体安全重要技术标准研制最终报告：7178999X-2006BAK04A10 /10.2013［R /OL］. (2013-09-30)［2014-06-24］. http：//www.nstrs.org.cn /xiangxiBG.aspx?id=41707.

（4）学位论文著录格式：主要责任者. 学位论文名［学位论文标识/学位论文载体标识］. 保存地点：保存单位, 年份：引文页码［引用日期］. 获取和访问路径. DOI. 例如：

[1] 梁福军. 可重构制造系统（RMS）理论与方法研究[D]. 北京：北京理工大学, 2005.

[2] SON S Y. Design principles and methodologies for reconfigurable machining system［D］. Michigan：University of Michigan, 2000.

[3] 杨保军. 新闻道德论[D /OL]. 北京：中国人民大学出版社, 2010［2012-11-01］. http：//apabi.lib.pku.edu.cn /usp /pku /pub.mvc?pid=book.detail&metaid=m.20101104-BPO-889-1023&cult=CN.

[4] 马欢. 人类活动影响下海河流域典型区水循环变化分析[D /OL]. 北京：清华大学, 2011：27［2013-10-14］. http：//www.cnki.net /kcms /detail /detail.aspx?dbcode=CDFD&QueryID=0&CurRec=11&dbname=CDFDLAST2013& filename=1012035905.nh&uid=WEEvREcwSIJHSldTTGJhYIJRaEhGUXFQWVB6SGZXeisxdmVhV3ZyZkpoUnozeDE1b0paM0NmMjZiQ3p4TUdmcw=.

（5）标准著录格式：主要责任者. 标准名标：标准编号（标准代号　顺序号—发布年）［标准标识/标准载体标识］. 出版地：出版者, 出版年：引文页码［引用日期］. 获取和访问路径. DOI. 例如：

[1] 国家技术监督局. 量和单位：GB 3100～3102—1993［S］. 北京：中国标准出版社, 1994.

[2] 中华人民共和国国家质量监督检验检疫总局, 中国国家标准化管理委员会. 信息与文献　参考文献著录规则：GB/T 7714—2015［S］. 北京：中国标准出版社, 2015：17–20.

[3] 全国广播电视标准化技术委员会. 广播电视音像资料编目规范：第 2 部分　广播资料：GY /T 202.2—2007［S］. 北京：国家广播电影电视总局广播电视规划院, 2007：1.

[4] 国家环境保护局科技标准司. 土壤环境质量标准：GB 15616—1995［S /OL］. 北京：中国标准出版社, 1996：2–3［2013-10-14］. http：//wenku.baidu.com /view /b950a34b767f5acaf1c7cd49.html.

[5] Information and documentation-the Dublin core metadata element set: ISO 15836：2009［S /OL］.［2013-03-24］. http：//www.iso.org /iso /home /store /catalogue_tc /catalogue_detail.htm?csnumber=52142.

（6）汇编著录格式：主要责任者. 汇编名［汇编标识/汇编载体标识］. 出版地：出版者, 出版年：引文页码［引用日期］. 获取和访问路径. DOI. 例如：

[1] 机械工业信息研究院. 国外机械工业要览[G]. 北京：机械工业出版社, 2001.

[2] 中国职工教育研究会. 职工教育研究论文集[G]. 北京：人民教育出版社, 1985.

[3] 中共中央文献编辑委员会. 邓小平文选：第 3 卷[G]. 北京：人民出版社, 2013.

[4] 法律出版社法规中心. 婚姻家庭注释版法规专辑[G /OL]. 北京：法律出版社, 2011［2016-03-03］. http：//baike.baidu.com /link?url=I-Pk0O0_CcPKLlUjPACIhtYMn.

[5] 新闻出版总署科技发展司, 新闻出版总署图书出版管理司, 中国标准出版社. 作者编辑常用标准及规范[G]. 2 版. 北京：中国标准出版社, 2005.

2）专著中的析出文献

专著中的析出文献著录格式：析出文献主要责任者. 析出文献题名［文献类型标识/文献载体标识］. 析出文献其他责任者①// 专著主要责任者. 专著题名：其他题名信息. 版本项. 出版地：出版者, 出版年：析出文献的页码［引用日期］. 获取和访问路径. DOI.

普通图书中的析出文献著录格式示例：

[1] 黄蕴慧. 国际矿物学研究的动向[M]// 程裕淇. 世界地质科技发展动向. 北京：地质出版社, 1982：38–39.

[2] 邓小平. 科学技术是第一生产力[M]// 中共中央文献编辑委员会. 邓小平文选：第 3 卷. 北京：人民出版社, 1993.

---

① 若无析出文献其他责任者，则著录格式中［文献类型标识］后的"．"去掉。

[3] WEINSTEIN L, SWARTZ M N. Pathogenic properties of invading microorganisma[M]//SODEMAN W A, Jr, SODEMAN W A. Pathologic physiology: mechanisms of disease. Philadephia: Saunder, 1974: 745-772.

[4] ROBERSON J A, BURNESON E G. Drinking water standards, regulations and goals[M/OL]//Ameriacan Water Works Association. Water quality & treatment: a handbook on drinking water. 6th ed. New York: McGraw-Hill, 2011: 1.1–1.36 [2012-12-10]. http://lib.myilibrary.com/Open.aspx?id=291430.

会议文献中的析出文献著录格式示例：

[1] 周国玉, 肖定华, 张建军. 成组技术的优越性及发展[C]//鄢萍. 制造自动化技术研究与应用：全国高等学校制造自动化研究会第十届学术年会论文集, 成都, 2002-07. 北京：机械工业出版社, 2002: 20–24.

[2] 裴丽生. 在中国科协学术期刊编辑工作经验交流会上的讲话[C]//中国科协学术期刊工作经验交流会资料选. 北京：中国科协学术协会工作部, 1981: 2–10.

[3] ZHOUGYM C. The wetting characteristics and interfacial reactions of aluminium-graphite system[C]//LIN R Y. Interface in Metal-ceramics Composites: International Conference on Interface in Metal-ceramics Composites, California, 1990. Pennsylvania: A Publication of TMS, 1990: 233–240.

[4] METCALF S W. The Tort Hall air emission study[C/OL]//The International Congress on Hazardous Waste, Atlanta Marriott Marquis Hotel, Atlanta, Georgia, June 5–8, 1995: impact on human and ecological health [1998-09-22]. http://atsdrl.atsdr.cdc.gov:8080/cong95.html.

汇编中的析出文献著录格式示例：

[1] 韩吉人. 论职工教育的特点[G]//中国职工教育研究会. 职工教育研究论文集. 北京：人民教育出版社, 1985: 90-99.

[2] 马克思主义新闻出版观重要文献选编编委会. 马克思主义新闻出版观重要文献选编[G]//《习近平总书记系列重要讲话读本》之六：创造中华文化新的辉煌（节选）. 北京：人民出版社, 2014: 117–128.

[3] 国家标准局信息分类编码研究所. 世界各国和地区名称代码: GB/T 2659—1986[G]//全国文献工作标准化技术委员会. 文献工作国家标准汇编: 3. 北京：中国标准出版社, 1988: 59–92.

微课50

3）连续出版物

连续出版物著录格式：主要责任者. 题名：其他题名信息[文献类型标识/文献载体标识]. 年, 卷(期)–年, 卷(期). 出版地：出版者, 出版年[引用日期]. 获取和访问路径. DOI.

例如：

[1] 中国地质学会. 地质论评[J]. 1936, 1(1)–. 北京：地质出版社, 1936–.

[2] 中国机械工程学会. 中国机械工程学会会讯[J]. 2018(1)–2023(12). 北京：中国机械工程学会, 2018–2023.

[3] American Association for the Advancement of Science. Science [J]. 1883, 1(1)–. Washington, D. C.: American Association for the Advancement of Science, 1883–.

4）连续出版物中的析出文献

连续出版物中的析出文献著录格式：析出文献主要责任者. 析出文献题名[文献类型标识/文献载体标识]. 连续出版物题名：其他题名信息, 年, 卷（期）：页码[①] [引用日期]. 获取和访问路径. DOI.

期刊中的析出文献著录格式示例：

[1] 刘兴云, 刘晓倩, 向媛媛, 等. 人工智能大数据之于心理学[J]. 科技导报, 2019, 37(21): 105–109.

[2] 莫少强. 数字式中文全文文献格式的设计与研究[J/OL]. 情报学报, 1999, 18(4): 1–6 [2001-07-08]. http://periodical.wanfangdata.com.cn/periodical/qbxb/qbxb99/qbxb9904/990407.htm.

[3] 武丽丽, 华一新, 张亚军, 等. "北斗一号"监控管理网设计与实现[J/OL]. 测绘科学, 2008, 33(5): 8–9 [2009-10-25]. http://vip.cails.edu.cn/CSTJ/Sear.dll?OPAC_CreateDetail. DOI: 10.3771/j.issn.1009-2307.2008.05.002.

[4] ZUO J, CHEN Y P, ZHOU Z D, et al. Building open CNC systems with software IC chips based on software reuse[J]. The International Journal of Advanced Manufacturing Technology, 2000, 16(9): 643–648.

[5] FRANZ A K, DANIELEWICZ M A, WONG D M, et al. Phenotypic screening with oleaginous microalgae reveals modulators of lipid productivity[J/OL]. ACS Chemical Biology, 2013, 8: 1053-1062 [2014-06-26]. http://pubs.acs.org/doi/ipdf/10.1021/cb300573r.

---

① 报纸的"年, 卷(期)：页码"改为"出版日期(版次)", 如"2023-05-03(1)"。

报纸中的析出文献著录格式示例：

[1] 常志鹏. 清洁高效燃煤技术离我们还有多远[N]. 科技日报, 2005-07-18(3).
[2] 傅刚, 赵承, 李佳路. 大风沙过后的思考[N/OL]. 北京青年报, 2000-01-12[2005-09-28]. http://www.bjyouth.com.cn/Bqb/20000412/GB/4216%5ED0412B1401.htm.
[3] 刘裕国, 杨柳, 张洋, 等. 雾霾来袭, 如何突围[N/OL]. 人民日报, 2013-01-12[2013-11-06]. http://paper.people.com.cn/rmrb/html/2013-01/12/nw.D110000renmrb_20130112_204.htm.

5）专利文献

专利文献著录格式：专利申请者或所有者. 专利题名：专利号[文献类型标识/文献载体标识]. 公告日期或公开日期[引用日期]. 获取和访问路径. DOI.

[1] 姜锡洲. 一种温热外敷药制备方案: 88105607.3[P]. 1989-07-26.
[2] MILLOR A L, KOTHLUSG J N. 机械密封装置的自适应控制系统: 1007835B[P]. 1990-05-02.
[3] 西安电子科技大学. 光折变自适应光外差探测方法: 01128777.2[P/OL]. 2002-03-06[2002-05-28]. http://211.152.9.47/sipoasp/zljs/hyjs-yx-new.asp?recid=01128777.2&leixin=0.

6）电子资源

电子专著、电子专著中的析出文献、电子连续出版物、电子连续出版物中的析出文献、电子专利的著录格式分别按上述有关规则处理。除此而外的电子资源按以下著录格式著录。

电子资源著录格式：主要责任者. 题名：其他题名信息[文献类型标识/文献载体标识]. 出版地：出版者, 出版年：引文页码（更新或修改日期）[引用日期]. 获取和访问路径. DOI.

例如：

[1] 萧玉. 出版业信息化迈入快车道[EB/OL]. (2001-12-19)[2002-04-15]. http://www.creader.com/news/20011219/200112190019.html.
[2] 北京市人民政府办公厅. 关于转发北京市企业投资项目核准暂行实施办法的通知: 京政办发[2005]37号[A/OL]. (2005-07-12)[2011-07-12]. http://china.findlaw.cn/fagui/p_1/39934.html.
[3] Dublin core metadata element set: version 1.1[EB/OL]. (2012-06-14)[2014-06-14]. http://dublincore.org/documents/dces/.
[4] Scitor Corporation. Project scheduler[CP/DK]. Sunnyvale, Calif.: Scitor Corporation, c1983.

思 考 题

8-1 科研论文中量和单位的规范表达主要包括哪些方面？

8-2 概述科研论文中插图、表格的构成及规范表达的主要内容。

8-3 简述插图的图形布局设计、图内布局、图间布局的主要思想。

8-4 科研论文中什么情况下应使用折栏表，什么情况下应使用叠栏表？

8-5 科研论文中的表格提倡用三线表，这是内容还是形式要求？解释其合理性和局限性。

8-6 "3°～10°"与"3～10°"，"0.2%～80%"与"0.2～80%"的表达效果有无、有何差异？指出其中不规范的表达。

8-7 分别给出会议文献及会议析出文献的著录格式，并指出二者的主要区别。

8-8 分别给出期刊及期刊析出文献的著录格式，并指出二者的主要区别。

8-9 电子资源著录格式中，常为论文作者忽略的标识电子资源属性的著录项有哪些？

8-10 以某期刊论文为例，分别给出其纸版论文和网络版论文的完整著录格式。

第 9 章　　论文投稿发表

科研论文发表是科研成果推出的重要环节。通过投稿，作者经历了论文写作后的再修改体验，提高了对论文、期刊的理解深度，锻炼了论文的写作能力；通过发表（刊发），作者向读者分享了自己的研究方法、成果，传播了科学知识、文化，更新了知识体系，还接受同行评议，提高了知名度。论文投稿过程既是作者所写论文的推出，又是论文走向社会的前奏；发表过程既是作者对过去研究工作的总结，又是未来开展新的研究工作的起点。论文写作完成后准备投稿的版本还是半成品，投稿后经过编辑、专家审查及作者修改、完善，再通过期刊发表出来，才成为成品、产品，走向社会与读者见面。论文写作与修改是产品设计和制作的过程，投稿发表则是产品出售获得产值和回报的过程。论文质量优，价值大，销售就快。因此作者在投稿前，应把握论文（产品）的定位、期刊（买家）的档次及投稿发表（销售）的流程与技巧。本章讲述期刊论文投稿发表全流程及其各个环节，分享投稿技巧，梳理发表策略。

9.1　投稿发表全流程

论文投稿后有录用和退稿（拒稿）两种相反结果。论文能否被录用主要取决于论文质量，包括原稿质量和修稿质量。修稿质量与投稿发表流程运转情况及论文修改细节有关，因为流程中会涉及较多环节，每个环节又有较多工作要做，如专家评审、编辑加工会对论文提出修改意见，按修改意见修改论文，论文质量就会得到提升。可见，投稿后论文质量有进一步提升的机会，若流程没有走到位，未重视修稿技巧，就容易坐失良机而对论文录用产生负面影响，甚至出现论文质量虽高本应被录用却被退稿的命运。投稿发表流程是对论文投稿结果有一定甚至较大影响的一种重要因素。

论文投稿发表总体流程如图 9-1 所示，大体包括期刊选择、投稿准备、投稿、审稿、退修、修稿、定稿、排版、刊发，其中每个节点又包括子节点。

9.2　期　刊　选　择

作者投稿时应选好目标期刊，甚至在科研进行中、论文撰写前就对目标期刊做到心中有数。确定目标期刊是为了将论文提交到与论文水准相当或期望的合适期刊，如果向不合适的期刊投稿，常会遭遇在编辑初审环节就以"不合本刊要求""与本刊刊登方向不符"等理由而被快速退稿的不爽之事。可见，期刊选择对投稿命运有直接的影响。

第 9 章 论文投稿发表　243

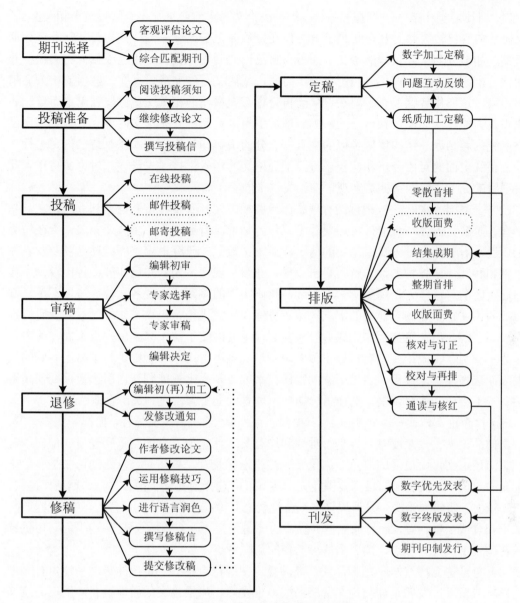

图 9-1　论文投稿发表总体流程

9.2.1　客观评估论文

实事求是、客观准确地评估自己的论文，不要太过自信而估计过高，也不要缺少自信而估计过低。有的作者高估论文，投到高档次（水平）期刊，因差距太大，遭遇直接拒稿。有的作者有实际需要，如奖学金、学位、毕业答辩申请，职称、职务、业绩评定，项目申请、考核、验收等，亟须发表论文，或对论文没有什么把握，极不希望退稿之事发生，就会选择低档次期刊投稿。但低档次期刊影响力较差，同行认同度不高，论文发表后往往达不到预期效果。可见，期刊选择中对论文进行客观评估非常重要。这种评估可以从以下几个方面依次展开。

（1）对比同类文献——把握先进性。作者在论文写作前或进行中查阅过较多相关文献，对文献的内容已较为熟悉甚至相当了解，但在投稿前仍应继续查阅一些相关文献及目标期刊近期（如最近几年）刊登的论文，获得与自己论文同类、相关、相近或相似的文献，并做对比分析。也许论文写作已经历了较长时间，待论文写作完成后又有一些新的相关文献发表出来，这样作者就很有必要在投稿前再查查有无最新的相关文章已发表出来而自己还未来得及去检阅，如能查到合适的，则应增加引用，更新、补充论文内容。只有对与自己论文研究内容相近、结构体例类似的文章有充分的了解和认识后，才能对自己论文进行客观、公正和全面的对比分析和比较，进而把握论文的学术、技术先进性。对论文写作当前研究现状的充分了解和掌握是客观评估论文水平的基础。

（2）了解同行水准——把握同行现状。检阅相关文献及目标期刊近期刊登的论文，除了把握、了解其内容与水准外，还要看看其作者是谁，有哪些人、团队或相关人士在做类似的研究，看看他们过去发表论文的情况，如发文数量、研究内容、所属项目以及发表在哪些期刊和其他出版物上，了解其科研成果、业绩与现状，做到知己知彼，再比较一下作者自己及团队与这些人、团队的学术水准与科研实力的差距，以及各自的优势和不足，判断自己的论文是否达到了他们的水准。作者虽然在研究进行、论文写作中已对同行研究水准有一定了解，但在论文写作完成后投稿前同样须要继续了解，只是出发点不同，前者主要是为了撰写、写成论文，对投稿事项考虑不多甚至不考虑，后者则是为了将已写好的论文发表而选择期刊来投稿。通过了解同行研究水准，基本上就能判断出所选目标期刊是否合适，若不合适，就要调整，选择另一期刊，重复以上步骤，直到选出合适的期刊。

（3）检查论文体裁——把握文体。选择目标期刊还须考虑论文体裁，把握好文体类型，不同文体的论文发表难度有差异。每种期刊均有其文体定位，有的侧重刊登原创论文，有的侧重综述论文，而更多的侧重原创论文、综述论文兼有。总体而言，原创论文是多数学术期刊的定位，可供选择的目标范围较大，其下可供选择的文体类型多样，如理论型论文、调查型论文、实验型论文、设计型论文、经验型论文等；对综述论文而言，有的期刊刊登，有的不刊登或少量刊登，而有的侧重刊登特约综述论文（邀请领域权威专家撰写），可供选择的范围较小；研究热点、读者来信等选择的范围更小。

（4）总结论文特点——把握品质。高品质论文的特点中处于首位的是创新性，有无创新的内容或发现、发明是评估论文价值的根本出发点。如果论文创新性较高，发表的意义就大，可考虑向较高档次的期刊投稿。作者根据自己论文内容和相关领域研究现状，客观公正评估、把握其创新价值非常重要。投稿前还要对论文应具有的其他特点给予考虑，从科学性、学术性（或技术性）、规范性等多个方面进行考查，大概判断是否达到了要求，差距有多少，能否弥补，若能弥补，就要动手对论文进行修改、完善，直到自我感觉良好或满意就行。

（5）认识论文缺点——把握不足。一篇论文同其他任何事物一样，不可能完美无缺。任何科研都是阶段性的，均有承上启下的特点。因此在看到自己论文成就的同时，也要总结问题和不足，如研究问题的提出是否必要、妥当，文献引用和综述是否全面、有代表性，机理研究是否充分、完善，条理表述是否清晰、通顺，实验设计、方案是否完备，原始结果、数据是否充足、准确，分析与归纳是否合理、到位，结论是否全局性、高度概括，创新点是否有或突出，综述论文是否有结论、展望等，不仅有助于作者客观评价论文水平，规划下一步研究思路、方案或技术路线，还有助于作者在投稿后、录用前准确回复审稿人和编辑对论文提出的类似问题。

9.2.2 综合匹配期刊

对论文客观评估后，接着匹配（选择）期刊。目标期刊可能有多个，首先了解这些期刊，然后从中选出一个或若干最合适的。这就须要阅览、收集期刊的信息。当前查找期刊的信息较为容易，可通过知名度高的网站，如 Google、Web of Science、Pubmed、CNKI、百度、万方数据等，按学科、期刊名称或其他主题，查到某个期刊，浏览期刊介绍，了解其基本情况、数据指标（如下载量、被引频次、影响因子、即年指标等），以及投稿须知（作者须知、稿约、征稿简则、致作者、投稿指南、投稿注意事项）等内容。还可通过参加学术会议或发邮件、打电话等多种方式，与领域同行、专家、学者或单位相关人员，如研究人员、导师、老师、学生、图书馆员等，进行沟通而获得期刊的一些信息。匹配期刊具体应从以下方面展开。

1) 期刊办刊宗旨和报道范围

每个期刊均有其办刊宗旨和报道领域（报道范围和侧重），通常在其投稿须知、期刊、官网或其他渠道发布相关内容。例如，*Nature* 的办刊宗旨是"将科学发现的重要结果介绍给公众，让公众尽早知道世界每一学科分支取得的所有进展"，报道领域是"科学各领域"。

作者应首先确定自己论文与期刊所属专业是否对口，这是匹配期刊的基本要求；其次重点关注论文的研究主题与期刊的办刊宗旨是否相符，论文的内容与期刊的报道范围是否相符，将相符的作为挑选目标，不相符的排除掉。具体选刊要注意以下情况：

（1）在同一领域若干水平相近的期刊中，报道的侧重点可能有差异，比如有的侧重于理论、基础研究，有的倾向于工程技术、临床实践，具体细节应从期刊的作者须知、已发表论文、相关资料或与他人交流获得。

（2）同一期刊的报道范围、侧重不是一成不变的，可能会跟踪有关重大项目进展情况或随相关领域研究现状适时调整，比如今年（或近几年）的报道侧重是电动汽车、燃料电池、智能制造，明年（或未来几年）的是生物工程、增材制造、超精密加工，后年（或五年后）的是绿色低碳制造、半导体芯片、清洁能源。选刊应考虑其报道范围、侧重的调整，将自己论文投给与报道范围、侧重相匹配的期刊。

（3）对于某一期刊，其刊登容量有限（年出版期数、期发文量固定），当刊登了较多侧重方向的论文时，刊登非侧重方向的论文就会受到影响。论文能否被录用，不只是看论文内容的先进性及评审意见的好坏，还要看论文的研究领域、方向，看研究团队的实力、地位，甚至看论文的作者、单位。这样，作者对退稿深有疑惑时提出诸如"我的论文的评审意见很好，为何给退稿了？"之类的问题就有答案了：作者和期刊对论文取舍的出发点或目的不同，作者关注的是论文的录用，进而关注论文的水准；而期刊关注的是论文的传播，给期刊发展带来的贡献，进而关注论文发表后被下载、引用的潜力。

2) 期刊影响因子及知名度

影响因子是目前评价期刊的常用指标，期刊的该指标越高，其学术水平和知名度就可能越高。一篇论文若能被知名度高的期刊录用，则产生较多关注、被引用的可能性较大。作者应按自己的研究领域和主题，将国内外相关期刊进行分级分类，再按自己论文的学科方向，找出专业对口的权威期刊，看看这些期刊发表了哪些论文，水准如何，与自己论文水平的差异。

作者可能还有现实需求须要考虑，作者单位对发表论文也可能有具体要求，比如博士学位申请者至少在 SCI 期刊发表一篇论文（对 SCI 分区、影响因子排名等也可能有要求）。

影响因子只是期刊一种评价体系中的一个指标，与期刊的领域地位其实是两回事，比如有的期刊的影响因子并不算高，却是领域内公认的权威期刊，有的期刊的影响因子暂时可能很高，却未必是大家心目中的权威期刊。因此，影响因子固然重要，但不宜片面追求，不宜扩大化、绝对化，而应全盘考虑，科学对待，合理区分。

不同水平的期刊对论文的写作要求不同，作者应多层面、多角度对期刊和论文进行定位，再选择目标期刊，具体有以下基本原则：

（1）在对论文的水平进行客观、现实评估的基础上，选择出与论文水平档次相同或接近的那些目标期刊，力求在较高水平的期刊上发表自己的论文。

（2）在客观评估期刊水平的基础上，选择出合适的、理想的具体期刊，再按所选期刊的论文写作要求仔细修改论文，待修稿质量达到投稿要求时再投稿。

（3）向高水平期刊投稿遭遇退稿或退修应坦然面对，以难能可贵的精神按退稿或退修意见认真修改论文，改进研究，提升论文，尽管遭遇退稿却也有收获。

（4）认真对待，积极配合，不草率、马虎和应付，注重修改质量、效果，尽量减少退修次数，争取一次修改到位。退修次数多，退稿的可能性就大，即使录用，发表周期也长。

3）论文发表周期

论文从投稿，到被编辑部接收，再到编辑做出最终决定，经历的时间可能并不短。发表周期是论文从接收到发表所经历的时间，能确切反映论文处理时间和发表速度。选刊须重视这一指标，当发文实际需求对发表时间有要求时，投稿前须考虑周全，充分估量目标期刊能否满足这一要求。

作者可与编辑联络，提出期望的发表周期、加急处理等要求，但编辑未必答应或能做到。作者须小心，不要选错期刊而耽搁事情。现实中有这种情况，作者给一个发表周期长的期刊投稿后，发现处理速度比想象中的还要慢，慢到让他不可忍受甚至接近崩溃的程度，常常发牢骚，甚至找人托人，劈头盖脸的问题就是，"稿子投了一年多了，怎么还没有结果？""论文早已修改了，为何还不给发表？"，温和一点的问题是，"请编辑老师费心，希望尽快返回处理结果！""交加急费，能给早发吗？"。此类问题从作者角度确实是问题，但从期刊角度可能就不是问题。期刊有固定的出版日期和相对固定的刊登容量，一期接一期，多刊登不行，少刊登也不合适，少刊登的直接结果是退稿增多，包括一些质量好的稿子也难免在列。这样作者恐怕就更不能理解了，其问题恐怕就是，"论文评审意见很好，为什么给退了？""类似的文章贵刊发过，为何我这个文章不给发？"。一个期刊特别是行业权威期刊，收稿量较大，刊登量却有限，因此选稿标准较高，刊登难度极大，论文能选上是首要目标，其次再谈效率和快慢才有意义。

4）退稿率（淘汰率）

权威期刊的退稿率较高，如 *Nature*、*Cell Research*（*CR*）等的为 92%、93%，一般学

术期刊的退稿率在80%左右。作者若急于发表论文，就不要向退稿率高的期刊投稿。注意，有的退稿率高的期刊，为退稿给出出路，将其中较好的一些论文推荐至它的系列化兄弟或姐妹刊，这些刊互相配合，取长补短。例如，在 *Nature* 发不了的论文，可推荐至其期刊家族中的其他期刊如 *Scientific Reports*；由 *CR* 退稿的论文，可推荐至其姐妹刊 *Cell Discovery*（*CD*）。

作者是否愿意接受这种降档次安排，应综合考量权衡。例如，*CD* 创办于 2015 年，刚创办的那几年没有 SCI 数据，作者发文若对期刊影响因子（IF）、分区有要求，则不宜接受在 *CD* 发表；但若没有数据要求，而更看中它与 *CR* 的关系及 *CR* 的超高影响力（*CR* 于 2015 年的 IF 是 14.812，在中国所有期刊中排名第一，在细胞生物学领域排名是 9 / 187），进而相信 *CD* 会有很好的发展前景，那么就应欣然接受被推荐至 *CD*。果然，从 2018 年，*CD* 开始有了 SCI 数据，而且出手不凡，其第一个 IF 为 4.462，在细胞生物学领域排名是 60 / 190（同期 *CR* 的 IF 是 15.393，排名是 10 / 190）。

5）参考文献发表在哪些期刊

论文必然引用参考文献，所引文献与论文的内容、主题有很强的相关性。因此，作者看看这些文献发表在什么期刊，若其中有和自己论文在内容上接近或研究主题上相似、相同的论文，则说明刊载这些论文的期刊也适合刊登自己的这一论文，据此就可以大概判别自己的论文适合发表在哪些期刊。

由参考文献确定的期刊，可能属于不同的国家、出版商，数量可能较多，期刊间差异也可能较大。因此作者应通过多种途径了解这些期刊，最好下载一些这些期刊刊登的代表性论文，了解这些论文的文体、内容及格式体例，再拿自己的论文进行对比，梳理其间的相似和差异，发现自己论文的不足，回头再修改、完善自己的论文。当然也可以发现自己论文的优势，进而树立信心，坚定不移地选定某一期刊。

6）审稿与发表是否收费

期刊多是独立运营、自负盈亏的，其发展需要一支稳定、优秀的编辑团队及一个可持续发展的工作系统、环境，运营成本高，经济压力大。因此，很多期刊会向作者收取一定费用，如评审费、版面费、OA（open access）费[①]，以及其他费用，如彩图费（按彩图数量计算）、加急费、单行（抽印）本费、宣传费（广告、海报）等。

作者在选择目标期刊投稿前，须搞清目标期刊是否收费及费用类别、标准，看看自己能否承担，如果费用类别不合适或标准超出自己能力，就得想办法，如缩短论文篇幅，或改投他刊。多数论文有基金项目资助背景，作者发表论文的正常费用如评审费、版面费一般是可以报销的，但国际期刊及与国际出版商合作的中国英文期刊的 OA 费一般是不低的，特别是国际名刊，其 OA 费非常昂贵，作者是否愿意交纳、能否走课题报销 OA 费，各个单位的政策不同，因此需要作者自己来确定是否交纳这笔费用。

7）认真鉴别期刊的合法性

期刊种类、数量非常多，而且每年有大量新刊涌现，再加上互联网和大数据环境，期刊种类、数量更是令人眼花缭乱，有时会有一些不法分子，打着真刊的牌子来向作者收取费用。作者没有多想或缺少经验，没有鉴别期刊的合法性，结果就上当了，明明将钱转给了"正常"的期刊编辑部（或杂志社），正常的期刊编辑部却没有收到这笔钱，实际上这个"正常"的期刊编辑部是个骗子，打着合法期刊的幌子骗走了作者的钱财。

[①] 对于订阅刊，OA 费作者可选，一般不强制；对于 OA 刊，OA 费是强制的，由作者或期刊社（期刊编辑部）承担。

笔者工作中有时会接到作者打来的类似这样的电话，"前几天将评审费转过去了，收到了吧？""我的论文发表在贵刊今年 19 期，版面费刚办理，款是否收到？"对前一种情况，查证后才能确认；对后一种情况，作者肯定是受骗了，因为相关刊一直是双月刊（一年 6 期），何来 19 期啊！鉴别期刊的合法性不是判别期刊的真假，而是判别是否有人冒充真刊来行骗，即期刊是合法的，但拿此期刊说事的人不是该期刊的工作人员，交费后费用到了骗子的账号。

鉴别期刊的途径较多，如上官网、打电话、发邮件、咨询、判别收费通知真伪等。

9.3 投稿准备

投稿是一件严肃的事，作者应慎重对待，做好相关准备工作，主要是备好投稿文件、材料，并注意要做好文件备份，以防文件丢失而备用。

9.3.1 阅读投稿须知

投稿须知可以说是一位不会说话的首位审稿专家，也是投稿前修改论文的得力助手。各期刊有其自身特色、风格，作者在选定目标期刊后，应参阅其投稿须知及范文修改论文，使论文格式体例和语言表达基本达到要求，内在质量和外观形象得到进一步提升。

论文在投稿前得到充分修改，投稿后被退稿的可能性就会降低，录用后退修次数也会减少，处理进程就会加快。作者应高度重视投稿前的论文修改，不要认为论文最终录用还未知时没有必要进行修改。作者若马马虎虎，懒得充分准备，将存在诸多问题的论文草率地投稿，那么对作者只能是有百害而无一利，本应经过精心准备可以被录用的论文因投稿准备不到位而遭退稿是很可惜的。

投稿须知涉及期刊信息、写作要求、投稿流程及版权事宜等，大体有以下几个方面。

（1）期刊办刊宗旨。规定论文的领域和水准，强调什么领域、水准的论文适合刊登。

（2）论文处理速度。告知编辑初审、同行评议（专家审稿）、作者修回、论文录用和发表等的时间间隔或周期。作者也可根据目标期刊已发表论文的收稿、修回、录用、上线等日期信息大概推算和估计。

（3）期刊编辑职责。公布期刊编委会（若有）的责任、义务，编辑的职责，出版商的工作任务等。编辑的职责主要是审核论文内容和格式体例，投稿材料是否齐备，是否存在一稿多投、抄袭或其他问题，充当作者与专家之间的桥梁，安排同行评议，对投稿做出处理。

（4）投稿方式。指出投稿方式（如在线投稿及网址），涉及投稿所需材料 [如论文原稿、投稿信及其他相关材料，其他相关材料可能包括论文插图、实验数据、原始照片和版权转让声明（授权）等]、提交方式及操作流程等。

（5）论文格式体例。规定论文格式和排版要求，涉及论文各组成部分的规范表达。例如：标题字数、字体、字号及简洁性要求；署名方式，通信作者及共同通信作者、共同第一作者处理方式；论文主体、辅体写作要求。有的期刊还提供论文写作模板供下载。

（6）收费情况。写明投稿和论文发表所需交纳的费用类别及标准，如审稿费、OA 费、版面费、彩图费等及相应的收费标准。有的期刊不提供这方面的内容，或虽有收费类别但未公开收费标准，必要时作者可向编辑部或通过其他途径了解有关情况。

（7）作者利益冲突。要求投稿时明确作者排名次序，以投稿论文中的作者排列顺序为准，投稿后发表前作者如有署名变更（如排名次序调整，单位变化，作者增补、删减）需求，作者应及时提出申请（由包括增补、删减成员在内的所有作者签名）。

（8）其他内容。还可能包括政治、保密、伦理（抄袭、一稿多投）、创新等方面的规定，及退稿处置方式（对邮寄投稿，遇到撤稿、退稿时，原稿是返给作者还是由编辑部自行处理）。

9.3.2 继续修改论文

作者对自己论文评估后，找出差距，继续从以下方面修改论文。

1）按论文结构和内容写作

检查论文是否达到应有的结构，各部分的内容是否达到写作要求，各部分内在逻辑关系是否承接、顺畅，材料是否充足，论点是否正确，论据是否充分，论证是否合理，结论能否经得起推敲，积极寻找不足。

2）按字体字号等参数排版

按目标期刊格式体例排版，涉及标题和文本的字体、字号、正斜体和行间距等形式要求。比如：层次标题字号随其层级逐渐变小，英文标题全部字母大写、实词首字母大写或除第一个字母、缩写、专有名词外全部小写；量符号用斜体（矩阵、矢量、张量符号用黑体），单位符号用正体；上下标表示变量用斜体，表示词首或缩写用正体。

3）正确书写署名和单位

检查作者署名形式是否规范，署名顺序是否正确，对第一作者、通信作者、共同第一作者等的处理是否恰当。可参考目标期刊已发表的论文，借鉴已有的人名写法。对作者人数没有具体规定，原则上对论文有贡献的人均可列为作者成员。书写单位名称及有关地址信息应逐人核对，与官方名称一致，确保准确无误。

4）核对参考文献引用

检查引文数是否大体达到一般要求（比如理论型论文的引文数不少于30篇，调查型、实验型、设计型论文的不少于20篇，经验型论文的为10篇以下，小综述论文的不少于60篇，大综述论文的不少于120篇），以及所引文献是否有代表性（文献种类、内容先进性、时间跨度、作者权威性等），近年文献是否缺少。

检查引文编号在文中首次出现（引用）时，是否按顺序从小号到大号依次引用，是否存在断号（跳号）或反序（先引大号后引小号）引用。

确定文中引用文献的编号与文后参考文献表中相应编号的文献是否对应（同指）。

核对是否按目标期刊所用文献引用方式（体系）对文献进行标注、著录，著录项目、格式是否齐全、正确，涉及人名写法与数量、文章名、期刊名、会议文献名、出版信息、期刊信息、文献获取路径（网址）及引用日期、网页更新日期等。

5）正确使用与注释缩写

检查文中的缩写使用是否规范，是否指代不明。除非习惯或表达需要，中文词语宜用全称，如北京航空航天大学、西安电子科技大学（不用北航、西电）。对于字母缩写，大众类如 CAD、CT、AIDS 等可直接使用，行业类如 VMC（Virtual Manufacturing Cell）可考虑读者群适当使用，作者自定义类如 ST（Similarity Theory）尽量不用。确有必要使用自定义缩写和可能指代不明的行业缩写时，应在文中首次出现时给出其全称、解释。

不要随意混用同一术语的全称、缩写（一会儿用全称，一会儿用缩写），不要对同一术语的全称或缩写使用不同写法，也不要在前文直接使用缩写而后文使用其全称或给出解释。

6）逐一检查层次标题

检查全文层次标题的编号是否齐全、连续（是否有漏号或断号），内容是否按逻辑顺序展开，结构层次是否清楚。还要检查标题是否简短，子标题是否与父标题重复较多甚至完全重复，因子标题具有继承父标题的特性，故不宜重复出现父标题已出现过的中心语及修饰语。再检查一下标题的结构，优先用偏正结构，必要时可用动宾或其他结构。

7）确认结论完备性

检查论文结尾是否有明确的结论部分，若有，是否为全局性、宏观性、指导性的结论。论文究竟提出何成果，已解决何问题，还有何问题待解决，均为结论应写的内容。这部分也是编辑初审、专家审稿的重点（审稿通常直奔简洁明快的结论，而非冗长详尽的正文）。

8）增补作者简介

检查论文是否缺少作者简介。一位期刊编辑通常负责处理多个领域、较多专业的来稿，同时会有大量稿子要处理，面对广大作者，往往没有也不可能有充足时间去研读每篇论文，即使真有时间去看文章的具体内容，恐怕也没有相应的学术水准。编辑阅读作者简介能快速了解作者基本情况及研究专长、水平、实力，对了解论文并形成价值取向判断很有帮助，进而科学遴选评审专家。作者简介对专家有效审稿及读者了解作者研究课题也有积极作用。

一篇论文有多位作者时，每位作者的简介都可以写上，其中第一作者（或相当于第一作者而未排在第一位的其他作者）、通信作者的简介最重要，而且不宜缺少其 E-mail。

9）全文语言润色

通读全文，从语法、语音、语义、词汇、逻辑、语境及字词拼写等多方面进行语言润色，消除错词、错句、错别字及低级错误，做到用词准确、标点恰当、语句通顺、前后照应，达到语言表达的准确性、流畅性和优美性。例如：将"亳州"写为"毫州"，China（中国）写为 china（瓷器），"Shaanxi"（陕西）写为"Shanxi"，kW、kHz、km 写为 Kw、KhZ、KM，英文摘要中 at home and abroad（国内外）之类的狭隘式表达等，均为低级错误。

不少作者也许觉得，语言润色应在论文录用后作者再次修改过程中进行。笔者认为，语言润色是一种态度、信心，既然投稿是为了被录用，那么尽早对其进行语言润色会更好。为了实现目标，投稿前进行润色是需要的，其实对投稿后经过多次修改的论文再来一次润色，其语言质量会得到进一步提升，而且有了前面的润色基础，后面的润色就省事多了。

这里特别强调，语言润色并不只是针对英文论文的，中文论文也是需要的，因为中文论文的语言问题实在不比英文论文的好多少。作者应多下工夫，即使请人帮助润色，花钱也值，因为前期所有的努力都为后期目标的实现做好了铺垫。

9.3.3 撰写投稿信

投稿应附上一封投稿信,即论文的自荐性,含论文、作者的重要信息及作者的某种承诺,提供有助于编辑初审、专家遴选及编辑决定的信息。下面给出投稿信的两个范例。

投稿信范例【1】

尊敬的编辑:

笔者想投稿一篇题为"ZN型双导轮蜗杆副……的影响"的原创文章,希望能在本刊发表。

ZN型双导轮蜗杆副的啮合刚度对传动误差和动态特性有重要影响。本文基于其时变结构和载荷,采用子结构法建立其有限元模型,分析其受载接触状态和啮合刚度,充分研究结构参数对啮合刚度的影响。

本文没有全部或部分投稿或发表于其他地方,所有作者已阅读并同意投给贵刊。该文不涉及任何道德/法律冲突问题。

推荐以下专家作为本稿的审稿人:

×××(姓名、地址和E-mail等);×××(姓名、地址和E-mail等)。

本文通信地址如下:

姓名:×××　地址:×××　邮编:×××　电话:×××　E-mail:×××

非常感谢您的关注,期待您的决定,谨致问候!

…………

投稿信范例【2】

尊敬的编辑:

笔者想提交一篇研究论文在本刊发表,题目是"……有效迭代贪婪算法"。论文由×××、×××、×××共同撰写。

目前虽然已提出各种算法来解决具有时间滞后的流水车间问题,但专门为考虑时间滞后的非置换和置换流水车间问题设计的算法还未见报道。因此,为了最小化完工时间并满足时滞约束,本文将迭代贪婪算法应用于考虑时滞的非置换和置换流水车间问题,并开发求解调度问题的新的元启发式算法。将所提出的算法与已知不同时滞范围的简单和复杂实例进行比较,发现该算法在求解质量和计算费用方面均优于传统算法。

所提出的算法易于实现,适用于各种工业应用。笔者认为这一贡献在理论上和实践上都是有意义的。相信本文研究成果与贵刊的报道范围相符,会引起读者的兴趣。

本稿没有在其他地方部分或全部发表或提交,也没有被其他期刊考虑录用。笔者已经阅读并理解了贵刊的政策,相信本稿及研究没有违反这些政策,也没有利益冲突需要声明。

谢谢您的考虑,希望本稿能在贵刊发表。

…………

投稿信的内容一般包括:论文题目及作者的姓名、单位;论文内容简介及适合在本刊发表的理由(高度概括);论文的主要发现及创新点、重要性(一两句);对论文无抄袭、一稿多投等伦理问题的承诺;对论文内容真实性(无伪造)的承诺;作者对论文的确切贡献;所有作者均已看过论文,并同意以该版本投稿;推荐适合的审稿专家;提出因竞争或其他原因应回避的审稿专家;通信作者、地址和联系方式(邮箱);第一作者或通信作者署名或签名。

另外需要注意的是,期刊论文是一种知识载体,具有版权。多数期刊要求作者投稿时签署版权转让声明,作者到期刊官网下载,照章办事,按要求填写即可。投稿时最好提交

（或邮件、邮寄返回）版权转让声明，若没有提交，编辑部会通知作者补发。有的期刊在论文录用后才通知作者签署版权转让声明。

9.4 投 稿

按目标期刊的投稿方式进行投稿。投稿方式有在线投稿、邮件投稿、邮寄投稿三类，在线投稿较为普遍，邮寄投稿较为原始，而邮件投稿介于二者之间。

1）在线投稿

随着互联网和数字化技术的普及，越来越多的期刊将在线投稿作为主要投稿方式，并辅以邮件投稿。在线投稿是作者通过投稿系统将投稿资料提交给目标期刊，包括以下四步。

（1）用户注册。进入目标期刊在线投稿系统。对首次投稿，先注册用户，填写用户信息，如姓名、单位、联系方式（主要是邮箱）等，注册成功后，系统返回注册回执，含密钥（用户名和密码）。密钥是作者登录投稿系统，查看投稿状态、修改论文、提交修改稿、再次投稿必须用到的，须牢记或妥善保管。作者若是目标期刊的审稿专家，审稿时也凭这一密钥登录系统，不过登录身份是"专家"而非"作者"。

（2）投稿操作。投稿人凭密钥登录投稿系统，选择或填写投稿相关信息，涉及文章类型，文章题目，作者信息（姓氏、名字、学位、邮箱、单位，选择是否通信作者），基金项目，摘要，投稿信内容，推荐审稿人等，然后上传文档（投稿资料）。

（3）投稿确认。提交时系统会自动检查所填信息是否准确完整以及上传文档是否符合系统设定要求，如论文字数是否超出限制、必填项是否未填、文件格式是否正确、插图（格式和分辨率）是否达标、文件格式和大小是否符合规定，如有问题，返回修正或重填。

（4）投稿完成。提交完成时系统会提示投稿成功，并向作者发送投稿成功邮件回执；编辑部会收到新投稿，进入编辑处理流程。以后，作者可随时登录系统，查看投稿状态。

2）邮件投稿

邮件投稿即 E-mail 投稿，是将投稿信息作为邮件正文和投稿资料作为附件发送到目标期刊的投稿邮箱。在传统邮寄投稿行将退出历史舞台之前，邮件投稿可以说是一种快速、先进和令人激动的投稿方式，那时还不算普遍，若某刊提供这种投稿方式，则说明该刊非常主流和超前。时代飞速发展，邮件投稿慢慢减少了，但不可能销声匿迹，当在线投稿不尽如人意时（如系统升级、运行故障或文档太大无法上传），邮件投稿还能派上用场，成为强大在线投稿的"小儿科"弥补。另外，投入投稿系统毕竟要花费一笔不菲的成本，使用后还得持续花费系统维护费、升级费，因此，一些经济实力较差或思想认识跟不上时代的期刊往往还会坚持使用邮件投稿。

期刊的投稿邮箱通常在其投稿须知、网站、封面、宣传海报、征稿通知或其他地方给予广而告之。使用邮件投稿建议选容量大、好用的邮箱，邮件主题写明"投稿"字样，可加限定语，如"投稿-清华大学赵云"，并及时关注邮件投稿是否成功。

3）邮寄投稿

邮寄投稿是将纸质投稿资料邮寄给期刊编辑部，不同邮寄方式的邮寄速度不同，可根据需要并结合自己的实际情况选择合适的邮寄方式。

邮寄投稿时，建议用曲别针将各种资料按类别固定，最好不用订书钉装订，因为订书钉装订容易弄破材料，且编辑部整理时还要拆开而略显不适。邮寄照片、光盘宜用硬纸板加以保护，并选用大号、结实的信封。邮寄投稿不太方便，资料在邮寄过程中弄不好会丢失，因此它为便捷、先进的在线投稿、邮件投稿所取代甚至被彻底淘汰是一种历史的必然。

邮寄投稿曾经是期刊投稿的唯一方式，在邮件投稿来临之前，它一直存在着，而且不知存在了多久，大概在我们出生时的很久以前就有了，那时人们大概不会想到电子邮件这类便捷、似乎没有物理空间限制的先进方式会在后来的互联网到来时代迅速取代邮寄投稿。目前采用邮寄投稿的期刊恐怕也没有多少了。更不可思议的是，过来人谁又能想到这曾经如此盛行的邮件投稿如此快地被数字时代的在线投稿取代了！说不定以后还会有更神奇的投稿方式冒出来，我们只能有意无意地期待了，这也许是后代子孙的事了。

4）投稿注意事项

（1）投稿前准备好所有投稿资料。投稿前充分做好各项准备工作，提前写好所有必填项的文本，备好所需提交的各个电子文档（注意文件格式），最好有投稿信。投稿操作时只要从写好的文本中直接复制粘贴，从存放在电脑里的文件中选取直接上传即可完成。

（2）避免一稿多投和重复发表。保证不存在一稿多投、重复发表及其他问题，有关内容在投稿信里列出。既不明知故犯，同时向几个期刊投同一稿，而在投稿信里丝毫不提及有关实情，也不因稿件处理周期超出预期，等不及最终处理结果而又贸然向他刊重复投稿。

（3）明白可接受二次发表的情况。某些类型的论文有时允许二次发表，但有一定要求。在二次发表前作者应征得目标期刊的许可，并提供首次发表的论文（电子文件或复印件）；二次发表应考虑面向的不同读者群的类别，使用与首次发表不同的另一种语言；作者应在二次发表的论文中标注该文已全文或部分发表过，并指出首次发表的文献出处。

（4）随时查询投稿状态、及时联络。投稿成功未得到确认或对投稿状态有疑问时，作者可及时联系编辑部，发邮件、打电话或向有关群（如 QQ 群、微信群）咨询均可。

9.5 审　　稿

审稿过程通常包括编辑初审、专家选择、专家审稿、编辑决定，必要时可走上几个轮回。作者有必要了解审稿流程及细节，调整身心状态，充满信心前行，将自己论文最大限度地向好的方向提升，避免不合预期而产生急躁或不满情绪，无助于稿子的录用。

9.5.1　编辑初审

投稿成功后，编辑部为其安排责任编辑，进行编辑初审，除了对论文主题与期刊刊登方向是否相符，有无政治、伦理（如一稿多投、抄袭等）问题，语言文字重复率是否超过规定值（如 30%）等方面进行审查外，还审查论文的写作质量、格式体例是否达到基本要求。每种期刊均有其办刊宗旨，报道领域、范围及优先报道专题、方向，栏目设置，论文格式要求（包括篇幅、图表、公式等），稿件受理、审理和退修的规定，论文语言表达要求，以及与作者的其他约定，不符合这些要素或写作很不到位的论文在编辑初审这个环节就容易被淘汰掉（直接退稿，即拒稿），失去专家评审机会。低质量的论文即使没有失去专家评审机会，专家评审通过的概率也很低；写作差的论文即使通过了专家评审，也要返给作者大修，修改工作量较大，甚至经过多轮返修才能达标，发表周期必然会延长。

编辑初审的标准通常不是很高，但拒稿率可能不低，如 *Nature*、*Cell Research* 等名刊的编辑初审拒稿率为 92%甚至更高，普通期刊的一般在 70%~80%。一个期刊的收稿量随着科技发展可能有逐年增多的趋势，但其中好稿的占比可能不高，如果将过多的差稿送给专家评审，专家可能不乐意审，觉得审这种稿子是一种资源浪费，甚至埋怨编辑部；现在专家事务较多，有的并未将审稿作为一项"正业"来做，这样就容易出现审稿拖延甚至石沉大海的现象，审稿效率较低，给期刊和作者带来负面影响。

有的论文可能存在较大问题，如篇幅过多或过少、图片格式不对、语言错误较多，但怜惜其有较高的学术价值或创新内容，修改后可以达标，编辑初审没有拒稿，而是给予审前修（修后送专家审稿），通知作者修改论文，作者按要求修改后，重新提交修改稿，同时还可提交修改说明，与投新稿基本相同。

有的论文也许在内容、文体、专业方向或其他方面与所投期刊要求不太相符，而更适合在别的期刊上发表。对于这种论文，编辑初审也可做转投他刊处理。这种处理多发生在同一刊群里不同刊之间的转投，通过系统操作，简便快捷方便。注意，某一论文若遭到某刊的拒稿，转到另一刊不见得也有同样命运，即对于一篇论文，一个刊可能给出负面意见，而另一刊也许会有正面意见。因此，作者必须有信心，暂时的"失败"并不可怕，可怕的是轻易放弃。笔者认为，一篇文章只要能写出来，就没有发表不了的，50%的可能性至少是有的了。因此，"写"就是"机会""成功"，不写，就是"0"，永无成功。

论文投稿后遭到拒稿，送专家审的机会没有了，本质上就是未达到基本水准而不具送审资格。这往往说明论文存在不可原谅的低级错误。错误既然是低级的，则应该是不难避免或解决的，现在出现了，说明作者的重视程度不够，投稿准备工作不到位。为了避免拒稿，作者必须充分做好投稿准备工作，真被拒稿时也不要灰心，而要认真思考自己论文究竟还存在什么不足，对初审意见一定仔细研读，吸取经验教训，继续完善论文。

论文遭到退稿，不论编辑初审拒稿，还是专家评审退稿，作者均可修改后重投，但必须明白论文存在的不足，进行有针对性的修改，不可草率行事应付而未做任何实质性修改就匆忙重新投稿，避免论文虽得到一些修改，但实质性问题没有解决，重投被退稿的可能性仍较大。目前，投稿系统非常完善，对论文投稿版本及历次处理过程均有严格记录，不论编辑还是专家，通常能较为容易地判别修改稿是否有实质性修改。因此，作者对退稿是否重投要充分掂量，若重投，就下足工夫去修改完善，若不愿下工夫，就不要轻易重投。

以下列举一些较为常见的编辑初审负面意见（退稿理由）：

（1）报道内容不属本刊重点刊登方向，也不在本刊刊登范围；

（2）文本重复率较高，超过了规定值30%，涉嫌抄袭、剽窃；

（3）写作极差，语言表达极乱，文理几乎不通，远不达要求；

（4）研究内容虽然具有一定新意，但只能算作一个实验报告；

（5）前言中对论文的研究背景、思路、目标和方法表述不清；

（6）机理不深，分析空泛，工作不扎实不系统，学术性不够；

（7）类似研究较多，近年文献引用偏少，无法反映最新进展；

（8）更强调我国的研究现状，好像一个国内项目的调研报告；
（9）缺少国际文献引用，远不能全面反映国际相关研究进展；
（10）总体属一般研究，方法、结论无特色和创新，价值有限；
（11）涵盖科学问题过多，篇幅所限未逐一讨论，重点不突出；
（12）内容碎片化，多为简单的叙述性介绍，归纳、总结不足；
（13）篇幅过少，缺乏系统深入归纳总结，不合综述基本要求；
（14）题文不扣，正文缺乏题名所指内容或有超出题名的内容；
（15）主体部分评价与分析较少，没有作者自己的观点、见解；
（16）综述文章没有对现有成果高度总结而得出的前瞻性观点；
（17）内容和结构与×××文具有较高相似度，但没有引用该文；
（18）作为上次退稿的重投稿，内容几乎相同，拒绝重新投稿。

9.5.2 专家选择

论文通过编辑初审后，责任编辑为其选择（遴选）专家，安排评审。领域专家有如此之多，层次、级别及研究方向、学术专长不尽相同，从有众多差异的专家审稿队伍中选出若干适合该论文研究内容的评审专家不是一件易事，况且这只是从研究内容与专家的专业、研究方向是否适合的角度来说的，若再考虑其他因素，如专家的身体、年龄、忙闲、审稿意愿等实际情况，以及作者提出的推荐、回避审稿人诉求，则专家选择就更难了。

专家选择需要考虑的因素较多（不限于以下12条），编辑一般会综合考虑多方因素来选择最合适的审稿专家，有时也会要求作者推荐专家。

（1）除本篇论文外，是否还有其他相关论文也需要考虑一并送审；
（2）有了目标审稿人时，了解一下最近是否给其安排过审稿任务；
（3）目标审稿人近期活动情况如何，是否适合给其安排审稿任务；
（4）目标审稿人过去审稿情况如何，是否胜任这一新的审稿任务；
（5）选择备选审稿人，应对目标审稿人可能拒审延审等意外情况；
（6）备选、目标审稿人之间以及备选审稿人之间的专业是否吻合；
（7）多途径接触、了解目标审稿人，审稿人可能来自不同的国家；
（8）直接联系审稿人或通过别的途径，落实审稿人是否能联系上；
（9）直接联系审稿人或通过别的途径，落实审稿人是否愿意审稿；
（10）安排审稿任务要求审稿人承诺与论文作者无竞争或利害关系；
（11）作者可推荐审稿人，编辑可参考、判断和选择但不一定采纳；
（12）作者可提出需要回避的审稿人，编辑一般尊重此类合理诉求。

9.5.3 专家审稿

论文通过编辑初审后，安排若干（如2~5名）专家审稿（即同行评议、同行评审），审查论文的发表价值和写作质量，也可审查编辑初审的那些内容，提出意见和建议。

1）审稿内容侧重

论文千差万别，水准不一，存在的问题更是五花八门。好论文没什么问题，专家提不出意见或提出意见较少，意见文本简短；差论文问题多，可提意见较多，意见文本较长。审稿人可能来自不同的国家、地区和单位，不同审稿人有不同的专业背景、专长及个人风格，对同一事物的审视视角及所持观点往往有差异，对同一论文的审稿意见可能差别较大。

审稿意见没有固定书写模式，但有审稿内容侧重，下面列举一些较常见的审稿关注点：
（1）文献回顾是否全面，对研究现状及问题描述是否清楚，立题是否充分；
（2）不同文献的阐述是否较为独立、缺乏总结与比较而相互之间关联较弱；
（3）文献回顾是否混淆文献的内容和作者的观点，让读者难分清成果归属；
（4）原创性、创新性是否明显，水准怎样，是突出、一般、还是根本没有；
（5）研究领域、范围是否合适，主题是否合理，研究价值和意义是否明显；
（6）研究方法方案（如建模、实验、调查、设计）是否细致、合理、可行；
（7）结果、分析、讨论等是否达到足够的深度，进而获得令人信服的效果；
（8）水平、内容及写作是否符合论文应有的水准，是否基本达到期刊要求；
（9）资料数据、内容表达是否有错误、片面或不足，是否符合常识、事实；
（10）方法选用是否合理，材料、步骤以及技术含量是否可靠、合适、达标；
（11）结论总结是否站在论文全局高度，成果形态是否明确，并与主题相扣；
（12）成果是否大体以提出以及功能、优势、价值、实证、局限的思路展开；
（13）层次标题划分是否科学合理，与研究主题及分解是否有密切对应关系；
（14）全文内容布局和结构安排是否科学合理，是否有较严密的组织逻辑性；
（15）表达在量和单位、插图、表格、式子、参考文献等多个方面是否规范；
（16）语言是否准确严谨、通顺流畅，语病数量是否多到了不可原谅的程度；
（17）局限性是否被给予客观公正、实事求是、恰当合理和令人信服的评述；
（18）研究意义和价值是否超过作者已发表论文，先进性和创新性是否明显；
（19）研究内容、方法和结果是否有特色和创新，对相关领域参考价值怎样；
（20）模型简单，仿真分析结果没有给出特别新奇的有指导意义的研究结果；
（21）模拟结果是否得到实验验证，模拟分析的有效性是否予以充分的说明；
（22）侧重模型的构建方法上，未对不同工艺参数下的预测过程做详细介绍；
（23）分析是否有足够深度，机理或模式分析是否过于表面化而难让人信服；
（24）研究对象和研究方法是否一致，所用研究方法是否适于本文研究对象；
（25）实验设计是否过于简单，是否缺少科学、合理性，是否匹配研究主题；
（26）图表是否不够代表性、不具原创性，对自己研究结果的总结是否不够；
（27）在文章的结论部分，是否明确提出自己的见解，并且具有足够的深度；
（28）在文章的展望部分，是否提出未来发展的方向及潜在的重要学术问题；
（29）文章各部分之间是否较为松散，谋篇布局是否存在重大缺陷而须调整；
（30）对上次的审稿意见未回复，也未见申诉，修改稿没有重大修改和完善。

期刊编辑部通常要求审稿人秉持为科研、作者负责及客观准确的态度审稿，必要时还会给审稿人发送导向性审稿要求文档，涉及审稿标准（如期刊重点刊登方向、论文录用率等）以及需要给出意见的审稿项目（如论文被引前景、相关研究的可持续性等），引导审稿人有重点、有目的地评审。审稿人通常会严谨地按审稿要求逐一勾选、填写审稿意见，同时还可对所审论文进行批注，审毕将评审批注稿连同审稿意见返回编辑部。

2）专家审稿结果

专家审稿结果包括录用、修后录用，修后再审、修后终审，退稿（或不宜发表、改投他刊）。

录用：论文没有问题，已达到刊登要求，无须作者修改即可录用。

修后录用：论文有一些问题，须退给作者进行修改（小修），修改合格后可以录用。

修后再审：论文有刊登价值，但在内容或学术上有欠缺，须退给作者进行修改（大修），修改后复审，复审结果是录用、修后录用、修后再审或退稿、不宜发表、改投他刊。论文有较大发表价值，作者又能积极配合，则可以给予作者多次修后再审的机会。

修后终审：论文有刊登价值，在内容或学术上有欠缺，退给作者修改，修改后复审，复审结果是录用、修后录用或退稿、不宜发表、改投他刊，不再给予作者修后再审的机会。

退稿：论文有较大问题，未达刊登要求，不予录用，给予退稿（或不宜发表、改投他刊）。

专家可能会对论文写作问题提出意见，对写作差的论文给予否定意见。笔者记得某专家曾对一篇写作极糟的论文给出如下意见："这是我审稿以来遇到的写作最差的论文！"此论文的最终处理结果是可想而知的。若主要是写作而非学术问题使论文未能通过专家评审，对作者来说是很可惜的。不过，专家意见可能对作者以后撰写、修改论文有一定借鉴作用。

9.5.4　编辑决定

专家审稿完成后，编辑着手处理，汇总审稿意见，进一步审查论文，做出编辑决定，给出论文首次处理结果。专家审稿侧重论文的内容和学术（创新性、科学性、学术性），编辑审查侧重论文的格式体例和规范表达（规范性）。

1）编辑决定机制

编辑决定基于专家审稿意见做出，审稿意见的多样性使得编辑决定中蕴含着机制性。

一篇论文往往有若干专家审稿意见，审稿结果不一定相同或一致。审稿结果不同时（有的持肯定意见，有的持否定意见，有的持尚可意见，有的持暂不否定意见即修后再审），编辑须斟酌、权衡或继续送审而确定。实行同行评议制的期刊多采用并行式多审制，如二审制、三审制。对于二审制：两个意见均为肯定时，编辑决定结果为录用；有一个否定意见时，结果通常为退稿。对于三审制：三个意见均为肯定时，编辑决定结果为录用；两个意见为肯定、另一意见为否定时，编辑决定结果可考虑录用，但若考虑其他因素，如来稿充足或不在期刊重点刊登方向之列等，则该论文可退稿。实际中，当按照几个审稿意见不能确定论文录用与否时，可以继续送审别的专家评审，审后再决定。送审流程也可为串式，先送一位专家审稿，审稿结果为否定时，直接退稿；审稿结果为肯定时，再送第二位专家审稿，二审结果为否定时，可退稿，或再送第三位专家审稿，有两个肯定意见和一个否定意见时，可以考虑录用。

论文首次处理结果与专家审稿意见并非想象中的那种简单对应关系，而是由编辑对多个审稿意见进行综合评判形成的。论文首次处理结果的细分情况大体如下：

（1）专家审稿意见汇总结果为录用时，论文首次处理结果为录用，根据有无编辑修改意见分为拟录用和直接录用。有编辑修改意见时为拟录用，没有时为直接录用。

（2）专家审稿意见汇总结果为修后录用时，论文首次处理结果为拟录用。

(3) 专家审稿意见汇总结果为修后再审时，论文首次处理结果为修后再审。作者按修后再审意见修改论文，修改后编辑送专家复审（通常送提出修后再审的原专家复审）。编辑汇总复审结果，重新决定。若复审结果仍为修后再审，则重复以上步骤，可轮回数次。

(4) 专家审稿意见汇总结果为修后终审时，论文处理同(3)，不同的是复审只有一次。

(5) 专家审稿意见汇总结果为退稿（或不宜发表、改投他刊）时，论文首次处理结果为退稿（或不宜发表、改投他刊）。

2）论文最终处理结果

论文首次处理结果中，直接录用、退稿（或不宜发表、改投他刊）也是论文最终处理结果，其他结果的论文需要退修（返作者修改），修改后编辑重新审查或送审，再次决定，给出论文最终处理结果。论文最终处理结果有以下类别。

(1) 直接录用。论文不用退给作者修改而仅由编辑加工就可录用，这是作者最期望的事情。此类论文一般有重大研究发现（重大理论意义或工程应用价值），而且写作质量很好，达到目标期刊出版要求，录用后可直接编辑加工定稿，若有小问题，编辑就能改好。这类论文不多见，多由顶尖科学家、优秀专家学者或具有较高论文写作水准的研究人员撰写。作者在投稿前只要下足工夫，按有关要求精心准备，写出可直接录用的论文是可能的。

(2) 拟录用。论文退给作者按编辑修改意见进行修改，修改合格后可以录用。此类论文在内容、学术上没有需要修改的问题，专家也没有提出具体修改意见，但从期刊出版要求的角度看有欠缺甚至错误，在写作、格式体例及规范表达方面有需要修改之处，其中有应该由作者来解决的问题，编辑不能代劳。编辑会整理修改意见成文或直接在论文上以批注的形式逐一标出，作为论文修改通知的重要组成部分发给作者。

(3) 修后录用。论文退给作者按专家审稿意见和编辑修改意见进行修改，修改合格后可以录用。这类论文达到基本要求，但有非实质性问题，专家和编辑均提出具体修改意见，需要作者来修改，修改后再决定是否录用。因问题不大，比如实验结果解释不详细，结论写作不到位，创新点交待不明确，图表质量较差、量符号大小写和正斜体处理不当，公式、引文、插图或表格的编号不连续，参考文献著录缺项，作者简介缺少，作者署名中英文不一致，等等，此类修改较为容易，也称小修，通常无须补充实验，但可能需要补充一些文献。多数发表过论文的作者有按专家审稿和编辑意见修改论文的经历，有时还可能需要走上几个轮回，虽费了不少时间，但论文变得越来越规范，质量越来越高。

(4) 修后再审。论文须退给作者按专家审稿意见进行修改，修改后编辑重新送专家复审，按复审意见再次做出决定。此类论文存在实质性问题，问题较大、较多，需要作者大改，也称大修。大修较深、较难或较多，如研究现状未写清（文献引用不足、不具有代表性，评论不够，问题未交待或交待不充分），结论未写或写成了工作过程，实验方案有问题而需要完善，实验数据不充分而需要补充，理论支持或总结不够，研究结果缺少分析或分析不足，图表内容与正文不符，创新点不明显，等等。条件许可时，作者应按照要求补充实验，如果做不到，则应向编辑说明情况；还可能需要补充理论、分析或进行对比说明等。

(5) 修后终审。论文须退给作者按专家审稿意见进行修改，修改后编辑重新送专家复审。这是修后再审的一个特殊类别，其结果不能是再次修后再审。这类论文通常只给作者一次大修机会，如果修后复审未通过，则给予退稿处理。

(6) 退稿（或不宜发表、改投他刊）。对直接退稿或作者多次修改总是不达标的论文，编辑做出不予录用决定。以不宜发表为由对论文做退稿处理，属退稿的一种类别。不宜发表并非说论文的内容和质量一定有问题，而是某些内容或原因使其不适合在本刊发表。以改（转）投他刊为由对论文做退稿处理，也属退稿的一种类别。改投他刊并非说论文一定有问题，而是其领域、方向及水准、档次不符合或不够在本刊发表，更适合在别的期刊发表。编辑推荐别的期刊，为论文给出出路，但作者不必一定采纳。

3）正确对待退稿

退稿是一种常见的论文处理结果，作者遇到时应保持良好心态，正确对待，既不要郁闷难过、牢骚满腹，也不要激动失控、怒气冲天，更不要找编辑、托关系非要讨个高低上下。以下是作者对待退稿应秉持的几种较为积极向上、充满正能量的态度、策略或方法：

（1）树立信心，再接再厉，积极备战，再做尝试，择机重投，一步步向目标挺进。

（2）由退稿信、审稿意见了解自己论文的不足，修改完善论文，必要时调整研究方案。

（3）对给出缺少创新或创新不明显的审稿意见，应认真对待，不必匆忙修改再投。编辑部一般不愿在近期再接受此类退稿的再投稿。创新是需要时间的，不能操之过急，作者在短暂时间内匆忙再投稿，即使对论文做了大修，其成果的创新也容易引起怀疑，正确的应是放缓速度，静下心来，完善科研，提炼创新，修正论文，量变达到质变。

（4）对审稿意见之间存在严重分歧或论文写作存在缺陷的审稿意见，如研究主题不明确，研究价值未体现，题文不扣，实验结果分析缺少，语病过多等，应该对论文认真、细致修改后再投，再投稿虽不能保证一定能录用，但通常能得到优先处理，至少其录用率得到了提高。

（5）对不合理甚至偏颇、错误的审稿意见，可向编辑部提出申诉，要求重审。

（6）考虑将修改稿改投至其他合适的期刊，通常也不失为一种良策，作者应好好权衡。

9.6 退　　修

拟录用、修后录用、修后再审、修后终审的论文均要退修。拟录用论文仅按编辑修改意见修改，修后录用论文按专家审稿、编辑修改意见同时修改，修后再审、终审论文仅按专家审稿意见修改。拟录用、修后录用论文修改合格了才算正式录用，属录用环节，而修后再审、终审论文修改后还得复审，复审通过了再进入拟录用或修后录用，属审稿而非录用环节。编辑修改意见提出是论文编辑加工的重要工作，意见文本是论文退修的重要参考资料。如果作者未按编辑修改意见修改论文或修改不合格，即使论文有不错的专家审稿意见，也不能被最终录用，因为论文修改未达到出版要求。退修分编辑初加工和发修改通知两个环节。

1）编辑初加工

编辑初加工即论文首次编辑加工，编辑通读论文，按论文写作要求，期刊出版标准、规范及编辑规章、制度等，总结论文存在的问题，提出论文初加工意见（编辑修改意见）。此意见可单独另行成文或在论文中批注，一般同类问题做一次批注，形成编辑初加工批注版论文。笔者将常见的编辑修改意见摘取一些列于表9-1，供参考，不过不同期刊之间、相同期刊的不同编辑之间有差异。

表 9-1　论文编辑修改意见主要内容示例

类别	编辑修改意见要点
题名	题名及层次标题宜用偏正结构（名词性词语），简短精练，后面通常不加标点。不要出现公式、引文。开头、结尾通常不宜出现"研究"。英文题名区分词首字母大小写。
署名	中英文署名对应；英文姓名按本刊写法，如先姓后名，姓全大写，名首字母大写。
摘要	摘要包括背景、正文和结尾三部分。背景简短交待现有研究不足，引出研究意义，综述论文应点出目前缺少相关综述研究，行业、领域发展需要综述研究引领。正文交待主要工作及结果、结论，侧重做什么，不是研究过程，综述论文宜有重要成果、结论的表述。不用祈使句、动词不定式短语充当句子。结尾一句交待创新点，站在全文高度写本文贡献，综述论文应点明主要提出（解决）何指导性观点（问题），可填补行业、领域缺少此类综述论文引领的空白。
时态	用过去时叙述工作内容、过程，现在时叙述研究目的、结果和结论。This paper、Figure、Table、Reference、Equation 等做主语、状语时，一般用现在时，this study、the author、we 做主语、状语时，一般用过去时。
基金	基金项目放在首页脚注处，项目名称、编号应准确，写作格式按本刊。
前言	近年文献偏少，中文文献未引或偏少。从国际角度阐述现状。文献回顾不要简单罗列汇总他人成果，应该侧重述评而发现问题。引文号首次出现应连续。英文姓名可只引姓氏，如 ZHANG 等[4]、AMINI[3, 5-6]，多于两人时，加"等"，引文号放在"等"右上标，"等"后不用出现"人"。人名写法应与文后参考文献表中同指的人名对应。
符号	量符号（含点、线、面、体、坐标轴、特征数）用斜体；矩阵、矢量、张量符号用加粗斜体。上下标表示量符号或变量用斜体，表示词首、缩写、单词、用正体的符号或由数字充当用正体。用正体的符号有：圆周率 π，微分符号 d，指数或对数底数 e，增量△，转置符 T，虚数 i、j、k，数学符号（如 sin、max、Rank、sgn），单位，代号，括号，化学元素。特殊集合符号（如实数集 R，整数集 Z）用正体加粗。符号不宜用图片，能直接录入的符号尽可能不用公式编辑器生成。
数字	大于 1000 的数字，从右向左每隔 3 位加空，小数点后的数字从左向右每隔 3 位加空。数字与单位间加空。
术语	"无量纲"用"量纲一"，"其它"用"其他"，"粘度"用"黏度"，"机械性能"用"力学性能"，等等。
插图	图中字符应清晰。汉字为宋体，数符常为 T 体，六号字，区分正斜体、上下标。图不宜过大或过小，同类图大小一致，图间、图中布局协调。适合半栏排时不设计为通栏，半栏排臃肿时设计为通栏。分图较多时应通栏排，分图序（a）、(b) 等应从左到右，从上至下排列，分图序不重复出现。不要缺少总图名，总图名和分图名应独立，分图名不宜太长，总图名可稍长，分图名不宜过多重复总图名。图名宜为偏正结构，不用陈述句。图中文种应统一。图统一编号，如图 1、图 2，不出现带小点的形式，如图 1.1、图 2.3。图按图序从小到大连续引用。
坐标图	坐标轴用标目形式，格式为"量名称　量符号/单位"（量名称、量符号可选一，无单位时则省略"/单位"），如接合角 θ/(°)、密度/(kg·m⁻³)、E_{11}/GPa、摩擦因数 f，组合单位加括号，非组合单位不加括号。单位提倡使用词头，如 kΩ、MPa、nm。坐标轴尾部附近若有指数，如 10⁻⁶，可考虑移至标目或使用单位词头，如 λ/10⁻⁶、τ/μPa，尽可能使坐标轴的标值的大小处于 0.001～1000。
表格	表格边框线用粗线，其余细线。字号、字体、版式、文种等要求同插图。表格列、行名用标目形式。列、行名不宜与表题中心语重复。表格分段排版时，用双细线上下分割；转栏排时，用双细线左右分割。
公式	公式的出现应与上下文有逻辑关系。重要公式另行排，式下"式中"左顶格排，公式编号右顶格排。公式可看作句子成分，后面按需可加标点，式前词语后是否加标点取决于其间有无停顿。公式全文统一编号，如（1）、（2）。
材料与方法	主题与"结果与讨论"的主题应吻合；材料的来源应清楚交待；材料的展现与相应的方法描述应对应；方法描述应体现对相应材料的使用；缺少方法选用的依据；缺少对方法进行对比、适用范围的描述。
结果与讨论	主题与"材料与方法"的主题应吻合；结果的描述应侧重客观事实，不宜加入个人评论；讨论不要太泛而缺乏深度，应侧重对原因的剖析、解释；缺少有关讨论的内容；缺少与现有相关研究的对比。
结论	结论应立足论文或主题研究全局，高度概括，侧重研究成果而非具体结果，写明成果的功能、优势、创新、局限。综述论文结论的标题应为"结论与展望"，结论、展望可分开写。
参考文献	按本刊著录格式：区分姓氏和名字，姓前名后，姓全大写，名首字母大写，其余小写。刊名首字母大写，文章名首字母小写。前三位作者列出，后三位用"等"（et al）。避免常见的缺项：出版社、学位论文保存单位名称前的地名；期刊的年、卷、期、页码；会议名称及召开时间、地点，论文集名称及出版时间、地点；文献类型标志符号，会议析出文献类型标志为[C]//。
作者简介	不宜缺少作者简介，特别不要缺少第一作者、通信作者的简介。作者简介中不要缺少有关研究兴趣（方向）的内容，无须写行政职务。第一作者或通信作者通常不要缺少邮箱。
其他	用国际标准单位，若非标准单位，则应在其后括注与标准单位的换算关系；℃ 是一个整体符号，不是两个符号的叠加；英文中无顿号"、"和书名号"《》"；不要把短横（-）当负号；相同符号在全文中均应该用相同的表达形式；三个量值相乘，不要省略前两个中的单位，如 3×4×5 mm 或 3×4×5 mm³ 应为 3 mm×4 mm×5 mm；非常用缩写首次出现时，应先写全写，后括注缩写……

注：T 体就是 Times New Roman 体。

2）发修改通知

发修改通知（也称修稿信，与作者修稿信区分时称为编辑修稿信）是指编辑给作者发论文修改通知及相关附件材料，通知作者修改论文。相关附件材料主要包括专家审稿意见（对在线投稿，作者可在系统查看）、编辑修改意见（编辑初加工批注版论文）。作者修改完成后向编辑部返回修改稿及其他相关材料。修改稿如同新稿，编辑要审查核对，若修改不合格，则退作者重新修改。论文修改通知见以下范例（各刊有差别）。

论文修改通知范例

×××、×××老师（作者）您好：

　　本刊拟录用您的论文（题目：××××××，稿号：×××），请按照**专家审稿意见**、**编辑修改意见**及**论文写作模板**修改您的论文。

　　专家审稿意见可在系统查看（共×个审稿意见，其中×个初评，×个复审，×个意见带附件）。**编辑修改意见**见编辑初加工稿（编辑批注版），同类问题只做了一次批注，请统查改。**论文写作模板**显示了论文格式体例，涉及版式、字体字号等，包括正文双栏排版，汉字用宋体，数符、英文标点用 T 体，中文标点用全角，英文标点用半角，字符类别及大小写、正斜体、是否加粗应作区分等。

　　论文修改后建议语言润色，消除语病、错别字，做到语法正确、逻辑通顺、标点妥当等。

　　修改稿返回时，应一并返回稿中插图的原图（以图号分别命名）和《作者修稿反馈单》。《作者修稿反馈单》有对历次所有专家审稿意见和编辑修改意见回复的项目，应按具体意见逐条回复，也可另行成文对专家审稿意见和编辑修改意见进行回复。

9.7 修　　稿

修稿是论文刊发前的准备，如同初稿完成后投稿准备一样，是投稿发表的重要环节。作者收到论文修改通知就要开启修稿之旅，按要求全面细致修改论文，即时返回修改资料。

9.7.1 作者修改论文

审稿专家常从创新、严谨的审视角度来寻找论文的不足，显示其学术水平和地位；期刊编辑多从论文质量、刊登计划等的出版角度来要求作者修稿。通常专家会提出较为详细、中肯的意见，作者有责任和义务按专家和编辑意见修改论文，回复审稿和修改意见，撰写修稿信，说明修改情况。有时一篇论文可能经过多次轮回修改才能合格。

通知作者修稿并不表示论文已被最终录用，最终录用与否取决于论文修改质量。因此，作者应高度重视，抱着对读者和社会负责的态度，对论文全面修改；作者也可能因受到某种启发、认识提高或根据后续研究进展而对论文进行勘误、删减或补充，也可对专家和编辑意见提出质疑。实际中，一些作者未按要求修改论文，或未做实质性修改，甚至未做任何修改，就将论文返回。这种做法极不可取，最终受到影响的必然是论文的发表，甚至遭遇退稿处理，而这个责任也只能由作者来承担了。

写作中多一次修改，就多一次认识，就前进一步，修改贯穿从论文投稿到发表的全过程。编辑将论文返给作者修改实质上是写作的延续，是写作质量的提升。

9.7.2　运用修稿技巧

修稿是论文的完善和提升阶段,也是写作的一道工序,有策略技巧。作者应严格修改论文,既准确报道研究内容,又遵守出版要求,把握基本修稿原则,施用一些修稿技巧。

1）仔细阅读修改通知

作者仔细阅读论文修改通知,了解别人所提问题,知道论文不足,思考问题解决方法,并着手进行修改、完善。论文修改通知在内容上主要包括专家、编辑意见,涉及较多方面,如题文是否相扣,文献综述是否全面,立题是否明确及其依据是否合理,结论总结是否到位,研究是否欠缺或存在不足及如何弥补,原始数据是否完整及如何补充,理论是否欠缺及如何引用、归纳和总结,工程应用、案例或实证支撑是否交待,创新点是否明确交待等。作者须清清楚楚知道自己论文究竟存在什么问题,不要有马虎、应付而了事的态度。

2）合理区分意见类别

作者对修稿意见认真思考,全面梳理,细致总结,合理分类,确定修改方案,涉及问题的修改顺序、问题间的照应,以及问题的合并、分解等。修稿意见大体有以下三类:

（1）不涉及实质或关键内容,语句结构调整不大。例如:插图布局、格式不规范,表格布局、格式不规范,公式编号不合理、不连续,文献引用编号首次出现时不连续、著录缺项或结构不完整,标题（题名、层次标题、图名、表名）冗长、费解,缺少作者特别是第一作者、通信作者的简介,作者署名、单位与作者简介中的不对应,作者署名、单位中英文不一致,等等。这类问题侧重形式,修改较容易,作者应坦然面对而尽力修改。

（2）涉及实质或关键内容,语句结构调整较大。例如:实验、实验数据不完整,理论分析、对比不强,常识、知识性表述过多,研究背景的表述没有站在国际的角度,现有研究的不足及存在的问题没有总结,研究的重要性没有交待,近年的代表性文献未给予充分引用,结论未写为结果式而写成过程式,等等。这类问题侧重内容,要求做重大修改,对合理意见,作者应积极配合而付诸行动,力求获得较为理想的结果。

（3）超出条件或能力范围,作者不可能做到。例如:增加定量数据对比,只有仿真而没有实验及实际应用,实验结果不能很好地证明结论,对计算型论文要求增加实验,对设计型论文要求增加理论,等等。这类问题较为高端,能解决确实更好,但实际不可能解决或条件所限无法解决,作者如果认为不合理,则可以在修稿信中详加解释、说明,必要时还可与编辑电话、微信或邮件沟通。

3）明确回复所有意见

作者应虚心接受所有合理的修稿意见,认真推敲,全面修改。在撰写修稿信时,应对历次所有审稿意见（所有专家的所有审稿意见单中的所有审稿意见）及编辑修改意见逐一回复,尽量明确细致地说明修改情况,对已改和未改的意见都要明确回复。

修稿意见难免有偏颇、错误,对欠妥、有明显错误或不能修改的意见,作者应以完全理解、支持和积极的态度,婉转而有技巧性地给予回复、回答,礼貌性地提出自己的观点、主张,明确指出其不合理或实质性错误之处,客观公正地阐明自己的立场,做到实事求是,有礼有据,有理有节。忌用词生硬,强词夺理,避免与专家和编辑发生不必要的冲突,不要回避、含糊,更不要有蒙混过关的想法,必要时可提供有关文献及材料加以佐证或支持。

审稿人虽是领域专家,但不能保证所提意见一定正确;编辑经常接触论文,虽对论文有较多较广认知，但未必能保证所提意见一定合理。作者在修改论文和回答专家、编辑意见时应该明白，对论文写作内容和结构安排理解最清楚的是作者自己，而不是作者以外的专家和编辑。因此，作者不能为了发表论文而无原则、无条件地接受任何修稿意见。

4）认真对待多轮修稿

论文有时需要多次轮回修改。作者应该明白，之所以自己的论文被安排继续修改，是因为它有发表价值，只是需要在发表前进行必要的修改，暗含着只要修改好了就能被录用，同时也暗含着目前确实未达标，还需要修改。因此论文修改不论走上几个轮回，修改几次，均属正常，作者只要认真对待、仔细修改并逐条回复意见就可以了。作者积极配合多轮修稿，首先表明作者对编辑和专家的尊敬，更反映出作者谦虚严谨的科研态度和写作素养。对问题不要回避，不能解决的问题更要认真对待，以期获得编辑和专家的理解和支持。

作者同时也应明白，论文每增加一个修改轮回，不仅会增加一次编辑审核和撰写意见的工作，甚至增加一次专家审阅和撰写意见的工作，当然也会增加作者一次修改论文、撰写回复意见的工作，大家都须付出辛苦劳动，如果论文经历五六次修改轮回，那么对大家增加的额外工作就更多了。因此，作者修改论文不必求快而匆匆了事，如果一定求快，那也应以论文达到修改质量为前提，先求质量后求快，如果对发表时间没有要求，适当放缓速度而细致推敲、修改反而合适，慢了是让论文质量更有质量保障。

5）高度重视修改质效

修改质效就是修改质量及效率，修改质量好是决定录用的条件，修改效率高是尽早发表的前提。作者为实现论文尽早发表出来，应高度重视论文修改质效，如果对论文发表有具体时间要求，则应从提高论文修改质量与效率两个方面入手。

有的作者托人情搞关系，当编辑发修改通知后，他以闪电般速度返回修改稿（编辑刚发完通知，一会儿就收到修改稿）。编辑深知，那么多内容、问题全面修改是需要一定时间的，少说也得几天吧，可这位作者偏偏这么快修回，那肯定还是有问题的。若这时编辑问作者，作者常会回应"我已完全修改好了"。可当编辑打开修改稿时，果不出所料，那么多问题依然在"沉睡"。怎么办呢？作者说已改好了，编辑直接退回去恐怕有不尊重作者的嫌疑，没办法，再重复劳动吧，于是编辑又做了同样的工作。上次是编辑初加工，这次就来个编辑再加工吧，重新加工稿子，提出修改意见，撰写修改通知，再给作者发过去。这样的过程有时可能搞上几个来回（编辑初加工→编辑一退修→作者一修改→作者一修回；编辑二加工→编辑二退修→作者二修改→作者二修回；……；编辑 N 加工→编辑 N 退修→作者 N 修改→作者 N 修回）。

这样，有的作者就不开心了，论文总让修改，就是不见发表，怎么回事啊！可他偏偏不明白，这个结果由论文修改不合格所致，原因不在编辑，而在作者自己。作者只知道快点发表论文，就是不懂论文是社会产品，其发表须遵守出版规定，不是什么样的文章都能发表的，论文起码是一种精神产品，语言文字一定过关吧！有的作者更不懂的是，论文反复修改会延后发表较多时间。

期刊是一种有固定出版日期及流程的连续出版物，每期稿子的选取须在该期印出时间的数月前搞定，绝不是今天选稿明天就能刊出。产品制作经过多个环节，需要一定时间。作者若想让论文在 8 月份这期发表，则至少得在 5 月份前修改完毕并由编辑加工定稿。该文若一修回正好在 5 月份前，则在 8 月份这期发表，编辑是有条件安排的，可是若一修回不合格，则进行二退修，待二修回时，若 5 月份已过，而 8 月份这期稿子早已确定并走了后续流程，那么该文就肯定赶不上这期了，若一定要上这期，就得从该期已走流程的论文中去掉一篇（期刊刊登容量是固定的），那么该去掉哪篇呢，被去掉的这篇论文的作者乐意吗？退一步讲，如果真要取代别人的论文而上你的论文，那么前提条件必须是你的这个修改稿一定是没有问题的，可是如果还有问题，那么你的梦想恐怕就不会实现了。况且，编辑手头有各类工作要做，面对各种状态的论文，有相对固定的工作安排和流程，你的论文修改回来了，也不见得编辑当时正好有时间去处理，编辑面对的是广大作者的论文，而不只是一个人的一篇论文。

现实中还有更奇葩的事，有的作者着急发论文，提出在 8 月份这期发表，但提出这一要求时太不合时宜了，因为 8 月份这期已经印刷出来了，即使没有印刷出来，也在走工厂中的印制流程了。他的这一要求谁也没办法实现，可令编辑想不通的事还在后面，这位作者还大搞特搞人情关系，非要实现其自认为合理的梦想。这真是天大的笑话！隔行如隔山，请作者了解一下出版流程吧，事情远非想象中的样子，找人也没用。想发文，还是老老实实修改论文吧，想快点发文，就得提高修改效率，争取一次修好，最好不超过二次修改。

有的作者用类似以下语句询问编辑，"论文能发表吗？如果不能发表，就不修改了。""论文修改后能发表吧？""论文是否录用了，还让修改，挺麻烦的。"。这样的询问或持这样的态度不可取，实在没有什么必要。论文只要修改就是机会，只有被判定为有发表价值的论文才有修改机会，但修改不等于录用，修改合格方可录用，不合格就不能录用。

还要注意，编辑对修稿有明确的返回时间要求（如 2~4 周），作者应在规定时间内修回，若长时间未修回，编辑多次催促仍未修回，则只好做自动撤稿或退稿处理了。现实中有更奇葩的事，有的作者着急发论文，要求编辑快点处理，编辑能做的就是加快处理。而编辑给他发出修改通知后却杳无音信，过了半年甚至更久，他突然问编辑这个论文能快点发吗。编辑很诧异，论文不是返给你修改了吗，一直没有修回，怎么快点发呢。作者一听也很着急，说修改通知确实收到了，但后来给忘记了。啊，编辑更诧异了，论文放在自己手里不作为，还要求快点发表，这是哪门子道理。编辑遇到过的作者类型多了，经验表明不宜轻易批评作者，于是编辑给予耐心解释，这位作者似乎明白了，马上说尽快修回。果然没过几天就返回修改稿了。编辑曾经录用过他的一篇论文，这次修改要求及流程完全同上次，按理说他有过修稿经历，共性问题照常还是那些，这次修改稿应该不会有问题，因此编辑暂时计划安排在第 4 期发表。但到为这期挑选论文时，发现这个修改稿仍有很多问题未修改。编辑也没法子了，只能返给作者重修了，结果是作者更不开心，说本以为就能刊登了。其实编辑也是同样的感觉，本以为没有问题了，可结果是不仅有问题，而且问题还大着呢！哎，第 4 期肯定发不了了！到为第 6 期选稿时，也未见该文二修回，看来这第 6 期也根本不可能发表该论文了！

（作者着急，编辑也着急，但编辑真着急时，作者又不着急了，尽管过后不一定什么时候作者又冒出来着急啦！）

9.7.3 进行语言润色

修稿应重视通过语言润色来消除错词、错句、错别字及不当标点，完善句与句间及词与词间的内在逻辑关系，提升论文的语言质量和表达效果，增强论文的可读性、可理解性。

润色由作者自己逐字逐句阅读全文或委托别人、机构进行。不同人的润色水准不同，特别对于不熟悉的领域背景、难懂的专业术语和结构复杂的长句，润色还是有一定难度的。因此，作者对由别人或机构润色回的修改稿必须仔细检查，感觉一下润色水准，对不妥或错误修改应修正，对遗漏应补充，对多余修改应删除。总之，作者对润色结果必须严格把关，不能放手不管。

语言润色在修稿、投稿准备两个阶段都可进行。修稿润色在于增加论文录用的可能性，投稿润色更在于提升论文的规范性。前者润色相对于后者，论文中加进了专家、编辑意见，在内容和形式上也发生了较大变化。实际中究竟在哪个环节润色或两个环节都润色，应与作者对自己论文水准的判断为依据，感觉差时就应进行润色。编辑部一般不会强行规定作者对论文进行润色，但又非常期待作者将语言通顺优美的初稿、修改稿提交给编辑部。

9.7.4 撰写修稿信

在投稿环节有投稿信，而提交修改稿本质上也是一种投稿，因此应有修稿信（与编辑修稿信区分时称为作者修稿信）。修稿信应包括以下内容：

（1）写明修稿信息。写明稿号、论文题目和作者姓名等基本信息。编辑看到这些信息能轻松对号入座，找到投稿档案，审查、核对、计划、安排下一步工作，工作效率高。作者可能认为编辑对投稿非常了解，忽视了在修稿信中重述这类信息，进而有可能会造成负面影响。编辑处理的稿子较多，不太可能清楚记得每个稿子，更不可能仅凭看一下缺少基本修搞信息的修稿信就能轻松知道稿子的主人，恐怕还得额外付出劳动才能搞定，工作效率就会下降。

（2）表达诚挚谢意。在修稿信前面部分向专家表示诚挚谢意。专家已为论文提供了服务和指导，付出较多劳动。专家审稿报酬相对较低，特别是国际专家通常无偿审稿。专家同意审稿并撰写审稿意见，并非为了一点微薄的劳动报酬，而是代表着对论文价值和意义的认同，在于同行间的交流学习以及对期刊工作的支持。可以说审稿在某种程度上是一种奉献，作者向专家表达谢意并按审稿意见修稿是对专家的一种尊重，绝非一种形式或过场。

（3）说明修改情况。对修稿情况给予总体一揽子和重点突出的说明。着重强调论文已按专家审稿和编辑修改意见做了全面修改，对于未做修改或改动不多的部分给予明确交待，并给出未做修改或改动不多的理由，理由要充分，最好有文献、数据、案例或其他资料的支持，起码能做到自圆其说。

（4）回复审稿意见。对所有审稿意见进行回复。应逐条列出具体审稿意见，在每条意见下给出针对此意见的修改说明。对不同专家的审稿意见、同一专家在不同阶段（如评审、复审、终审）的审稿意见均要分别独立回复，千万不要混在一起回复，即对审稿意见的回复是以某一份审稿意见为单元的，有多少份审稿意见就进行多少份回复。回复时最好按审稿时间、审稿阶段的顺序从第一份审稿意见开始，一直到最后一份审稿意见结束。

（5）回复编辑意见。对编辑修改意见也应逐条回复，意见较少或较简单时可总体回复。

以下给出修稿信中对专家审稿意见和编辑修改意见回复的一个范例。

修稿信范例

尊敬的编辑：

您好！非常感谢您的评阅！根据您的意见对论文进行了仔细修改，见文中红色标注部分，以下为对审稿意见的回复。

对评审意见 1（审稿意见 1）回复：

问题 1：摘要中提到"从理论及实验上研究了……"，实际上作者是通过"数值模拟和实验的方法，研究了……"，"数值模拟"能否称作"理论"研究？

回复：已在摘要中修改为"从数值模拟及实验上研究了……"，数值模拟更为贴切一点。

问题 2：文中多次出现"静态、动态特性""静、动特性""静动态性能"等，全文表述不一致；其次，全文并没有说明静、动态特性具体指什么。

回复：文中出现的"静态、动态特性""静、动特性""静动态性能"等，统一修改为了"动静特性"，并在文中给予说明：轴承的静特性是指轴承在稳态运行时的轴承压力、最大压力、承载力、摩擦阻力、端泄量等性能参数。另外，轴承油膜还会影响转子系统的临界转速、转子不平衡引起的振幅等问题，将油膜近似线性化的刚度系数和阻尼系数称为轴承动特性系数。

问题 3：引言部分的文献[1]引用两次，两次作者不一致；对只出现一次的专有名词，无须简写。

回复：已经修改了第一段中文字的引用位置，"汉密尔顿在 1966 年首次提出了在机械零件表面加工纹理，表面织构成为摩擦学研究的热门问题[1]"，文章中的引用内容间接来源于文献[1]的描述。文中出现一次的专用名词的简写（CC-FFT）已经删除。

问题 4：文献综述仅写了某人研究了……的性能/影响，并没有阐述文献的主要结果和结论，这和自己的研究有什么关系，研究现状如何，对自己研究有什么指导价值？文献综述需要重写。

回复：在文献综述部分，补充和修改了主要文献的结果和结论，并阐述了研究的指导价值！

问题 5：前言最后一段写道"大量研究表明"，最后仅有一篇文献支撑，并没有说服力。

回复：已经修正了相关语句。

…………

问题 15：请对"交叉耦合刚度系数""直接刚度系数"进行解释说明。

回复：在图 6 的分析中已经解释：图 6 是不同排列方式下的油膜直接刚度系数 K_{xx}、K_{yy}，油膜交叉刚度系数 K_{xy}、K_{yx}，其中刚度系数中下标的第一个符号表示油膜反力的增量方向，第二个符号表示轴心偏移方向。

对评审意见 2（审稿意见 2）回复：

问题 1：补充瞬时摩擦因数测量方法的技术参数。

回复：已经补充了表 3 的技术参数，并在"4 试验研究"中的第一段进行了测量方法的技术参数说明。

…………

对复审意见（审稿意见 3）回复：

作者基本上回答了所提出的问题，但仍存在一些小问题，需要修改、更正。

问题 1：关于文献[1]的引用问题仍需确认引用是否正确，"汉密尔顿在 1966 年首次提出了……"，而文献[1]是 2011 年的文章。

回复：在前言中已经修改了参考文献[1]！

问题 2：前言部分"对于多种织构复合表面轴承的排列方式的研究较少"，实际上目前已经有很多作者研究了复合织构对轴承性能的影响，请补充相关研究现状。

回复：已经在前言的第三段补充了复合织构对轴承性能的影响相关文献，并修改了有关表达！

…………

对编辑修改意见（编辑加工批注意见）回复：

问题 1：摘要开头用非常简短的语句，交待现有研究存在的不足，引出本文研究主题的重要性。

回复：尊敬的编辑专家您好，已补充。
问题2：摘要结尾交待创新点，站在作者或论文的角度来写本文的贡献，但不宜作自我评价。
回复：已添加。
....
问题11：结论不宜写具体研究结果，应直接写研究成果、优势、创新、局限，高度概括。
回复：已按要求修改。

有的期刊提供作者填写修稿反馈信息的文档，如《作者反馈单》《论文信息反馈表》或《作者反馈信息表》等，相当于作者修稿信，按要求填写即可，不用另行撰写修稿信。

值得一提的是，在互联网和大数据时代，一个期刊已远远不是一本纸刊的概念，而是与纸刊密切相关的多资源数字新媒体平台，期刊编辑部往往会拓展业务，大力发展新媒体业务，变着花样以多种数字媒体形式来创新出版、传播，为读者提供全方位多层次服务。因此，期刊编辑部除了需要传统论文外，还需要更加多样的论文附加资料，如数据、资料、文档、照片、图片、音频、视频、短视频等，开展更加多样的业务，如微课堂、直播讲座、论文写作培训、编辑业务培训、线上学术会议、线上科技论坛、线上成果展会、新闻发布等，涉及论文、作者团队、领军人物介绍、论文解读、数据处理、实验视频展示、方法方案仿真、在研项目简介、研究成果总结、实验室（课题组）特色介绍、需求、技术瓶颈、招生招聘、发展方向等。所有相关文档均可作为附件与修改稿一起提交，成为编辑部业务拓展的宝贵资源。只要编辑部要求作者提供这些资料，尽管不强求，作者就应积极配合提供，这对自己论文录用、发表只有好处而无任何坏处，也为发表前后的传播、交流创造条件。

9.7.5 提交修改稿

修改稿连同修稿信及其他附件一并通过系统（或邮件）提交返回，这就是提交修改稿。这也是一个投稿过程，只不过所投对象是修改稿而不是新稿。

提交修改稿同投新稿一样也要做好准备工作：主要检查是否按编辑修改通知要求对论文进行了全面修改，只要有修改不到位或疏漏之处，就要认真对待，加以解决，不可不去发现问题，或发现了问题不去解决，进而蒙混过关了之。还要检查修稿信中是否对专家审稿、编辑修改意见给予逐条回复，回复结果是否有遗漏或不足，只要发现有遗漏或不足，就要即时补充或考虑措词，重新给予回答或对现有回复进行修正。现实中出现过一些很令编辑困惑或不解的审稿意见回复问题或现象，比如：

（1）遗漏审稿专家。未对所有专家的审稿意见而是只对其中部分专家的意见给予回复。比如，某论文有3份审稿意见，作者只对其中两份意见进行回复，另一份给遗漏了。

（2）遗漏审稿意见。未对某专家的全部审稿意见而是只对其中部分意见给予回复。比如，某份审稿意见有10条意见，作者只对其中8条意见进行回复，另两条给遗漏了。

（3）合并审稿意见。未对不同专家的审稿意见独立回复，而是将其合并后混合回复。比如，专家一有8条意见，专家二有12条意见，作者本应分别对这8条、12条意见进行回复（先申明对专家一的意见进行回复，接着对其8条意见逐条回复，然后再申明对专家二的意见进行回复，接着对其12条意见逐条回复），却将这两位专家意见进行汇总回复（将20条意见放在一起逐一回复，即将专家二的12条意见以第9~20条意见的形式放在专家一的8条即第1~8条意见后来回复）。

（4）只选首条意见。对所有专家的审稿意见仅选其中的头条意见进行回复。比如，某论文有4份审稿意见，分别有6、8、10、9条意见，作者只选择这4份意见中的第一条意见给予回复，而对其他意见未予理睬。

（5）遗漏审稿附件。仅对专家在系统审稿栏或审稿意见单中填写的意见进行回复，而对该专家另附的审稿附件中的意见（在所审论文中以批注形式给出的修改意见）未予理睬。

（6）审稿意见错位。填写的意见回复与全部或部分审稿意见对应不上。比如，要么张冠李戴，错将别的论文的审稿意见当本论文的意见来回复，要么不明不白，回复的意见看不出是针对哪个问题的，在审稿意见回复中根本找不到与回复内容相关或对应的意见。

（7）笼统回复意见。以已回复或已解决之类极简语来回复，根本不涉及具体修改内容、细节，让人看了一头雾水，无法判定问题是否得到解决或根本不知道对论文做了何修改。

不过，作者对编辑修改意见给予笼统式简要回复是可以的，编辑大体浏览修改稿即可知道论文修改情况。编辑修改意见往往是在编辑加工批注稿里以批注的形式出现的，作者修改后应将这些批注删除，最终形成一个稿面干净整洁的修改稿，若修改稿中保留这些批注，编辑就得自己来阅读、辨别、删除，批注内容较多时，这个工作量也是不小的。有的作者也许出于好心，不删除批注是为了让编辑容易判别批注之处是否得到修改。其实这种考虑是多余的，因为编辑修改意见是编辑自己提出的，往往是论文的一些共性问题，更多侧重形式，编辑出于职业的熟练、敏感性，通常无须借助自己所做的批注就能轻松判定论文的修改情况，必要时编辑可查看自己电脑里保存的编辑加工批注版论文。

对于修改再审、终审的修改稿，还要送专家复审，复审时侧重检查作者对该专家所提意见的回复情况及论文按意见的修改情况。因此论文按专家意见的修改质量及对专家意见的回复水准是非常重要的，直接决定论文的命运，作者应高度重视。

9.8 定 稿

编辑初加工修改稿返回后，进入定稿，定稿后录用。定稿分为数字、纸质加工两类。

1）数字加工定稿

作者修改稿返回后，编辑对论文修改情况进行核对。核对结果有两种情况：①修改达标，已按专家、编辑意见做了较好修改，没有需要或更适于作者来修改的内容和项目（如补充、修正、删减等），编辑可代为修改；②修改不达标，在专家、编辑意见方面仍有未修改或修改不到位的情况，存在较多需要或更适于作者来修改的内容和项目。

对于第一种情况，修改稿已达到数字加工条件，即具备数字加工定稿资格，编辑可在修改稿的数字版论文上直接修改，使其符合纸质加工定稿条件，即具备纸质加工定稿资格，这就是数字加工定稿。数字加工定稿侧重检查的项目有：参考文献引用编号在文中首次出现时是否按顺序从小到大依次出现，是否有断号、跳号现象，引自文献的人名与文献著录的对应人名是否一致；文献著录是否存在缺项，如文章名，作者名，文献名，会议召开时间、地点，出版地点、机构、时间，期刊的年、卷、期、页码范围，电子文献资源的引用日期、网址等；插图、表格的编号首次出现时是否按顺序从小到大依次出现，公式的编号是否连续；插图是否清晰，其幅面是否过大、过小或不协调等。问题较少、容易解决时，编辑让作者直接提供修改信息，编辑在数字版论文上直接修改；问题较多、不容易解决时，编辑将最新数字版论文返给作者，作者修改后返回。这个过程按需可以走上几个轮回，直到数字加工定稿为止。

对于第二种情况，修改稿不具备数字加工定稿资格，还得退修、重复退修、修稿流程，直到修改达到要求。可见修改论文注重质效很重要，低质效修改会拖延定稿，延误论文发表。

2）问题互动反馈

对作者修改稿，不管做了多少次退修，也不管作者多么理直气壮地说已完全按要求进行了修改，编辑均会基于论文实际修改情况来说话，只要发现其中仍有编辑不能或不便解决或修改的问题，仍会将相关问题进行归纳、汇总，统一向作者提出，通知作者重新修改。必要时编辑会和作者进行约定，以邮件、微信、QQ、电话等方式与作者进行沟通。这个过程即为问题互动反馈，较为灵活、方便，因为作者和编辑"面对面"互动沟通，问题解决的效率较高，对论文修改质效提升、编辑加工定稿时间缩短很有效。这个互动须作者和编辑提前约定，双方只有正好在相同的空闲或方便时间，而且都在电脑旁，才能方便看着论文就事说事。

实际中，有不少作者在晚上、周末或公共假期突然联系编辑沟通论文修改事宜。这通常是不可取的，并非因为在非工作时间沟通会牺牲编辑的休息时间，而主要因为在这些时间编辑不具备在电脑旁的条件，即使在电脑旁，也难保证该电脑正好存储着想要讨论和沟通的"修改稿"。正确的做法应是，作者先充分做好准备，将所有问题和困惑仔细想好，再与编辑约定沟通时间，可以在非工作时间约定，但具体沟通最好在工作时间。

3）纸质加工定稿

编辑将数字加工定稿版论文打印出来，通读全文，在纸稿上进行各种标注、修改，这就是纸质加工定稿。工作依据主要是期刊出版通用要求和目标期刊具体规定，涉及论文中语言文字及量和单位、插图、表格、式子、名词术语、数字、参考文献等诸多方面的标准与规范，达到常规的"齐、清、定"出版要求。"齐"即完整齐全，稿中各部分完整无缺，没有遗漏和缺失；"清"即清楚整洁，稿中图表式清晰，标点妥当，数字准确，符号醒目，文字工整，易于辨认，便于录入；"定"即内容确定，只要有不确定的内容就不能定稿，即所有问题须在定稿前解决，除非必要，定稿后一般不再做内容上的修改。纸质加工定稿成为论文最终录用的标志，而且成为下一步论文排版的任务文档和工作依据。

9.9 排　版

论文纸质加工定稿后处于待发表（刊发）状态，接着启动排版流程。排版即排改，就是排版公司或编辑部专职排版人员使用某种排版软件，按规定格式体例及纸质加工定稿上的标注、修改对其数字版进行转换、处理、调整、替换和修改，达到期刊出版要求。按论文录用时间早晚及结集成期进度要求，论文排版应安排在两个时间节点之一：论文录用后即时排版，即对未确定刊登期次的论文进行零散单篇首次排版（零散首排）；论文结集成期后排版，即对已确定刊登期次的论文进行集中整期首次排版（整期首排）。对某一论文，当其录用时间距对其结集成期时间较长时宜作零散首排，较短时应作整期首排。

1）零散首排

零散首排是将已录用论文中未确定期次的论文的排版资料（纸质加工定稿及其数字版、插图数字文件）提交排版。论文中的插图除质量较好的照片图外，往往存在这样那样的问题，比如幅面不合适、要素不齐全、布局不合理、线型不标准、字符看不清、符号不妥当、层次不清晰、同类要素不统一等。零散首排中一项重要、有一定技术难度、工作量较大的工作就是对问题插图重新制作，并达到编辑在加工定稿上对插图的标注、修改要求，常由专业制图人员完成，专人专事。重新制作的插图，符合有关制图标准，线型规范，同类要素统一，字体字号一致，均称、清晰、美观，达到了出版要求。

编辑在通知作者修改论文时，通常也会交待作者对文中插图进行必要的修改甚至重新设计，但作者最终设计或提供的插图一般达不到出版要求，因为作者对制图标准可能不熟悉，对出版标准不了解，也不擅长制图，而且对制图重视程度也往往不够。

编辑部通常对零散首排后的论文先安排数字优先发表，以满足作者发文时间需求，也有助于论文的提前传播、交流、下载、引用，促进期刊影响因子、被引频次等指标的提升。

2）结集成期

期刊是有固定出版周期的连续出版物，每期均有固定的出版时间和相对固定的刊登容量。结集成期是在编辑部规定好的每期期刊发稿时间点，从已进行零散首排的论文和（或）已纸质加工定稿但未做零散首排的论文中挑选出与期刊某期的刊登容量相符的一定数量的论文，作为该期将要刊登的论文，例如挑选出 25 篇论文作为该刊 2024 年第 6 期刊登的论文。基本原则是，按期刊该期的栏目及每个栏目计划刊登的论文数量，为各栏目挑选出与栏目类别相符的论文，并按论文的重要程度或其他要素对各栏目下的论文进行排序。

一个期刊通常设置有相对固定的若干栏目，某栏目下还可继续设置子栏目。将论文放在某栏目下，实际上是对论文进行了按专业主题或论文文体等的分类，以便于读者学习和研究。期刊栏目与其报道方向及近期重点刊登方向等要素密切相关，其设置应与时俱进，科学合理，充分体现期刊报道内容的侧重及适于刊登的文体类型。期刊栏目设置是否科学合理，在一定程度上也体现了办刊人员业务水准的高低。下面给出一些期刊的栏目范例。

期刊栏目范例

综述论文；技术基础；工程应用。（期刊 1）

专题论文；现代装备设计技术与实例分析；工业设计论坛与资讯。（期刊 2）

专论与综述；研究报告（区域环境与发展；自然保护与生态；污染控制与修复）；研究简报。（期刊 3）

专题：康复辅具与康复工程；综述；研究论文；学术聚焦；科技人文。（期刊 4）

研究亮点评述；综述；研究论文；综述（高分子表征技术专题）。（期刊 5）

特别关注；高端访谈；能源战略；产业经济；前沿科技。（期刊 6）

论著；工作研究；短篇报道；经验交流；综述/Meta 分析。（期刊 7）

烟草和烟气化学；制造技术；烟草设备；农艺与调制；植物保护；综述。（期刊 8）

特约来稿；特别关注；生物监测与评价；调查评价；监测新技术；仪器设备。（期刊 9）

设计理论；研究趋势；包装工程；设计与传播；设计探索；空间设计；设计教育；作品选登。（期刊 10）

3）整期首排

结集成期后，某期论文的名单（含栏目及其顺序、各栏目论文及其顺序）便产生了。整期首排就是将这期论文进行集中式（成批）排版。其中，已做过零散首排的论文不用重新提交排版资料，而未做过的须重新提交排版资料，排版流程同零散首排，再将这两部分排版后的文档按名单顺序以整期刊载论文的形式排为期刊要求的形式（含版权页、目次页及其他所需页面，如英文目次页、广告页、新闻页等）。

对整期首排论文中那些未做过零散首排的论文也可安排数字优先发表，是否安排取决于结集成期时间距本期期刊印制时间的远近，远时适合安排，近时就没有必要安排。

4）收版面费

目前国内科技期刊特别是学术期刊刊登论文通常向作者收取版面费（发表费）。这是期刊编辑部的主要收入来源，是支撑期刊生存、发展的基础。版面费的多少按论文排版后的实际页数来计算，按页计价，如 500 元 / 页，若论文页数为 10 页，则须交纳版面费 5000 元。有的期刊还规定一个低于某个页数的基础收费，如低于某页数时，不论论文有几页，须交 3000 元，而超出此页数时按实际页数乘以单价来计算。

版面费收取时间一般在论文首排后，这时论文的准确页数已产生，收费计算很方便。有的作者着急（如有结题、答辩、毕业等需求或其他情况）想提前交费，原则上没有问题，但应向编辑提出正常理由，但除非必要编辑一般不支持提前交费。原因有两方面：提前交费计收的论文页数是估计的，可能与排版后实际页数有出入，易造成多交或少交及不必要的误解或麻烦；提前交费属于非正常业务的临时插入，若工作衔接不好，会给后续收费带来不畅，容易出现收款来源不明而入账困难，或重复发收费通知且两次收费数量不一致等问题。

收取版面费因涉及经济利益及相关事宜，故流程严谨、正规，编辑部通常会给作者发版面费收取通知，提供准确的有关项目、信息，如汇款方式（如银行汇款）、户名、开户银行、账号、行号，以及发票类型（如专票、普票）、发票内容（如版面费）、发票方式（如电子发票）、联系电话等，在落款处写明收款单位并加盖其公章。但要注意，不少期刊编辑部不是法人单位，没有自己的独立户名、账号，其收款单位可能与户名不一致。这属正常现象，作者有疑问时可以咨询编辑部或有关财务部门。

收取版面费属细水长流式日常业务，对一个期刊编辑部来说，在全年内不同时段、节点会向较多论文的作者发送版面费收取通知，涉及较多作者及其单位财务部门，而且不同单位的财务规章制度和具体做法不尽相同，事无巨细而业务繁杂。因此，作者收到交费通知后应合理安排，不要过于着急，论文会按照正常流程往下走，与是否收到这笔费用没有关系，编辑部通常不会因为作者晚交版面费一些时日就推后或拖延其论文发表。

5）核对与订正

首排后的论文数字版副本（核对版文档，通常为 PDF 文档）通常返给作者核对（必要时也可将打印稿返给作者核对），以修正其中可能存在的一些问题（或错误），这就是作者核对。作者是最了解其论文的人，发现问题往往较为容易，因此作者核对很重要，也是作者对自己行将发表的论文的最后一次修正机会。作者在收到论文核对通知时应高度重视，尽早行动，通读全文，仔细检查，认真核对，清晰批注（标注），并在规定时间内核对完毕，将核对批注稿或核对意见（核对说明文本）返回。

论文核对通知通常会明确告知作者具体核对方法及注意事项。作者在核对版文档进行批注，批注必须明确，让编辑容易看清楚，必要时也可撰写核对说明文本。作者核对应重点关注的项目通常有：排版是否产生了新问题，语言表达是否流畅、有错别字；段落、式子、表格是否有不妥之处；插图是否重新制作，重新制作后与原图是否有出入；作者在以前各个版本所做的修改是否得到落实，等等。

现实中，不少作者返回了未做任何批注的核对版文档，即作者把编辑返给其核对的文档秒级响应原样返回，同时还声明未发现任何问题。令编辑困惑的是，既然对核对版文档未做任何批注，只要回复未发现问题就足矣，为何还要原样返回此附件文档呢，实在多此一举！也有不少作者应付了之，觉得论文反正能发表了，核对与否无所谓，不愿拿出时间来核对，这是不可取的。也有作者未按时核对返回，拖延了核对。其实，这个核对发生在论文行将发表的前沿，距最终印出已无多少时间了，因此核对应快速完成，若拖延了，就失去了这最后一次核对机会，如果真有什么重要修改需求，如作者署名、单位变动或名称写错，作者邮箱需要更正等，那么就成为永久的遗憾了！也有作者在论文印出后才提出修改要求，当得知不可能修改时，还非常生气，这更不可取。作者及时认真核对返回才是真正可取的！

还应注意核对方法，对每处修改准确批注，还要检查由某处修改可能会引起别处的连动变化，如串行、背题、移位、跑图、叠加、参差不齐、整体分开、版式变化、页面增减等。作者在核对版文档上批注有困难或不方便时，也可直接将修改意见写成说明性文本，以邮件返回。

核对稿或核对意见返回后，编辑会对作者的每一批注、意见进行核对，采纳正确、合理的批注和意见，并在首排或再排后的打印稿上进行相应的誊改，这就是编辑订正。注意，作者和编辑修改论文的依据及侧重不同，对作者错改、可改可不改的，编辑一般不予采纳。

以下分别给出一个作者论文核对通知及回复范例。

作者论文核对通知范例

×××、×××老师（作者）您好：

这是您的论文（题目：××××××，稿号：×××）排版文档（PDF 文档，见附件），排版过程中对文字、插图、表格和公式等的文字进行了重新录入、制作，有可能产生了差错，特别对于原稿中不清晰的图更容易出现文字错误。因此，务请您严格、认真核对，如发现任何错误，如错字、错词、错句或语病等，务请在该排版文档中批注指出，清楚标出需要更正之处并给出正确的文字信息。凡是发现的错误和问题只须在该排版文档中批注、说明一次即可，无须再用邮件或其他方式另行说明，必要时可返回核对意见文档。

这是论文发表（期刊印刷）前的最后一次核对，请您高度重视。

请于收到本核对通知 5 日内返回批注文档。选择系统或邮件（邮箱×××）一种方式返回，选择邮件返回时，邮件主题写明稿号、作者姓名。若没有发现任何问题，直接回复没有问题，但无须返回排版文档。

…………

作者论文核对回复范例

尊敬的编辑老师：

首先感谢您的细心修改！通读全文，发现有以下几个问题，建议修改校正：

（1）英文摘要第 3 行，"DD5 single crystal superalloys" 中，高温合金后面的复数 s 须要删除。

（2）1.2 工艺实施的第一段第一行，喷丸过程符合 HB／Z 26—2011，年代号有误，其中 2011 应为 2021；第二段第二行单位 mPa，应为 MPa。

（3）2.2 表层硬度梯度的第二段，"喷丸热时效态 DD5 单晶硬化层深度为 180 μm"，在 180 前面多了一个空格。

（4）2.3 疲劳寿命中，试样寿命建议全部采用保留小数点后 2 位的科学计数法，即"1 078 013 周次"改为"1.08×10^6 周次"……。该节第二段的最后一句"（表 1 在文章最后）"是原稿中写给编辑老师便于阅读的注释性语句，务请删除。

....

6）校对与再排

校对是由编校人员将排版回来的整期排版稿与排版前的原稿进行比对而发现、修正错误。将校对稿再次提交排版就是再排。校对通常有一校、二校、三校，对应的排版分别为二排、三排、四排，整体流程是首排→一校→二排→二校→三排→三校→四排→核红。

以纸质加工定稿的修改为对照和依据，在首排打印稿上标出需要修改之处及修改文字，即为一校，再将一校稿提交排版，这就是二排（二次排改）。二排完成后，在二排打印稿标出需要修改之处及修改文字，即为二校，再将二校稿提交排版，这就是三排（三次排改）。三排完成后，在三排打印稿标出需要修改之处及修改文字，即为三校，再将三校稿提交排版，这就是四排（四次排改）。这个过程基本上是 3 个轮回，实际中可根据校对稿质量按需增加轮回。

校对可由编辑或校对人员进行，也可委托专业校对公司完成。由编辑还是校对人员进行校对取决于编辑部工作制度。对编校合一制，编辑和校对是合并的，编辑在前期进行基本层面的加工定稿，质量可以不是很好，在后续校对环节继续对论文进行加工，即将本应在定稿环节做好的工作放在校对环节继续来弥补、提升，这种模式下，编辑和校对已不太好严格区分，反正都是对论文进行这样那样的修改。但从科学的角度，编校分离制更具优势，这种模式下，编辑在定稿阶段完成对论文的规范编辑加工，定稿后编辑无须再对论文进行修改，到了校对阶段，校对人员无须做编辑方面的修改工作，而仅做比照式的核对工作即可，核对的侧重是，排版稿是否按编辑加工定稿要求做了排版，格式体例是否达到本期刊出版要求。

7）通读与核红

编辑阅读排版稿全文，发现新问题，以弥补加工定稿的疏漏、不足及排版产生的新问题，这就是通读。

在编校合一模式下，编辑可在各校次分别进行一次通读，或在某校次（如二校）进行通读，这时的通读相当于做定稿阶段的工作，即对论文继续进行编辑加工。不过，不同校次通读的侧重应有所不同。例如：第一次通读，侧重整期全文格式体例、插图制作核对、层次标题顺序、图表式顺序、引文顺序及文献著录，以及论文辅体专项检查（如 DOI，基金项目，作者署名、单位及其中英文一致性，作者简介、目次及中英文目次一致性，版权页，书眉等检查）；第二次通读，侧重整期全文语言表达、有无错别字，以及论文辅体专项检查；第三次通读，全文浏览，侧重版权页、目次，以及论文辅体专项检查。必要时，可以第四次通读，有多少校对轮回数，就应做多少次通读，随着编校、通读的依次推进，期刊和论文的内容和编排质量也在不断提升，而且每次通读的速度也在不断提升，直到最后一次通读没有发现任何问题。

终校（通常是三校）完成后可将纸版校稿提交有关领导（如主编、社长等）审阅，若有问题则在稿子上修改、批注，编辑确认后再将此校稿提交排版（通常是四排）。排版后返回，编辑进行核对，这个过程即为核红（为提高效率，核红通常在排回稿的数字版上进行）。

核红若没有问题，则最终定稿（期刊、论文的最终版），进入印制流程。印制准备中若有问题发现，则返回修改，重复以上过程，直到没有问题，则最终开机印刷。

9.10 刊　　发

　　刚录用的论文仅获得了发表（刊发）的资格，仍"沉睡"在期刊编辑部，刊发则是将其以产品的形式制作、刊载、发布，推向社会与读者见面，赋予其产品属性，实现其社会价值。多数期刊不只发表印刷本论文，还有在线版、电子刊等多种数字发表形式（目前新创办期刊多为纯网刊模式，没有纸版期刊），这样在投稿发表流程中还会由专人来制作相应版本的论文数字版产品，适时制作、完成，适时入库、上线，适时销售、推送。刊发主要有以下类别。

　　1）数字优先发表

　　论文录用后距刊登它的期刊印制发行、终版论文上线还有一定时间，往往不能满足作者对其论文发表时间的要求，更不能实现其论文被下载、引用，对期刊的传播、发展也暂时起不了什么作用。数字优先发表正好能弥补这种不足。

　　数字优先发表是将录用论文的首排数字版先发表在影响较大的网站或数字媒体（如中国知网、重庆维普、万方数据等），或与期刊编辑部合作的出版商（如 Springer Nature、Elsevier 等），也可发表在编辑部官网上，这种发表版本称为数字优先版。这种发表模式对论文作者来说，其论文虽然还没有终版、印刷版出来，却可以在互联网上被查阅、下载和引用，取得的效果与论文终版和期刊印刷出来没有两样，甚至更优越。

　　数字优先发表是在论文首排后，发布的论文是零散首排或整期首排版本。零散首排的论文没有期次，因此其数字优先发表不会发布卷号、期次信息；整期首排的论文虽有期次，但其数字优先发表距最终期刊印制发行还有一定时日，因此通常也不会发布卷号、期次信息。

　　数字优先发表具有比纸质期刊提前较多时间发表的外在优越特性，还蕴含一定的内在魅力，既能满足作者发文的需求，作者的实际问题得到解决，又能让录用的论文提前被检阅而产生下载、引用潜力。数字优先发表的论文只要能得到引用，它对诸如影响因子、被引频次之类的指标的贡献便开始发力，论文的数据指标是从其数字优先版开始被下载、引用计算的，同样，期刊的数据指标也是从其刊载论文的数字优先版被下载、引用开始累计的。

　　2）数字终版发表

　　数字终版发表是在论文终版产生后用其取代或覆盖相对应的数字优先版。数字终版发表与数字优先发表虽然在投稿发表流程中分为前后两个不同阶段，对外部用户却是一个有机整体，是一回事，可以说用户根本不知也无须知道有这两个阶段或这两个阶段的区别。

　　有的期刊为了抢占先机，会尽早安排数字优先发表，往往等不及论文首排出来，就直接将论文加工定稿版作为数字优先发表对象。这种数字优先版在内容、格式体例上与终版会有较多较大的差别，后期作者核对及编辑校对、通读所进行的错误更正在数字优先版上得不到体现。这一点务请广大作者、读者注意，作者不要看到自己论文的数字优先版有较多错误或自己提出的问题仍未解决就埋怨编辑，甚至说编辑不负责任，读者也不要看到论文文本有较多错误或格式体例较为凌乱，就说编辑工作不到位。

论文终版产生后会对数字优先版即时更新，更新后网络版与纸版论文在文本上完全一致，而且一些诸如年、卷、期、页码之类的新信息也得以最终补充、更新。

3）期刊印制发行

整本期刊经过排版、校对等环节最终定稿后进入印制发行流程。责任编辑填写和签发期刊付印单，提交印厂。印厂启动印制流程，制作印刷版文档，返回编辑检查，有问题时，返印厂修改，重新生成印刷版文档，再返回编辑检查；没有问题时，编辑回复印厂同意印制。

接着，印厂制作期刊蓝样，返回编辑核对，有问题时，返回印厂修改，重新生成蓝样，再返回编辑检查；无问题时，编辑回复印厂同意印制。有时印厂还会临时制作数码样刊（打印装订），返回编辑检查，有问题时，返回重弄；无问题时，印厂按期刊付印单的要求开始印刷，涉及开本、装订法、发行日期、付印日期、工艺要求、纸张品名及规格（分封面、目次、正文、特殊页）、色别、印刷装订次序、印刷册数等多个方面。

期刊付印单通常会写明发行方式（如自办发行、邮局发行、送编辑部）及寄刊地址、册数，印厂在印刷完毕后即时向作者和用户邮寄期刊。

9.11　论文处理时间与质量

微课 52

作者投稿后，关注论文的录用，期待尽快发表；编辑收稿后，关注论文的质量，尽早安排发表。从论文发表的角度，作者和编辑的目标一致，都想早点将论文刊发出来；但从发表时间看，两者侧重不同，作者侧重"审过了就发"，编辑侧重"修好了再发"。一篇论文修好是需要一定时间的，而且选它在哪期发表还与期刊出版计划以及它与其他待发表论文之间的优先发表关系（如稿号先后、主题优先性等）有关，不是简单的想在哪期发就在哪期发。因此，编辑处理论文的时间或效率不能满足作者需求时，作者不应满腹牢骚，错误地认为编辑工作效率太低，实际上编辑一直是按工作流程来进行的，不会有意拖延。

论文从开始写作，到中间投稿，再到最终刊发，一路走来，经过了那么多个关口，包括期刊选择、投稿准备、投稿、审稿、退修、修稿、定稿、排版、刊发等诸多环节，而每个环节又包括多个子环节，子环节还可以继续细分，如审稿包括编辑初审、专家选择、专家审稿、编辑决定，其中专家审稿又分为评审、复审、终审。可见论文处理是一个系统工程，涉及作者、编辑、专家等多类人员角色，只有大家协同配合，缩短各环节处理时间，提高各环节工作效率，才能整体上缩短论文处理时间，提高论文全生命周期工作效率，加快论文处理进程。

期刊是连续出版物，每期有固定的出版时间和相对固定的发文数量，在每期发稿前必须有足够数量的加工定稿论文，来供从中挑选出本期各栏目所需文体及数量的论文，即在每期发稿前，编辑须将符合每期发文类型及充足数量的论文提前加工定稿。通常，一个期刊的加工定稿数量在每期发稿前应至少有两期的发文数量储备。从这个角度，编辑不太可能有意拖延，作者对编辑有意见或缺少信任感，多是因为对期刊编辑工作现况和流程缺乏了解。

然而，目前不少期刊编辑部确实存在论文处理慢、效率低的问题，而且有逐渐上升的态势。笔者认为，产生这个问题的原因，本质上不在编辑自身，如工作能力不强或主观上有意拖延，而在于时代大环境对期刊出版的推动。数字出版技术和新媒体的大发展，对期刊出版产生了巨大影响，多数期刊编辑部不甘寂寞，投入越来越多的人力、物力、财力发展新媒体及相关业务，编辑的角色已不是过去那种单纯送审和加工定稿的固定式单角色传统编辑，而是承担着新媒体及相关业务的移动式多角色现代编辑，编辑除了做传统的送审、编校工作外，还做数字论文、实验视频、公众号、视频号、直播讲座、栏目策划、选题组稿、参会办会和论文写作培训等诸多工作，工作繁杂细碎，还得各地跑来跑去，已远远不能像过去那样稳稳坐在办公室自己的那个座位上就能搞定一切了。新时代下，编辑在论文编校甚至送审方面投入的精力相对减少，进而造成论文处理拖延。这是论文处理时间较长不能满足作者期待的一个新原因。这是发展中的问题，编辑自身是无能为力的，最终解决还需要时日。

造成论文处理不快特别是加工定稿慢还有一个因素是"论文质量差"，这往往为作者所忽略。编辑加工定稿本来就是一个须仔细推敲的过程，编辑通览全文，逐句阅读、检查，涉及科学、专业、技术、术语、语言、文字、量和单位、插图、表格、式子、数字、符号、参考文献等诸多方面的知识、标准和规范，修改工作量之大，行外人是难以理解的，而对于一篇写作质量差的论文，要修改成像样的、能拿得出手刊登的，编辑和作者须付出较大工作量。编辑面对广大作者，处理的论文有很多，审稿、加工、校对、通读等各环节均须编辑付出独立、成片的大量时间。因此，作者密切配合编辑，多下工夫修改论文，提升修改质量，减少退修次数，也是减少论文处理时间进而助推论文尽早发表的重要方面。

论文处理不管在哪个环节，本质上不外乎就是审核和修改两项工作，通过审核调选出质量好的论文，并提出修改意见，再通过修改使论文的质量得以提升，可以说修改贯穿于投稿、审稿、退修、修稿、定稿、排版等各个环节，目标就是提升论文的质量。没有一篇论文不经修改就能完成，高质量论文的完成需要反反复复的修改。在投稿前按目标期刊修改论文的准备阶段，投稿后按专家审稿、编辑意见修改论文的退修阶段，以及排版时按出版要求修改论文的编校和印制阶段，无处不存在着对论文的继续修改。只要一篇论文有发表价值，就值得修改，若经过一个轮回，修改质量未达标，则再来一个轮回，必要时多来几个轮回，论文每经过一个轮回，其质量就提升一个层次，一轮接着一轮，论文质量步步高升，直到最终达到质量和发表要求。从某种程度上说，论文主要是修改出来的，而非直接撰写出来的。

笔者认为，论文修改质量的主要因素是作者的修改效率（修改速度＋修改质量）：如果作者以较快的速度修改了论文，但修改质量欠缺，编辑会再次退给作者修改，这样就会延长论文修改时间；如果作者花费了较多时间修改了论文，修改质量优良，编辑对论文的后续处理就会快得多，论文处理时间从整体上有可能大大缩短。

论文写作质量是修改质量的基础，是影响论文发表时间的基础因素，一篇写作质量过关的论文，决不会因为写作问题而退稿，而且一经录用，编辑、作者花费较少时间就能修改好，甚至不用退给作者修改，发表周期就会缩短。论文写作越差，被退稿的可能性越大，修改时间就越长，即写作质量越欠缺，所带来的损失就越多地由编辑或编辑指导作者来弥补。从论文质量的角度看，作者与编辑有统一性和转换性，但转换有限度，超限即论文质量不能通过编辑处理来做到时，就只能退稿处理了。因此，投稿前的论文规范写作是超值的。

另外，专家审稿时间也是论文处理时间的重要组成部分，如果专家审稿慢，则会对论文整体处理效率造成影响。专家一般能在规定的审稿时间内完成审稿，但目前确实有一些专家审稿不及时，甚至拖延很久，原因也是多方面的，不同专家的情况不同。

笔者认为，编辑应做好工作，适时关注审稿状态，加强与专家联络，了解常用专家的审稿特点，找出审稿存在的问题，善于利用投审稿系统的备选审稿专家选择和催审功能，尽可能多发展和选用审稿较快的专家审稿，对不能按时审回或拖延较久的审稿应总结经验，及时做出调整，适时更换审稿专家，不要被动甚至无期限地等待而让送出去的审稿任务石沉大海，使论文永久处于未审回的不处理状态，编辑处于不作为状态而浑然未知，最后给作者带来苦恼或损失。

笔者也认为，专家审稿拖延虽然会对论文处理造成一些或大或小的负面影响，但责任不应简单地归于专家。一本期刊的审稿专家队伍少则几百人，多则几千人，什么样的专家都可能有，不可能要求每位专家都能按时高质量审回论文，编辑应多担当，多花时间，将论文送给能够快速有效审回的合适的专家。当有审稿拖延情况时，应适时做出调整，即时解决问题，不要推诿或放任了之。

作者投稿后应适时关注投稿进程，了解论文状态，如有任何疑惑、问题，均可联系编辑部或编辑，提出加快处理、提醒更换审稿人等均为正常诉求。

思 考 题

9-1 作者在投稿前对自己的定稿论文进行客观评估应该从哪些方面展开？
9-2 作者为自己的论文匹配目标期刊应该具体从哪些方面进行？
9-3 作者投稿前应做好哪些准备工作？阅读目标期刊的《投稿须知》为何很重要？
9-4 投稿前为何对论文还要继续进行修改？此环节的论文修改主要侧重哪些方面？
9-5 投稿时最好附上一封投稿信，简述投稿信的作用及其写作侧重。
9-6 修稿信是编辑写给作者，还是作者写给编辑？简述修稿信的作用及其写作侧重。
9-7 从伦理角度，投稿时应保证不出现的问题通常有哪些？
9-8 列举编辑初审退稿可能依据的主要理由。
9-9 论文被录用，严格意义上是在专家审稿通过后还是编辑加工定稿后？谈谈个人认识。
9-10 作者应如何正确对待退稿？
9-11 在论文投稿发表全流程中对论文进行"修改"的具体环节有哪些？每类"修改"的作用是什么？作者应如何正确对待一次又一次甚至轮回式的"修改"？
9-12 简述影响论文发表周期的主要因素、涉及人员，以及与论文作者相关的因素。

参考文献

[1] 梁福军. 科技论文规范写作与编辑 [M]. 4 版. 北京：清华大学出版社，2021.

[2] 梁福军. 科技论文规范写作与编辑 [M]. 3 版. 北京：清华大学出版社，2017.

[3] 梁福军. 科技论文规范写作与编辑 [M]. 2 版. 北京：清华大学出版社，2014.

[4] 梁福军. 科技论文规范写作与编辑 [M]. 北京：清华大学出版社，2010.

[5] 梁福军. SCI 论文写作与投稿 [M]. 北京：机械工业出版社，2019.

[6] 梁福军. 英语科技论文语法、词汇与修辞：SCI 论文实例解析和语病润色 248 例 [M]. 北京：机械工业出版社，2021.

[7] 梁福军. 英文科技论文规范写作与编辑 [M]. 北京：清华大学出版社，2014.

[8] 梁福军. 科技书刊语病剖析：修辞 818 例 [M]. 北京：清华大学出版社，2022.

[9] 梁福军. 科技语体语法与修辞 [M]. 北京：清华大学出版社，2018.

[10] 梁福军. 科技语体标准与规范 [M]. 北京：清华大学出版社，2018.

[11] 梁福军. 科技语体语法、规范与修辞（上、下册）[M]. 北京：清华大学出版社，2016.

[12] 薛小怀. 国家自然科学基金项目申请攻略 [M]. 北京：机械工业出版社，2022.

[13] 周新年. 科学研究方法与学术论文写作 [M]. 2 版. 北京：科学出版社，2019.

[14] 尹定邦，邵宏. 设计学概论 [M]. 北京：人民美术出版社，2021.

[15] 郑建启，李翔. 设计方法学 [M]. 2 版. 北京：清华大学出版社，2012.

[16] 叶子弘，陈春. 生物统计学 [M]. 北京：化学工业出版社，2019.

[17] 胡绳荪. 工程导论 [M]. 北京：机械工业出版社，2022.

[18] 李志义. 现代工程导论 [M]. 大连：大连理工大学出版社，2021.

[19] 王红军. 文献检索与科技论文写作入门 [M]. 北京：机械工业出版社，2018.

[20] 张虎芳，张四方，阎元红. 科技文献检索与科教论文写作 [M]. 北京：中国石化出版社，2017.

[21] 孙平，伊雪峰，田芳. 科技写作与文献检索 [M]. 2 版. 北京：清华大学出版社，2016.

[22] 王细荣，丁洁，苏丽丽. 文献信息检索与论文写作 [M]. 6 版. 上海：上海交通大学出版社，2017.

[23] 吴建明. 学位论文的研究与撰写 [M]. 北京：清华大学出版社，2014.

[24] 陈平. 毕业设计与毕业论文指导 [M]. 北京：北京大学出版社，2015.

[25] 克叶尔·埃瑞克·鲁德斯坦，雷·R. 牛顿. 顺利完成硕博论文 [M]. 席仲恩，沈茬，王蓉，译. 3 版. 重庆：重庆大学出版社，2019.

[26] 赵大良. 科研论文写作新解——以主编和审稿人的视角 [M]. 2 版. 西安：西安交通大学出版社，2018.

[27] 周传虎. 学术论文写作与发表指南 [M]. 北京：中国人民大学出版社，2019.

[28] 鲍子文，高原. 天山构造带地震各向异性及动力学机制研究进展 [J]. 中国地震，2019，35(4)：589–601.

[29] 董高峰，田永峰，尚善斋，等. 用于加热不燃烧（HnB）卷烟的再造烟叶生产工艺研究进展 [J]. 中国烟草学报，2020，26(1)：109–117.

[30] 史柏扬，王国伟. 聚合诱导自组装（PISA）技术的应用研究进展 [J]. 高分子学报，2022，53(1)：15–29.

[31] 王志刚，胡志兴，李宽，等. 干热岩钻完井的挑战及技术展望 [J]. 科技导报，2019，37(19)：58–65.

[32] 张春雨，王海娟，王宏镔. 赤霉素介导下植物对重金属的耐性机理 [J]. 生态与农村环境学报，2020，36(2)：137–144.

[33] 贾卫, 孙军, 黄祥, 等. 发动机硅油风扇离合器研究现状、讨论与展望[J]. 机械设计, 2019, 36(5): 10–15.

[34] 张旺. 基于 PB-LCA 的湖南省建筑碳足迹测算及其机理分析[J]. 科技导报, 2019, 37(22): 133–142.

[35] 张昕, 李柯, 乔东宇, 等. 稳定器对下部钻具组合的动力学影响规律研究[J]. 世界石油工业, 2022, 29(2): 54–60.

[36] 刘江超, 高文学, 张声辉, 等. 水间隔装药孔壁爆炸应力分布规律[J]. 兵工学报, 2021, 42(12): 2646–2654.

[37] 黄伟和, 刘海. 中国页岩气开发管理模式探讨[J]. 科技导报, 2019, 37(19): 66–73.

[38] 刘腾飞, 李瑞珍, 张绍林, 等. 织构化动压轴承热流体润滑特性理论与试验研究[J]. 中国表面工程, 2023, 36(1): 156–167.

[39] 薛亚娟, 刘思聪, 张立, 等. 基于时机理论对 HIV/AIDS 肛瘘手术患者不同阶段疾病体验的质性研究[J]. 中国艾滋病性病, 2022, 28(4): 402–405.

[40] 常明, 陈思博, 马冰然, 等. 粮食水资源利用效率及影响因素分析: 基于中国省际面板数据的实证研究[J]. 生态与农村环境学报, 2020, 36(2): 145–151.

[41] 张宇航, 彭文启, 刘培斌, 等. 永定河流域春季大型底栖动物群落结构和空间格局[J]. 中国环境监测, 2019, 35(4): 31–39.

[42] 袁丹丹, 陈勉, 刘俊香, 等. 新型生物抑尘剂 γ-聚谷氨酸的抑尘性能及安全性评价[J]. 环境工程技术学报, 2020, 10(1): 47–55.

[43] 崔鹏程, 于涛, 周楠, 等. 有序/无序非对称型多层多孔结构的一步法制备研究[J]. 高分子学报, 2022, 53(1): 37–45.

[44] 翟傲霜, 黄啸, 王欣, 等. 基于位错密度理论的喷丸强化诱导 7050 铝合金组织细化数值模拟[J]. 中国表面工程, 2023, 36(2): 114–124.

[45] 宇慧平, 蔡安文, 皮本松, 等. 车载方舱手术室颗粒物质量浓度分布仿真与参数优化[J]. 科技导报, 2019, 37(20): 94–100.

[46] 李富娟, 李仕华, 韩朝武, 等. 一种新型 5-R 柔性并联指向机构的设计与分析[J]. 机械设计, 2020, 37(1): 14–20.

[47] 邢庆坤, 林超, 喻永权, 等. 多分支非圆齿轮无级变速机构设计与分析[J]. 兵工学报, 2021, 42(12): 2543–2554.

[48] 马雪芬, 戴旭东. 分布式资源环境下基于云服务的设计知识服务资源平台[J]. 科技导报, 2019, 37(22): 126–132.

[49] 刘珠妹, 蒋海昆, 李盛乐, 等. 基于震例类比的震后趋势早期判定技术系统建设[J]. 中国地震, 2019, 35(4): 602–615.

[50] 高晓华, 易斌, 温亚东, 等. 垂直料管式加香设备的研制和应用[J]. 中国烟草学报, 2020, 26(1): 42–47.

[51] 叶碧峰, 叶灵. 1 例 HIV-1 感染诊断的特殊案例[J]. 中国艾滋病性病, 2022, 28(3): 350–351.

[52] 蒋召杰. SG-80220SD 数控卧矩平面磨床主轴振动故障分析及处理[J]. 金属加工 冷加工, 2022(1): 92–95.

[53] 钱龙, 常思江, 倪旖. 旋转稳定弹扰流片气动外形多目标优化设计[J]. 兵工学报, 2021, 42(12): 2575–2585.

[54] 何凡, 孙娟, 陈立明. 高铁接触网悬吊线索疲劳寿命研究进展[J]. 科技导报, 2019, 37(20): 84–93.

[55] 伊文静, 王春莹, 刘长松, 等. 梯度润湿性 ZnOHF 薄膜上液滴定向铺展行为[J]. 中国表面工程, 2023, 36(3): 113–120.

[56] 黄仕辉, 方斌, 李欣, 等. 基于县域尺度的稻田土壤碱解氮空间异质性研究[J]. 生态与农村环境学报, 2020, 36(2): 179–185.

[57] 黄安林, 傅国华, 秦松, 等. 黔西南三叠统渗育型水稻土重金属污染特征及生态风险评价[J]. 生态与农村环境学报, 2020, 36(2): 193–201.

[58] 刘亚丽, 宋道志, 赵明升, 等. 基于力位混合控制的踝关节外骨骼机器人四段式助力技术[J]. 兵工学报, 2021, 42(12): 2722–2730.

[59] 朱永清, 崔云霞, 李伟迪, 等. 太滆运河流域不同用地方式下土壤 pH 值、有机质及氮磷含量特征分析 [J]. 生态与农村环境学报, 2020, 36(2): 171–178.

[60] 游鹏, 周克栋, 赫雷, 等. 含运动弹头的手枪膛口射流噪声场特性 [J]. 兵工学报, 2021, 42(12): 2597–2605.

[61] 张蕾, 赵艳红, 姜胜利, 等. CL-20 及其共晶炸药热力学稳定性与爆轰性能的理论研究 [J]. 含能材料, 2018, 26(6): 464–470.

[62] 梁莉, 杨晓丹, 王成鑫, 等. 修正的布龙-戴维斯森林火险气象指数模型在中国的适用性 [J]. 科技导报, 2019, 37(20): 65–75.

[63] 班巧英, 刘琦, 余敏, 等. 氧化还原介体催化强化污染物厌氧降解研究进展 [J]. 科技导报, 2019, 37(21): 88–96.

[64] 谢倩倩. 制造企业成本管理体系研究[J/OL]. 管理观察, 2017(2): 1–4 [2023-05-20]. https://wenku.baidu.com/view/0705cd5d580102020740be1e650e52ea5418ce17.html?_wkts_=1684550926819&bdQuery. DOI: 10.3969/j.issn.1674-2877.2017.02.007.

[65] 梁晓坤, 蒋朱明, 于康. 常用营养风险筛查工具的评价和比较[J]. 中国临床营养杂志, 2008, 16(6): 361–366.

[66] 李轶群, 梁桓熙, 刘长振, 等. 大黄素-8-O-β-D-葡萄糖苷抑制肿瘤细胞迁移和转移的体内外实验研究 [J]. 中国药物警戒, 2019, 16(12): 705–710.

[67] 时蓬, 苏晓华, 王琴, 等. 国际基于立方星平台的空间科学发展态势及启示 [J]. 科技导报, 2019, 37(21): 63–72.

[68] 国家市场监督管理总局, 国家标准化管理委员会. 学术论文编写规则: GB/T 7713.2—2022[S]. 北京: 中国标准出版社, 2022.

[69] 国家技术监督局. 量和单位: GB 3100~3102—1993 [S]. 北京: 中国标准出版社, 1994.

[70] 国家新闻出版署. 学术出版规范 插图: CY/T 171—2019 [S]. 2019-05-29.

[71] 国家新闻出版署. 学术出版规范 表格: CY/T 170—2019 [S]. 2019-05-29.

[72] 国家新闻出版广电总局. 学术出版规范 科学技术名词: CY/T 119—2015 [S]. 2015-01-29.

[73] 中华人民共和国国家质量监督检验检疫总局, 中国国家标准化管理委员会. 标点符号用法: GB/T 15834—2011 [S]. 北京: 中国标准出版社, 2012.

[74] 中华人民共和国国家质量监督检验检疫总局, 中国国家标准化管理委员会. 出版物上数字用法: GB/T 15835—2011 [S]. 北京: 中国标准出版社, 2012.

[75] 中华人民共和国国家质量监督检验检疫总局, 中国国家标准化管理委员会. 信息与文献 参考文献著录规则: GB/T 7714—2015 [S]. 北京: 中国标准出版社, 2015.

[76] 湖南省包装总公司, 湖南省包装联合会. 湖南包装[J]. 2023, 38(2). 长沙: 湖南包装编辑部, 2023.